자크 엘륄, 시대를 앞서간 사상가

자크 엘륄, 시대를 앞서간 사상가

ⓒ 이상민 - 2020

2020년 12월 29일 초판 1쇄

지은이 이상민
펴낸이 안정민
펴낸곳 도서출판 고북이
디자인 방윤미
교정   김지섭

등록   제 25100-2018-000033호
주소   서울시 은평구 녹번동 131-122 202호
전화   070-8777-1447
E-mail slow.steady.gobook@gmail.com

ISBN 979-11-970958-0-1

Jacques Ellul : The Thinker Ahead of His Time

The Gobooki Publisher, Seoul
Printed in Korea

책값은 뒤표지에 있습니다.
펴낸이의 허락 없이 이 책의 전체나 부분을 어떤 수단으로도 이용할 수 없습니다.

자크 엘륄, 시대를 앞서간 사상가

이상민 지음

긴북이

| 목차 |

책을 시작하며 06

추천사
자크 엘륄 사상 전체에 대한 이론적 연구서_손봉호 08
자크 엘륄의 삶과 사상이 지닌 의미를 소개하는 저서_신국원 10
예언자 자크 엘륄의 메시지를 받아들이는데 필요한 도구_프레데릭 로농 14
'자크 엘륄'이라는 산을 오르기 위한 안내서와 지도_박동열 16

일러두기 20

제1부 자크 엘륄의 삶과 사상 개관
1장 들어가는 말 24
2장 개신교 내에서의 활동 26
3장 사회 참여 활동 41
4장 엘륄 사상의 특징 54
5장 나오는 말 75

제2부 자크 엘륄의 기술 사상과 그 사상에 대한 평가
1장 들어가는 말 80
2장 엘륄의 기술 사상 84
3장 엘륄의 기술 사상에 대한 평가 107
4장 나오는 말 126

제3부 자크 엘륄의 신학 사상과 그 사상에 대한 평가
1장 들어가는 말 132
2장 엘륄의 신학 사상의 배경 134
3장 엘륄의 신학 사상의 특징 146
4장 엘륄의 신학 사상에 대한 평가 198
5장 나오는 말 217

제4부 자크 엘륄의 인격주의 운동과 혁명적 기독교
1장 들어가는 말 224
2장 엘륄의 인격주의 운동 228
3장 혁명에 대한 분석과 새로운 혁명의 모색 241
4장 엘륄의 혁명적 기독교 258
5장 나오는 말 264

제5부 자크 엘륄 사상의 영향과 현 시대에서의 적용
1장 들어가는 말 270
2장 엘륄 사상의 영향과 수용 274
3장 현 시대에서의 엘륄 사상의 적용 289
4장 나오는 말 312

참고 문헌 318

부록1 인격주의 운동 강령 324

부록2 자크 엘륄의 저서 목록 및 관련 자료 348

주 360

프랑스어 목차 382

외국어 요약 386

찾아보기 390

자크 엘륄 연보 405

| 책을 시작하며 |

　자크 엘륄 Jacques Ellul은 프랑스의 법률학자, 역사학자, 사회학자, 개신교 신학자입니다. 그는 1912년 1월 6일 프랑스 보르도 Bordeaux에서 태어나 자신의 거의 모든 생애를 보낸 보르도 근교의 페삭 Pessac에서 1994년 5월 19일 82세의 나이로 생을 마감합니다. 20세기의 기술 문명을 비판한 사상가로 주로 알려진 그는 역사학과 사회학과 신학이라는 세 가지 연구 영역을 넘나들면서, 60여 권에 달하는 저서와 수백 편의 논문을 저술합니다. 이 같은 엄청난 저술 활동에도 불구하고, 사회학자로서 파리 Paris의 사상계와 신학자로서 개신교계에 잘 알려지지 않은 상태입니다. 그럼에도 기술과 성서 텍스트에 대한 연구 및 '윤리에 관한 삼부작'[1]으로 인해 미국에서는 프랑스 지식인 중 첫 번째 반열에 올라 있습니다. 또한 그의 사상에 대한 활발한 연구와 더불어 그렇게 인정을 받고 있지요.

　최근에 와서 프랑스에서도 엘륄의 사상에 대한 연구가 활기를 띠고, 엘륄의 사상과 관련된 학회와 심포지엄이 활발히 개최되고 있습니다. 엘륄이 사후에 프랑스에서 인정받고 있는 이유는 아마도 현시대에 심각하게 부각되는 다양한 문제 및 현상과 관련되어 있겠지요. 전 세계적 금융 위기 같은 사회적 위기, 통제되지 않는 개발에 의한 환경 파괴의 위험, 온실가스 증가로 인한 이상 기후와 기후 재난, 체르노빌과 후쿠시마 원전 사고 같은 핵 재난, 유전자변형 식품과 광우병, 동물 복제로부터 시작된 인간 복제의 가능성 등입니다. 그러한 위기와 위험과 재난에 직면하여 해결책이 무엇인지 찾아보지만, 속 시원하게 그 해결책을 제시하는 사상가를 찾아볼 수 없는 실정입니다. 그런 상황에서 기술을 중심축으로 하는 엘륄의 사상을 돌아보니 그 해결의 실마리와 단서가 발견된 것입니다. 이 책은 그러한 엘륄의 사상을 독자들에게 체계적으로 일목요연하게 소개할 목적으로 집필

되었습니다.

제1부에서는 엘륄이 일생 동안 이끌고 나간 사회참여 활동과 더불어 그가 지닌 사상의 전반적인 특징을 소개함으로써, 그의 사상 배경과 사상 형성 과정이 어떠한지 설명하려고 합니다. 이어서, 제2부에서는 엘륄의 기술 사상 및 그 사상에 대한 평가, 제3부에서는 엘륄의 신학 사상 및 그 사상에 대한 평가를 소개함으로써, 그의 사상이 구체적으로 어떠한지 알아보겠습니다. 다음으로, 제4부에서는 엘륄이 젊은 시절에 치열하게 전개한 인격주의 운동, 그리고 혁명에 대한 엘륄의 분석 및 새로운 혁명의 모색, 엘륄의 혁명적 기독교 등을 살펴볼 것입니다. 마지막으로, 제5부에서는 그의 사상이 현재까지 어떤 인물들에게 어떻게 영향을 미치고 있으며, 주로 어떤 내용을 중심으로 그의 사상이 논의되고 다루어지고 있는지 파악해봄으로써, 현대 사회에서 엘륄의 사상이 차지하는 위상과 의미를 가늠해 보고자 합니다. 또한 의료 사고, 금융 위기, 비즈니스 윤리, 기술적 진보 등과 같은 현대 사회에서 나타나는 여러 문제에 대해 엘륄의 사상을 어떻게 적용하여 분석할 수 있는지 고찰해볼 것입니다.

이 책이 독자들로 하여금 엘륄의 사상에 쉽게 다가가게 하는 길잡이 역할을 하기를 기대합니다. 그럼으로써, 독자들이 엘륄의 사상을 체계적으로 이해하고 받아들이는 계기가 된다면, 이 책을 쓴 소기의 목적은 이루어진 것이라고 볼 수 있습니다. 이 책이 나오기까지 모든 과정에서 힘이 되어준 고북이 출판사 안정민 대표님, 교정 작업에 힘을 써준 김지섭 형제님, 책 디자인을 위해 열정을 바친 방윤미 자매님, 끝까지 격려와 응원으로 힘이 되어준 문지웅 목사님을 비롯한 서향교회의 모든 지체, 항상 옆에서 말없이 버팀목이 되어준 아내에게 진심으로 감사의 마음을 전합니다.

2020년 12월 이상민

| 추천사 1 |

자크 엘륄 사상 전체에 대한 이론적 연구서

손봉호_고신대학교 석좌교수/서울대학교 명예교수/기아대책 이사장

프랑스에서 개신교인은 전체 인구의 3%에 불과하다. 그러나 세계적인 영향력을 행사한 종교개혁자 장 칼뱅 Jean Calvin, 대통령 지스카르 데스텡 Giscard d'Estaing, 철학자 폴 리쾨르 Paul Ricœur, 그리고 자크 엘륄 Jacques Ellul 같은 인물을 배출했다. 이 방대한 저서는 그 인물들 가운데 자크 엘륄을 한국 독자에게 상세하게 그리고 이론적으로 깊이 있게 소개하고 있다.

자크 엘륄은 비록 20세기에 활동한 사상가였지만, 마치 학문적 분화가 충분히 이뤄지지 않았던 19세기나 18세기 지성인 같은 면모를 보였다. 보르도 Bordeaux 대학과 보르도 정치대학 법학 교수였지만 일찍이 마르크스의 『자본론』에 심취하였고, 세계 2차대전 때에는 레지스탕스에 가담하였으며, 정치 활동도 했고 행정에도 관여했으며, 환경운동, 청소년 운동, 인격주의 운동도 벌였다. 그리스도인이 된 후 교회 개혁, 교회 연합, 심지어는 설교를 하는 목회 활동까지 했다. 한 사람이 그렇게 많은 일에, 그리고 그렇게 적극적으로 활동했으면서도 그렇게 큰 자취를 남겼다는 사실에 놀라지 않을 수 없다.

물론 그의 공헌 가운데 가장 두드러지고 중요한 것은 그가 오늘의 세계 문화에서 가장 중요한 위치에 올라선 기술 문제를 누구보다 먼저 그리고 매우 깊이 있게 다루었다는 사실이다. 오늘날 기술 철학을 비롯해서 기술에 대한 모든 이론적 논의에서 그를 빼놓을 수 없을 만큼 그의 관찰과 분석은 정확하고 깊었다. 그는 기술의 발전을 찬양하고 희망적으로 바라본 것

이 아니라, 이미 그 때 기술이 사람의 통제를 벗어나 자율성을 가질 것을 예견하고 경고하였다. 그런데 그의 예견은 인공지능의 도래에 정확하게 현실화되고 있으며 인류에 큰 위협이 되고 있다.

저자인 이상민 박사는 엘륄을 학위논문에서 다루는 등 엘륄에 심취한 학자이며 한국에서는 최고의 엘륄 전문가다. 특히 그가 그리스도인일 뿐 아니라 기독교 세계관에 관심을 가지고 있기 때문에, 엘륄의 기독교 신앙과 그의 독특한 신학 사상을 상세하게 제시하고 있다. 엘륄은 종교에 비판적이었던 아버지나 경건한 개신교 신자였던 어머니의 영향과는 무관하게 성경을 읽다가 개종한 사실, 바르트 신학과 키르케고르의 사상의 영향을 크게 받은 사실, 그의 독특한 성경관, 예수 그리스도와 하나님에 대한 인식 등을 자세하게 소개할 뿐 아니라, 그런 신학과 신앙이 엘륄이 심취했던 마르크스의 『자본론』에 대해서 비판적인 시각을 갖게 한 것과 기술에 대한 그의 관점에 중요한 영향을 미쳤다는 점을 지적하고 있다. 아마 이런 관찰과 분석은 엘륄 사상에 대한 일반적인 소개서와는 다른 접근이 아닌가 한다.

이 책은 흔히 접할 수 있는 한 인물의 단순한 소개서가 아니라, 엘륄 사상 전체에 대한 이론적 연구서이다. 미주와 참고문헌, 심지어 상세한 찾아보기까지 첨부되었으며, 엘륄에 대한 다른 학자들의 평가와 저자 자신의 비판적 평가도 중요한 자리를 차지하고 있다.

오늘날 우리 삶에 기술만큼 큰 영향을 끼치는 것은 없고 그 영향력은 결코 긍정적이지만은 않다. 특히 기술의 자율성은 인간의 자유, 인간의 위치, 심지어 인간의 존속에까지 심각한 위협이 될 수 있다. 인간이 만든 기술이 인간에게 위협이 되고 있는 것이다. 그것은 특히 하나님의 형상으로 지음을 받은 인간의 존엄성과 인권의 중요성을 인류 문화에 도입한 기독교에 가장 심각한 도전이 아닐 수 없다. 이런 상황에 처한 그리스도인 지성인들이 나름대로의 입장을 정리하는데 이 책이 소개하는 엘륄의 사상은 좋은 참고서와 길잡이가 되지 않을까 한다.

| 추천사 2 |

자크 엘륄의 삶과 사상이 지닌 의미를 소개하는 저서

신국원_총신대학교 명예교수/웨스트민스터 신학대학원대학교 초빙교수

세상에서 사상적으로 가장 세속적이며 진보적인 나라를 꼽으라면 저는 프랑스를 지목할 것 같습니다. 장 자크 루소 Jean Jacques Rousseau와 1789년 대혁명 이래 근대 인본주의 사상의 요람이었고, 20세기에는 68혁명, 그리고 자크 데리다 Jacques Derrida, 장 프랑수아 리오타르 Jean-François Lyotard, 미셸 푸코 Michel Foucault 가 대표하는 포스트모더니즘의 발원지였으니까요. 프랑스에서 개신교 기독교 지성을 찾아보기 어려운 것은 어쩌면 당연한 일인지 모릅니다.

이런 역사와 문화의 생태계를 생각할 때 자크 엘륄은 지극히 특별한 경우임이 분명합니다. 그는 현대 문명의 폐해에 대해 탁월한 식견을 가졌으며 이 시대에 일어날 거의 모든 문제를 예견했다는 평을 듣습니다. 정보처리기술과 자동화된 인공지능의 발전이 가져온 4차 산업혁명의 위험성에 대한 원천적 비판을 누구보다 앞서 제시한 것이 좋은 예입니다. 그는 기술이 인간의 유일한 환경으로 "신성시" 되기까지 하는 오늘의 병리적 현실에 대해 탁월한 비판과 성서적 대안을 제시했습니다. 늘 약자의 편에서 빈곤, 정의, 환경, 전쟁과 같은 인류의 생존 기반을 위협하는 문제를 치열하게 씨름하며 그리스도인의 사회 의식을 깨운 큰 업적을 남겼습니다.

엘륄이 성서 연구를 통해 발견한 신학적 진리를 사회, 정치, 문화의 구체적인 연구의 결과에 통합해내는 독창성은 정말 탁월합니다. 그의 신학 사상은 때로 정통적이지 않지만 자유주의 신학자들과 달리 인본주의를 멀리하고 하나님의 개입만이 인간 사회의 해법의 원천임을 강조합니다. 철저

한 현실주의와 정의의 추구로 나아가되, 사회의 혁명적 변화는 초월적 하나님과 그의 계시에 의해서만 가능하다고도 강조합니다. 마르크스주의의 경제 정치 분석을 세상을 해석하는 도구로 삼지만, 그들 역시 정치적 환상과 기술 사회의 덫에 빠져 있음을 명백히 드러내는데 주력했습니다.

특히 엘륄은 세상에 대안을 제시해야 할 교회와 그리스도인의 우상 숭배적 태도를 질타하며, 늘 안전하지 않은 경계선에 서는 일도 마다하지 않았습니다. 그래야 세상이건 교회건 기득권과 체계의 구속을 받지 않고 진정한 비판자의 입장에 설 수 있었기 때문일 겁니다. 또한 폭력적인 세상을 향해 성경적 '비무력'(非武力)의 혁명을 주창하며 다양한 운동을 선봉에서 이끌기도 했습니다. 우호적이지 않은 상황들 속에서 실패를 거듭하면서도 포기하거나 두려워하지 않는 불굴의 용사이기도 했지요. 그것은 교회와 그리스도인들만이라도 성서의 진리를 그대로 따라 산다면 변화와 혁신이 가능하다는 믿음과 소망의 사람이었기 때문입니다.

이런 독창성과 진정성으로 인해 엘륄은 전세계 기독교 지성인들에게 사랑받는 작가로 자리잡았습니다. 아쉬웠던 것은 엘륄의 여러 책들이 우리말로 번역되고 소개되기도 했지만 그의 사상 전모를 일목요연하게 해설해 줄 안내서가 없었던 점입니다. 금번 이상민 선생님의 책은 바로 그 점을 해소해 줄 귀한 선물이어서 참 감사한 마음입니다. 불문학교육을 전공한 교육학 박사인 저자는 『기술 체계』, 『잊혀진 소망』, 『뒤틀려진 기독교』 등 6권의 엘륄의 대표적 저서를 번역했을 뿐만 아니라, 깊이 있는 연구를 통해서 여러 편의 탁월한 논문을 발표해 그의 사상 이해의 길잡이 역할을 해왔습니다.

특히 감사한 것은 저자 이상민 박사님이 이 책에서는 단순한 해설을 넘어서 각 장마다 엘륄의 삶과 사상이 가진 의의를 오늘날 우리가 해야 할 일과 연관지어 친절히 보여주고 있는 점입니다. 과연 지금 우리는 엘륄이 세속화된 프랑스와 유럽 사회를 향해 그랬던 것처럼 복음을 들고 현실과 치열하게 씨름하되 거룩함으로 구별된 증인이 되어야 할 때임이 틀림없습니다. 이 책을 펼치는 모든 독자들이 엘륄과 같은 믿음과 소망을 품게 되는 복을 누리게 되시길 기도합니다.

| 추천사 3 |

예언자 자크 엘륄의 메시지를 받아들이는데 필요한 도구

프레데릭 로농 Frédéric Rognon_ 프랑스 스트라스부르 대학교 개신교 철학대학 교수

20세기 프랑스의 진정한 예언자 자크 엘륄은 살아생전 프랑스에서는 전혀 인정을 받지 못했습니다. 하지만 그가 죽은 지 25년이 지난 오늘날, 그는 모든 사람에 앞서 너무 일찍 옳은 판단을 했음이 드러납니다. 그는 지금 우리에게 닥치고 있는 것을 반세기 앞서 알았기에, 마침내 자신의 조국 프랑스에서도 추앙받게 된 것입니다. 그 동안에는 미국인들이 우리의 미래를 명확히 밝혀주는 천재성을 그에게서 식별했습니다. 특히, 그들은 기술 담론의 급격한 확산으로 특징지어지는 이 세상에서 살아가려고 애쓰는 그리스도인들입니다. 즉, '권력', '기술', '돈', '이미지' 같은 새로운 우상들 앞에서 어떻게 예수 그리스도에 충실할 수 있느냐는 것입니다. 엘륄은 현대 세상에 대한 놀라운 해석 틀을 우리에게 제시할 뿐 아니라, 새로운 소망을 위해 세상에 적절히 참여할 수 있는 길을 제시합니다.

60권 이상 되는 엘륄의 엄청난 저작의 반 정도가 이미 한국어로 번역되어, 한국 독자들은 그 번역서들을 접할 수 있습니다. 그렇지만 엘륄의 삶의 주된 경로와 사상의 주요 축을 동시에 소개하고 설명하는 종합적인 저서가 없는 실정입니다. 그러므로 본서가 얼마나 때를 맞춰 잘 나온 것인지 알 수 있습니다. 본서는 엘륄이 진정으로 어떤 인물이었는지 알게 해주고, 그의 저작의 요체를 이해하게 해줍니다. 특히, 본서는 엘륄의 사상과 저작 논리를 규정하는 변증법적 움직임으로 우리를 이끌어 갑니다. 즉, 기술 사회에 대한 비판적인 분석, 그리고 기술 사회의 한 가운데서 성서 계시로 살아

가기 위한 기독교 윤리의 제시입니다. 그러한 변증법의 두 가지 축 각각은 서로 의지하면서 서로를 통해 함양됩니다. 오늘날 그리스도인에게 엘륄의 메시지가 지닌 의미 자체는 바로 그러합니다.

    따라서 우리는 저자의 작업에 대해 어떻게 감사를 표해야 할 지 모르겠습니다. 저자는 엘륄의 책을 여러 권 번역하고 나서, 이제 광대하고 복잡하며 치밀한 엘륄의 사상과 저작 속으로 인도하는 통로를 우리에게 제시합니다. 이제부터 한국 독자는 한 예언자의 메시지를 받아들이는데 필요한 도구를 갖추게 된 것입니다. 우리는 본서의 출판에 대해 기쁨을 감출 수 없으며, 저자에게 깊은 감사를 드립니다.

| 추천사 4 |

'자크 엘륄'이라는 산을 오르기 위한 안내서와 지도

박동열_ 서울대학교 교수/한국자크엘륄협회 회장

인공지능(AI), 드론, 빅데이터, 사물인터넷, 블록체인 등 기술적 도구들이 4차 산업혁명을 대표하는 기술이라고 보든지, 또 그것들이 단지 키워드에 불과하다고 보든지 간에, 세간에서 지적하는 4차 산업혁명의 흐름은 더욱 강화되고 있습니다. 기술의 이 급격한 비약은 아날로그와 디지털의 결합, 하드웨어와 소프트웨어의 결합, 알고리즘과 데이터의 결합, 피지컬과 사이버의 결합과 같은 '초융합', 그리고 인공지능, 머신러닝, 딥러닝과 같은 '초지능'으로 요약될 수 있습니다. 이는 산업혁명 같은 기존의 혁명과 그 깊이와 질에서 명백히 구분되는 엄청난 혁명적 비약임이 분명합니다. 그와 동시에, 하나의 기술이 미칠 파급 효과가 도저히 가늠조차 되지 않기에, 사람들은 미래의 안전과 평안을 보장받는 것에 대해 매우 불안해하고 있습니다. 분명한 사실은 인간의 미래는 절대로 현재의 연장이 아니라는 점이며, 앞으로 기술은 매우 빠른 속도로 발전할 것이라는 점입니다. 특히, '딥러닝'으로 혁명적 발전을 거듭하고 있는 인공지능은 이제 인간의 지능을 추월할 가능성을 보이면서 미래 사회에 대한 심각한 도전과 질문을 던지고 있습니다. 그 핵심에는 오늘날 기술의 급격한 발전이 과거와 달리 인간의 통제 범위를 벗어나 수많은 기술들이 서로 연결되어 하나의 '총체적 기술 현상'으로 진화하는 양상이 자리 잡고 있습니다. 그리고 이러한 기술 환경에 인간은 자발적으로 순응하게 되어, 결국 현대인의 삶 전 영역을 지배하는 '기술 체계'가 만들어지고 있다는 사실도 부인할 수 없습니다.

그리스도인이 살아가는 이러한 시대적 상황은 그리스도인에게도 자신의 정체성에 대한 심각한 도전과 혁명적 역할을 필연적으로 요구합니다. 왜냐하면 예수 그리스도를 삶의 '주인'으로 삼고 이 세상과 하늘이라는 두 도성에서 사는 그리스도인은 '기술 체계'에서 필연적으로 빚어지는 인간의 '자유'의 상실이라는 결과에 맞서 저항하지 않을 수 없기 때문입니다. 그와 동시에, 인간의 지능을 뛰어넘는 인공지능이 출현하는 시대에도 기술들은 궁극적으로 '생명'과 '영'에 속한 것을 다룰 수 없으므로, 교회와 그리스도인의 직무와 역할은 그 어느 때보다 중대하기 때문이기도 합니다.

현대 사회에서 기술이 차지하는 위상, 기술의 속성, 기술 현상의 특징과 결과 등 총체적 기술 담론을 일찍부터 제시한 사람은 프랑스의 사회학자이자 개신교 사상가인 자크 엘륄 Jacques Ellul입니다. 하지만 자크 엘륄의 사상을 총체적으로 정리하여 정확하게 전달하는 일은 쉬운 일이 아닙니다. 무엇보다, 그는 기독교 신학적 측면과 사회학적 측면으로 구분될 수 있는 60여 권의 저서를 집필하고 무수한 논문과 신문기사를 썼기에, 그의 글을 전반적으로 읽는 열정이 없다면, 그의 사상체계를 총체적으로 전해주기란 그리 만만한 일은 아닙니다. 이런 맥락에서, 국내에서 엘륄의 저작을 가장 열성적으로 정독(精讀)해 오신 이상민 선생님이 본서를 통해 그의 사상을 정리하여 출간한다는 것은 매우 반가운 일입니다.

그런데, 또 다른 난점은 엘륄의 글에서 드러나는 독특한 특징에 있습니다. 그는 엄청난 양의 독서 이후에 일필휘지(一筆揮之) 하듯이 책을 썼기 때문에, 글의 전개 과정과 자신의 생각을 풀어내는 속도가 매우 빠릅니다. 이 빠른 속도 속에 그의 응축된 사유 덩어리들이 곳곳에서 반짝이고 있어서, 그의 글을 해석하고 번뜩이는 통찰력을 간파하기 위해서는 누구든 종종 글 읽기를 멈추어야만 합니다. 또한 그 과정에서 만나는 논리의 비약과 느닷없는 문화적 배경 지식은 독자들은 물론 그의 저서를 번역하는 역자들까지도 곤혹스럽게 만드는 것이 사실입니다. 뿐만 아니라, 프랑스 대(大)사상가들의 글이 흔히 그렇듯이, 엘륄의 글도 방사형으로 돌면서 퍼지면서 진행되기 때문에, 그의 생각 전반을 하나의 화폭에 담는다는 것은 오랜 기간 그의 문체에 익숙해지지 않고서는 불가능한 일입니다. 하지만 엘륄의 사유의 원천에 다다르기 위해 프랑스의 전문가들과 소통하고, 사회·문화적 배경 탐색과 문헌 검토를 게을리하지 않은 이상민 선생님이 엘륄 사상의 뼈대를 일목요연하게 조망해 볼 수 있도록 본서를 출간한 것은 오히려 때 늦은 감이 있으나 다행이라고 할 수 있겠습니다.

때로는 산을 오를 때 무작정 보이는 길을 선택해서 산기슭의 굴곡진 길과 계곡을 오르면서 산의 정취를 만끽하고, 산의 정상에서 쾌재를 부르면서 산행(山行)의 희열을 느낄 수도 있을 것입니다. 하지만 자신이 오를 산의 지형과 매력과 특징을 총체적으로 음미하기 위해서, 그리고 길을 잃고 헤매지 않기 위해서는 산에 관한 지식들과 등산 지도를 가지고 있는 편이 바람직할 것입니다. 본서는 바로 사상가 '자크 엘륄'이란 산을 오르려는 입문자들에게 최적의 안내서와 지도가 될 것으로 확신하여 적극 추천합니다.

| 일러두기 |

1. 자크 엘륄의 저서의 프랑스어 제목과 한국어 번역본의 제목이 일치하지 않을 경우, 한국어로 옮긴 프랑스어 제목 옆에 한국어 번역본의 제목을 병기하기로 한다.

2. 성서에 나오는 표현이나 성서 각 권(卷)의 제목을 나타낼 때, '새번역'에 따라 표기하기로 한다. 예를 들어, '하느님' 대신 '하나님'으로 표기하고, '바울로' 대신 '바울'로 표기하기로 한다.

3. 저서의 인용 출처를 나타낼 때, [저자의 성, 저서의 출판 연도: 인용 페이지]의 형식으로 미주에 표시하고, 내용에 추가되는 설명도 미주에 싣기로 한다.

4. 프랑스어 고유명사를 한국어로 표기할 때 프랑스의 현지 발음을 따르기보다 외래어표기법을 따르기로 한다. 예를 들어, 'Jacques'는 프랑스의 현지 발음이 '자끄'에 가깝지만 외래어표기법에 따라 '자크'로 표기하기로 한다. 그 이유는 프랑스 현지 발음에 가깝다고 해서 외래어표기법을 따르지 않으면서, 심지어 철자 'R'을 'ㄹ' 대신 'ㅎ'으로 표기하는 경향도 있기 때문이다. 그럴 경우, 'Paris'는 '파리'가 아니라 '파히'로 표기되고, 'Provence'는 '프로방스'가 아니라 '프호방스'로 표기되는 현상이 벌어진다.

5. 이 책은 자크 엘륄의 사상과 관련된 저자의 다음 논문들을 토대로 구성된 것임을 밝혀둔다.
「자크 엘륄의 기술 사상과 그 사상에 대한 평가」, 『신앙과 학문』 제24권 1호

(2019. 3).

「자크 엘륄의 인격주의 운동과 혁명적 기독교」, 『기독교철학』 제27호 (2019 봄).

「자크 엘륄의 신학 사상과 그 사상에 대한 평가」, 『신앙과 학문』 제24권 3호.(2019. 9).

「자크 엘륄의 사상의 영향과 현시대에서의 적용」 *기독교학문학회 추계 학술대회 발표 논문(2019. 10. 26. 성균관 대학교).

제 1 부

자크 엘륄의 삶과 사상 개관

Exister,
c'est
résister.

1장 들어가는 말

자크 엘륄은 어려운 가정환경 때문에 어린 시절을 가난하게 보내고, 젊은 시절에는 스스로 생활비를 벌어가며 학업을 지속하면서 법학박사 학위를 받는다. 어린 시절 그에게 특별한 기독교 환경이나 종교적 양육은 없었다. 하지만 개신교 신자인 어머니의 영향, 소년기에 그를 사로잡은 복음서의 한 구절, 18세 되던 해에 일어난 회심, 22세에 읽은 로마서 8장의 한 구절을 통해 그는 결국 그리스도인이 된다. 나중에는 프랑스 개신교회에 합류하면서 기독교 신앙은 그의 삶의 중심이 된다. 그는 프랑스 개신교 내에서도 프랑스 개혁교회 전국위원을 맡아 프랑스 개혁교회를 변혁시키려는 운동을 끈질기게 이끌고 나가기도 한다. 또한 평신도 사역자로서 고향 페삭에서 작은 교회를 맡아 목회 일을 하기도 한다. 그는 스트라스부르 Strasbourg 대학교 강사 시절 학생들 앞에서 독일의 괴뢰 정부인 비시 Vichy 정부의 수반 페탱 Pétain 원수를 비판한 사건으로 면직된다. 어쩔 수 없이 보르도로 돌아온 그는 레지스탕스에 가담하여 활동하다가 독일로부터 해방을 맞이한다.

이후에 엘륄은 보르도 시청에서 부시장을 잠시 역임하다가 관료주의의 한계를 느끼고 부시장직을 사임한다. 그는 정치에 대해 환멸을 드러내지만 해방 직후에는 정치 활동에 열정적으로 잠시 참여하기도 한다. 또 프랑스에서 최초로 청소년 범죄 예방 클럽을 만들어 길에서 방황하는 청소년들을 새로운 방식으로 재교육하는 청소년 범죄 예방 활동에 적극적으로 참여하기도 한다. 그리고 프랑스 남서부 아키텐[2] 연안 개발에 반대하는 환경보호 투쟁에도 오랜 기간 열성적으로 가담하여 부분적인 성공을 거두기도 한다. 특히, 젊은 시절에 당시 매우 격동적인 사회 정치적 상황과 맞물려 인격주의 운동에 뛰어든다. 그는 이 운동을 기독교적 토대 위에서 시작하여 이끌면서 치열하게 전개해 나간다. 즉, 프랑스 남서부 지방을 중심으로 인격주의 운동 소그룹들을 결성하여 활발한 운동을 펼치면서, 개인과 집단의 철저한 변화를 통해 사회의 근본적인 변화를 시도한다.

엘륄의 사상 전반은 사회학적 측면과 신학적 측면으로 뚜렷이 구별된다. 그러나 두 측면이 하나의 전체를 이루면서 통일성과 일관성을 유지하는 것이 특징이다. 특히, 그는 마르크스 Marx 사상과 성서라는 두 가지 영향을 동시에 받게 된다.『자본론』을 통해 그에게 전해진 마르크스 사상은 이 세상의 현실을 발견하고 해석하는 도구가 된다. 그렇지만, 성서 계시는 그에게 마르크스 사상과는 다른 측면에서 마르크스 사상이 설명하지 못하는 개인적인 문제와 삶에 대한 설명을 제시한다. 그는 그 둘 중 어느 하나를 배제하지도 못하고 그 둘을 종합할 수도 없다. 마침내 변증법적 접근방식으로 자신의 연구 전체를 이끌고 나가면서, 사회학적 측면과 신학적 측면이라는 두 영역에서 연구하게 된다.

제1부에서는 기독교 신앙이 삶의 중심이 된 과정, 프랑스 개혁교회의 변혁을 위해 쏟아부은 노력과 시도, 평신도 사역자로서 행한 역할 등을 중심으로 개신교 내에서의 엘륄의 활동을 살펴볼 것이다. 이와 더불어, 레지스탕스 Résistance 참여와 정치 활동, 청소년 범죄 예방 활동, 환경보호 투쟁 등을 중심으로 그가 관여한 사회 참여 활동을 알아볼 것이다. 그리고 사회학적 측면과 신학적 측면이라는 두 가지 측면으로 뚜렷이 구별되는 사상, 마르크스 사상과 성서 계시라는 이중적인 영향, 학문 연구에서의 변증법적 접근 방식 등을 중심으로 그의 사상의 특징을 고찰해 볼 것이다.

2장 개신교 내에서의 활동

| 삶의 중심으로서의 기독교 신앙

가정환경과 종교적 배경

엘륄의 아버지 조제프 엘륄 Joseph Ellul은 몰타 Malta 출신인 부친과 세르비아 귀족 집안 출신인 모친 사이에서 태어났다. 따라서 엘륄의 아버지는 이탈리아계이면서도 세르비아 Serbia 귀족 집안 출신이어서, 오스트리아 시민인 동시에 대영제국의 신민(臣民)이었다. 특히, 그는 회의론자와 자유주의자이면서도 그리스 정교회의 신자이기도 했다. 엘륄의 어머니 마르트 망데 Marthe Mendès는 프랑스 여자와 포르투갈 남자 사이에 태어난 개신교 신자였다. 어린 시절 매우 부유한 생활에 젖어 있던 조제프 엘륄은 비엔나 Vienna 에서 학업을 마치고 보르도에 있는 포도주 도매회사의 대리인으로 취직한다. 그렇게 보르도에서 엘륄의 양친은 운명적인 만남을 하게 된다.[3]

엘륄의 아버지는 귀족 집안 출신답게 명예를 무엇보다 소중히 여기면서 타협을 모르는 성격의 소유자여서 몇 번이나 직장을 잃는다. 그 바람에, 어머니가 사설 강습소와 집에서 그림을 가르치거나 자신이 그린 그림을 팔아서 생계를 근근이 꾸려나간다. 이처럼 엘륄은 아버지의 영향으로 귀족적 덕목을 중시하는 환경 속에서 길러진다. 비록 그는 어린 시절을 가난하게 보내지만, 어머니의 남다른 애정과 따뜻한 보살핌 덕분에 그 시절에 대한 행복한 추억이 그에게 남겨져 있다.[4]

엘륄의 어머니는 보르도 롱샹 Longchamp 고등학교의 학급에서 일등을 하던 그를 숙제가 끝나기만 하면 보르도의 강가나 습지나 공설공원에서 자유롭게 놀도록 내버려 둔다. 고등학교 시절 그는 키가 작고 약해서 훨씬 힘이 센 학생들로부터 괴롭힘을 당하는데, 거기서 벗어나게 된 일화를 특별히 소개한다. 그는 혼자서 그 상황을 결코 벗어날 수 없다고 생각한다. 그런 나머지, 같은 반에 속한 키가 작고 약한 다른 학생 두 명과 연대를 맺고 그들 중 한 학생이 괴롭힘을 당하면 함께 도와준다. 그렇게 함으로써 힘센 학생들이 더는 그들을 괴롭히지 않게 된다.[5]

엘륄은 라틴어, 프랑스어, 독일어 그리고 역사에 두각을 나타낸다. 그는 어려운 가정 형편 때문에 16세부터 어학 교습으로 생활비를 벌어가며 학업을 계속하여 대학입학 자격시험에 합격한다. 그는 해군 장교가 되고 싶어 하지만 아버지는 법률을 전공하도록 강요한다.[6] 결국, 보르도 법과대학에 들어가고 1936년에 법학박사 학위를 받는다. 이처럼 그가 법학을 한 것은 부친의 요구가 일차적이었다. 하지만 그 자신도 어려운 가정 형편 때문에 가족 부양에 반드시 필요한 직업을 구하기 쉬운 학문이 법학이라고 생각했기 때문이다. 그는 자신이 생활비를 벌어 가족 부양을 책임져야 하던 힘겨운 대학 시절을 이렇게 회상한다.

> 나는 법대생이었고, 나의 아버지는 실직 상태였으며, 모든 것이 내가 버는 것에 달려 있었다. 나의 부모님은 모두 병이 났고, 병은 심각했다. 나머지 모든 것 이외에도 시장 보는 것, 요리하는 것, 부모님을 간호하는 것이 나의 의무임을 알았을 때, 나는 절망의 바닥에 닿은 것이라고 생각했다.[7]

엘륄은 어린 시절 자신의 신앙 환경과 부모의 종교적 배경에 대해 이렇게 회고한다.

> 실제로 나는 어린 시절에 전혀 종교적 양육을 받지 못했다고 할 수 있다. 매우 지적이고 문화적인 나의 아버지는 철저한 볼테르주의자였기 때문에, 나는 어떠한 종교적 양육도 받지 못했다.[8]

엘륄의 아버지는 종교와 관련이 있는 것이라면 그 어떤 것에 대해서도 극히 비판적이었다. 그는 종교가 단지 신화에 불과하며, 아이들을 위한 거인 이야기나 요정 이야기일 따름이라고 확신한다. 그와 동시에, 그는 자유주의자여서, 아들이 어떤 방향으로 가도록 강요할 권리가 자신에게 없다고 느낀다. 따라서 아들이 종교적 가르침을 받는 것을 원하지 않는다. 하지만 아들이 기독교와 관련된 문제들에 대해 얼마간의 지식을 갖는 것에 대해서는 반대하지 않는다. 그의 종교적 배경은 그리스 정교이지만, 당시 보르도에는 그리스 정교회가 없다는 사실 때문에 그는 어떤 종교적 접촉도 거의 가질 수 없었다.[9]

엘륄의 어머니는 신앙심 깊은 그리스도인이었다. 하지만 그녀는 남편에게 충실하고 남편이 바라는 것을 존중하기에, 아들에게 기독교에 관해 결코 이야기하지 않는다. 또한 그녀는 독실한 신자이지만 교회에는 절대로 가지 않는다. 그녀가 자신이 그리스도인임을 밝힌 것은, 단지 나중에 아들이 몇 가지 질문을 하기 시작할 때였다. 그런 이유로, 엘륄은 부모로부터 어떤 종교적 양육도 받지 않았고, 그의 집에는 단지 몇 권의 책 가운데 하나인 성서가 있을 따름이었다.[10]

기독교로의 회심

이처럼, 어린 시절 엘륄에게 기독교적 환경이나 기독교 교육은 거의 존재하지 않고, 심지어 그의 가정은 기독교적 도덕성과 무관하다. 심지어 그는 어머니가 무릎을 꿇고 그녀가 기도라고 부르는 신비스러운 행위를 하는 것을 가끔 목격하지만, 그는 이 행위가 무슨 의미인지도 알지 못한다. 그럼에도 어린 시절 자신에게 감동을 준 성서 구절 중 계속 자신을 사로잡고 있는 구절을 소개하면서, 이 구절이 그에게 끼친 영향을 설명한다. 그는 10살 내지 11살이 되던 어느 날 복음서를 읽다가 "나는 너희를 사람을 낚는 어부로 삼겠다."라는 구절이 그의 가슴을 두근거리게 한다. 그는 그 구절이 무슨 의미인지 이해하기까지 몇 년 동안 그 구절 때문에 번민한다. 복음서에 기록된 그 한 구절이 그를 깊이 꿰뚫고 들어온 그 사건이 발생한 오랜 후에, 하나님의 존재에 관한 문제를 고려하기 시작한다.[11]

물론, 엘륄이 기독교를 접한 것은 개신교 신자인 어머니를 통해서이다. 그래서 어머니의 영향으로 어린 시절 교회에 참석하여 교리문답 교육을 받기도 하지만 그 교육이 큰 영향을 주지는 않는다. 보르도 법과대학에 들어가기 직전이던 해, 그는 '계시' 혹은 '회심'이라 불리는 것을 개인적으로 체험함으로써 그것을 통해 기독교에 귀의한다. 그 회심은 그를 기독교의 길로 들여놓게 하고 그로 하여금 개신교, 곧 프랑스 개혁교회에 들어가도록 점점 이끄는 것이었다. 그런데, 그의 신앙이 구체적 형태로 나타나는 데 시간이 걸리기에 아직 기독교에 귀의한 것은 아닐 수 있으나, 정확히 1930년 8월 10일 하나님이 그에게 나타난 것이다. 그렇지만 그는 회심한 동기를 구체적으로 설명하려 들지 않는다. 그뿐 아니라, 타고난 조심성 때문에 자신에게 하나님이 나타난 것에 대해서조차 이야기하기를 늘 꺼린다.

이처럼, 엘륄은 자신이 경험한 회심에 대해 이야기하기를 꺼리면서도, 이 회심에 관해 질문하는 애제자 파트릭 트루드 샤스트네[12]에게는 이에 대해 좀 더 구체적으로 설명한다. 즉, 엘륄에게 갑작스럽다고 할 수 있는 무거운 회심이 보르도에서 그리 멀지 않은 친구 집에서 방학 기간 중이던 여름에 일어난다. 그 회심이 일어난 것은 대학입학자격시험 철학 과목을 치른 직후이기 때문에, 18살이던 무렵이다. 그는 『파우스트』를 번역하는 데 열중하며 집안에 혼자 있을 때, 하나님의 명백한 현존, 곧 그를 완전히 사로잡은 믿을 수 없고 놀라운 어떤 것을 느낀다. 그런데, 바로 그것이 그가 회심에 대해 말할 수 있는 전부다. 이후에 그는 "이것이 하나님의 현존이다."라고 속으로 말하면서, 자신이 회심을 경험했음을 재빨리 깨닫게 된다. 그러고 나서 그 회심이 견고한지 그렇지 않은지 확인해야 하기에, 반(反)기독교 작가들의 글을 읽기 시작한다. 그래서 돌바크[13] 같은 반(反)기독교 작가의 저서 및 자신이 이미 약간 알고 있던 마르크스의 저서를 읽지만, 그의 신앙은 계속 유지된다. 하나님과의 만남을 통해 그의 사고가 재편성되고 그의 존재 전체가 뒤흔들린 것이다.[14]

엘륄은 회심에 관한 간증을 우리가 너무 많이 듣기 때문에 회심에 대해 말하기를 결코 내키지 않아 하면서도, 이 문제에 관해 두 가지만을 언급한다. 즉, 그의 회심은 '돌발적인 회심' 중 하나이며, 그에게 자신을 계시한 존재로부터 그가 기를 쓰고 도망치기 시작했다는 것이다.[15] 그는 하나님이 그에게 말했다는 것을 깨닫지만 하나님이 그를 소유하기를 원하지 않는다. 하지만 하나님의 그런 압력에 굴복함으로써, 더는 그가 자신의 주인이 될 수 없다는 두려움에 떤 것일 수도 있다. 그래서 그는 계속 도망치고, 그 투쟁은 계속된다. 22세 되던 해, 회심의 두 번째 단계가 로마서 8장을 읽는 중 찾아온다. 그런데, 이는 그에게 두려운 경험으로 나타난다. 특히, "모든 피조물이 이제까지 함께 신음하며 함께 해산의 고통을 겪고 있다."라는 로마서 8장의 구절은 개인적 차원과 집단적 차원에서 그에게 반응을 불러일으킨다. 또한 그 구절은 그로 하여금 역사 저편에 대한 투명한 전망을 보게 만든다.[16]

그러한 회심을 통해 그는 결국 그리스도인이 되고, 기독교 신앙은 그의 삶의 중심이 된다. 그런데, 그 시기에 그에게 깊은 영향을 준 책은 성서와 마르크스의 『자본론』이다. 따라서 기독교로 회심한 이후부터 성서와 『자본론』 사이에서, 그리고 예수와 마르크스 사이에서 갈등과 대립을 느낄 수밖에 없었다. 그리하여 교회에 가까이 가려고 애쓰지만, 마르크스 사상의 영향으로 전혀 열심을 내지 못하고 교회를 사회학적으로 연구하게 된다. 다시 말해, 기존의 교회를 비판할 수 있고 사회학적으로 분석할 수 있는 도구를 마르크스가 제시한다. 그 때문에, 그는 매우 일찍부터 교회에 대한 비판을 감행한다. 하지만 사람은 혼자서 그리스도인이 될 수 없다고 생각한 나머지 교회에 들어가게 된다. 그 당시 가톨릭교회에 나가려고 상당한 노력을 기울이지만, 가톨릭교회는 그를 크게 매료시키지 못한다. 결국, 그가 프랑스 개혁교회, 곧 개신교에 합류하게 된 것은 가톨릭교회보다는 개신교가 성서에 더 가깝다고 느꼈기 때문이다.[17]

| 프랑스 개혁교회의 변혁을 위한 시도

프랑스 개혁교회에서의 역할

엘륄에 따르면[18], 그리스도인은 모든 사회적 순응과 완전히 결별한 상태에서 자신의 사고와 행동을 통해 예언적 사명을 부여받는다. 그 때문에, 그리스도인은 현실 가운데서 종말론의 힘을 지니고 있다. 그래서 그리스도인은 예수 그리스도의 영광스러운 재림에 대한 소망을 통해, 기술적인 독재에 맞설 수 있는 혁명적 상황에 놓인다. 이처럼, 엘륄에게는 이 사회를 변화시켜야 할 기독교적 이유가 있다. 그래서 그는 자신들이 사는 사회를 변화시킬 능력이 있는 사람들이 있다면, 그들은 그리스도인일 것으로 생각한다. 하지만 교회가 누룩이 되고 세상을 변화시킬 만한 하나의 세력이 되려면, 교회가 변화되어야 함을 깨닫게 된다. 그리하여 그는 "왜 다른 그리스도인과 함께 일하지 않는가? 왜 내가 교회를 변화시켜 사회를 변화시킬 수 있는 세상의 소금과 누룩과 힘이 되게 할 수 없는가?"[19]라는 의문을 제기하면서, 세계교회협의회 및 프랑스 개혁교회에서 일하기로 작정한다.

엘륄은 세계교회협의회의 여러 위원회에 참여하고, 특히 1948년 암스테르담 세계총회의 최종보고서 작성에 참여하기도 한다. 하지만 세계교회협의회 모임들의 형식과 실체에 대해 실망한 나머지, 1951년 그 직위에서 물러난다. 그는 1947년 프랑스 개혁교회 '전국 교회회의' 위원에 선출되기도 한다. 그리고 1956년 프랑스 개혁교회에서의 최고 직위인 '전국위원회' 위원에 선출되어 위원직을 수행한다.[20] 전국위원회는 프랑스 개혁교회를 지도하는 10명의 목사와 10명의 평신도로 이루어진 그룹이었다. 그는 전국위원회에서 활동하면서 기독교를 사회 내에서의 활발한 운동으로 만들고자 프랑스 개혁교회를 변화시키려는 계획을 세운다. 다시 말해, 프랑스 개혁교회를 변혁시켜 사회 내에서의 적극적인 운동을 시도하려는 중대한 과업을 맡은 것이다.

이처럼, 엘륄은 프랑스 개혁교회를 변화시키려고 노력하면서 1970년까지 15년 동안 전국위원회에서 일한다. 그런데, 이는 엄청난 인내를 요구하는 어려운 일이 된다. 그런 노력의 하나로 다수의 주력 부대를 세우기도 하고, 교회 지도자들로 하여금 몇몇 새로운 지침들을 수용하게 하기도 한다. 하지만 프랑스 개혁교회의 변혁을 위한 그의 끈질긴 노력과 상관없이 이후에 실망스러운 결과와 실패가 나타난다. 그는 "결국 우리는 그리스도인의 전통주의 및 변화에 대한 일종의 무관심, 그리고 제도 그 자체 속에서 꼼짝 못 하게 되고 만다."[21]라고 하면서, 그 결과와 실패에 대한 심정을 토로한다. 그럼에도 1973년의 교회회의에서는 격렬한 토론을 거쳐 신학 수업의 변화를 채택하게 하는 데 성공한다. 그런 노력에도 불구하고, 그는 프랑스 개혁교회 내에서 여전히 주변에 머물러 있으며 통제할 수 없는 인물로 간주된다.

장 보스크와의 전략위원회 활동

프랑스 개혁교회를 변혁시키려는 과업을 수행하는 데 엘륄은 주로 제도적 개혁의 측면에서 일을 하였지만, 그의 친구 장 보스크 Jean Bosc는 신학적 개혁의 측면에서 일한다. 엘륄은 보스크에 대해 자신을 칼 바르트 Karl Barth에게 인도해 준 것 외에도 자신의 인격을 형성해주고 자신의 인생에 많은 영향을 주었기 때문에, 그가 없었다면 자신도 존재할 수 없었을 것이라고 고백한다. 엘륄에 따르면[22], 보스크는 보기 드문 그리스도인의 한 사람으로서 믿을 수 없을 만큼 그리스도인의 권위를 지니고 있었다. 또한 보스크는 반석 같은 신앙을 계속 유지하면서 그의 삶 전체가 이 신앙으로부터 발산된 뛰어난 인격의 소유자였다. 자신의 곁에 그가 있다는 것 자체가 위안이 될 정도로, 엘륄에게 그는 하나님의 사랑이 현실에 나타난 것 같은 존재였다. 엘륄은 그와 더불어 직업과 기독교 신앙을 일상에서 어떻게 양립시킬지 모색하려는 목적에서 '개신교 직업 연합'을 창설하기도 한다. 특히, 1969년 보스크가 사망하자 그의 뒤를 이어 바르트 신학 계열의 잡지 『신앙과 삶 Foi et Vie』의 편집위원회를 17년간 이끌어나간다.[23]

엘륄과 보스크는 동일한 공감대를 형성하여 교회를 역동적으로 만들려는 목적을 위해 서로 협력한다. 특히, 엘륄은 항상 사람들이 혁명적인 결단을 내리도록 유도할 수 있는 동기를 찾는다. 그런데, 대중운동을 시작하려는 의도나 혹은 사람들로 하여금 피상적이고 감정적인 명분으로 대중운동에 참여하게 하려는 의도로 그렇게 한 것은 아니다. 그는 가능한 한 현 상황에 대해 철저하게 자각하고 깨어 있을 때, 행동하기 위한 결단이 가능하다고 판단한다. 그래서 그는 당시 프랑스 개혁교회가 그러한 각성을 일으킴으로써, 자신을 참 그리스도인이라 생각하는 모든 개신교인에게 사회에 대한 참여의식을 고취시켜야 한다고 생각한다. 또한 그렇게 함으로써 그들로 하여금 사회의 문화적이고 신화적인 구조를 개혁시킬 수 있는 동기를 발견하게 해야 한다고 생각한다. 그리하여 프랑스 개혁교회와 개신교인의 각성을 위해, 그리고 다가오고 있는 위기에 대처하기 위해, 1955년경 프랑스 개혁교회의 특별위원회인 '전략위원회'가 구성된다.[24]

하지만 그 전략위원회의 과업과 계획은 프랑스 개혁교회 내에서 성공을 거두지 못하고 결국 실패로 돌아가는데, 엘륄은 그 원인을 분석한다. 전략위원회는 우선 프랑스 개혁교회가 가지고 있는 현실적인 힘의 상태를 파악하는 것이 필요하므로, 가능한 한 철저하게 전략적인 목록 작성에 착수한다. 그래서 당시 1백만이라는 프랑스 개신교인의 숫자는 허울에 불과하며, 단지 30만의 신실한 신자가 있을 따름이라는 사실이 파악된다.

전략위원회의 두 번째 과업은 어떻게 하면 하나님의 백성이 사회의 전반적인 문제를 인식할 수 있게 하는가에 대한 연구이다. 그 문제를 개략적으로 표현하면, "무엇이 인류를 위협하는가?"라는 것이다. 다시 말해, "그리스도인이나 기독교 신앙을 위협하는 것이 무엇인가?"라는 문제가 아니라, "사회생활을 하는 인류를 위협하는 것이 무엇인가?"라는 문제이다.

전략위원회의 세 번째 과업은 경직되고 꽉 막혀 있는 교회 구조를 개혁하는 일이다. 그 구조들이 탄력 있게 운영되어 사람들이 기동성 있게 활동할 수 있도록, 즉 융통성 있게 능력을 발휘하며 일을 할 수 있도록 배려하는 일이다. 그리하여 전략위원회는 교회 구조의 개혁에 착수하여 실행 가능한 변화만을 제시한다. 예를 들어, 지방 교구의 재조직, 교구와 장로회 단체 사이의 관계, 교회 광고에 관한 문제, 교회 권위의 문제 등을 총망라하는 7개의 대원칙을 마련하고, 이 대책들을 점진적으로 적용하기 위한 계획도 수립한다.[25]

그런데, 몇 년에 걸쳐 수립된 그 계획은 결국 교회 일반 신자들의 몰이해로 말미암아 완전히 실패한다. 물론, 전략위원회는 신자들에게 그 계획에 대한 가능한 한 많은 정보를 전달하기 위해, 출판과 강연과 여론 조사 같은 이용할 수 있는 모든 수단을 동원한다. 하지만 다음 같은 세 가지 형태의 반응에 부딪힌다. 그중 하나는 그 계획을 통해 교회에서 정치를 하고 있다는 신자들의 비난이다. 다른 하나는 그 계획은 사회제도 속에나 적용시키는 것이 적합하다는 신자들의 의견이다. 그리고 마지막으로 그 계획이 신앙과 무관하다는 신자들의 느낌이다. 결국, 그 계획의 실패한 주된 원인은 대부분의 신자가 그 문제에 무관심하고, 그 시대의 진정한 문제를 인식하지 못하며, 연약한 영적 자질을 소유한 데 있다고 볼 수 있다.[26]

이처럼 엘륄은 기독교 평신도들이 이 사회에서 그리스도인으로서 자신의 책임을 깨닫기를 원한다. 하지만 신도들의 몰이해와 무관심과 연약한 영적 자질 이외에도 더 큰 문제에 부딪힌다. 우선, 개신교 자체가 개인적 신앙과 개인적 성경 해석 관점에 의존하고 있다는 것이다. 구체적으로 말하면, 개인적 신앙으로부터 단체 행동으로 이동할 필요성, 곧 개인 구원만을 단지 설교하는 것이 아니라 하나님 나라를 설교하는 것으로 옮겨 갈 필요성이 강조된다. 하지만 개신교인들은 이를 받아들이지 않는다는 것이다. 특히, 예수 그리스도는 구원자이면서 주(主)이기 때문에, 그리스도의 '주(主) 됨'이 어떻게 이 세상에 나타나야 하는지 살펴보아야 한다. 또한 하나님 나라는 미래의 실재이면서 이 세상에 존재하고 활동하는 차원임을 고려해야 한다. 하지만 그런 관점이 종종 전통적인 개혁 신학에서 무시되고, 그러한 무시가 전체 개신교의 부정적 반응이나 혹은 무관심의 반응을 불러일으키는 원인이 된다는 것이다.[27]

| 평신도 사역자로서의 역할

고향 페삭에서의 목회 활동

엘륄은 프랑스 개혁교회 전국위원을 맡아 프랑스 개혁교회를 변혁시키려는 과업을 수행하는 이외에도, 비록 직책상으로 목회자는 아니지만 고향에서 작은 가정교회를 만들어 목회 일을 하기도 한다. 그와 아내는 페삭에 정착하면서 그곳 교구의 '평신도 사역자'가 된다. 개신교도 몇 가정이 있지만 아직 교회가 없던 그곳에 가정교회를 세우고, 그 교구에서의 공동체적 삶을 이루는 데 노력한 것이다. 그와 아내는 약 10여 명의 사람과 모임을 시작하고, 우선 한 달에 2번씩 자신들의 집 식당에서 예배를 드리기로 한다. 이후, 점점 예배 횟수가 늘어나서 나중에는 한 달에 4번씩 예배를 드리게 된다. 참석 인원도 많이 늘어나서 예배 장소인 넓은 식당이 비좁을 정도로 사람이 넘쳐난다. 또한 어린이를 대상으로 하는 교리 교육, 좀 더 정확히 표현하면 '주일학교'라 부를 수 있는 반도 운영되고, 여성들로 구성된 기관도 조직된다. 그 모든 것은 아내의 놀라운 사역 덕분에 이루어진다. 즉, 그는 주로 가르치는 일에 매진하고, 아내는 섬김과 심방 활동에 헌신한 것이다.[28]

1953년 지역 목회 활동을 시작한 그와 아내는 1960년경 관할 교회인 보르도 교회에 현재 50여 가정이 등록되어 있고, 60여 명의 아이가 주일학교에 등록되어 있다고 보고한다. 그들로서는 그 모든 것을 감당하기가 더는 힘들었던 것이다. 그래서 보르도 교회는 그들 집 바로 옆에 우연히 비어 있던 건물을 매입하는 것을 수락한다. 그리하여 교구 신자들이 힘을 모아 그 건물을 예배 장소로 만들기 위해 일을 시작한다. 목회 일을 시작한 초기에 그와 아내는 상대적으로 가난한 많은 노동자 가정을 접한다. 그들은 그 가정들이 예배 모임에 오기를 꺼릴 것이라고 생각한다. 그런데, 놀라운 일은 여전도회 첫 모임에 실제로 노동자 가정의 부인들만 참석한다. 그녀들은 아무 거리낌 없이 모임에 온 것이다.[29]

따라서 처음 몇 년 동안에는 예배 모임의 특징이 세 가지로 나타난다. 첫째, 열성적인 가정과 예배 모임에 충실히 참석하는 신자의 수가 일치한다는 것이다. 다시 말해, 명부에 등록되어 있으나 결코 예배 모임에 보이지 않는 사람들이 없다는 것이다. 둘째, 아주 서민적인 사람들이 예배 모임에 오고, 노동자들이 아무 문제없이 예배 모임에 참석한다는 것이다. 셋째, 예배 모임에 참석하는 노동자들은 그들 모두 가운데 큰 연대감과 우정의 흐름이 만들어진다는 것이다. 그런데, 새로운 예배 장소가 완성되자 모든 것이 변한다. 자신들의 온 정성을 쏟아 일하면서 그 예배 장소를 만든 것은 바로 교구의 노동자들이다. 그런데도, 예배 장소가 완공되고 사용되면서 부터 예배 모임에 노동자들이 거의 보이지 않게 된다.[30]

하지만 노동자의 아내들은 훨씬 더 신실하기 때문에, 그녀들은 여전히 예배 모임에 참석한다. 결국, 새로운 예배 장소가 만들어지면서, 다시 말해 어느 정도 공식화된 교회가 됨으로써, 이 예배 장소를 만들려고 힘쓴 사람들은 더는 예배 모임에 나오지 않게 된다. 엘륄은 그 이유를 이렇게 설명한다. 즉, 실제로 노동자들은 교회를 위해 구체적인 노동을 하는 것에 아주 만족해한다. 그들은 그런 것을 통해 4, 5년간 예배 모임에 참석할 뿐 아니라, 새로운 예배 장소를 만드는 일 때문에 모이게 된다. 하지만 새로운 예배당이 완성되자 그들은 교회의 일에서 동떨어져 있다는 느낌을 갖는다. 특히, 그들은 공식적인 장소에 초대를 받기보다는 개인 집에 초대를 받기를 더 좋아한다는 것이다.[31]

목회자의 진정한 역할과 기능

엘륄은 그 교회를 전담한 목회자는 아니었지만, 그때의 목회 경험을 바탕으로 목회자의 역할과 기능을 구체적으로 설명한다. 즉, 신학자이면서 '조정자' le coordinateur로서 목회자의 주된 역할과 기능은 교회의 틀을 만들거나 모임을 조직하는 데 있는 것이 아니라, 설교와 성서 연구 및 가르치는 일에 있다는 것이다.

목회자에게는 설교와 성서 연구라는 역할이 있다. 또한 목회자에게는 가르치는 역할이 있고, 심방을 통해 교구의 신자들 사이에 관계를 설정하는 역할이 있다. 그다음으로 목회자는 그들이 맡을 수 있는 특별한 일에 사람들을 끌어들여야 한다. 예를 들어, 목회자는 젊은이들로 하여금 청년회를 결성하도록 권고하더라도 그들의 모임에 관여하지 말고, 여전도회나 집사회 혹은 다른 모임에도 관여하지 말아야 한다. 그 모든 일에는 본질적인 것이 아무것도 없다. 본질적이었던 것은 설교 사역을 통하여 우리가 실제로 노동자 계층에 다가간 것이다. 많은 사람은 자신들이 그런 사실을 확인할 때까지, 그 사실을 믿으려 들지 않을 수도 있다. 사람들은 노동자들에게 어떻게 합류해야 하는지 알기 위해 고심한다. 나는 그것이 엄밀하고 단순하게 복음을 선포함으로써 가능함을 경험을 통해 알았다. 하지만 그것은 교회적인 틀을 만들거나 조직화하지 않고서 이루어져야 한다. 또한 그것은 노동자들이 편입될 수밖에 없는 미리 만들어진 환경을 조성하지 않고서 이루어져야 한다.[32]

특히, 엘륄은 하나님의 말의 증언자인 목회자의 설교가 하나님의 말을 선포하는 것이 아니라, 목회자 자신의 견해나 생각으로 하나님의 계시를 대체해 버릴 때, 이는 목회자가 하나님으로부터 반드시 단죄를 받게 되는 빌미가 된다고 지적한다. 그래서 그는 목회자의 가장 중요한 역할인 설교에 수반되는 위험성을 이렇게 경고한다.

가장 끔찍하고 모험적인 일이 설교다. 나에게는 하나님을 거짓말하게 하면서 스스로 착각할 권리가 없다. 그러나 누가 내가 틀리지 않을 것을 보장해 줄 수 있을까. 나는 면도날 위에 있다.[33]

엘륄에 따르면[34], 목회자의 설교가 일요일 오전의 경건한 연설 연습일 따름이라면, 목회자는 침묵할 수밖에 없다. 또한 목회자의 설교가 목회자의 말에 의해 전달되는 하나님의 말의 선포가 아니라면, 이 설교는 아무런 의미가 없으며 가장 얼토당토않고 가장 추악한 연설이 된다. 그리고 목회자의 설교가 하나님의 말과 동떨어진 무언가를 입증하는 것이 되고자 한다면, 하나님을 거짓말쟁이로 만듦으로써 자신도 완전한 거짓말쟁이가 될 수 있다. 특히, 목회자가 착각하여 자신의 견해와 생각으로 하나님의 계시를 대체한다면, 또한 자신의 말에 무게감과 광택을 부여하고 청중을 현혹하기 위해 자신의 말을 하나님의 말로 선포한다면, 성령이 인정하지도 않는 그런 목회자의 말은 목회자에 대한 단죄의 빌미가 된다. 즉, 예수 그리스도 안에 계시된 하나님의 진리를 나타내는 말과 관련되어서만이, 목회자에 대한 단죄가 이루어질 수 있다. 왜냐하면 목회자가 거짓말쟁이가 될 수 있는 것은 단지 거기서일 따름이기 때문이다. 이는 하나님의 말을 증언하는 자로서 목회자가 겪을 수 있는 절대적이고 심각한 위험이다.

이처럼, 엘륄은 설교가 지닌 심각한 위험성을 경고하면서도, 하나님의 말을 증언하는 자가 이 세상에 엄청난 변화와 혁신을 가져올 수 있다고 밝힌다. 또한 그는 '전적 타자' le Tout Autre로서의 하나님이 세상에 현존하고 인간의 현실에 관여하는 일에 그런 증언자가 반드시 필요하다고 하면서, 증언자가 맡은 역할의 중요성을 강조한다. 즉, 하나님의 말을 증언하는 자는 상상할 수 있는 가장 큰 변화와 혁신과 단절을 생겨나게 한다. 이는 우리가 '영원', '절대', '궁극' 같은 단어들로 규정하는 '전적 타자'와 '보이지 않는 자'에 대한 입증이며, 파악할 수 없는 차원에 대한 입증이다. 그런데, 그 단어들이 지칭하는 바를 우리가 상상할 수도 이해할 수도 없다면, 그 단어들은 아무런 의미가 없다. 하지만 그 단어들에 의해서만 우리는 그 '다른 존재'에 대한 실마리를 얻는다. 특히, 우리가 그 '다른 존재'의 아들이며 사랑받는 자임을 우리가 안 것은 그 '다른 존재'의 말을 통해서이다.[35]

엘륄에 따르면[36], 증언자는 가시적이고 구체적이며 분석할 수 있는 우리의 현실 속으로 그러한 '전적 타자'가 관여하게 한다. 그리고 '전적 타자'는 현실을 떠맡으면서 현실에 다른 차원을 부여한다. 하지만 어떠한 일도 어떠한 활동도 그러한 증언을 전달하지 못하고, 인간의 '말'만이 그러한 증언을 전달한다. 그 말은 그런 증언에 전적으로 참여하는 자에 의해 전해진 인간의 말이다. 거기에는 성령이 필요하지만, 그와 동시에 증언자도 필요하다. 즉 증언자 없이는 아무것도 일어나지 않는다. 국가화된 기술 세상을 특징짓는 복합적인 전체주의, 인간관계의 폐쇄성, 인간 심성의 냉담함과 관련하여, '전적 타자'가 현존하는 것은 우리 사회와 이 시대의 가장 근본적인 급선무 중 하나라는 것이다.

3장 사회 참여 활동

| 레지스탕스 참여와 정치 활동

대학에서의 면직과 레지스탕스 참여

엘륄은 1943년 로마법과 법 역사학 교수 자격시험에 합격한다. 그는 1945년부터 보르도 대학교 법학대학에서, 그리고 1947년부터는 보르도 정치대학에서 1980년 은퇴할 때까지 제도사 교수로 지내면서, 로마법, 제도사, 제도 사회학, 마르크스와 마르크스주의, 사회에서의 기술의 위상, 선전 등을 강의한다. 그는 1959년부터 1979년까지 『법철학 자료집』 발간 위원회 위원을 역임한다. 또한 1956년부터 1970년까지 프랑스와 이탈리아의 가장 위대한 철학자들이 로마에서 모이는 '카스텔리 Castelli 심포지엄'에 매년 참석한다. 미국에서는 기술을 중심으로 한 그의 사상을 다루는 대학 강의가 생겨나기도 한다. 심지어 캘리포니아나 콜로라도로부터 미국 학생들이 그가 보르도 대학에서 하는 강의를 들으러 오기도 한다. 그는 긴 토론을 위해 자기 집으로 그 학생들을 기꺼이 맞아들인다. 특히, 그는 프랑스에서 처음으로 마르크스 사상에 대해 강의를 할 뿐 아니라, 자신이 속한 시대의 문제에도 참여한다.

엘륄이 전공으로 법학을 택한 것은 대학에서 법학을 공부하면 전문직을 얻을 수 있다는 생각이 들어서이기 때문이다. 또한 법학은 다른 전공과목에 비해 비교적 시간이 적게 걸리는 분야이기 때문이다. 그래서 법학대학에 들어가서 법의 역사와 제도에 관해 공부하기 시작하고, 1936년에 고대 로마의 매매 제도를 다룬 내용의 법학박사 학위 논문을 제출한다.[37] 그는 법학박사 학위를 소지하게 되자, 몽펠리에 Monpellier 대학교 법학대학에서 처음으로 강의를 맡고, 이후 스트라스부르 대학교에서 강의를 맡게 된다. 그리고 독일과 프랑스 사이에 전쟁의 여파로 스트라스부르 대학교가 클레르몽페랑 Clermont-Ferrand으로 옮겨가자 거기에 가 있다가, 프랑스가 패전한 이후 다시 그 대학교에 합류한다.

하지만 엘륄은 독일의 괴뢰 정부인 비시 정부가 프랑스를 차지하고 나서 얼마 되지 않아, 1940년 클레르몽페랑에서 학생들을 앞에 두고 페탱 원수를 비판한 일로 면직된다.[38] 프랑스의 알자스 Alsace가 독일에 합병될 예정이기 때문에, 알자스 출신 학생들은 걱정과 두려움에 사로잡혀 당황해하면서, 만일 독일군이 진군해오면 자신들이 어떻게 해야 할지 엘륄에게 묻는다. 그는 거기 모인 50여 명 되는 학생 앞에서 페탱 원수를 중심으로 구성된 정부는 믿을 만하지 못하므로, 그들이 무슨 말을 하더라도 결코 믿지 말라고 연설한다. 또한 독일군에 징집될 것이 확실한 알자스로 절대 돌아가지 말라고 당부한다. 그리고 무엇보다 독일인의 요구에 쉽게 굴복하지 말아야 한다고 힘주어 말한다. 그런데, 학생 중 하나가 그의 말을 경찰에 밀고하고, 이것이 빌미가 되어 대학 강사직에서 해고된다.

엘륄은 대학에서 해고된 이후 스트라스부르를 떠나지만 특별히 갈 곳이 없어, 이미 독일의 점령지가 된 고향 보르도로 임신한 아내와 함께 돌아간다.[39] 보르도에 도착하자마자 그는 아버지가 독일군에게 막 체포되었음을 알고, 네덜란드 출신으로서 영국 국적을 지닌 그의 아내도 체포될 것임을 알게 된다. 1940년 7월에 공포된 귀화 시행 법령에 따라 귀화하지 않은 외국인은 체포되어 추방된다. 이에 따라, 보르도에 와서 영국 신민으로 등록되어 프랑스인으로 귀화하지 않은 그의 아버지가 독일 경찰에 체포된 것이다. 결국, 그는 달리 선택할 길도 없고 대안도 없으며 직업이나 별다른 밑천도 없어서, 아내와 함께 시골로 자취를 감춘다.[40]

엘륄은 전쟁 기간 독일 점령지와 자유 프랑스 지역 사이의 경계선 가까이에 있는 지롱드 Gironde 지역의 마르트르 Martres 라는 작은 마을에 정착하여

양과 닭을 기르고 땅을 경작하며 살아간다. 그때 처음으로 1톤의 감자를 수확한 것에 대해, 그는 법학 교수 자격시험에 합격한 것만큼이나 그 일이 자랑스러웠다고 회고한다. 1940년부터 1944년까지 그는 무기를 들지 않은 채로 레지스탕스 운동에 적극적으로 참여한다.[41] 하지만 자신이 레지스탕스 운동에 참여한 것은, 자유로운 정치적 선택의 결과도 아니고 고결한 도덕성이나 불타는 애국심 때문도 아니라, 우연이나 혹은 필요 때문에 였다고 털어놓는다.

> 내가 레지스탕스에 가담했던 것은 결코 도덕성이나 애국심에 의한 것이 아니다. 마찬가지로 그것은 사람들이 무엇인가를 할 수 있었다는 확신에 의한 것도 아니다. 간단히 말해, 나는 다른 식으로는 행동할 수 없었다.[42]

어쨌든, 엘륄은 레지스탕스에 참여하게 되어 전술을 논의하는 역할을 맡기도 하고, 다른 그룹들 사이에 연락관 노릇을 하면서 정보수집 활동을 하기도 한다. 또한 나치의 추적을 받는 이들이 도피하는데 필요한 가짜 신분증을 만들어 제공하기도 하고, 나치 감옥으로부터 탈출한 이들과 유대인들을 맞아들여 그들이 안전지대로 이동하는 데 도움을 주기도 한다.[43] 애초에 레지스탕스에 참여한 동기와 상관없이, 나치 독일 점령 기간에 추방된 유대인 가족들을 위험을 무릅쓰고 도와준 것이다. 그러한 공로를 인정받아, 사후에 그는 예루살렘의 야드 바셈 Yad Vashem 재단으로부터 2002년 7월 '열방 가운데 의인'이란 칭호를 영예롭게 받는다.[44]

일시적인 정치 활동

프랑스가 독일로부터 해방되자 엘륄은 '민족 해방 운동' MLN(Mouvement de Libération Nationale)의 보르도 지역 서기장이라는 직책을 맡아 여러 부역자 재판을 주관한다. 하지만 장차 그 지역의 지사가 되는 인물과 공조하여 부역자 처벌이 과도하게 진행되지 않게 한다. 또한 보르도 시정을 맡은 대표단에 참여하여 1944년 10월 말부터 1945년 4월 말까지 보르도 시청에서 부시장을 잠시 역임한다. 그는 그 6개월간의 경험을 통해, 국민에 의해 선출된 자들은 관료에 좌우되고 정치는 기술관료 체제 앞에서 무력하다는 결론을 이끌어낸다.[45]

엘륄은 부시장으로서 하루에 검토하고 연구해야 할 몇십 건의 문서와 문제를 감당하는 일이 도저히 불가능하고, 심지어 허위사실로 된 보고서일지라도 사인해 줄 수밖에 상황과 마주친다. 그런데, 이는 자신이 결코 동의할 수 없는 것에 동의함을 의미한다. 결국, 그는 그 수많은 업무 처리를 효율적으로 하기 위해서는 부서장들에게 의존할 수밖에 없는 관료주의에 한계를 느끼고 부시장직을 사임한다. 그 짧은 시정 경험을 토대로 진정한 권한은 기술전문가에 있고 정치가는 아무것도 할 수 없음을 보여주면서 '정치적 환상'을 신랄하게 비판한다.

이처럼, 엘륄은 이후에 어떤 선거에서도 투표하지 않을 정도로 정치에 대해 환멸을 드러내지만, 어쨌든 해방 직후에는 정치 활동에 열정적으로 참여한다. 그는 '국제 노동자 동맹 프랑스 지부' SFIO(Section française de l'Internationale ouvrière)와 의견이 대립하여, 1945년 봄에 치러진 지방 선거에서는 사회주의자 후보자 명부에 등재되기를 거부한다. 이와 반대로, 1945년 10월의 총선거와 국민투표에는 적극적으로 참여한다. 즉, 그는 '민족 해방 운동'과 '민군 합동 조직' OCM(Organisation Civile et Militaire)이라는 두 레지스탕스 조직의 공식 지원을 받는 '레지스탕스 민주사회주의 연합'의 후보자 명부에 세 번째로 등재된다. 그리고 후보로서의 역할을 중요시하여 선거운동에 적극적으로 참여한다. 당시 경찰 보고서에 따르면, 그는 자기 정당의 정책을 옹호하기 위해 여러 지역에서 공식 모임을 주도하기도 한다.[46]

특히, 엘륄은 자신의 연설을 통해 프랑스를 위한 새로운 혁명을 촉구하는 새로운 정치적 인물로 드러난다. 그는 시민들 앞에서 책임 있는 각료들과 더불어 진정으로 정부의 안정성이 복원될 때만이 민중은 자신의 주권을 표현할 수 있다고 주장한다. 또한 직무 겸직의 금지를 요구하고, 경제 의회를 만들기 위해 상원을 폐지하자는 의사를 표명한다. 더 나아가, 독점적 시장 지배력을 지닌 대기업을 규제하기를 요구하고, 국가의 존속에 반드시 필요한 모든 자원의 국유화를 요구한다. 그렇지만 선거 결과는 선거운동에 쏟은 노력에 미치지 못한다. 지롱드 지역에서 '레지스탕스 민주사회주의 연합'은 약 5퍼센트에 미치지 못하는 득표를 함으로써 의원을 배출하지 못한다.[47]

| 청소년 범죄 예방 활동[48]

이브 샤리에와의 만남

1958년부터 엘륄은 거리의 비행 청소년 교육 교사인 이브 샤리에 Yves Charrier와 함께 당시 프랑스 전역에 두세 개밖에 없던 청소년 범죄 예방 클럽을 보르도에서 처음으로 만든다. 또한 그 클럽을 존속시키면서 그 클럽의 책임을 맡는다. 두 사람은 클럽을 조직하고 지원팀을 구성하며 '범죄 예방 강령'을 정한다. 물론, 어떤 면에서 그 활동은 클럽을 만들어 클럽 안에서 소위 '사회 부(不)적응자'로 불리는 청소년들과 함께함으로써, 청소년 범죄를 예방하고 이 젊은이들을 사회에 적응시키는데 주안점을 두기도 한다. 하지만 그 클럽의 목표는 그 젊은이들을 단순히 사회에 적응시키는 것이 아니다. 그 목표는 그들로 하여금 자신들의 수단을 통해, 또한 자신들의 환경 속에서, 자신들의 갈등을 넘어설 수 있게 하는 인격을 스스로 형성하도록 도와주는 것이다. 그들이 어떤 정치적 방향을 정하든 정하지 않든 간에, 또한 비행을 계속 저지르든 저지르지 않든 간에, 중요한 것은 그들이 자기 스스로 앞가림할 수 있는 성인이 되는 것이며, 그들이 생활에서 아주 흥미로운 어떤 일을 발견하는 것이다.

이브 샤리에와의 만남을 통해 그 활동에 뛰어든 엘륄은 자신이 샤리에를 어떤 식으로 도우며 그 활동을 하게 되는지 설명한다. 어느 날 젊은 개신교도 여성이 엘륄을 방문하여 자기가 아는 비행 청소년 교육 교사에게 법률 자문을 해 줄 수 있는지 묻는다. 그는 자신이 법률가는 아니지만, 너무 복잡한 문제가 아니라면 해 줄 수 있다고 허락한다. 그래서 얼마 후, 그 여성이 말한 샤리에가 그를 방문하여, 다음 같은 문제에 대해 법률 자문을 구한다.

샤리에는 거리를 떠도는 불량배들과 몇 달 전부터 접촉하려고 시도하고 있다고 엘륄에게 털어놓는다. 그리고 만약 자신이 어떤 범죄 사실을 알고 있으면서도 그 범죄를 저지른 자를 고발하지 않으면, 자신이 어떻게 되는지 알고 싶다는 것이다. 이에 대해 엘륄은 그렇게 하면 그 범죄의 공범자가 된다고 답변한다. 그러자 샤리에는 만일 자신이 그 범죄자를 고발하면 그들과의 관계가 끝장나고, 어떤 청소년도 더는 자기를 신뢰하지 않기에, 자기가 아무 일도 할 수 없을 것이라고 토로한다.

그리고 샤리에는 길에서 방황하는 청소년들을 재교육하는 방식에 대한 자기 생각을 엘륄에게 설명한다. 즉, 청소년들이 제도 속에 있는 한, 닫힌 환경 속에서 청소년들을 재교육하는 것은 좋다. 하지만 청소년들이 자신의 본래 환경을 다시 발견하자마자, 그간 쌓아 온 모든 것은 무너지고 만다. 따라서 자신의 환경 속에서 자유롭게 있는 청소년들을 대상으로 그런 재교육을 해야 한다는 것이다. 그리하여 청소년들이 자신의 환경 속에서 긍정적으로 발전한다면, 그들은 탈선하지 않는다는 것이다.

엘륄은 샤리에의 그런 활동과 취지에 공감하고서, 샤리에의 일을 도와주는 데 적극적으로 나서게 된다. 당시로서는 완전히 생소한 청소년 범죄 예방 활동을 수행하는 데 어느 정도 외로움을 느끼던 샤리에의 조력자로서 그의 보호막 역할을 담당한 것이다. 특히, 거리를 떠도는 거칠고 폭력적이면서도 매우 불행한 젊은이들을 상대로 하는 활동으로 말미암아, 샤리에게는 경찰서나 혹은 검찰청과 관련되는 곤란한 일이 생기기도 한다. 그런 경우 그 지역에서는 유명인사로 통하는 엘륄이 샤리에의 보증인이나 보호자 역할을 하기도 하고, 그들 사이에 개입하여 샤리에가 한 일의 실상을 설명해주기도 한다.

엘륄은 1970년 이브 샤리에가 사고로 사망하기까지 그와 협력하여 이 일을 하고, 그와 함께 행한 이 청소년 범죄 예방 활동의 경험을 바탕으로, 1971년에 『청소년 범죄 Jeunesse délinquante』라는 저서를 집필한다. 엘륄은 1977년 이 클럽의 회장직에서 물러나 새로운 팀과 함께 활동을 계속하는데, 범죄 예방 클럽들과 지원팀들을 연계시키는 전국위원회의 설립에 참여한다.[49]

비행 청소년의 상황의 본질

엘륄은 그 활동을 위해 만들어진 클럽을 통해 직접 접촉하게 된 비행 청소년들의 불행하고 애처로운 상황 및 그 상황의 본질에 대해 이렇게 설명한다.

> 우리는 비행 청소년을 상대하는 것이 아니라, 사회로부터 소외된 정말 불행한 젊은이들을 상대한다. 실제로 우리를 가장 가슴 아프게 하는 것은 난폭함이라는 단단한 방어막이 쳐진 그들이 겪는 빈곤이다. 그것은 경제적 빈곤이 아니라 지적 빈곤이다.[50]

엘륄은 그런 종류의 활동에 대한 일반적인 개념은 다음과 같이 아주 단순하다고 지적하면서, 문제의 본질은 그러한 것이 아니라고 단언한다. 즉, 도둑질하는 젊은이는 도둑질을 그만두어야 하고, 술에 중독된 젊은이는

술을 끊어야 하며, 일하지 않는 젊은이는 일터로 가야 한다는 식으로 문제에 접근하지 말아야 한다는 것이다. 왜냐하면 그들은 감정적으로도 빈곤하고, 그들에게 가장 부족한 것은 인간관계이며, 그들은 진정으로 불행하고, 아무것도 그들의 관심을 끌지 않기 때문이다. 특히, 어디에서든 싫증을 내는 그들이 즐겨 쓰는 표현은 "될 대로 되라."라는 것이다.

엘륄은 20년간이나 그 활동에 적극적으로 참여한 이유에 대해, 그리스도인으로서 자신이 그 청소년들의 불행에 대해 도저히 무관심할 수 없었던 것이라고 설명한다. 그는 자신이 직접 접촉한 그 청소년들 속에 선한 것이 아무것도 없다고 할 수도 없으며, 그들은 단지 연약함과 불행에 휩싸여 있다고 본다. 예수 그리스도가 연약하고 불행한 자들에게 다가간 것은 그들 안에 있는 잠재적인 선행 때문이 아니라, 단지 그들이 연약하고 불행하기 때문이라는 것이다. 그래서 그는 그 활동을 통해 더욱더 개방적인 신학으로 나아가고, 자신의 설교가 더욱더 구체성을 띠게 되었음을 토로한다. 심지어 자신이 클럽을 운영하는 동안, 종교 문제에 관심이 있는 청소년들을 위해 성서연구반을 지도한 사실도 있음을 밝힌다.

이와 아울러, 엘륄은 그 활동에 적극적으로 참여한 또 다른 이유를 제시한다. 즉, 그가 기술 사회에 대한 분석을 통해 파악한 것으로서, 기술 사회가 엄밀한 조직화와 기능화를 통해 점점 더 사람들을 사회로부터 소외시키고 있기 때문이다. 또한 기술 사회가 요구하는 효율성을 충족시키지 못하는 모든 사람도 사회로부터 소외되기 때문이다. 더 나아가, 그는 그 활동을 통해 청소년들의 개인적 폭력보다 사회적 폭력에 대해 훨씬 더 민감하게 된다. 따라서 그는 행정적인 폭력이나 사법부의 폭력 같은 사회적 폭력 현상은 사람들이 완전히 속수무책으로 당할 수밖에 없는 끔찍한 것이라고 비판한다. 그 활동을 통해 소외 계층의 일탈과 한계상황에 대한 자신의 고찰을 심화시켜 나간 것이다.

| 환경보호 투쟁[51]

환경보호 투쟁의 서막

엘륄은 프랑스 환경보호 운동의 선구자 중 한 사람으로 꼽히기도 한다. 그는 "오늘날 우리는 유한한 세계에서 무한한 개발이 있을 수 없다는 기본 원칙을 잊지 말아야 한다."[52]라고 하면서, 1950년부터 환경보호 운동에 깊은 관심을 가진다. 특히, 1968년부터 그러한 명분에 관심이 있는 몇몇 그룹을 만들고, 핵에너지와 토지 이용과 관련된 국가 계획에서 생기는 문제들을 다루기 시작한다.

당시 프랑스에서의 토지 이용은 엄청난 관료 조직에 의해 지배된다. 아키텐 연안 개발 계획에서 나타나듯이, 아키텐의 남서부 지방에서 엄청난 거짓이 자행된다. 즉, 관계 당국은 가능한 한 자연을 많이 보호하면서 최대한의 관광지를 개발시킬 것이라고 계속 거짓말을 한다. 엘륄은 그것이 명백한 거짓말이기 때문에 자신이 행정부에 엄청난 비판을 가하면서 반대 투쟁에 돌입한 것이라고 밝힌다. 그리하여 1973년부터 1977년까지 친구 베르나르 샤르보노 Bernard Charbonneau와 함께 아키텐 해안을 콘크리트로 뒤덮으려는 정부의 무모한 계획에 맞서는 투쟁과 저항을 이끈다.

샤르보노는 프랑스의 사상가이자 철학자이자 환경운동가로서 에마뉘엘 무니에 Emmanuel Mounier와 함께 잡지 『에스프리 Esprit』을 창간하기도 한다. 샤르보노는 현대 사회를 분석하고 경제와 발전이 지닌 절대적 힘을 비판하면서, 20세기의 이데올로기와 근본적으로 다른 사회 조직 형태를 착상할 것을 제안한다. 그는 과학적이고 기술적인 진보를 통해 초래되는 변화와 문제를 고찰하고자, 엘륄과 더불어 정기간행물을 펴내는 클럽과 토론 그룹을 만들기도 한다. 특히, 그는 엘륄과 함께 「인격주의 운동 강령 Directives pour un manifeste personnaliste」을 작성하기도 한다. 이처럼, 그는 엘륄의 사상에 큰 영향을 끼치고 엘륄의 인생에서 중요한 역할을 한다. 엘륄은 샤르보노에 대해 그 시대에 보기 드문 천재인데도 완전히 진가를 인정받지 못하고 있다고 한탄한 적도 있다. 또한 엘륄은 자신이 학문 연구와 사상의 방향을 설정하는데 샤르보노가 결정적인 영향을 미쳤고, 샤르보노가 없었다면 자신이 이렇게 많은 일을 행할 수 없었을 것이며, 적어도 상당한 부분을 이루지 못했을 것이라고 털어놓는다.[53]

당시 빈곤한 아키텐 지역의 주요 자원은 바다와 산림과 호수였고, 그 주요 자원은 아직 개발되지 않은 상태에 있었다. 그런데, 그 주요 자원이 생산에 이용되어야 한다는 주장, 다시 말해 그 주요 자원을 개발하여 관광 사업을 시행해야 한다는 주장이 대두된다. 또한 그런 주장과 더불어, 결국 관광 사업은 그 지역을 부유하게 하고 주요 수입원이 된다는 논리가 팽배해진다. 하지만 그 지역을 개발시키면서도 자연을 보호하는 정책을 병행해야 하는데, 따라서 이 두 정책은 모순될 수밖에 없다. 그래서 엘륄은 그 지역에 수많은 관광객을 유치하려고 부대시설인 항구, 해안도로, 고속도로, 대형 상점, 호텔, 골프장을 건설하면서 어떻게 자연을 보호할 수 있겠냐는 의문을 제기한다. 그는 샤르보노와 함께 그 개발에 반대하는 투쟁을 적극적으로 주도하면서, 아키텐 연안 개발 시공식이 열리던 날 환경운동 투쟁을 개시한다. 그들은 시(市)당국에서 그 프로젝트의 착수에 필요한 홍보를 위해 축하 공연을 벌이던 주간의 하루를 택해 단체행동을 한다. 그 결과, 믿기 어려울 만큼 많은 사람의 호응을 얻는다.

'아키텐 연안 보호위원회'에서의 활동

'아키텐 연안 합동개발단' MIACA(Mission interministérielle d'Aménagement de la côte aquitaine)은 아키텐 연안을 개발하기 위해 구성된 프랑스 정부 부처들 간의 합동 개발단을 가리킨다. '합동개발단'의 계획과 활동은 기술, 관료주의, 자본주의라는 세 요소가 완전히 결합해 있었다. 따라서 그 계획과 활동은 아키텐의 환경과 대서양 해안을 완전히 망가뜨릴 위험을 안고 있었다. 반면에, '아키텐 연안 보호위원회'CDCA(Comité de défense de la côte aquitaine)는 프랑스 정부의 아키텐 연안 개발 계획을 저지하기 위해 설립된 단체이다. 엘륄은 '합동개발단'의 계획과 활동에 반대할 목적으로 설립된 그 환경 단체에 깊숙이 관여한다.

'아키텐 연안 보호위원회' 위원들의 목표는 '합동개발단'의 프로젝트 등과 관련하여 진상을 알아본 이후, 그것을 연구하는 것이다. 특히, '합동개발단'의 실무자들은 자신들의 견해에만 근거하여 프로젝트를 수립하고, 관계된 대다수 사람의 의견을 전혀 참고하지 않은 채 프로젝트를 적용시킨다. 그 때문에, 위원들은 '합동개발단'이 중앙 집권 방식을 채택하고 있다는 점에 비판을 가한다. 그래서 위원들의 최초 전략은 '합동개발단'의 프로젝트에 반대하도록 일반 대중을 깨우치는 것이다. 그렇게 함으로써, 대중이 그 프로젝트에 관하여 재고해 보고 검토하여 진취적 역할을 할 수 있는 지역 단체를 결성하도록 고무시킨 것이다. 대중을 그렇게 결집시킨 결과, 지역 주민들로 결성된 단체들이 활동하던 지역에서 실력 행사가 성공하고, 지역위원회도 곳곳에서 결성된다.

하지만 지역 단체들 사이에 생겨나는 갈등 및 '보호위원회' 위원들 사이의 회의주의가 장애물로 다가온다. 더 큰 장애물은 연안 개발 사업이 가져올 이익을 맹목적으로 강조하는 시(市)당국의 논리이다. 즉, 연안이 개발되면 관광객이 3배나 증가하고 지방세가 면제되면 매우 실리적이라는 것이다. 그런데 그 논리가 차츰 먹혀들면서, 특히 소규모 사업가들은 관광객을 통해 많은 돈을 벌 수 있다는 확신에 빠져든다. 연안 개발 사업팀 역시 일반 대중에게 영향을 줄 온갖 일을 시도한다. 즉, 사업팀의 조직책을 지역에 보내 지역 주민들이 연안 개발 프로젝트를 지지해줄 것을 호소한다. 더욱이, 연안 개발 사업을 지지하는 글만을 싣는 그 지역 보도 매체의 편파적 입장 때문에, '보호위원회'는 심각한 방해를 받는다.

그래서 '보호위원회'는 세 가지 차원에서 일을 추진한다.

첫째, 사법적인 차원에서 지속해서 투쟁하는 것이다. 행정재판소는 그 개발에 명백한 불법성이 존재함에도 정부에 유리한 판결을 내리기에 '보호위원회'는 비록 패소하지만, 이에 굴하지 않고 여러 차례 소송을 제기한다. 만일 행정재판소가 정당하게 판결을 내렸다면, '합동개발단'의 활동은 크게 지장을 받았을 것이다. 하지만 그런 종류의 재판 싸움은 특별한 수입이 없는 '보호위원회'로서는 재정적으로 감당하기 어렵다. 또한 그런 재판에 필요한 전문가를 확보하는 데도 큰 어려움을 겪는다.

둘째, 기술적인 차원에서 반대 운동을 전개하는 것이다. '보호위원회'는 '합동개발단'의 다양한 프로젝트에 대하여 매우 진지하고 철저하게 연구한다. 또한 그 프로젝트에서 어리석고 어처구니없는 실책을 가끔 발견하기도 한다.

셋째, 경제적 차원에서 지역 주민의 이익과 자연환경의 필요성을 무시하는 정책에 이의를 제기하는 것이다. 연안 개발 사업팀은 수익 증가를 약속한 바 있다. 하지만 실제로 해안도로와 사치스러운 빌딩이 건설되면서 대규모 쇼핑센터를 조성하지 않을 수 없어서, 중소상인들은 큰 손해를 보게 된다. 특히, 시(市)당국은 그 시설을 유지하기 위해 재정 보조를 해야 하기에, 무거운 부채를 짊어질 수밖에 없다. 그래서 2년 사이에 세금이 4배나 인상된 곳이 있고, 그래서 새로운 시(市)당국은 계획된 공사의 착수를 거부하기도 한다.

그런 부분적인 성공에도 엘륄은 '합동개발단'에 맞선 '보호위원회'의 투쟁에서 생겨날 수밖에 없는 한계를 지적한다. 즉, '합동개발단'은 그 배후에 재력과 정치가들의 지원과 정부의 지속적인 후원이 있다. 또한 연안 개발 사업팀은 자신의 거의 모든 시간을 내어 일에 전념하는 인력들로 구성되어 있다. 반면에, '보호위원회'는 생업에 종사하면서 참여하는 자원자로 구성되어 있다. 그 간단한 사실만 보아도, 도저히 그 둘은 비교될 수 없다는 것이다. 특히, '보호위원회'가 어떤 프로젝트를 저지하는 데 성공할지라도, 3~4년 후에는 동일한 형태의 프로젝트가 또 다시 등장한다. 물론, 문제가 많은 프로젝트는 거의 배제되지만, '합동개발단'은 어처구니없는 프로젝트일지라도 단지 시간을 끌며 기다림으로써 시행에 성공하기도 한다.

엘륄은 그런 한계를 무릅쓰면서도 낙담하거나 지치지 않고 자신이 그 투쟁에 왜 그렇게 많은 시간을 내어 자신의 몸을 완전히 던진 이유를 밝힌다. 즉, '합동개발단'은 그가 혐오하는 세 가지 요소인 관료주의, 관료주의적 태도, 자본주의적 힘을 아주 기괴한 방식으로 실천하고 있기 때문이다. 그래서 그는 아키텐 연안 개발에 반대하는 투쟁을 이끈 것과 같은 환경 운동에 매진하게 된 이유와 동기를 이렇게 설명한다.

> 나의 마지막 활동과 참여는 환경 보호적 헌신, 곧 환경에 대한 헌신이었다. 이는 기술 사회에 대한 나의 연구 전체, 그리고 인간 환경의 변화에 대한 현재의 산업의 영향과 완전히 일치했다. 그런 이유로, 나는 저절로 생태계를 위한 활동, 곧 환경보호 운동을 지지했다.[54]

엘륄은 그리스도인으로서 하나님이 창조한 세상에 대한 보호와 보전을 자신에게 주어진 소명과 책무로 간주한다. 그렇기에, 환경 운동에 그렇게 지속적으로 헌신할 수 있는 진정한 동기가 그에게 생겨난 것이다. 그는 우리가 자원을 낭비하고 환경 질서를 깨트릴 때, 물과 공기를 더럽히고 숲을 파괴할 때, 개간된 땅을 황폐화시키고 수많은 종류의 동물을 사라지게 할 때, 하나님의 영광과 세상에 대한 소망이 없다고 역설한다. 즉, 인간이 자신의 유익에 모든 것을 종속시킬 때 모든 것은 사라지고 소멸한다. 그렇게 함으로써, 우리는 세상의 소망을 없앤다는 것이다.[55]

4장 엘륄 사상의 특징

| 두 가지 측면의 사상

사회학적 측면과 신학적 측면

엘륄은 "나는 여러 저서를 썼던 것이 아니라 각각의 저서가 하나의 장(章)인 단 한 권의 저서를 썼다."[56]라고 하면서, 자신의 저서 전체를 한 권으로 통일된 저서로 간주할 뿐 아니라, 자신이 쓴 각각의 저서를 그 통일된 저서를 구성하는 하나의 장(章)으로 여긴다. 더 나아가, 그는 사회학적 측면과 신학적 측면이라는 두 측면으로 뚜렷이 구별되면서도 하나의 전체를 이루는 자신의 저서들의 일관성을 이렇게 내세운다.

> 만일 당신이 신학적 영역만을 고려한다면, 구체적인 요소가 당신에게 부족할 것이다. 만일 당신이 사회·정치적 영역에만 단지 관심이 있다면, 당신은 대답과 출구가 없는 상황에 끊임없이 부딪힐 것이다.[57]

이처럼, 엘륄의 저서 전체는 두 측면으로 구분되면서도 통일성을 유지한다는 것이 그 특징이다. 그중 사회학적 측면은 기술, 정치, 선전, 혁명, 국가, 예술과 같은 다양한 분야에서 현대 사회를 묘사하면서, 현대 사회의 다양한 현상들을 분석하는 사회학적 저술로 나타난다. 신학적 측면은 창세기, 열왕기상하, 전도서, 요나서, 복음서, 요한계시록 같은 신구약성서 몇 권을 대상으로 한 성서 연구로 나타난다. 그리고 신학적 측면은 기도, 자유, 소망, 돈, 폭력 같은 그리스도인의 삶과 관련된 다양한 주제를 중심으로 한 신학적 고찰 혹은 윤리적 고찰로 나타난다. 그런데, 신학적 측면을 통해서는 다양한 사회 현상을 구체적으로 묘사하거나 분석할 수 없다. 그 때문에, 사회학적 측면은 그의 표현에 따르면 '구체적 요소'에 해당한다. 물론, 그는 현대 사회를 영적으로 고찰하는 작업인 신학적 연구 없이는 현대 사회를 전체적으로 바라보고 연구할 수 없음을 확신한다. 하지만 사회학적 측면을 통해 우리가 사는 세상에 대한 고찰이 이루어지지 않고서는 그런 신학적 연구를 수행할 수 없음을 강조한다.

물론, 엘륄 저작의 사회학적 측면과 신학적 측면 중 어느 하나를 의도적으로 무시할 수도 있다. 하지만 그렇게 하면 본질을 비껴갈 수밖에 없고, 엘륄이 전하려는 메시지의 핵심을 파악하지 못할 수밖에 없다. 더욱이, 사회학적 측면의 저서를 읽고 이해하지 않은 채, 단지 신학적 측면의 저서만을 읽으면서 엘륄의 사상을 이해하려 드는 것은, 그 사상의 일부만을 들여다보고 그것이 전부인 양 착각하는 잘못에 빠질 수 있다. 따라서 신학적 측면의 저서를 읽고 이해하는 것도 중요하지만, 사회학적 저서를 읽고 이해하는 것은 엘륄의 사상 전체를 파악하는데 균형추를 유지하는 방도로서 반드시 선행되어야 할 일이다.

사회 현상의 분석과 숨겨진 논리의 폭로

기술과 관련하여, 엘륄은 현시대와 세상에서 결정 요인이 되어 버린 기술의 위상을 설명한다. 또한 인간이 통제할 수 없는 독자적이고 자율적인 체계가 되어버린 기술 체계 속에서의 인간의 상황을 묘사한다. 그리고 기술 발달과 진보지상주의를 옹호하는 '기술 담론'의 거짓을 지적한다. 정치에 대한 분석을 통해, 그는 정치를 통해 무언가를 이룰 수 있다는 환상에서 벗어나기를 권고한다. 선전과 관련하여, 선전이 미치는 영향과 선전을 통해 야기되는 폐해를 지적한다. 혁명과 관련하여, 역사적으로 일어난 온갖 혁명을 분석한 후, 인간에게 진정으로 필요한 혁명이 무엇인지 제시한다.

마르크스 사상과 관련하여, 자신에게 사회학적 분석 도구와 틀을 제시한 마르크스 사상을 자세히 분석한다. 그뿐 아니라, 기독교적 관점에서 마르크스 사상을 어떻게 바라볼 것인지에 대한 입장을 제시한다. 이처럼, 그는 마르크스의 저서를 탐독한 혁명 이론가이다. 하지만 마르크스 사상에서 이데올로기와 '화석화된 사상'만을 보았기 때문에, 마르크스 사상의 주요 동향과 늘 멀리 떨어져 있었다. 그 외에도, 그는 현대 기술 사회에서 기술과 이미지에 의해 짓밟힌 말, 현대 세상의 새로운 신화와 정치적 종교, 교묘하게 모습을 바꾼 부르주아, 일반적으로 통용되는 사회 통념, 사회에 적응하지 못하는 자들의 소외 현상 등을 분석하고 비판한다.

자유는 엘륄의 삶과 저작 전체의 중심에 위치한다. 즉, 그가 행하고 경험하고 생각한 어느 것도 자유와 관련되지 않는다면 이해되지 않는다. 성서를 통해 그에게 계시된 하나님은 무엇보다 해방자이기 때문에 그러하다. 그래서 그는 자신의 저작 전체가 '자유'라는 개념에 완전히 집중되어 있다고 밝히면서, '예수 그리스도 안에서의 자유'에 대한 확신을 이렇게 드러낸다.

> 하나님은 자유를 창조하고, 심지어 인간이 하나님과의 관계를 깨뜨릴 때라도, 하나님은 인간의 독립 행위를 존중한다. 유일한 문제는 자유에 대한 형이상학적 질문이 아니라, 우리가 예수 그리스도 안에서 하나님에 의해 해방되어 있음을 확신하는 것이다.[58]

따라서 엘륄에게 자유는 과학적 낙관주의, 기술적 진보에 대한 맹목적 신뢰, 개인의 비인격화, 전체적인 국가의 증가 같은 자유를 위협하는 위험들에 맞선 개인의 지속적인 투쟁이다.[59] 그래서 그는 다른 사회학자들이 하듯이 세상을 단지 묘사하기 위해서가 아니라, 우리가 사는 세상의 현실을 파악하여 이 세상을 특징짓는 '영적 실재'[60]를 지적하며 폭로하려고 애쓴다. 그 때문에, 자신의 사회학적 저서들을 통해 기술, 선전, 정치, 혁명, 돈, 국가 등과 같은 현대 사회의 현상들을 분석한다. 그뿐 아니라, 그 현상들에 의해 우리 사회가 끌려가는 방향을 설명하려 하면서, 그 현상들이 종속된 숨겨진 논리에 관심을 집중한다.

엘륄은 자신의 신학적 저서들을 통해 기독교에 대해 근본적이고 가차 없는 비판을 가한다. 그는 "어떻게 기독교 사회와 교회의 발달이, 우리가 성서를 통해 읽은 것, 곧 토라와 예언자와 예수와 바울의 분명한 텍스트와 모든 면에서 반대되는 사회·문화·문명을 탄생시켰는가."[61]라는 문제를 제기한다. 즉, 그러한 기독교가 기원후 3세기부터 국가와 결탁함으로써 복음적인 메시지를 완전히 와해시켰다는 것이다. 따라서 기독교는 본래 모습에서 벗어나 있기에, 기술 문명과 정보화와 세계화로 인해 피폐된 사회와 세상을 고칠 엄두를 내지 못한다. 오히려 기독교는 세상에 적극적으로 동조하며 순응한다. 그뿐 아니라, 기독교는 그리스도인에게 그러한 맹목적인 순응 행위를 강요하면서, 모순을 재생산해 내고 있을 따름이다. 그 때문에, 엘륄은 그리스도인에게 새로운 삶의 방식을 창조하는 것이 필요하다고 강조한다. 즉, 교회가 행하는 활동의 효용성을 드러내고 교회가 세상에 개입할 필요성이 대두될 때, 그 첫 목표가 바로 새로운 삶의 방식의 창조라는 것이다.[62]

엘륄은 그리스도인이 추구할 가장 소중한 가치로서 '소망'과 '자유'를 제시한다. 또한 이 세상에 순응하지 않은 채 세상에서 특별한 역할을 하도록 부름을 받은 그리스도인이 지닌 세상을 향한 소명과 책임을 강조한다. 그것은 그리스도인이 이 세상에서 특별한 역할을 수행하도록 부름을 받았다는 그의 확신을 드러낸다. 그리고 그것은 그리스도인이 예수 그리스도 안에서 받은 약속 때문에, 실제로 그 역할을 수행할 수 있다는 그의 확신을 나타내기도 한다. 결국 그리스도인의 사명인 복음 전파가 위선적인 도피가 되지 않으려면, 복음 전파가 사람들의 현실 상황에 대한 무관심 속에서 이루어지지 말아야 한다는 것이다. 또한 그리스도인이 이 세상을 약속된 미래를 향해 열려있는 상태로 유지시키려고, 이 세상에 구체적으로 관여해야 한다는 것이다.[63]

결국, 엘륄의 입장에서는 다음 같은 일이 무엇보다 중요하다. 즉, 인간이 기술로 대표되는 현대 사회의 현상에 대한 통제력을 이미 상실했을 뿐 아니라, 그 현상이 무슨 방향으로 나아갈지 도무지 예측할 수 없다. 그 때문에, 현대 사회의 현상과 그 현상이 종속된 숨겨진 논리를 파헤치고 드러내는 일이 무엇보다 중요하다. 하지만 그는 인간 상황의 구조적 문제에서 생겨나는 악과 불행을 인간 자신의 힘으로는 근본적으로 해결할 수 없다고 생각한다. 다시 말해, 인간 외부로부터의 힘, 곧 '전적 타자'인 하나님이 개입해야 만이 그 악과 불행이 궁극적으로 해결될 수 있다고 여긴다. 그래서 그는 "나는 하나님이 인간 역사 전체에서 인간과 동행한다는 확신을 가지고 출구 없는 세상을 묘사한다."[64]라고 언급한다. 즉, 자신의 한계 속에 갇힌 인간의 힘으로는 문제 해결이 도저히 불가능하므로, '전적 타자'인 하나님이 반드시 개입할 것이라는 확신을 표명한 것이다.

| 마르크스 사상의 영향

마르크스 사상과의 만남

엘륄은 마르크스에게서 다른 어떤 사회이론가 보다 지적으로 더 깊게 영향을 받은 것을 인정한다. 1930년대 초, 그는 많은 프랑스 청년들처럼 열성적인 마르크스주의자로서 마르크스의 『자본론』을 읽고 나서, 그 저서가 자신이 제기한 모든 질문에 대답해 주었다고 여긴다. 그렇지만 마르크스주의에 대한 그의 끌림은 정치적 행동으로 나아가지는 않는다. 그는 프랑스 공산당에 가입하기를 거부한다. 마르크스에 대한 프랑스 공산당의 해석이 자신의 해석과 일치하지 않았기 때문이다. 그는 다른 정치 집단이 그렇듯이 마르크스주의 정치체제와 마르크스주의 운동이 정치적 환상과 기술 사회의 덫에 빠져 있음을 발견한다. 그래서 그는 그것들에 대한 강력한 비판자가 된다. 이처럼, 그가 마르크스주의자로서 지낸 시기는 매우 짧다고 할 수 있다.[65]

대학 시절 엘륄은 법학대학에 다니면서 마르크스 사상을 접한다. 그 대학의 정치경제학 교수 중 한 명이 개설한 마르크스의 경제학 강좌를 통해 마르크스에 대한 그의 관심이 유발된다. 그는 마르크스의 『자본론』을 탐독하기 시작하면서, 전혀 예기치 못한 완전히 새로운 어떤 것을 갑자기 발견한 듯이 느낀다. 그런 느낌이 생긴 것은 『자본론』이 자신의 경험과 직접적으로 관계되기 때문이다. 그는 그것이 후에 일어난 많은 사건에서 큰 도움이 되었다고 생각한다. 즉, 그의 아버지는 1929년 공황의 희생자로서 일자리를 잃고 새 일자리를 구하러 동분서주하지만 어디서나 거절을 당한다. 그에게는 그 사실이 도저히 믿기지 않고 이해할 수 없는 불의로 다가온다. 그런 일이 있고 난 후, 그는 『자본론』을 읽고서 모든 것을 이해했다고 느낀다. 왜 아버지가 실직했으며, 왜 자기 가족이 궁핍한지 마침내 알았다고 느낀 것이다.[66]

엘륄에게 그러한 사실은 자기가 사는 사회에 대한 엄청난 계시였다. 즉, 『자본론』은 그가 몰두하고 있던 노동자 계급의 상황을 잘 설명해 준다. 그에게 마르크스 사상은 이 세상의 현실에 대한 하나의 놀라운 발견이었다. 그는 마침내 유일한 설명을 발견했다고 생각하면서, 엄청난 기쁨으로 마르크스 사상에 깊이 빠져든다. 그래서 마르크스 사상이 단지 경제 체계나 자본주의 체제에 대한 심오한 설명만이 아니라, 인류와 사회와 역사에 대한 하나의 총체적 전망임을 발견한다.[67] 이처럼, 그는 마르크스 사상에서 세상을 해석하는 방식을 얻어내고, 특히 자본주의에 대한 사회학적 연구 방법을 도출해낸다.[68]

엘륄의 대학 시절인 1930년은 파시즘이 이탈리아에서 강력히 전개되고 나치즘이 독일에서 시작되는 등 정치적으로 중요한 사건들이 일어난 해이다. 물론, 그 사건들에 대한 구체적인 정보는 외국으로부터만 입수된다. 그런데도, 그는 법학대학에 다니고 있으므로 그 사건들에 대해 어느 정도 알고 있었다. 특히, 그는 마르크스에게서 당시 상황을 이해할 수 있는 가능성을 발견한다. 따라서 사회주의자나 공산주의자 같이 마르크스주의자로 자처하는 사람들 및 그 지도자들과 자연스럽게 접촉하면서, 그들과 더불어 마르크스 사상을 논하려고 시도한다. 그렇지만 그들은 마르크스 사상에 대해 논하려 하지 않고 공산당의 노선만이 중요하다고 강조한다. 그는 그런 상황이 전혀 마음에 들지 않아 사회당이나 공산당에는 가입하지 않는다.

트루드 샤스트네에 따르면[69], 엘륄의 사후, 사람들이 여러 매체와 출판물에서 듣고 읽을 수 있듯이, 엘륄은 공산당에 결코 가담한 적도 없다. 오히려 그 시기에, 그는 비(非)순응주의 운동권 한가운데서 적극적으로 투쟁한다. 그런데, 비(非)순응주의 운동권은 스탈린 치하의 러시아 지식인 계급에 의해 파시스트를 지지한다고 비난받는다.

이처럼 공산당의 주변에 머물러 있던 엘륄로 하여금 공산당과 결별하게 한 사건은 소위 '모스크바 공판'이다. 소련에서 1934년에 시작하여 1937년까지 진행된 '모스크바 공판'에서, 니콜라이 부하린 Nicolai Bukharin 같은 인물이 공산주의를 파괴하고 자본주의를 주장한다는 죄목으로 처단된다. 자신이 깊이 존경하고 사상적으로 영향을 받은 인물이 반역자로 처단되는 일이 도저히 이해되지 않은 것이다. 그가 공산당과 완전히 단절한 결정적 계기가 된 것은 스페인 내전에서 공산주의자들이 저지른 행위, 그리고 2차 세계대전 때 프랑스 레지스탕스에서 일어난 일이다. 엘륄의 회상에 따르면, 스페인 내전에서 공산주의자들은 무정부주의자들의 저항을 분쇄함으로써 결국 독재자 프랑코 Franco가 전쟁에 이기는 데 일조를 한다. 또한 프랑스 레지스탕스에서 공산주의자들은 어떤 레지스탕스 집단이 공산주의자가 되지 않는다고 해서 그 레지스탕스 집단의 거점을 폭파해 버린다. 그리고 어떤 공산주의 지하단체는 한 드골주의자 집단이 단지 드골주의자라는 이유로 그 집단을 파괴하고 모든 구성원을 죽여 버린다.[70]

따라서 엘륄이 공산당에 반대하여 돌아선 것은, 그가 이해하고 있던 마르크스 사상과 당시 공산주의자들의 행동 사이에 모순이 있기 때문이다. 비록 그는 공산주의자들과 완전히 단절하지만 마르크스 사상을 버리지는 않는다. 마르크스 사상은 그에게 혁명적 성향을 불러일으키고, 구체적 현실의 중요성을 일깨워주면서, 그가 '가난한 자들'[71]의 편에 서도록 결심을 하게 하기 때문이다.[72] 그리하여 그는 『자본론』을 정독하고 나서 마르크스의 저작에 대한 철저한 연구를 한 후, 프랑스에서 처음으로 마르크스와 마르크스 사상에 대한 강의를 체계적으로 시작한다. 하지만 학생들을 대상으로 하는 마르크스 강의의 목적을 이렇게 분명히 밝힌다.

> 내 강의의 목적은 그들을 마르크스주의자나 혹은 반(反)마르크스주의자로 만드는 것이 아니었다. 그 목적은 그들로 하여금 원인을 인식하는 데 있어 선택할 수 있게 하며, 그들에게 지적 도구를 제공하는 것이었다.[73]

특히, 마르크스 강의를 듣는 학생들에게 거짓되거나 허구적인 동기에서가 아니라 충분한 근거와 확실한 이유에서 마르크스 사상을 비롯하여 어떤 주의나 신념을 가지도록 권고한다.

> 나는 가능한 한 정직하려고 애를 씁니다. 또한 이런 방향으로도 다른 방향으로도 설득하려 들지 않습니다. 내가 원하는 바는, 여러분이 마르크스주의자나 혹은 반(反)마르크스주의자가 되기로 결심할 때, 여러분이 단순한 감정과 막연한 생각에서나 어떤 집단에 소속되기 위해서가 아니라, 정확히

인식과 더불어 명확한 이유에서 결심하라는 것입니다.[74]

이처럼, 엘륄은 보르도 정치대학에서 30여 년 이상 마르크스 사상 강좌를 개설하여 강의를 지속함으로써, 자본주의를 분석하는 데 있어 마르크스에 대한 해석자로 자임한다.

마르크스 사상의 적용과 비판

엘륄은 "정치적 영역이나 혹은 사회적 영역에서 경제적 현상을 이해하는데, 분명히 마르크스는 나를 일깨워주었고 내게 도구를 제공해 주었다."[75]라고 하면서, 자신이 마르크스에게서 지적으로 깊은 영향을 받았음을 인정한다.『혁명의 쇄신인간을 위한 혁명 Changer de Révolution』에서, 그는 "현대 세상의 형성 과정에 대해 이해하려면, 내가 보는 견지로는 마르크스보다 더 좋은 인도자가 없다."[76]라고 기술하기 때문에, 특히 이 저서에서 그 점이 잘 드러난다.[77] 이 저서에서 그는 원시적 축적, 가치 이론, 노동과 노동력의 구분, 사용 가치, 잉여 가치, 소외 같은 마르크스 개념의 핵심을 다시 취한다. 당시 그가 마르크스 사상 및 세계에 대한 마르크스의 해석 방식을 발견했을 때, 다음 같은 이유에서 기독교의 방법보다 차라리 마르크스의 방법을 선호한다. 즉, 그리스도인의 주된 쟁점이 주로 구원, 그것도 특히 개인적 문제인 개인 구원에 집중되어 있다. 그러므로 당시 그가 보기에는 기독교가 세상을 전혀 해석해주지 못한 것이다.

『마르크스의 계승자들 마르크스의 후계자 Les Successeurs de Marx』의 편집자 서문에는[78], 엘륄의 저작 속에 마르크스주의가 미친 영향에 대한 설명이 나온다. 또한『정치적 환상 정치적 착각 L'Illusion politique』과『새로운 사회 통념에 대한 주석 Exégèse des nouveaux lieux communs』에서는 마르크스주의가 미미하게 나온다. 하지만 '마르크스주의'라는 주제는『부르주아의 변신 Métamorphose du bourgeois』에서 중요성을 띠기 시작하고, 혁명에 관한 삼부작『혁명에 대한 분석 혁명의 해부 Autopsie de la révolution』,『혁명에서 반란으로 De la Révolution aux Révoltes』,『혁명의 쇄신 인간을 위한 혁명』에서는 그 중심에 위치한다. 마르크스주의에서 기인한 문제의식은 체코 마르크스주의자 라도반 리치타[79)]의 논제가 폭넓은 자리를 차지하는『기술 체계 Le Système technicien』에서도 아주 많이 나오고,『마르크스 기독교 이데올로기 기독교와 마르크스주의 L'Idéologie marxiste chrétienne』에서는 다른 방식으로 아주 많이 등장한다.

특히, 마르크스주의는 엘륄의 청년 시절인 1930년대 그의 지적 형성기에도 핵심을 이루고, 그 이후 1960년대 말부터 그의 저서에서 넘쳐난다. 따라서 마르크스주의는 긍정적이든 부정적이든 그의 관심사로부터 결코 사라진 것이 아니다. 그는 사회에 대한 마르크스주의의 이데올로기적 해석과 관련된 당시의 논쟁에 개입할 필요성을 깊이 느낀다. 그리하여 자기 자신의 사상을 기준으로 하여 루이 알튀세르[80)], 앙리 르페브르[81)], 마오쩌둥, 라도반 리치타 같은 저자나 혹은 정치가를 일정하게 거론하며, 그들의 논조를 받아들이거나 혹은 그 논조에 대해 반박한다.

엘륄은 마르크스 사상에 대한 그런 입장을 견지하면서, 마르크스의 이론을 20세기 상황에 맞게 사회학적으로 현실화하려고 한다. 그의 그런 노력과 의도는 19세기 말의 자본주의 사회에 마르크스가 적용했던 방법론을 20세기 말의 기술 사회에 적용하는 것으로 나타난다. 자본주의는 사적이든 국가적이든 온통 경제적 성장의 최적화에 의해 초점이 맞추어진다. 그러므로 자본주의는 자본주의의 생산도구에 의해 초점이 맞추어진다. 그 때문에, 자본주의는 기술의 발전에 의해 완전히 결정지어진다.[82)]

그래서 엘륄은 "마르크스의 이론 전체는 단순한 기술적 과정에 의해 뒤집혀진다."[83)]라고 하면서, 우리 사회를 특징짓는 현상은 자본도 자본주의도 아니라, 기술의 발전과 기술적인 증식 현상이라는 결론을 내린다. 산업 세계에 의해 지배되는 사회에 대해 언급한 마르크스의 예언처럼, 1930~

1940년대에는 그런 산업 세계가 여전히 지배적이었음에도 새로운 방향들이 나타난 것이다. 그 때문에, 엘륄은 새로운 변화가 이루어졌음을 깨닫는다. 즉, 소비에트 공산주의 세계와 자본주의 세계에서 서로 비슷하고 필적할 수 있는 듯이 보인 것은 바로 기술 현상이다. 그래서 그는 우리 시대에서의 결정적 요인이 자본이 아니라 기술임을 분명히 밝힌다.[84]

> 우리가 사회에서 기술의 중요성을 분석할수록, 우리는 기술이 우리 시대의 현상들 전체를 설명하기 위한 더 결정적인 요인이 점차 되고 있음을 깨달았다. 또한 설명 요소로서의 기술이 19세기 마르크스의 해석에서 자본이 했던 역할을 할 수 있음을 깨달았다.[85]

그렇다고 해서 엘륄은 기술이 자본과 같은 역할을 갖고 있다고 말하려는 것도 아니고, 자본주의 체제가 시대에 뒤진 체제라고 말하려는 것도 아니다. 그가 주장하는 바는 자본주의 세계가 늘 존재하지만, 자본은 마르크스가 19세기에 자본을 연구했을 때와 같은 역할을 더는 하지 않는다는 것이다. 또한 가치를 재생산하는 능력과 역량은 더는 자본과 연계된 것이 아니라 기술과 연계되어 있다는 것이다. 이처럼 그는 자신이 마르크스 사상에 의해 많은 영향을 받았고, 그 사상이 제기한 문제의식과 연구주제를 자신의 사회학적 연구의 출발점과 토대가 되었음을 인정한다. 그러면서도, 마르크스에 대해 양면적인 태도를 보인다. 즉, 어떤 때에 그는 "나는 마르크스의 이런 분석이 정확하다고 굳게 믿는다."[86]라고 하면서, 마르크스와 완전히 의견이 일치한다. 그런데, 어떤 때에는 마르크스를 니체 Nietzsche와 프로이트 Freud와 싸잡아 '인류의 3대 악당' 중 하나라고 하면서[87], 돌이킬 수 없을 정도로 신랄하게 마르크스를 비판한다.

엘륄은 두 가지 면에서 마르크스에 대해 극히 비판적 견해를 밝힌다. 우선, 마르크스의 전제들과 관련하여 마르크스 사상은 과학적이지 않다는 점이다. 또한 마르크스는 자신이 공격하는 사람들의 편견과 전제들에 대해서는 너무나 명확한 시각을 가졌지만, 자신의 편견과 선입견을 보는 데는 실패했다는 점이다. 그래서 그는 마르크스가 그 시대의 두 가지 편견의 희생자였음을 지적한다. 첫째, 진보에 대한 편견으로서, 모든 역사적 단계는 이전 단계보다 진보한다고 믿는 것이다. 둘째, 노동에 대한 편견으로서, 노동이 본질적으로 인간을 특징짓는 것이라 믿는 것이다. 이와 아울러, 그는 마르크스가 해답을 제시했다고 주장했으나 사실상 대답하지 못했던 몇몇 문제에 대해서도 자신이 비판적임을 밝힌다. 즉, 인간의 삶과 역사의 궁극적인 의미와 관련하여 마르크스는 해답을 발견했다고 계속 주장했다. 하지만 사실상 마르크스는 결코 해답을 주지 못했다는 것이다.[88]

| 성서 계시의 영향

이중적인 영향

마르크스 사상을 통해서는 해답을 얻을 수 없는 문제들이 여전히 남아 있다는 점에서, 결국 마르크스 사상과 더불어 엘륄에게 엄청난 영향을 미친 것은 바로 성서 계시이다. 앞에서 언급했듯이, 그가 결정적으로 회심하는 것도 신약성서의 로마서 8장을 읽고 나서이다. 청소년 시절 그의 집에는 성서가 한 권 있었고, 그래서 그는 성서 텍스트를 읽게 된다. 그런데, 성서의 많은 내용이 그의 흥미를 끌고 심지어는 그를 유혹하기까지 한다. 그는 신약성서보다는 구약성서의 이야기와 예언서에 더 흥미를 느낀다. 심지어 마르크스의 저작을 읽을 때도 그의 흥미를 끈 구약성서 예언자들의 사회적이고 정치적인 선포에 마음이 이끌린다. 특히, 그는 삶과 죽음 같은 실존적 문제, 사랑 같은 문제, 삶 그 자체에 관한 많은 문제에 직면하면서, 자신이 심취한 마르크스도 이 모든 문제에 대한 해답을 줄 수 없음을 깨닫는

다.[89]

바로 그런 점에서, 사회에 대한 마르크스의 설명과는 다른 수준에서 성서가 엘륄의 삶에 자리매김한다. 그렇게 됨으로써, 그는 성서가 더 많은 것을 그에게 제시함을 알게 된다.[90] 다시 말해, 그의 관점에서 마르크스에게 결함이 있는 듯이 보인 것은 바로 개인적 문제의 차원에서이다. 즉, 마르크스는 그에게 그의 상황을 설명해 줄 수는 있다. 하지만 마르크스는 그의 인간적인 처지, 곧 고통받고 사랑하면서 죽음을 면할 수 없는 그의 인간적인 처지는 설명해줄 수 없다는 것이다. 또한 마르크스는 그가 타인과 맺는 관계도 설명해줄 수 없다는 것이다.[91]

엘륄은 기독교적 담론을 비롯하여 종교적 담론에 익숙하지 않기 때문에, 그가 아주 새로운 세계 전체를 발견하게 된 것은 바로 성서에서이다. 그 후 그는 아주 급작스러운 회심을 하면서 결국 그리스도인이 된다. 그 순간부터, 자기 삶의 중심이 된 그러한 신앙과 그 이후 다른 관점에서 읽게 된 성서, 그리고 그가 심취해 있어 버리고 싶지 않던 마르크스 사상 사이에서 생기는 갈등과 모순 가운데 살아간다. 그는 자신이 그리스도인이라는 단순한 이유에서, 마르크스가 사회에 대해 언급한 것 그리고 세계와 경제의 불의에 대해 설명한 것을 왜 버려야 하고 포기해야 하는지 이해할 수 없다. 당시 그로서는 두 입장 모두를 진지하게 다루는 것이 매우 어려워서, 마르크스가 종교와 하나님과 기독교에 관하여 언급한 것을 직시할 수밖에 없던 것이다.[92]

결국, 엘륄은 기독교에 대한 마르크스의 비판을 받아들일 수밖에 없는데, 이러한 비판을 매우 구체적인 수준에서 받아들인다. 그리하여 자신이 마르크스 사상을 제거할 수도 없고, 성서 계시를 제거할 수도 없으며, 이 둘을 종합시킬 수도 없음을 고백한다. 더구나 그에게는 마르크스 사상과 성서 계시를 함께 두는 것도 불가능하므로, 이 둘을 갈라놓기 시작한다. 그는 전 생애를 통해 그런 상태에 머물러 있는데, 그의 사상의 발전은 그런 모순과 함께 시작된다고 볼 수 있다. 그 둘 사이에서 이러지도 저러지도 못할 뿐 아니라, 최소한 그 둘을 서로 덧붙일 수도 종합할 수도 없어서, 마침내 변증법적 사고의 접근 방식으로 이끌려 간다.[93]

두 가지 영역에서의 연구

이처럼, 젊은 시절부터 엘륄은 일반적으로 대립하는 것으로 여겨지는 두 영역에 관여한다. 이는 그의 사상의 두 가지 중요한 원천이 되는 마르크스 사상의 영향과 성서 계시의 영향이다. 그는 그런 이중적인 영향을 "설명할 수 없으나 의미를 담고 있는 긴장"으로 체험한다. 그 이중적인 영향은 나중에 그의 저작 전체에서 분명히 구분되는 동시에 변증법적으로 상응하는 두 부분으로 구체화된다.[94]

그중 한 부분은 마르크스에 대한 분석을 20세기의 상황에 맞게 현실화하려는 노력과 더불어, 이 세상을 특징짓는 기술 사회의 분석에 집중된 사회학적 측면이다. 다른 한 부분은 자유주의 이데올로기를 특징짓는 자유와 완전히 대립되는 '예수 그리스도 안에서의 자유'라는 개념을 중심으로 한 신학적 측면이다. 『자본론』을 통해 그에게 전해진 마르크스 사상은 이 세상의 현실을 발견하고 해석하는 도구가 된다. 하지만 성서 계시는 그에게 마르크스 사상과는 다른 측면에서 마르크스 사상이 설명하지 못하는 개인적 문제와 삶에 대한 설명을 제시한다. 따라서 그는 그 둘 중 어느 하나를 배제하지도 못하고 그 둘을 종합할 수도 없지만, 그 둘 중 어느 것도 포기하지 않고 그 둘을 같이 끌어안는다. 결국, '변증법적 접근 방식'으로 자신의 연구 전체를 이끌고 나가면서, 사회학적 영역과 신학적 영역이라는 두 영역에서 연구 하게 된다.

엘륄의 연구 방법에서 변증법적 접근은 근본적으로 기독교와 세상의 대립에서 비롯된다. 그는 영적 고찰 없이 현대 사회를 전체적으로 연구하는 것도 불가능하고, 세상에 대한 고찰 없이 신학적 연구를 하는 것도 불가능하다는 확신에 이른다. 그리하여 연구 작업의 출발부터 그 둘 사이에 연결고리를 발견하려는 필요성에 직면한다. 그런데, 그 연결고리가 바로 변증법적 과정이다. 물론, 그는 기독교와 세상을 단 하나의 전체로 결합시킬 수 없다고 간주한다. 따라서 기독교 정당이 추구할 수 있는 기독교 정치란 없으며, 기독교 경제도, 기독교 역사도, 기독교 과학도 없음을 보여준다. 그렇지만 기독교를 사회의 구체적 현실과 별개로 생각하는 것도 받아들일 수 없다. 마찬가지로, 그리스도인이 현 세상과 상관없는 영원한 원리와 더불어 살아가는 것도 받아들일 수 없다.[95]

그런 맥락에서, 엘륄은 현대 사회에 대한 분석이 지닌 독립적인 특성, 그리고 신학의 특수성을 동시에 주장할 수밖에 없다. 더욱이, 그는 우리가 사는 세상의 일관성과 중요성, 그리고 이와는 공통된 척도가 없는 예수 그리스도 안에서의 계시의 진리를 동시에 주장할 수밖에 없다. 그런데, 그 두 요인은 서로 무관하면서도 밀접하게 연관되어 있다. 그러므로 그 둘 사이에의 관계는 변증법적이고 비판적일 수밖에 없다. 지적 측면에서는 그 둘의 모순은 극단화되면서 그 모순이 단정될 수밖에 없다. 하지만 행동의 측면에서는 그 둘은 서로 간의 비판 대상이 될 수 있다. 즉, 세상은 교회에 대해 비판적이고, 과학은 신학에 대해 비판적이다. 물론, 그 반대의 경우도 가능하다.[96]

| 변증법적 접근 방식

학문적 방법론으로서의 변증법

엘륄은 "나의 이중적인 지적 근원이 마르크스와 바르트에게 있기에, 변증법이 나에게는 중요한 위치를 차지한다."[97]라고 하면서, 자신이 변증법을 학문적 방법론으로 택한 이유 및 변증법에 대한 자신의 견해를 밝힌다. 하지만 그는 마르크스 사상과 성서 계시 사이의 모순에서 시작된 변증법적 사고가 자신에게 하나의 시험이 되었다고 하면서, 자신이 이러지도 저러지도 못하는 상태를 불편하게 겪었음을 토로한다. 즉, 그에게 가장 불편한 점은 칼뱅 Calvin과 마르크스 같은 배타적이고 전체주의적인 두 사상가 앞에 있다는 것이다. 그는 분열이 일어날 수밖에 없는 그런 상황에서 조현병 환자가 되거나, 그렇지 않으면 매번 그런 역사적 상황이나 혹은 정치적 상황에 대응하는 데 성공함으로써 모순을 뛰어넘는다. 그 때문에, 그의 사상 전개는 변증법적일 수밖에 없다. 그래서 그는 계시가 근본적인 실존적 진리를 제시한다고 확신하면서, 세상에 대한 해석과 관련하여 마르크스와 더불어 지적으로 엄밀해지는 것이 가능하다고 여긴다.[98]

그리하여 엘륄은 신학적으로 예정과 원죄에 대한 이해 및 보편구원의 문제에서뿐 아니라, 세상과 정치에 대한 이해에서도 칼뱅주의자이기를 그만두게 된 이유를 이렇게 밝힌다.

> 바르트 사상의 변증법적 운동을 이해하자 나는 더는 칼뱅주의자일 수 없었다. 바르트의 그러한 사상은 나로 하여금 성서에 대한 명확하고 자유로운 관점을 갖게 해 주었다.[99]

엘륄은 성서 계시에서 자신의 첫 지적 토대로 삼고 빠져든 칼뱅의 사상을 마르크스 사상과 도저히 조화시킬 수 없었다. 그런 상태에서, 그는 바르트의 사상을 만남으로써 성서 계시와 마르크스 사상을 조화시킬 수 있는 해결의 실마리를 비로소 발견한다. 물론, 칼뱅은 끊임없이 해답과 해결책이나 혹은 구조를 제시하지만, 바르트는 모험에 뛰어들게 한다. 따라서 바르트는 엘륄에게 해결보다는 이해와 방법을 제공해주면서 사고를 자유롭게 하는 데 영향을 미친다. 그와 동시에, 엘륄은 자신이 마르크스에게서 그토록 생생하게 경험하고 받아들이고 찬탄한 것과 완전히 일치하는 변증법적 사고를 바르트가 다루고 있음을 깨닫는다. 결국, 엘륄에게 바르트는 기독교 신앙과 마르크스 사이에 존재하는 모순의 단계를 어떻게 넘어설 수 있는지 보여주는 길잡이 역할을 한다.[100]

엘륄이 기독교 혹은 성서와 마르크스라는 두 극단 사이에서 겪은 갈등 및 이 둘을 변증법적으로 통합하는 과정은 이렇게 진행된다. 마르크스는 그리스도인이 되지 말아야 한다고 하면서 19세기 사이비 기독교를 맹렬히 비판하지만, 성서의 가르침을 절대로 거부하지 않는다. 그러므로 마르크스는 당시 엘륄의 삶에서 중요한 역할을 한다. 엘륄은 성서를 대하는 마르크스의 태도를 이렇게 설명한다.

> 마르크스는 역사가들의 역사가 아닌 바로 성서의 이야기처럼 의미가 담긴 이야기, 계시적인 움직임을 담은 이야기, 신격화에 이른 이야기, 그러나 역사 속에 놓인 이야기를 재조명했다.[101]

반면에, 성서는 엘륄로 하여금 마르크스가 경제와 정치에 관하여 언급한 것을 거부하게 하지 않는다. 그래서 엘륄은 자신의 삶에서 마르크스의 요구와 성서의 요구에 직면하여 그 둘을 통합했으며, 한편으로 물질적인 것이 있고 다른 한편으로 영적인 것이 있다는 식으로 두 영역을 만들지 않았다고 밝힌다. 특히, 마르크스는 몇 가지 측면에서 엘륄이 성서를 읽는 방법을 변화시킨다. 즉, 마르크스는 성서의 어떤 텍스트가 어떤 환경에서 비롯된 것이고 어떤 경제적 상황으로부터 나온 것임을 엘륄에게 가르쳐 준다. 따라서 엘륄은 성서의 요구를 구체적인 경제 현실이나 정치 현실로부터 떼어놓을 수 없었고, 그에게 두 요소는 반드시 병행했다.[102]

그렇지만 엘륄은 두 개의 구별된 영역을 만들어내지 못하기 때문에 어떤 모순 안에 있게 된다. 또한 그는 기독교가 모든 영역에서 윤리를 담는 일종의 전체이며 마르크스도 일종의 전체를 표방함을 깨닫는다. 그래서 그는 때때로 두 극단 사이에서 분열되기도 하지만 조화되기도 하면서, 둘 중에 어느 하나라도 버리는 것을 거부한다. 그리하여 자기 자신의 삶에서 계속 직면하는 성서의 요구와 마르크스의 요구를 조합한다. 그렇게 함으로써, 지속적으로 자신의 토대로 삼아온 변증법적 사고방식을 발전시킨다.[103]

역동적 사고체계로서의 변증법

그와 같은 지적 배경에서, 엘륄은 변증법의 이름으로 성서에 의거하는 만큼이나 마르크스에 의거한다. 그 때문에, 그는 자기 시대 대부분의 지식인과 구별된다. 또한 지식인들이 어떤 문제의 전문가로 행세할 때, 그들이 객관성의 원리를 미화하고 과학만능주의를 좇아가는 것을 비판한다. 즉, 인간 사회의 의미라는 문제를 배제하면서 순전히 객관적인 사회 메커니즘을 인식하는데 그치는 사회학을 인정하지 않는 것이다. 달리 말해, 그의 관점에서는 연구대상이 되는 인간에 대해 동조하는 마음이 없이는 어떠한 인문 과학도 이루어질 수 없다. 따라서 그에게는 객관성을 보장하는 것 중 하나가 인간에 대해 동조하는 마음이다.[104]

특히, 엘륄은 20세기 서구의 사고방식이 기술의 영향을 받아 점점 더 배타적으로 되었다고 간주한다. 오늘날 지식인은 과학과 신앙 사이에서 선택하도록 요구받는 상황에 놓여 있다는 것이다. 그런데, 과학은 본래 판별적인 특성이 있기에, 지식인은 과학과 신앙 사이에서 되도록이면 과학을 택한다는 것이다.[105] 그래서 그는 "비(非)모순의 원리는 죽음의 원리이고 모순은 소통의 조건이다."[106]라고 하면서, 사회학적 측면에서 '비(非)모순의 원리'는 가능한 논쟁이 더는 없는 상황으로 귀결된다고 주장한다.

현실에는 긍정적 요소들과 더불어 부정적 요소들이 포함되어 있으며, 모순되는 요인들은 서로 상쇄되지 않고 공존한다. 엘륄에게 변증법은 그런 현실을 파악하는 지적 방식이다. 따라서 변증법은 둘 중에 하나를 배제하지도 둘 사이에 선택하지도 않고서, 긍정과 부정을 동시에 고려하는 역동적 사고 체계이다. 즉, 그에게 모순되는 요인들은 정적인 방식으로나 혹은 무기력한 방식으로 서로 대립하는 것이 아니라 상호작용한다. 따라서 그에게 '정'(正), '반'(反), '합'(合)이라는 단순한 공식은 첫 두 요인을 세 번째 요인으로 변환시키는 것을 이미 전제로 한다. 그런데, 세 번째 요인은 첫 두 요인 중 하나의 제거도 아니고 첫 두 요인의 병합도 합산도 아니다. 모순되는 요인들은 새로운 상황에 이르게 하는 일시적 흐름 속에서 상관관계를 맺고 있는 한에서만, 서로 없애지 않고서 존속할 수 있다.[107] 변증법에 대한 그러한 견해에서 출발하여, 그는 변증법이 근본적으로 '반'(反)을 배척하지 않고 오히려 '반'(反)을 포함하는 하나의 과정일 수 있다고 주장한다.

더 나아가, 엘륄은 '합'(合)이나 혹은 '부정의 부정'과 같이 그 형태가 어떠하든, 새로운 상태의 출현은 역사의 산물일 수밖에 없다고 간주한다. 문제에 대한 허울뿐인 대답에만 해당할 수도 있는 한 측면에서만의 연구를 통해, 일방적이고 지적인 방식으로 그런 '합'(合)을 제시할 수 없다는 것이다. 그 때문에, 그는 두 가지 영역, 곧 역사적이고 사회학적인 영역과 신학적인 영역에서 연구하게 된다. 그는 두 영역에서 연구한다고 해서 자신의 집중력이 분산된 것은 아니라고 밝힌다. 즉, 두 영역에서의 연구가 자신의 다양한 호기심의 표출이 아니라, 아주 엄밀한 고찰의 결실이라는 것이다. 그런 연구 작업의 각 측면은 정확히 마찬가지의 중요성을 띨 수밖에 없고, 한 측면은 다른 측면에 의해 가능한 한 침해되지 말아야 한다. 따라서 사회학자로서 그는 정확한 방법을 사용하면서 현실주의적이고 과학적이 될 수밖에 없다. 또한 신학자로서 그는 시대정신에 양보하지 않은 채, 계시에 대한 해석을 가능한 한 엄밀하게 제시하면서 비타협적으로 될 수밖에 없다.[108]

변증법적 요인의 필요성

엘륄은 그런 이중적인 연구 방식을 일관되게 밀고 나가면서, 변증법이 있다면 그 변증법에서 '전체'는 관련 없는 두 부분으로 이루어지지 말아야 함을 강조한다. 즉, '전체'를 이루는 두 부분 사이에 상관관계가 있어야 한다는 것이다. '부정'은 '긍정'과 관련됨으로써만이 존재하고, '긍정'은 '부정'과 관련됨으로써만이 존재한다. 그리고 그 둘은 음악의 대위법[109]에서처럼 서로 자체의 역할을 수행한다. 이를 전제로, 겉으로 보기에 관련 없는 듯이 보이는 그의 저서들 사이의 어떤 대응을 충분히 생각해 볼 수 있다.[110]

따라서 엘륄은 자신의 저서 전체에서의 사회학적 측면과 신학적 측면이라는 두 측면 사이에 자신이 설정한 관계를 변증법적 방식에 기초하여 설명한다. 그런데, 두 번째 측면인 신학적 저술이 첫 번째 측면인 사회학적 저술의 해답이나 혹은 해결책을 제시하는 것이 아니다. 신학적 저술은 사회학적 문제에 대한 신학적 대위법으로서 나타난다. 예를 들어, 『하나님의 정치와 인간의 정치 Politique de Dieu politique de l'homme』가 『정치적 환상 정치적 착각』과 더불어, 또한 『자유의 윤리 Éthique de la liberté』가 『기술 혹은 시대의 쟁점 기술의 역사 La Technique ou l'enjeu du siècle』과 더불어, 그리고 『잊혀진 소망 L'espérance oubliée』이 『기술 체계』와 더불어, 그런 변증법적 긴장 관계에 놓인다.[111]

엘륄은 변증법이 자신의 저작의 두 측면에 작용할 뿐 아니라, 두 가지 요소로 이루어진 이중적 요소로서 작용한다고 밝힌다. 그는 사회에 대한 자신의 견해를 드러내는 첫 번째 요소를 설명하면서, 변증법적 태도를 통해 자신이 취하게 되는 견해와 입장을 피력한다. 즉, 인간은 자신이 매인 구조와 필연성에 대해 무력한 듯이 보이지만, 시도될 수 있는 모든 것을 시도해야 한다. 물론, 결정론적이고 자유를 배제하는 사회는 끊임없이 공격받아야 한다. 하지만 그 사회를 유지시키는데 모든 노력을 기울임으로써, 인간의 파괴적 분노가 여지없이 표출되지 말아야 하고, 사회가 폐쇄적으로 되는 것을 막아야 한다. 물론, 인간 집단이 만들어낸 가치와 도덕은 실제적인 가치도 아니고, '절대적 도덕'도 아니며, 하나님의 뜻을 나타내는 것도 아니다. 하지만 그런 가치와 도덕이 없으면 인간이나 인간 집단이 생존할 수 없다. 그 때문에, 그런 가치와 도덕을 옹호하고 지지하며 실천해야 한다는 것이다. 따라서 절대적으로 선한 기독교 도덕, 그리고 그런 가치와 도덕 사이의 대립 관계를 설정하지 말아야 한다. 그것이 변증법적 모순이라면 타당하지만, 그것이 판단을 내리려는 태도나 제외하려는 욕구라면 받아들일 수 없다는 것이다.[112]

엘륄은 자신의 변증법을 이루는 두 번째 요소를 설명하면서, 현재 상황과 관련된 자신의 근본적인 깊은 확신을 표명한다. 즉, 그가 『기술 체계』에서 보여주듯이, 기술 체계는 모든 활동을 포괄하고, 자체의 고유한 논리를 갖고 있으며, 모든 문화를 점진적으로 동화시키는 전체적인 체계이다. 그렇다면, 기술 체계와 관련된 변증법적 요인이 더는 없다. 특히, 기술 체계는 전체성과 통일성을 지향한다. 하지만 변증법적 과정이 삶과 역사에 반드시 필요하다면, 변증법적 요인이 반드시 존재해야 한다. 그런데, 기술 체계가 전체적이라면 변증법적 요인은 기술 체계를 벗어난 외부에 존재해야 한다. 그런데, '초월자'만이 기술 체계 외부에 있을 수 있다.[113]

그럼에도 엘륄에게 '초월자'는 자족적인 미지의 존재일 수 없다. 그에게 '초월자'는 삶의 지속, 역사의 진행, 인간의 실존을 위해 필요한 조건인 기술에 의해 인간이 놓인 구체적 상황 속에 존재한다. 결국, 그는 기술의 '자율성'과 '보편성'에도 불구하고, 인간에게 변증법적 움직임 속에 뛰어들 동기와 기회가 반드시 주어진다면, '초월자'는 인간에게 계시된 '초월자'일 수밖에 없다고 확신한다.[114]

5장 나오는 말

엘륄은 가톨릭이 지배적인 프랑스에서 개신교도로서, 마르크스 사상의 본질을 깊이 이해한 사상가로서, 레지스탕스 활동과 환경보호 운동과 청소년 범죄예방 활동에 매진한 행동가이자 실천가로서, 그의 삶은 진정한 기독교 신앙의 모범으로 비추어진다. 따라서 그가 보르도 대학에서 가르칠 때 학생들은 제도사와 마르크스 사상과 선전에 대한 강의뿐만 아니라, 그의 진실한 인간성에 대해 높이 평가한다. 그리고 그와 가까이 지내던 사람들은 그의 사회 참여 활동 및 신앙인으로서 그의 치열한 투쟁을 기억하는데, 이는 사회적이고 정치적인 그의 삶을 복합적으로 반영한다. 특히, 그는 비폭력을 지향하는 단체들과 자주 교류한다. 프랑스의 농민 운동가이자 정치가인 조제 보베[115]가 그를 알게 된 것도 이 단체 중 하나에서이며, 조제 보베도 그의 사상에 깊이 젖어든다.

엘륄의 사상의 특징은 사회학적 측면과 신학적 측면으로 뚜렷이 구별되면서도 하나의 전체를 이루며 통일성과 일관성을 유지한다는 것이다. 왜냐하면 신학적 측면을 통해서는 다양한 사회 현상을 구체적으로 묘사하거나 분석할 수 없기 때문이다. 또한 사회학적 측면을 통해 우리가 사는 세상에 대한 고찰이 이루어지지 않고서는 신학적 연구를 수행할 수 없기 때문이다. 하지만 그는 현대 사회를 영적으로 고찰하는 작업인 신학적 연구 없이는 현대 사회를 전체적으로 바라보고 연구할 수 없음을 확신한다. 그는 마르크스 사상의 영향과 성서 계시의 영향이라는 이중적인 영향을 동시에 받는다. 하지만 그는 인간의 삶과 역사의 궁극적인 의미와 관련하여 마르크스는 해답을 주지 못했다고 간주한다.

이처럼, 마르크스 사상을 통해서는 해답을 얻을 수 없는 문제들이 여전히 남아 있다는 점에서, 마르크스 사상과 더불어 엘륄에게 엄청난 영향을 미친 것은 바로 성서 계시이다. 그는 자기 삶의 중심이 된 신앙과 그 이후 다른 관점에서 읽게 된 성서, 그리고 그가 심취해 있어서 버리고 싶지 않던 마르크스 사상 사이에서 생기는 갈등과 모순 가운데 살아간다. 그래서 마르크스 사상과 성서 계시 중 어느 것도 포기하거나 배제할 수도 없고 이 둘을 종합할 수도 없어서, 마침내 변증법적 사고의 접근 방식으로 이끌려 간다. 결국, 그는 '변증법적 접근 방식'으로 자신의 연구 전체를 이끌고 나가면서, 사회학적 영역과 신학적 영역이라는 두 영역에서 연구하게 하게 된다.

그의 연구 방법에서 변증법적 접근은 근본적으로 기독교와 세상의 대립에서 비롯된다. 그런데, 그 둘 사이의 연결고리가 바로 변증법적 과정이다. 그에게 변증법은 이중적인 요소로서 작용한다. 첫 번째 요소는 사회에 대한 그의 견해를 드러내고, 두 번째 요소는 현재 상황과 관련된 그의 깊은 확신을 드러낸다. 특히, 기술 체계가 모든 활동을 포괄하고 전체성과 통일성을 지향하는 전체적 체계라면, 기술 체계와 관련된 변증법적 요인이 더는 없다. 이처럼, 기술 체계가 전체적이라면 변증법적 요인은 기술 체계를 벗어나 외부에 존재하는 '초월자'일 수밖에 없다. 하지만 엘륄에게 그런 존재는 인간이 놓인 구체적 상황 속에서 계시된 '초월자'이기도 하다.

엘륄은 독서와 집필과 강연으로 하루에 10시간 이상 일하면서 양적으로 엄청난 저작을 만들어낸다. 그 배경에는, 그의 문학적인 풍성함과 지적인 명석함, 급류처럼 쏟아 내는 집필 활동, 타고난 좋은 건강이 있었다. 그는 "나는 이 작업을 하나님으로부터 오는 명령으로서 부여받았고, 나의 지력은 하나님을 위해 사용해야 하는 것이다!"[116]라고 하면서, 거의 금욕주의적인 자신의 생활 규범을 정당화한다. 이처럼, 그는 자신의 온 마음을 다해 주 하나님을 사랑하기 원한 것이다. 그는 "존재한다는 것은 저항하는 것이다."[117]를 신조로 삼아 기술 체계 속에서의 세상에 순응하는 삶과 태도를 비판하면서, 거기에 맞서 치열하게 투쟁하는 삶을 실천한다.

결국, 기술 체계 속에 사로잡힌 인간의 상황에 직면하여, 예수 그리스도 안에서의 참된 자유를 제시하며 거기에 맞서 투쟁하는 것이야말로 그의 삶과 사상의 바탕을 이룬다. 결국, 그러한 관점에서 그의 삶과 사상 전체를 바라보아야 할 것이다.

제 2 부

자크 엘륄의 기술 사상과 그 사상에 대한 평가

*Exister,
c'est
résister.*

1장 들어가는 말

　엘륄은 세상을 이끌어가는 것이 경제도 정치도 아니며, 윤리적 가치나 혹은 정신적 가치도 아니라고 주장하면서, 다음 같은 혁신적인 논지를 내세운다. 즉, 기술이 사회의 다른 모든 측면을 결정짓고, 자체의 논리에 따라 그 측면들을 재구성하며, 인간 자신을 점차 개조한다는 것이다. 우선, 기술은 자연환경을 대체하는 인위적 환경이 되고, 대등한 주위 환경으로 바뀐다. 따라서 기술은 인간이 때에 따라 사용할 수 있는 일련의 수단들이 더는 아니다. 기술은 인간을 모든 면에서 속박하며 인간 속에 침투하는 인간의 유일한 환경이 된다. 이때부터 기술은 점점 더 인간의 통제를 벗어나 인간을 짓누르는 자율적 현상이 된다. 오늘날 기술은 예전에 자연과 마찬가지로 하나의 환경이고, 인간이 어떤 진정한 통제도 가할 수 없는 자율적 과정이다.

　기술의 위상이 이같이 근본적으로 변한 것은, 인간이 감지할 수 없도록 기술이 신성화되기 때문이다. 그래서 엘륄은 간혹 '기술'이라는 명사 'technique'의 첫 철자를 대문자로 써서 'Technique'로 표현한다. 이를 통해, 그 용어가 나타내는 개념이 신화화되어 있음을 알리고자 한다. 즉, 'Technique'가 '신성화된 기술'이라는 사실을 알리고자 한다. 그는 "우리를 굴종시키는 것은 기술이 아니라 기술에 전이된 신성함이다."[1]라는 표현을 쓴다. 그 표현을 달리 나타내면, "우리를 굴종시키는 것은 '기술' technique이 아니라 '신성화된 기술' Technique이다."라고 할 수 있다.

　기술적 진보는 기하급수적으로 계속 이어지고, 그런 성장을 통해 기술의 수준과 기술의 본질이 변화한다. 그런 급격한 변화가 촉진되는 것은, 기술 전체를 '체계'로 만드는 정보처리기술의 결과이다. 이는 기술들이 단순히 나란히 놓이거나 더해짐을 의미하는 것이 아니다. 이는 기술들이 상호관계망을 형성하고 '조직된 전체'를 이룸을 의미한다. 이처럼, 정보처리기술은 기술로 하여금 '조직된 전체'가 될 수 있게 한다. 그렇게 형성된 '조직된 전체'는 사회 안에 존속하고, 사회의 형태를 만들며, 사회를 이용하고, 사회를 변모시킨다. 기술은 자가 증식하기를 멈추지 않는다. 그런 기술은 과거의 모든 가치를 유용성, 효율성, 경제적 성장, 진보 같은 기술 자체의 가치로 대체한다.

결국, 기술은 사회 안에서 기술 체계를 형성한다. 그러나 스스로 생성되는 그 맹목적인 체계는 어디로 가야 할 지도 모르고, 자체의 잘못을 바로잡지도 못한다. 더구나 자기 뜻대로 기술을 사용하고 통제한다고 자부하는 인간 자신도 기술적 대상이 되어버린다. 그럼으로써, 인간은 사실상 기술을 더는 통제하지 못하고, 기술 체계 속에 편입되어 기술 체계에 완전히 종속되어 있다. 모든 것이 기술적으로 되기 때문에, 기술에 적응된 인간에게는 비판 정신으로 기술을 평가할 여력이 없다.

엘륄이 현대 사회에서의 기술 현상과 기술 체계를 분석하고 기술 담론을 비판하면서 이와 관련하여 집필한 저서는 『기술 혹은 시대의 쟁점 기술의 역사』, 『기술 체계』, 『기술 담론의 허세 Le bluff technologique』 등 3권이다. 이 '기술의 삼부작'과 관련하여, 트루드 샤스트네는 "기술에 관한 엘륄의 삼부작은 엘륄로 하여금 일종의 프랑스의 하이데거 Heidegger로 만들게 된다."라고 서슴없이 언급하기도 한다.[2]

1954년에 출간된 『기술 혹은 시대의 쟁점 기술의 역사』은 전체적인 시각에서 총괄적 분석 방법으로 기술 사회 혹은 기술 현상을 파악하고 연구한 것이다. 이 저서는 엘륄의 사상의 밑받침이 되는 저서로 평가된다. 특히, 이 저서가 미국에서 영어로 번역되면서부터, 당시 프랑스 내에서는 잘 알려져 있지 않고 제대로 평가받지 못하던 그가 미국 사회에 본격적으로 알려지게 된다. 이후 미국에서 이 저서가 대학의 교재로 쓰이는 등 그에 대한 관심과 연구가 활발히 시작된 계기가 된 것도 바로 이 저서이다.

1977년에 출간된 『기술 체계』는 기술 사회 내부에서 기술을 '체계'로 간주하여 연구하면서 기술 체계 속에서의 인간이 지닌 위상이라는 문제를 제기한 것이다. 이 저서는 엘륄의 사상의 요체를 드러내는 저서로 평가되기도 한다.

　1988년에 출간된 『기술 담론의 허세』는 세 저서의 마침표가 된다. 이 저서는 기술에 대해 많은 예를 들어 설명함으로써, 기술 현상과 관련된 내용에 더 쉽게 접근할 수 있게 한다. 특히, 이 저서는 기술 사회와 관련된 거짓 이데올로기를 문제 삼는다. 다시 말해, 이 저서는 기술을 옹호하고 신성시하며 기술 사회가 인간에게 받아들여지는 것을 정당화하는 담론들을 비판한다.

　그 세 저서를 중심으로 하여, '선전'을 주제로 한 저서인 『선전 Propagandes』은 인간을 개조하는 기술적 수단을 서술한다. '정치'를 주제로 한 저서인 『정치적 환상 정치적 착각』은 기술 사회 속에서 정치가 무엇인지 보여준다. '부르주아'를 주제로 한 저서인 『부르주아의 변신』은 기술 사회 속에서 부르주아 계급의 변화 과정을 분석한다. '혁명'을 주제로 한 저서인 『혁명에 대한 분석 혁명의 해부』, 『혁명에서 반란으로』, 『혁명의 쇄신 인간을 위한 혁명』은 기술 사회 속에서 가능한 혁명에 대해 질문을 제기한다. '종교적 신심(信心) la croyance을 주제로 한 저서인 『의심을 거친 참된 신앙 의심을 거친 믿음 La foi au prix du doute』은 기술 사회를 만들어내는 '종교적 신심들'을 지적한다. '예술'을 주제로 한 저서인 『무의미의 제국 L'Empire du non-sens』은 기술 환경 속에서 예술이 어떻게 되는지 고찰한다. '말'을 주제로 한 저서인 『굴욕당한 말 La parole humiliée』은 '말'이 기술과 이미지에 의해 어떻게 짓밟히는지 보여준다.[3]

　제2부에서는 기술 현상 혹은 기술 사회에 대한 분석, 기술 체계 및 기술 체계 속에서의 인간의 상황에 대한 분석, 기술 담론에 대한 비판을 중심으로 엘륄의 기술 사상을 고찰해볼 것이다. 그럼으로써, 그의 기술 사상의 내용과 중심축이 무엇인지 파악해볼 것이다. 다음으로, 현시대에서 그의 기

술 사상이 주로 어떤 내용을 중심으로 논의되고 다루어지고 있는지, 그리고 그의 기술 사상에 대해 어떠한 평가가 내려지고 있는지 살펴볼 것이다. 그럼으로써, 현대 사회에서 엘륄의 기술 사상이 차지하는 관심과 위상과 의미를 가늠해 볼 것이다.

2장 엘륄의 기술 사상

| 기술 사회에 대한 분석

시대의 쟁점으로서의 기술

기술 현상과 관련된 삼부작 중 첫 번째 저서인 『기술 혹은 시대의 쟁점 기술의 역사』[4]에서, 엘륄은 현대 사회의 열쇠를 마르크스 시대에서처럼 경제에서 찾는 것이 아니라 기술적 요인에서 찾아야 함을 보여준다. 또한 20세기에서의 기술은 인간과 자연환경 사이에 단순한 매개가 더는 아니며 그 자체의 법칙을 따르는 자율적인 과정임을 보여준다. 그는 이 세상을 만들어 내는 것은 자본주의가 아니라 기술이라는 진단을 내리면서 이렇게 언급한다.

> 자본주의란 이미 역사적으로 시대에 뒤처진 실재이다. 자본주의는 여전히 한 세기를 더 지속할 수 있으나 그 점은 역사적 관심거리가 아니다. 새롭고 의미심장하고 결정적인 것은 기술이다[5]

엘륄이 현대 세상을 이루어가는 주된 요인이 자본주의가 아니라 기술이라고 언급하는 것은 다음 같은 이유에서이다. 즉, 어떤 체제가 전파하는 이데올로기가 무엇이든, 모든 체제는 생산성을 증대시키려고 끊임없이 기술을 완성시키는 목적만을 추구하기 때문이다. 이처럼, 그는 기술 현상이 삶의 다른 모든 면을 재구성하고 인간 자신을 점차 개조하는 현대 사회의 결정적인 요소라고 하면서, 기술 현상을 이렇게 규정한다.

기술 현상은 모든 분야에서 가장 좋은 수단을 추구하는 것으로 요약된다. 따라서 기술 현상은 모든 분야에서 절대적으로 가장 효율적인 방법을 추구하는 우리 시대 대다수 사람의 관심사이다.[6]

그래서 이 저서의 제목처럼, 기술은 '시대의 쟁점' l'enjeu du siècle이 된다. 그런데, 기술 현상의 그러한 특징이 아직 모든 사람에게 명백한 것으로 받아들여지지 않던 1950년대 직후 그의 그런 주장이 처음으로 나왔다. 그 때문에, 당시에는 그런 주장을 이해하는데 어려움이 따를 수밖에 없었다.

기술의 특성

『기술 혹은 시대의 쟁점 기술의 역사』에서, 엘륄은 기술로부터 합리성, 인위성, 자동성, 자가 증식, 단일성, 기술들의 연계, 보편성, 자율성이라는 여덟 가지 특성을 이끌어 낸다. 그런 특성들을 통해 중립적 실체가 더는 아닌 기술은 신성한 힘을 부여받은 비인격적인 권세가 된다. 인간은 기술을 신뢰하고 숭배대상으로 삼으며, 기술을 이용하는 대신 기술을 섬긴다. 인간에게는 기술에 영향을 미칠 어떤 수단도 없다. 인간은 기술을 통제할 수도 제한할 수도 없고, 심지어 기술의 방향을 설정할 수도 없다. 그는 그런 논지를 끝까지 밀고 나가면서, 학교의 기능은 아이를 기술 사회에 적응시키는 것이라는 주장을 펴기도 한다. 다시 말해, 학교의 기능은 행복한 인간을 불행하게 만들 수밖에 없는 환경 속에 집어넣는 것인데, 이는 인간의 굴종과 소외의 절정을 이룬다는 것이다. 특히, 그는 일종의 선전으로서 광고, 여가, 대중매체, 스포츠, 생산제일주의 이데올로기가 인간을 어떤 틀에 맞추어 만들어낸다는 점을 강조한다.

따라서 엘륄에게 기술은 정치나 경제보다 더 사회의 결정 요인이다. 즉, 기술은 좋지도 않고 나쁘지도 않지만, 양면성이 있으며, 자체의 논리를 따르면서 스스로 성장한다. 또한 기술은 민주주의를 깔아뭉개고, 천연자원을 고갈시키며, 문명을 획일화한다. 그리고 기술은 예견할 수 없는 결과를 낳으며, 미래를 상상할 수 없게 만든다. 그런 점에서, 그는 '영광의 삼십년'[7] 한가운데서 번영을 누리던 당시 프랑스에서 그 저서를 출판하는 데 어려움을 겪는다. 하지만 그 저서는 기술 자체에 대해 비관적이지도 낙관적이지도 않다. 따라서 그가 그 저서를 집필한 의도는 총체적으로 기술 현상을 자각하는 태도를 단지 객관적으로 표현하려는 것이다.

엘륄은 "오늘날 아무것도 기술을 피할 수 없고 기술적이 아닌 것은 더는 아무것도 없다."[8]라고 하면서, 오늘날 우리 문명에서 기술은 조금도 제한되지 않고, 모든 분야로 확장되며, 인간의 모든 활동을 포괄한다고 주장한다. 즉, 기술은 인간이 쓸 수 있는 도구들을 무한정으로 완성시킨다. 또한 기술은 수없이 다양한 매개물을 인간이 마음대로 사용할 수 있게끔 하면서, 수단들을 한없이 늘려나간다. 그런 관점에서, 그는 기술 현상의 본질적인 특징으로서 '합리성'과 '인위성'을 제시한다.

'합리성'이란 기술이 적용되는 어떤 분야에서든 합리적 과정이 나타난다는 것이다. 즉, 기술은 비합리적인 것을 기계적인 메커니즘에 종속시키고, 자체의 활동에서 비합리적인 것을 배제한다. 다음으로, '인위성'이란 자연과 대립되는 기술이 인위적 체계를 만들어낸다는 것이다. 인간이 기술에 따라 마음대로 사용할 수 있는 수단들은 인위적 수단들이다. 따라서 기술적 수단들이 점차 집적됨으로써 이루어지는 세계는 자연적 세계와 근본적으로 다른 인위적 세계이다.[9]

엘륄은 '합리성'과 '인위성'이라는 두 가지 특성 이외에도, 현대 기술의 특성 여섯 가지를 차례로 설명한다.

첫째 특성은 기술적 선택의 '자동성'이다. '자동성'이란 기술적 방향과 선택은 인간이 거기에 저항하지 못한 채 저절로 이루어짐을 말한다. 인간이 그런 '자동성'을 가로막지 못하고 '자동성'을 통제하기를 포기할 때 기

술적 발전은 자동적으로 이루어진다.[10]

둘째 특성은 기술의 '자가 증식'이다. 기술은 인간의 결정적인 개입 없이도 변화하고 진보하는 발전 단계에 이른다. 그러한 기술은 새로운 기술 형태가 나타날 때 다른 여러 기술을 가능하게 하고 결정짓는다. '자가 증식'을 야기하는 것은 기술들의 결합 원리이다. 각각의 기술적 발명을 통해 다른 분야에서 다른 기술적 발명들이 초래된다. 기술적 발견은 단 하나의 기술 분야에서가 아니라 여러 기술 분야에서 반향을 일으키고 진보를 불러일으킨다. 결국, 스스로 생겨나는 기술은 궁극목적을 상실한 채 완전히 인과적이 된다.[11]

셋째 특성은 기술의 '단일성' 혹은 '불가분성'(不可分性)이다. 이는 다양한 기술을 포괄하는 기술 현상이 그 요소들을 분리할 수 없는 어떤 전체를 형성한다는 것이다. 기술 현상은 좋은 것을 취하고 나쁜 것을 삼가는 식으로 분리될 수 없다. 다시 말해, 기술을 긍정적 측면에서만 사용하기 위해 기술의 사용에 있어 긍정적 측면과 부정적 측면을 분리할 수 없고, 그 두 가지 측면 전체를 떠맡을 수밖에 없다.[12]

넷째 특성은 '기술들의 연계'이다. 기술 세계를 특징짓는 것은 바로 '필요'이다. 특히, 이전의 기술들은 나중의 기술들을 반드시 필요한 것으로 만든다. 그렇지 않으면 나중의 기술들은 비효율적이 되기 때문에, 기술들은 연속적으로 나타나며 서로 연계되어 있다.[13]

다섯째 특성은 기술의 '보편성'이다. 기술은 전체주의적이 될 수밖에 없다. 기술은 엄청난 양의 현상들을 흡수하고 자체의 작용 속으로 최대한의 것이 들어가게 하는 경우에만, 진정으로 효율적이고 과학적일 수 있다. 기술은 어떤 분야에서든 독점을 지향하고, 점차 문명의 모든 요소를 차지한다. 기술은 세상 전체로 자체의 활동 영역을 넓히고, 어떤 사회도 기술을 피하지 못한다. 심지어 노동과 놀이에서부터 사랑과 죽음에 이르기까지 삶의 어떤 측면도 기술을 피하지 못한다.[14]

여섯째 특성은 기술의 '자율성'이다. 기술은 경제, 정치, 도덕, 정신적 가치에 대해 독립적이어서 자율적이다. 특히, 기술적 발전을 결정짓는 것은 경제적 발전이나 혹은 정치적 발전이 아니다. 이와 반대로, 기술은 사회적 변화, 정치적 변화, 경제적 변화, 문화적 변화를 결정짓고 유발한다. 따라서 기술을 결정짓는 것은 외적 필요성이 더는 아니라, 기술 자체의 내적 필요성이다. 그리하여 기술은 자체의 특별한 법칙과 결정력을 지닌 그 자체로 충족되는 실체가 된다. 또한 기술은 선과 악을 벗어나서 존재하는 그 자체로서의 목적이 된다. 기술에 보조를 맞추도록 인간을 강요하는 기술은 인간에 대해서도 자율적이 된다.[15]

기술과 국가, 인간의 새로운 환경

엘륄은 기술과 경제의 관계에 대해서도 설명한다. 기술들은 경제의 동인(動因)과 토대로서 나타난다. 즉, 기술들이 없으면 경제도 없고, 기술적 발전에 의존하지 않는 단 하나의 경제 분야도 더는 없다. 특히, 이 시대의 경제 현상은 인간 활동 전체를 점점 더 포괄하고, 모든 것이 경제의 기능과 대상이 된다. 그런데, 이는 기술을 매개로 이루어진다. 엘륄은 기술과 국가의 관계에 대해 언급하면서, 국가 내에서 기술이 존재하는 심각한 문제들을 지적한다. 즉, 국가와 기술의 결합은 중립적인 사실이 아니라 단지 국가의 권력 증가를 전제로 한다. 우선, 민주주의 국가에서 '선전 기술'이 강도 높게 사용됨으로써, 개인의 판단력과 분별 능력이 상실되고 파괴된다. 그러므로 기술은 민주주의의 작용을 즉각적으로 혼란스럽게 하고 여론의 방향을 오도한다. 또한 기술은 국가가 삶의 모든 것을 흡수하는 식으로 전체주의적이 되도록 이끈다. 기술들은 서로 생겨나게 하는 동시에 서로 연결된다. 그런데, 이를 통해 인간의 모든 활동을 속박하는 어떤 망이 형성된다. 그래서 심지어 국가가 자유롭고 민주적일지라도 전체적으로 될 수밖에 없다.

엘륄은 국가도 기술에 대해 아주 적극적인 방식으로 영향을 미친다고 하면서, 현대 기술들의 발전에 있어 국가의 역할 및 기술과 국가가 연계되어 나타나는 결과를 설명한다. 즉, 국가는 '선전 기술'이나 '경제 기술'처럼 지금껏 서로 무관한 채로 남아 있던 기술들을 접촉시킨다. 국가가 기술에 부여하는 권위는 기술 발달의 한 요인이 되지만, 이는 국가 자체가 기술적으로 되는 것을 나타낸다. 따라서 기술은 국가의 개입을 통해 그 발전은 가속화된다. 결국, 기술과 국가는 서로 떠받치고 서로 강화하며 표면상으로는 공고한 전체적인 문명을 생겨나게 하면서, 이 세상의 주요한 두 요소가 된다.[16]

엘륄은 인간이 익숙하지 않은 새로운 세계에 있다고 하면서, 그것은 인간에게 새로운 환경이라고 지적한다. 그것은 자연과 인간 사이의 매개로서 만들어진 하나의 체계이다. 하지만 그 매개가 너무나 확장된 나머지 인간은 자연적인 틀과의 접촉을 모두 잃어버린다. 그래서 인간은 조직화된 물질로 이루어진 매개체와 더불어서만 관계를 맺고 있다. 이처럼, 자신의 인위적인 결과물 속에 틀어박힌 인간에게는 어떠한 출구도 없다. 더구나 인간은 수십만 년 전부터 적응해 온 자신의 예전 환경을 되찾기 위해 출구를 뚫을 수도 없다. 엘륄은 그 상황에서 기술의 발전을 제어하려는 기술전문가들의 노력이 있다고 하면서, "기술적 문제에 대해서는 기술적 해결책으로"라는 원리로 제시되는 두 종류의 노력을 소개한다.[17]

첫째, 기술은 인간이 그 안에서 살아야 하는 새로운 환경을 만들어낸다. 그렇다면 인간이 자연환경과 마주하여 기술이라는 매개체를 만들었듯이, 인간이 새로운 환경과 인간을 매개하는 도구들을 만들어낼 수 없는가는 것이다. 그리하여 기술 환경 위에서 인간에게 안전장치와 활동수단의 구실을 하는 일련의 '보조 기술' 전체가 발전한다. 그중 가장 훌륭한 사례는 지금까지 적용된 기술들과 전혀 다른 범주에 속하는 '생각하는 기계들'의 통합체이다. 물론, 그 수단들의 통합체는 예전에는 단지 수단에 불과하다가 환경이 되어 버린 것을 인간으로 하여금 제어할 수 있게 하는 놀라운 사례이다. 하지만 엘륄은 그 수단들의 통합체가 어떤 면에서는 부차적 기술이라고 지적한다.[18]

둘째, 그런 기술적 노력의 목적들이 점차 사라진다는 것이다. 그 원인은 온갖 기술적 발전을 통해 모호하고 추상적으로 되어 버린 목적들에는 어떤 실체도 더는 없다는 것일 수 있다. 그렇지 않으면, 그 원인은 그 목적들이 예측할 수 없는 미래나 표현할 수 없는 미래의 어떤 시기로 미루어진 것일 수도 있다. 인간은 수단들의 확산을 통해 목적들이 사라짐을 알고서 목적이나 목표를 재발견하는 데 전념한다. 하지만 앞으로 나아갈수록 기술들의 목적은 사라진다. 그럼에도 궁극목적이 필요하기에 궁극목적이 기술적으로 설정되고 예측된다. 엘륄은 그러한 한에서 기술적 발전에 반드시 필요한 궁극목적이 발견될 것이라고 예상한다. 그리고 그는 목적에는 반드시 그 목적에 종속되는 수단들과의 공통된 척도가 있어야 함을 강조한다.[19]

| 기술 체계에 대한 분석

기술에 대한 규정

『기술 체계』는 기술에 관한 삼부작의 요체로서, 삼부작 중 가장 완성도 높은 저서로 꼽는다. 엘륄은 기술을 규정하면서, '개념'으로서의 기술, '환경'으로서의 기술, '결정 요인'으로서의 기술, '체계'로서의 기술을 제시한다. 그는 『기술 혹은 시대의 쟁점 기술의 역사』에서 이미 서술한 기술 현상의 특징들을 이 저서에서 다시 다룬다. 하지만 그는 그 특징들을 약간 변형시키면서, 자율성, 통일성, 보편성, 자가 증식, 자동성에다 전체화, 인과적 발전, 가속화를 덧붙인다. 그는 기술이 우리 시대에 주요 요인이나 혹은 결정 요인이 되는 데 그치지 않고 '체계'가 되었다고 지적한다. 또한 우리 사회에 대해 내려지는 여러 정의를 분석한 후 그 정의들이 기술을 향한다고 주장한다. 즉, 우리 사회에 대한 정의들에서 파악된 특징들을 설명하는 결정적 사실은 기술 현상이라는 것이다. 그리고 제시된 그 모든 정의에서 기술 현상이 공통 요인으로 드러난다는 것이다.[20]

엘륄은 20년 전에는 자신도 '기술 사회'라는 개념을 제시했으나 이 단계는 실제로 지나갔다고 하면서, '기술 사회'라는 개념을 넘어서야 한다고 밝힌다. 즉, 기술은 새롭게 폭이 넓어지고 새롭게 구성되었다. 그렇기에, 이제 '기술 사회'나 혹은 '기술화된 사회'라고 언급하는 것으로는 더는 충분하지 않다는 것이다. 그래서 그는 우리 사회를 더 정확히 규정하기 위해 '기술 체계'라는 개념을 사용하면서, '기술 체계'와 '기술 사회'를 혼동하지 말아야 함을 강조한다. 즉, '기술 체계'는 자체의 필요에 따라 사회를 만들고 사회를 버팀목으로 이용하며 사회의 어떤 구조들을 변형시킨다. 그러나 '기술 사회' 자체는 그러한 '체계'가 아니며, '기술 사회'란 단지 '기술 체계'가 그 속에 자리 잡는 사회이다. 그런데, 기계가 자연환경 속에 혼란과 무질서를 유발하고 생태적 환경을 위태롭게 하듯이, '기술 체계'는 무질서와 비일관성을 사회에 유발하고 사회적 환경을 위태롭게 한다.[21]

엘륄은 "기술은 무엇인가?"라는 질문을 제기하면서, 기술을 네 가지로 규정한다.

첫째, '개념'으로서의 기술이다. 우리 사회에서 기술은 지배적이 되고 하나의 개념이 된다. 또한 '기술'이라는 용어는 수많은 현상을 내포하면서도 다양한 실체와 관련된다. 여기서 그는 '기술 담론' la technologie은 기술에 대한 담론, 곧 기술에 대한 학문이며, 특별한 기술들에 대한 담화임을 강조한다. 즉, '기술' la technique이라는 개념과 '기술 담론'이라는 개념의 차이를 분명히 정립해야 한다는 것이다.[22]

둘째, '환경'으로서의 기술이다. 우리 삶의 새로운 환경이 된 '기술 환경'

은 예전의 환경에 침투하여 예전의 환경을 흡수하며 이용한다. 하지만 '기술 환경'은 예전의 환경을 파괴하고 해체한다. '기술 환경'은 우리로 하여금 모든 것이 기술적 문제가 된다고 간주하게끔 한다. 그와 동시에, '기술 환경'은 그 자체가 완전한 체계가 되는 '기술 환경'에 우리가 실제로 갇혀 있다고 간주하게끔 한다.[23]

셋째, '결정 요인'으로서의 기술이다. 기술은 서구 사회의 사회·정치적 문제에서 유일한 결정 요인은 아니더라도 주요 결정 요인이 된다. 그렇게 됨으로써, 기술을 통해 인간관계가 근본적으로 변하고, '문화적 가치'도 광범위하게 변한다.[24]

넷째, '체계'로서의 기술이다. 각각의 기술적 요소는 경제 현상이나 혹은 사회 현상 같은 비(非)기술적 요소들과 연결되거나 관계를 맺는다. 그런데, 그런 연결과 관계가 이루어지기 전에 기술적 요소는 일련의 기술적 요소에 연결되고 의존하며 같은 기술 체계 속에 통합되어 있다는 점에서 기술은 '체계'이다. 특히, 인간 자신도 그런 기술 체계가 지배하는 기술 사회 속에 포함되어 있다. 그렇기에, 비록 인간이 기술적 대상들을 사용할지라도 절대적 주체가 아니다.[25][26]

기술이 발달할수록 그 발달의 조건으로 정보 작업이 증가하고, 정보들을 통해 다른 기술 분야가 완성되거나 적용된다. 서로에게 전달되고 각 분야에서 기술적으로 사용된 정보들에 의해 다양화된 기술들이 체계로 통합된다. 특히, 컴퓨터는 기술 체계를 결정적으로 '체계'로 확립한다. 컴퓨터를 통한 전체적이며 상호 통합된 정보에 의해 기술적 하위체계들이 구성되는 동시에 조정된다.[27]

기술 체계의 특성과 기술 현상의 특징

이어서 엘륄은 기술 체계의 특성을 설명한다.

첫째, 기술 체계는 '철도·전화·항공 체계', '전기 에너지 생산·분배 체계', '자동화된 산업생산과정 체계', '도시 체계', '군사방어 체계' 같은 하위 체계들로 구성된다. 기술 체계는 그 다양한 하위 체계 사이 관계의 결과이다. 그러므로 각각의 하위 체계가 작동하는 동시에 하위 체계들의 관계가 정확한 한에서만 기술 체계는 작동한다.[28]

둘째, 기술 체계에는 유연성이 있다. 인간이 기술 체계에 추종적이고 거기에 완벽히 적응하여 인간의 활동이 기술 체계를 위태롭게 하지 않을 때, 기술 체계는 더 폭넓은 선택의 가능성을 인간에게 제시한다. 하지만 그 선택들이 기술적 대상과 관련되고 인간의 독립성이 기술적 도구를 사용하는 데 있다면, 그 선택들은 기술적 영역 속에 포함되고 인간의 독립성은 기술 체계에 유착된다. 그 때문에, 기술 체계의 유연성이 인간의 독립성을 보장하지는 않는다.[29]

셋째, 기술 체계는 자체의 적응 과정과 보상 과정을 만들어낸다. 기술들의 작용에 있어 복잡성과 요구 때문에 기술을 통해 절망적인 사회 상황이 나타나는 곳에, '예방 기술'과 '적응 기술'과 '재적응 기술' 등이 나타난다. 비인간적인 세계에서 삶을 수월하게 해주는 그 기술들에 힘입어, 인간은 어느 정도 쾌적하고 살만한 삶을 누리게 된다. 하지만 기술 체계에는 피드백이 없음이 점점 더 드러나는데, 피드백은 체계가 작동하면서 오류를 범할 때 오류를 바로잡기 위한 메커니즘이다. 기술 체계는 자체의 논리에 따라 자체의 방향으로 계속 발전하면서 증가하기만 한다. 그러므로 기술 체계를 통해 늘어나는 무질서와 비일관성이 확인될 때, 이를 통해 보상 과정만이 생겨날 따름이다.[30]

다음으로 엘륄은 기술 현상의 네 가지 특징을 제시한다.

기술 현상의 첫 번째 특징은 '자율성'이다. 기술의 '자율성'이란 기술이 자체에만 의존하고 자체의 길을 제시하며, 스스로 하나의 목적이 된다는 것이다. 국가와 정치와 경제에 대한 기술의 '자율성'은 이렇게 나타난다.

즉, 힘의 조직체인 국가는 점점 더 효율적인 기술들의 발전을 지원할 수밖에 없다. 그러므로 현대 국가에서는 경제적 이익의 손실을 고려하지 않고 정치적 결정을 하는 것은 기술전문가이다.[31]

기술 현상의 두 번째 특징은 '통일성'이다.『기술 혹은 시대의 쟁점 기술의 역사』에서 '통일성'은 '단일성' 혹은 '불가분성'(不可分性)으로 표현되고,『기술 체계』에서 '통일성'은 '단일성'으로 표현되기도 한다. 기술 체계는 부분들이 밀접하게 서로 결합되어 있고 상호 의존하며 공통된 규칙성을 따르는 통합체이다. 그러므로 '통일성' 혹은 '단일성'은 기술 체계의 구체적 표현이다. 즉, 기술들은 서로에 의해서만 존재하도록 연결되어 있고, 모든 면에서 의존하도록 서로 연결되어 있다. 또한 기술들은 모두 서로에 대한 영향력이 있고, 서로 침투하고 결합하며 서로를 결정짓는다.[32]

기술 현상의 세 번째 특징은 '보편성'이다. 기술의 '보편성'은 두 가지 측면으로 제시된다. 첫 번째 측면은 환경과 인간 활동 영역에 관계되는 '보편성'이다. 인간의 각 활동은 기술적 방식으로 방향이 설정된다. 또한 기술이 모든 영역에 침투함으로써, 어떠한 영역도 기술을 벗어나지 못한다. 이처럼, 기술 체계가 흡수하고 변화시키는 인간 삶의 모든 측면에서 기술 체계는 확장된다. 결국, 인간의 환경 전체와 활동 영역과 삶의 영역 전체는 기술들의 대상이 된다. 두 번째 측면은 기술 체계가 모든 나라로 확장된다는 '지리적 보편성'이다. 기술 체계는 인종과 경제와 정치체제의 차이가 무엇이든 전 세계에서 발전한다. 또한 기술의 '보편성'과 기술 체계의 일관성을 통해 오늘날 세계 모든 나라의 상호의존이 생겨난다. 특히, 거의 돌이킬 수 없이 확고해진 기술의 '보편성'을 통해 삼중적인 뒤바뀜이 일어난다. 첫째, 기술은 기술 자체가 그 일부이던 문명 속에 포함되어 있었다. 하지만 이제 모든 것은 기술에 의존하고, 기술은 모든 것이 그 안에 위치하는 포괄적 요소가 된다. 둘째, 기술은 외부의 궁극목적에 따르는 수단이었다. 그러나 이제 기술은 자체의 합리성에 따라 발전하는 자체의 궁극목적이 된다. 셋째,

기술은 자체의 필요성에 따라 발전하기 위해 인위적이고 체계적인 방식으로 기술에 필요한 요인들을 어디서든 만들어낸다.[33]

기술 현상의 네 번째 특징은 '전체화'이다. 온갖 단편적인 기술들의 연결을 통해 기술적 작용들의 '전체화'가 초래된다. 기술적 전문화는 기술적 전체화를 전제로 한다. 따라서 그 '전체화'는 각 분야에서 극도로 이루어진 전문화의 다른 측면일 따름이다. 기술의 '전체화'를 통해 인간적이고 사회적이며 경제적이고 정치적인 모든 요인에 대한 새로운 유형의 진정한 통합이 이루어진다.[34]

기술적 진보의 특징

그러고 나서 엘륄은 기술적 진보의 특징을 네 가지로 든다.

기술적 진보의 첫 번째 특징은 '자가 증식'이다. '자가 증식'은 두 가지 현상을 포함한다. 기술이 성장하도록 부추기고 부득이하게 끊임없이 발전하게끔 하는 일종의 내적인 힘이 있다. 첫째 현상은 그런 힘으로 인간의 결정적인 개입 없이도 기술이 변화하고 진보할 정도의 발전 지점에 기술이 도달했다는 것이다. 둘째 현상은 우리 시대의 모든 인간이 너무도 기술에 열광하고 기술의 우위를 확신하며 기술 환경에 빠진 나머지, 인간은 모두 예외 없이 기술적 진보를 향해 있다는 것이다.[35]

기술적 진보의 두 번째 특징은 '자동성'이다. 기술 체계의 '자동성'은 앞서 존재한 기술들에 의해 유발되는 선택에 따라 기술들을 적용하는 것이다. 새로운 각각의 상황과 분야에서 새로운 기술이나 혹은 예전의 기술이 결과에 적용되도록 기술들은 서로 결합한다. 하지만, 이는 인간의 모든 결정과는 무관한 방식으로 이루어진다. 즉, 인간의 생각이나 의도와 상관없이 기술적 방향은 스스로 결정된다. 또한 기술은 모든 방향에서 발전하며 점점 더 급속히 증식한다. 그런데, 그 증식은 어떠한 선택도 없이 이루어진다. 따라서 '자동성'의 근본 법칙은 어떤 작업을 행하는 것이 실제로 가능하므로 그 작업이 행해진다는 것이다. 그리고 그 법칙은 행할 가능성이 있는 모든 것은 행해질 따름이라는 것이다. 그래서 엘륄은 기술의 '자동성'의 결정적 측면으로써 선택과 적응의 '자동성'을 제시한다. 즉, 두 가지 기술적 방법 사이에서 선택이란 없으며, 한 가지 방법이 강요되는 것은 그 방법이 효율적인 것으로 계측되고 확실하기 때문이다.[36]

기술적 진보의 세 번째 특징은 '인과적 발전'과 '궁극목적의 부재'이다. 기술은 추구해야 할 목적에 따라 발전하는 것이 아니라, 이미 존재하는 성장 가능성에 따라 발전한다. 또한 기술은 사회·경제사의 변화 논리와 분명히 구분되는 현상인 내적 논리를 따른다. 따라서 기술의 '인과적 발전'은 기술적 성장에서 궁극목적이 존재하지 않음을 나타낸다. 즉, 기술 체계의 발전에서 궁극목적은 제거된다. 단지 발전하기만 하는 기술은 기계의 작동이 중지되는 것을 용납할 수 없다. 그 때문에, 기술에는 궁극목적이란 없으며, 기술은 궁극목적 없이도 발전한다. 기술 현상은 단지 기술 현상 그 자체일 뿐이며, 기술은 발전하기 때문에 발전한다. 특히, '인과적 발전'의 결정적인 다른 측면으로서, 기술전문가가 기술을 뒤집어엎거나 혹은 기술의 방향을 다시 설정할 수 없다는 점이 제시된다. 실제로 기술은 가능한 것의 극단까지 나아가고, 돈이나 원료의 제한 같은 외부에서 오는 불가능성에 직면할 때까지 나아간다. 그러므로 기술은 그 자체로서 충분하고, 스스로를 결정짓는다.[37]

기술적 진보의 네 번째 특징은 '가속화'이다. 인간은 기술의 무한한 성장과 마주하고, 끊임없이 증대하는 급속한 기술적 성장과 마주한다. 그래서 기술적 진보의 가속화와 기술적 성장의 한계에 대한 문제가 제기된다. 즉, 기술적 진보의 '가속화'는 기술 체계가 끊임없이 가속하는 경향이 있음을 나타낸다. 반면에, '감속'은 피드백이 되지 않거나 기술적 성장에 주기적으로 제동을 거는 집단적 자각이 없는 상황에서, 불균형이 엄청나게 증대함으로써만 일어난다. 기술 체계는 기술 체계 자체의 성장과 발전을 끊임없이 무한한 방식으로 가속하는 경향이 있다. 하지만 그런 가속화가 실제로 일어날 때 부정적인 결과들이 나타난다. 그런데, 기술 체계 내부에서 불균형과 역기능이 증가함으로써, 기술 체계 자체를 통해 제동이 일어나는 것이 아니다. 기술 체계 전체의 둔화를 일으킬 수 있는 피드백의 부재로 말미암아 무질서가 초래된다. 그 때문에, 기술적 진보가 중요할수록 유지·보수 작업도 마찬가지로 중요하다. 즉, 기술을 통해 유발되는 많은 역기능과 악의적 행동을 막기 위한 기계 장치들이 필요하게 된다. 하지만, 그런 과정은 끝이 없고 한계가 보이지 않는다. 그래서 기술 체계에는 그토록 많은 유지·보수가 필요하다. 그럼에도, 유지·보수 작업 자체는 기술 체계를 비생산적이 되게 할 만큼 그리 중요하지는 않다. 엘륄은 '악순환'이라는 표현으로 그 현상을 지칭한다.[38]

기술 체계 속에서의 인간의 상황

엘륄은 기술 체계의 엄밀성과 심각성에 대해 이렇게 지적한다. 즉, 우리 사회의 구조는 점점 더 엄밀하고 명확해져서, 이 구조가 더 확고할수록 더욱더 인간은 자신에게 미래가 없음을 안다. 미래를 파괴하는 것은 전 세계적인 파괴 위협인 핵폭탄이 아니라, 체계와 조직의 엄밀성이다. 기술 체계가 인간이 생각하는 만큼 그렇게 엄밀하지 않다고 할 수도 있다. 하지만, 중요한 것은 인간이 이렇게 기술 체계를 체험하고 있다는 점이다. 인간이 그것을 아는지 모르는지 상관없이 체계가 펼쳐지고 구조가 조직되고 움직인다. 인간은 거기서 아무것도 할 수 없고, 아무것도 변하지 않으며, 결정의 중심부에 인간이 조금도 접근할 수 없음을 체험한다.[39]
특히, 기술은 내적 조정 현상인 '피드백' 현상을 박탈당한다. 그렇게 된 기술은 근본으로 돌아가 체계의 여건을 변모시킬 수도 없고, 자체의 오류를 바로잡을 수도 없다. 기술은 혼란이 생길 경우 그 결과로 야기된 문제를 보상하는 과정만을 떠맡을 수 있을 따름이다. 인간만이 기술의 잘못된 방향을 바꾸기 위해 개입할 수 있다. 하지만 어떤 것이 가능하면 그것을 실현해야 한다는 원리에서 인간은 벗어나지 못한다. 다시 말해, 기술이 존재하면 그 기술을 사용한다는 원리에서 벗어나지 못하기에, 실제로 인간은 그렇게 하지 못한다.

엘륄은 그와 같은 기술 체계 속에서의 인간의 상황을 구체적으로 이렇게 설명한다. 기술 세계는 인간에게 하나의 환경이 되어버림으로써, 인간은 그 기술 환경으로 들어가 거기에 통합된다. 따라서 그러한 인간이 무엇을 보거나 혹은 무엇을 사용하든지 그것은 기술적 대상이다. 또한 인간은 안락과 효율성을 위해 만들어진 그 기술 환경에 따라 사고한다. 그 때문에, 인간은 기술 세계 속에 위치하면서도 기술 세계의 체계를 식별하지 못한다. 그런 채로, 인간은 그 기술 체계에 통합되고 거기에 완전히 속해 버린다. 특히, 지적 교육 훈련 전체는 모든 젊은이에게 기술 세계 속으로 긍정적이고 효과적인 방식으로 들어가도록 준비시킨다. 그뿐 아니라, 기술 세계가 하나의 환경이 된 상황에서 모든 젊은이의 문화와 방법과 지식은 그 기술 환경에 적응된다.[40]

이처럼, 오늘날 모든 교육은 기술적으로 되는 경향이 있다. 그러므로 그런 방식으로 양성된 젊은이는 기술에 대해 선택과 결정을 내릴 수 없다. 인간은 엄청난 엄밀함과 더불어 점점 더 전문화된 기술적인 교육 훈련을 통해 양성된다. 그러한 인간은 자신의 직업과 삶의 뼈대가 되는 기술 체계를 비판할 수도 없고, 기술 체계에 대해 문제를 제기할 할 수도 없다. 그러한 인간은 자신의 분야에서 아주 유능하며, 더 큰 효율성을 가지고 해야 할 바를 확실히 파악한다. 하지만, 이는 밀접하게 제한된 분야에서만 이루어진다. 따라서 그러한 인간은 부분적이며 치우친 정보를 통해 세상과 정치 경제적인 문제를 이해한다. 즉, 그러한 인간은 그 문제에 대해 반쪽짜리 이해를 하면서, 사실들에 대해 일부분만 인식하는 수준에 놓인다. 그러한 인간이 자신의 분야에서 지닌 역량은 일반적인 현상들을 더 잘 이해하거나 아는 데 전혀 쓸모가 없다. 광고, 대중매체에 의한 오락, 정치 선전, 인간관계나 홍보, 그 모든 것에는 인간을 기술에 적응시키는 유일한 기능이 있다. 그런데, 그 영향은 학교나 직업의 영향보다 훨씬 더 광범위하다. 그것들에 의해 인간에게 제공되는 심리적 만족과 동기는 인간이 이 세상에서 살며 효율적으로 일할 수 있게 한다. 그 때문에, 인간은 기술 환경 속에서 자발적으로 살아간다. 더욱이, 광고나 혹은 오락은 기술 환경에 대한 신격화된 이미지를 인간에게 제시한다.[41]

엘륄은 기술 체계 속에서의 인간의 상황을 그렇게 설명하면서도, '기술적 성장'에 반대되는 '기술적 탈성장'[42]을 위해 행동하는 인간은 자신을 지배하는 결정지어진 상황에서 벗어날 수 있다는 소망의 빛을 제시한다. 하지만 인간은 기술 체계 속에 있고 기술적 요인에 의해 변화된다. 그러한 인간은 기술을 사용하기보다 기술을 섬기기를 선호한다. 특히, 기술이 신성화되기 때문에, 기술이 인간의 소외를 감추는 자유의 환상을 인간에게 안겨주는 만큼이나 기술은 인간을 소외시킨다. 기술이 인간의 행동을 해방시킨다고 기술을 정당화하는 것은 기만적인 생각이다. 기술이 인간을 예전의 제약에서 해방시키고, 인간이 예전에 할 수 없던 많은 것을 할 수 있게 하며, 수많은 선택을 할 수 있게 한다는 것은 기만적인 주장이다. 실제로, 소비할 물건의 선택 다양성과 자유는 반드시 일치하지는 않는다. 물론, 수백 가지 자동차와 수천 가지 제품 가운데서 선택할 수 있다. 하지만, 사회에서의 역할과 기능과 행동 영역에서는 인간의 역할과 기능과 행동이 상당히 축소된다. 또한 기술적 대상들 사이에서 선택은 다양한 인간 행동 가운데서의 선택과 전혀 같지 않다. 그리고 선택 영역은 기술 체계에 의해 완전히 한정되고, 모든 선택은 기술 체계 내부에서 이루어지며, 기술 체계가 제시하는 선택만을 할 따름이다.

더욱이, 인간의 자유가 기만적이기 때문에, 인간은 자유롭지 않은데도 자유롭다고 여긴다. 이처럼, 인간의 자유가 기만적이라면, 이는 인간이 자신이 그렇게 한다는 점을 인정하기를 거부하면서 기술을 신성화하기 때문이다. 결국, 선택의 다양성과 자유 사이에 혼동이 지속되기 때문에, 인간은 그 악순환으로부터 빠져나오지 못한다. 그러한 인간은 기술 체계 속에 완전히 통합되지도 적응하지도 못한다. 오늘날 인간은 객체인 기술과 관련하여 독립적 주체가 아니며, 기술 체계 속에 있는 인간 자신은 기술적 요인에 의해 변화된다. 그 때문에, 오늘날 기술을 사용하는 인간은 기술을 섬기는 존재이며, 기술을 섬기는 인간만이 진정으로 기술을 사용할 수 있다는 것이다.[43]

| 기술 담론에 대한 비판

기술 담론에 대한 문제 제기

기술과 관련된 삼부작의 마지막 저서인 『기술 담론의 허세』에서, 엘륄은 '기술 담론' la technologie이라는 용어가 자의적으로 사용되고 있는 현실을 지적하면서, 그 용어의 정확한 의미 및 그 용어와 관련되는 것들을 이렇게 설명한다.

나는 '기술 담론'이란 단어에 대해 다시 지적하고자 한다. 그 단어의 뜻을 자의적으로 사용하는 일이 우리의 뇌 속에 자리 잡고 있다. 또한 그런 식의 사용이 미국식의 사용을 맹목적으로 모방하기 때문에, 나는 그러한 사용에 반대한다. 그 단어의 그러한 사용은 근거가 없다. 어원적으로, '기술 담론'이란 단어는 '기술에 대한 담화'를 의미한다. 기술에 대해 연구하는 것, 기술 철학이나 혹은 기술 사회학을 하는 것, 기술적인 종류의 교육을 하는 것이 '기술 담론'에 해당한다. 엄밀히 말해, '기술 담론'이란 용어는 기술의 사용법과 아무런 관련이 없다. 따라서 '정보처리 기술'을 표현하는데 'la technologie informatique'을 사용하거나 혹은 '우주 기술'을 표현하는데 'la technologie spatiale'을 사용하는 것은 어리석은 일이다.[44]

그러한 자세한 설명 이후에, 엘륄은 기술 현상에 관한 자신의 세 번째 저서의 제목을 왜 『기술 담론의 허세 Le bluff technologique』라고 정했는지 그 동기를 기술한다.

일반화된 고찰이 없기 때문에 또한 집단적인 무지 때문에, 나는 '기술 담론'이라는 용어의 사용이 자리 잡힌 상황에서 나의 항변이 쓸데없음을 안다. 하지만 나는 이 저서의 제목이 타당함을 입증하려고 한다. 내가 이 저서의 제목을 '기술적 허세' le bluff technicien 라 하지 않고, '기술 담론의 허세' le bluff technologique 라고 한 것은 다음 같은 목적에서이다. 즉, 우리가 그 속에 사로잡힌 엄청난 허세는 이제부터 기술들에 관한 담론의 허세임을 명백히 입증하기 위해서이다. 상황이 그렇게 된 것은, 항상 기술을 더 신성화하고 기술에 대한 우리의 행동을 더 변화시키며 진정으로 신화를 만들어내는 담론이 문제되기 때문이다.[45]

따라서 『기술 담론의 허세』는 엘륄이 기술 사회와 관련된 거짓 이데올로기를 문제 삼는 저서이다. 그 거짓 이데올로기는 인간을 해방시키는 데 인간에게 반드시 필요한 것으로서 기술 사회를 제시한다. 그뿐 아니라, 그 거짓 이데올로기는 인간의 집단적이고 개인적인 모든 문제의 유일한 해결책으로서 기술 사회를 제시하면서, 기술 사회가 인간에게 받아들여지는 것을 정당화한다. 다시 말해, 기술에 대한 지지자들은 기술은 인간을 예전의 제약에서 해방시키고, 인간이 예전에 할 수 없던 많은 것을 인간이 할 수 있

게 하며, 인간이 수많은 선택을 할 수 있게 한다고 하면서, 기술을 정당화하려고 애쓴다.[46]

엘륄이 『기술 체계』를 집필한 1977년부터 이 저서가 출간된 1988년까지 약 10년간, 마이크로컴퓨터 정보처리기술, 핵에너지, 레이저, 우주 기술, 유전자공학 등의 기술적 진보는 기하급수적으로 이루어진다. 1980년대 초부터 일어난 그 엄청난 기술적 혁신은 매혹적인 기술 담론에 기반을 두고 있다. 그 기술 담론의 목적은 인간을 현혹하여 기술에 더 잘 적응시키기 위해 기술에 대한 인간의 저항을 무력화시키는 데 있다.

기술의 양면성과 예측 불가능성

엘륄은 기술 담론이 관련되는 영역을 분석하기 전에, 기술 담론이 은폐하려고 애쓰는 기술의 다양한 측면을 제시한다. 우선, 기술적 진보가 지닌 '양면성'이다. 즉, 기술적 진보는 극심한 환경 파괴와 극도의 사회적 속박이라는 대가를 치른다. 더욱이, 기술적 진보는 기술적 진보 자체가 해결하는 환경 문제보다 훨씬 더 심각한 환경 문제를 불러일으킨다. 그런데, 그 해로운 결과들을 긍정적인 결과들과 따로 떼어 생각할 수 없다. 그 때문에, 기술적 진보는 기술의 용도와는 아무 상관이 없이 이루어질 수 있다. 일례로, 핵에너지 분야에서 어떤 새로운 기술이든 그 기술의 예견할 수 없는 결과들을 살펴볼 때 그 양면성은 커진다. 그 대표적 사례가 체르노빌 핵발전소의 폭발 사고, 그리고 지진 해일로 일어난 후쿠시마 원전 사고이다. 그 때문에, 환경보호 측면, 위생 측면, 사회적 혹은 정신적 측면 등 다양한 측면에서, 기술적 진보에 의해 생겨난 위험들이 고려되더라도, 그 위험들은 너무 과소평가되는 것이 문제이다. 기술적 진보는 계속 커질 뿐 아니라, '혁신'이라는 개념을 통해, 특히 정치 분야와 경제 분야의 담론에서 끊임없이 과대평가된다. 물론, 체르노빌의 재난 이후에 그 위험들을 아무도 더는 부인할 수 없다. 하지만 전체적인 일련의 '예방조치' 덕분에 그 위험들을 줄일 수 있고 피할 수 있다는 확신이 매우 지배적이다. 그 때문에, 그 위험들은 상대화되어 있다.[47] 그래서 엘륄은 어떤 기술적 시도를 통해 일어날 수 있는 예측할 수 없는 위험을 막기 위해, 그 근본 원리를 이렇게 제시한다.

> 어떤 시도를 통해 엄청난 잠재적 위험이 제기된다면, 심지어 그 위험을 정상적으로도 단기간 내에도 예측할 수 없다면, 그런 시도를 하지 않는 것이 현명하다.[48]

다음으로, 엘륄은 기술 담론이 은폐하려고 애쓰는 기술의 측면 중 하나로서 '예측 불가능성'을 든다. 오늘날 기술 체계가 너무도 복합성을 띠고 있는 나머지, 불가항력의 재난을 당하고 싶지 않다면 반드시 모든 것을 예측해야 한다. 그런데, 그렇게 필요한 예측 가능성은 특히 정보의 과잉으로 불가능하고, 불확실성이 지배한다. 따라서 최악의 상황이 가능해지고 심지어 그 가능성이 충분해진다. 예를 들어, 전문가들은 체르노빌의 방사능 구름이 프랑스에 도달하지 않았고 따라서 프랑스에 속한 라인강 좌안에는 어떤 오염 위험도 없다고 주장하면서, 정보 조작을 통해 주민들을 안심시키려고 철저하게 애썼다. 하지만 1962년 프랑스가 핵 프로그램에 뛰어들기로 할 때, 인간이 견딜 수 있는 방사선 피폭 한계치를 고의로 높게 설정했다는 사실이 드러난다. 그 사실에 비추어 보면, 사실상 전문가들의 주장은 거짓말이었다.[49] 이처럼, 기술적 결정의 무책임성을 은폐하려고 '선전'에 의뢰하는 현실에 맞서, 엘륄은 "유한한 세상에서 무한한 성장은 있을 수 없다."[50]라는 상식적인 원리를 내세운다.

이어서, 엘륄은 '피드백'의 개념을 다시 다룬다. 그는 1977년에 나온 『기술 체계』에서는 어떤 피드백이든 그 존재를 부인한다. 하지만 5년 후인 1982년, 그는 "나는 끊임없이 기술을 자율적인 것으로서 드러내 보였으나 기술이 제어될 수 없다고 결코 말한 적은 없었다."[51]라고 하면서, 마이크로 컴퓨터 정보처리기술 덕분에 가능해진 피드백에 대해 고찰한다. 그렇지만 그 이후 6년이 지나자, 그는 "이제 나는 패배한 것이라 판단한다. 즉, 정보처리 능력에 의해 고조된 기술 체계는 인간의 방향 지시 의지를 결국 벗어났다."[52]라고 하면서, 생각을 바꾸고 비관주의로 돌아선다. 그럼에도, 이중적인 피드백은 저절로 이루어진다. 한편으로, 정치나 과학과 더불어 발전을 가속화시키는 긍정적인 피드백이다. 다른 한편으로, 경제와 더불어 발전에 제동을 거는 부정적인 피드백이다. 다시 말해, 정치와 과학은 그 특성상 기술적 성장을 부추기고 조장하는 경향이 있다. 하지만, 우주 정복 분야에서처럼 실제적인 경제성과 없이 연구 자금 조달을 위해 요구되는 천문학적 비용 때문에, 경제는 기술적 성장을 제한하는 경향이 있다.[53]

기술 담론에 대한 비판의 필요성

엘륄은 인류에게 불안감을 주는 그런 현실 앞에서 기술 담론에서 드러나는 특징을 지적한다. 즉, 기술 담론은 인간을 모든 것보다 우선시한다는 소위 '인본주의적 담론'임을 자처한다. 다시 말해, 기술은 인간에 개의치 않고 기술 자체에만 관심을 기울이는데도, 새로운 기술들은 인간에게 쓸모 있고 인간의 모든 잠재력을 이룰 수 있게 한다는 것이다. '자유'에 대해 이야기할 때도, 이는 이러저러한 컴퓨터나 이러저러한 메이커의 자동차 사이에서 선택하는 자유이다. 이는 컴퓨터나 혹은 자동차를 소유하는 행위와 소유하지 않는 행위 사이에서 선택하는 자유도 아니고, 그런 것들 없이 살아가는 자유도 아니다. 인간은 관계와 열정과 상상력과 기쁨으로 이루어진 존재이다. 합리적이지만 무분별한 기술 사회는 그러한 인간에게 정보처리기술의 합리성을 강요한다. 그 결과, 사회의 부적응자와 소외된 자의 수가 늘어난다.[54]

특히, 엘륄은 제3세계를 희생시키면서 이루어지는 서구의 과도한 성장 경쟁이 언젠가 서구에 대항하여 되돌아올 것이라고 예견한다. 제3세계를 결속시키는 이데올로기가 없었던 한, 세계는 비교적 평온했다. 그러나 이제 이슬람이 제3세계를 지배하는 이데올로기가 됨으로써 제3세계의 정신적 유대를 맺어주는 구실을 한다는 것이다.[55] 그래서 엘륄은 실제로 벌어질 참담한 결과를 이렇게 경고한다.

> 우리는 선진국에 대항하여 제3세계가 이끄는 진정한 전쟁에 빠져들 것이다. 이는 핵발전소에 대한 가미카제식 공격 같은 테러를 통해서뿐만 아니라, 서구로의 이슬람교도 이민과 같은 '평화적 침공'을 통해 점점 드러나는 전쟁이다.[56]

엘륄은 현대인이 기술에 홀려 있고, 기술의 지배를 받고 있으며, 최면상태에 빠져 있고, 자아를 상실해 있다고 지적한다. 즉, 현대인은 대부분 자신과 아무 상관없는 끊임없이 몰려드는 정보에 파묻혀 있다. 그러한 현대인은 인격이 파탄되고 혼란스러운 무력감에 사로잡힌다. 특히, 현대인은 현대 사회의 매혹적인 주된 힘 가운데 하나인 텔레비전이라는 덫에 빠져 있다. 더욱이, 광고는 상품을 판매하는 단순한 매개체나 요인이 아니라, '과학·기술·상품'이라는 체계 전체의 동력이 되고 만다. 따라서 현대 사회의 보이지 않는 절대 권력이 된 광고는 인간 삶의 방식을 만들어내고, 인간을 기술 세계 속에 통합시킨다. 현대인은 놀이, 스포츠, 자동차, 현대 예술을 통해 오락에 사로잡혀 있다.[57]

결론적으로, 엘륄은 실제로 기술 담론이 테러리스트 같다고 규정한다. 그런데, 이는 기술 담론이 테러 조직과 같다는 의미에서가 아니다. 이는 기술 담론을 통해 어떤 방어 수단도 없이 굴종하는 인간의 무의식이 만들어진다는 의미에서이다. 그런 기술 담론을 통해 미래 사회가 필연적으로 완전히 정보화되고 기술화된 사회로 제시된다. 그렇게 됨으로써, 기술 담론은 이미 학교에서부터 강요된다.[58] 그렇다고 해서, 엘륄이 기술 사회에 대해 가차 없이 필사적으로 비판하는 것은 아니다. 다만 그는 현대인이 무분별한 기술적 성장을 정당화하는 기술 담론의 현혹에 빠져드는 것을 경고한다. 그리고 그는 현대인을 그런 현혹에서 벗어나게 하려고 애쓸 따름이다. 그래서 그는 인간이 자신의 운명을 선택하는데 자유롭다고 여기지 말아야 함을 강조한다. 결국, 인간이 그와 같은 자신의 필연성을 인정할 때, 비로소 인간은 자신의 자유를 입증하게 된다. 따라서 기술 담론에 대해 비판적 거리를 유지하는 것이야말로 인간의 유일한 자유이다. 특히, 그런 비판적 거리의 유지는 인간으로 하여금 앞으로 다가올 엄청난 전 세계적 혼란에 대비할 수 있게 하는 특별한 자유이다.

따라서 "이 절망적인 세상에서 소망이 어디에 있는가?"라는 질문에 대한 대답은 기술 현상과 관련된 엘륄의 삼부작에 있는 것이 아니다. 그 대답은 사회학적 측면의 저서들과 변증법적으로 대응하는 신학적이고 윤리적인 주제를 다룬 저서들에 있다. 예를 들어, 『기술 혹은 시대의 쟁점 기술의 역사』과 변증법적으로 대응하는 『자유의 윤리』, 그리고 『기술 체계』와 변증법적으로 대응하는 『잊혀진 소망』이다. 그 저서들에 대답이 있는 이유는 이렇게 설명될 수 있다. 즉, 기술 체계가 너무도 발달한 나머지 모든 사람이 모든 활동 분야에서 결국 기술의 요구에 순응한다. 그뿐 아니라, 사람들은 기술이 결국 인간을 해방시킨다고 믿을 만큼 기술을 신성시하고 기술에 과도한 중요성을 부여한다. 반면에, 그리스도인으로서 엘륄은 자신이 예수 그리스도에 의해 해방된 것을 알고 있는 만큼 더더욱 기술을 쉽게 비판할 수 있다는 것이다.

3장 엘륄의 기술 사상에 대한 평가

| 현재의 관심사로서 엘륄의 기술 사상

기술 사상과 관련된 엘륄의 연구 작업의 특성

파스칼 샤보 Pascal Chabot는 엘륄의 기술 사상이 타당성, 활력, 반 (反)순응주의를 간직하고 있다고 하면서, 그 사상이 50년이 지나도 늘 현재의 관심사가 되고 있다고 밝힌다. 또한 그는 기술과 관련된 엘륄의 저서들에서 그 특성을 유지하는 두 가지 명백한 요인을 제시한다. 우선, 엘륄의 인격과 성격 그리고 도덕적 올바름에 연결된 비타협성 때문에, 엘륄 자신이 그 저서들 밑바탕에서부터 저서들에 타당성과 활력을 부여한다는 점이다. 다음으로, 엘륄이 자신의 연구에서 '참조 틀'로 삼는 것이 바로 시대를 넘어서는 책인 성서라는 점이다. 엘륄은 성서를 따라 연구하고, 그 대신 성서로부터 어떤 결과들을 얻는다. 예를 들어, 그는 『인간과 돈 하나님이냐 돈이냐 L'Homme et l'argent』에서 구약성서와 신약성서에서의 돈의 위상에 대해 고찰한다. 그런데, 그런 유형의 '해석 틀'과 더불어 기술과 재력 사이의 깊고 오래된 관계가 드러난다. 물론, 그런 '해석 틀'은 엘륄의 사상에서의 종교의 위상이라는 문제를 제기하기도 한다. 그런데, 그의 종교는 세상을 해석하는 틀 중 하나이기 때문에, 종교의 위상은 그의 사상에서 중심적이라는 것이다.[59]

샤보는 엘륄의 사상이 현재의 관심사가 되게 하는 그 두 가지 명백한 요인 외에도, 엘륄의 예언자적 측면이라는 요인을 덧붙인다. 예를 들어, 『기술 혹은 시대의 쟁점 기술의 역사』에는 이 저서가 출간된 그 시대보다 오늘날 더 언급되는 표현과 사례로 가득하다. 특히, 샤보는 엘륄의 사상을 프랑스 철학자 질베르 시몽동 Gilbert Simondon의 사상과 대조한다. 시몽동은 『기술 혹은 시대의 쟁점 기술의 역사』이 출간된 지 4년 후인 1958년에, 그의 가장 유명한 저서『기술적 대상들의 존재 방식에 대하여 Du mode d'existence des objets techniques』를 출간한다. 그 두 저서는 동시대에 출간되어 비슷한 문제를 다룬다는 점에서 대조할 만하다는 것이다.[60]

샤보에 따르면[61], 엘륄과 시몽동의 접근 방식에는 몇 가지 불일치가 있다. 즉, 기술에 호의적인 시몽동은 기술적 대상들을 서술하고, 기술적 노선들의 발전을 면밀히 검토하며, 인간과 기술의 결합에 대해 고찰한다. 또한 그는 새로운 것에 대한 두려움에 맞서 싸우며 어떤 철학적 제언들을 제시한다. 그 제언들의 목적은 인간을 기술 체계 속에 가장 잘 통합시키는 데 있다. 기술에 대한 낙관주의자인 시몽동의 철학은 '상호 이해주의'의 색채를 띤다. 따라서 그가 우려하는 바는 인간과 기술 사이의 갑작스러운 결별이 생기는 것, 다시 말해 기술이 인간의 문화 세계에 낯설어지는 것이다. 그의 그런 철학적 입장은 기술전문가들의 세계와 물질세계에 대해 자신이 실제로 공감하는 데에 뿌리내리고 있다. 반면에, 엘륄이 제시하는 것은 시몽동과 근본적으로 다르다. 그는 시몽동과는 다른 쪽 끝에서 문제를 다루고 그 문제를 설명하기 위한 이론을 내세운다. 그 이론은 기술 현상과 기술적 진보 사이의 결합으로부터 만들어진 기술 체계 이론이다. 즉, 기술 현상은 자율성, 단일성, 불가분성, 보편성, 전체화로 특징지어지고, 기술적 진보는 자가 증식, 자동성, 인과적 발전, 양면성으로 특징지어진다. 이처럼, 두 사상가 사이의 차이점은 많지만, 그들은 늘 존중과 찬사와 경의와 더불어 서로를 인용한다. 일례로『새로운 악령 들린 자들 Les nouveaux possédés』에서, 엘륄은 여러 페이지에 걸쳐 기술과 종교의 마술적 기원에 대한 시몽동의 이론을 소개하면서 이 저서를 마무리한다.[62]

샤보는 엘륄과 시몽동 사이의 또 다른 차이점에 대해 깊이 분석한다. 시몽동은 자기 시대의 기술적 어휘를 사용하면서, 인공두뇌학, 전자공학, 물리학 같은 표현들을 기술과 관련된 자신의 어휘 속에 내재화한다. 그뿐 아니라, 그는 1950년대의 어떤 지배적인 담론들처럼 '인간과 기계 사이의 좋은 결합', '객체와 주체의 동시 개별화'에 대해 언급한다. 더욱이, 그는 사상이 기술적 진보를 통합한다면 사상에 진보가 일어날 것으로 생각한다. 하지만 엘륄은 시몽동이 감행한 속임수에 결코 넘어가지 않으면서, 이와 반대로 그 속임수를 끊임없이 고발한다. 즉, 기술이 제시하는 속임수는 기술과 기술 환경에 적응하면 기술이 좋은 하인이 된다는 것이다. 그런데, 기술 환경이 노동자들에게 강요하는 것도 그러하다. 노동자들은 자기 노동의 주인으로 남아 있기 위해 기술과 노동 관리에 적응한다. 하지만, 이는 명백히 속임수이며, 기술이 진정한 주인이 된다. 또한 엘륄은 기술의 힘이 평범한 인간을 결코 직접적으로 공격하지는 않지만, 인간을 마비시키고 분해시키면서 모든 인간사에 개입한다는 점을 보여준다. 엘륄이 보기에, 기술적 정신 상태는 사회, 정치, 종교, 예술, 심지어 문학 등 모든 것을 오염시킨다. 사람들이 받아들인 그런 오염은 이미 일어났고 사람들은 거기서 빠져나오지 못한다. 인간의 신체 조직에 있는 암처럼 기술 사회에 존재하는 기술 체계의 작용 범위는 그러하다는 것이다.[63]

엘륄은 "인간이 기술을 신성화하거나 혹은 신성화하지 않을 자유가 절대로 없으며, 인간은 기술로부터 삶의 의미를 재정립할 수밖에 없다."[64]라고 언급하기까지 한다. 샤보가 보기에는, 그런 것이 엘륄의 사상이 지닌 가장 혼란스러운 측면 중 하나이다. 샤보는 여기서 기술 앞에서의 철학자들의 정신적 혼란이라는 문제와 마주친다고 지적한다. 그래서 샤보는 "인간과 자연의 근본적인 변화 앞에서 무엇을 할 것인가?"라는 질문에 대해, 20세기 철학이 제시하는 다양한 해답이나 혹은 관점을 든다.

예를 들어, 하이데거는 "어떤 신만이 아직 우리를 구원할 수 있다."[65]라고 주장한다.[66] 다른 철학자들은 "기술이 기술을 제어하기를 마무리하도록 기다리고 힘쓰는 것이 차라리 바람직하다"라고 생각한다. 즉, 그들은 '좋은' 기술적인 세상의 존재를 믿는다. 또 다른 철학자들은 즐기는 자세를 권장한다. 즉, 물질과 돈을 가진 이들은 물질과 돈을 누리고, 나머지는 눈감고 위험을 얼버무리라는 것이다. 어떤 다른 철학자들은 기술들이 실존의 모든 측면을 장악한 현실을 바로잡고 개선하기 위해 정치에 일임한다. 그런 반응들 가운데, 전문적인 윤리학자나 생명 윤리학자에게 의뢰하는 것도 들 수 있다. 그들은 기술들이 사회 속에 올바로 통합되는 것을 보장할 수 있다. 하지만 그런 종류의 위임 방식을 받아들이지 않는 철학자들은 글이나 말과 같은 설득을 통해서든 혹은 '생태적 저항'을 통해서든 전투적 태도를 권장한다. 샤보는 엘륄의 연구 작업이 그 모든 반응과 소통한다고 밝힌다. 즉, 엘륄은 그 모든 반응 가운데 어떤 것들은 배제하면서도, 다른 어떤 것들은 부득이한 해결책으로 간주한다는 것이다.[67]

기술 현상에 대한 비판에서의 엘륄의 중요성

1984년 처음으로 출간된 정기간행물 『공해 백과사전 L'Encyclopédie des Nuisansces』은 출판사로 거듭나면서 약 20년간 도시 피해, 비자연적 재난, 속도의 횡포, 대규모 건축물, 유전자변형 농업 등을 대상으로 하는 비판적인 텍스트들을 출판한다. 특히, 『공해 백과사전』 참여자들은 "개인에게 허용된 사회 활동을 이루는 각각의 직업 전문화가 어떻게 생활 조건의 전반적인 악화를 조장하는가?"라는 문제를 설명하는 데 힘을 쏟는다. 물론, 그들은 자신들이 엘륄의 계승자라고 주장하지는 않는다. 하지만 장뤽 포르케 Jean-Luc Porquet 는 기술에 대해 예리한 비판적 고찰을 추구해 나가는 그들이야말로 아마도 오늘날 엘륄의 진정한 계승자들이라고 밝힌다.[68] 하지만 『공해 백과사전』 참여자들은 엘륄과 견해 차이를 드러내며 세 가지 측면에서 엘륄을 비판한다.

첫 번째 비판은 엘륄이 기술적 발전에서 현 세상의 운명을 본다는 그들의 지적과 관련된다. 그들이 보기에, 엘륄의 그런 불가피한 특성은 '기술적 결정지음'에 대한 모든 항의를 형태에 대한 항의로만 한정시킨다. 그러므로 엘륄의 사상은 체념의 형태를 유지할 위험이 있다는 것이다.

두 번째 비판은 두 가지 종류의 기술을 구분하는 티어도어 카친스키 Theodre Kaczinsky 의 연구 작업에 근거를 둔다. 카친스키에 따르면, 첫 번째 종류의 기술은 삶의 상황 전체를 제어하는 자율적인 공동체가 자기 것으로 삼을 수 있는 기술이다. 두 번째 종류의 기술은 대규모로 조직된 사회 구조의 존재를 전제로 하는 기술이다. 그들은 두 번째 종류의 기술에 '기술'이라는 명칭을 부여한다. 그래서 그들은 엘륄이 그런 구분을 하지 않고 '기술 체계'라는 명칭 아래에 모든 것을 둔다고 지적한다. 또한 그들은 엘륄이 그렇게 한 결과 '기술 체계'의 청산이 불가능한 일처럼 보이게 하는 잘못을 저지른다고 비판한다.

세 번째 비판은 『기술 담론의 허세』의 마지막 부분에 나오는 엘륄의 주장과 관련된다. 즉, 전체적 체계로서 기술 체계는 끊임없이 커져 나가고, 지금껏 불균형과 파열의 지점에 이르지 않은 성장은 없다는 주장이다. 특히, 엘륄은 온갖 모순과 혼란으로 나타날 엄청난 전 세계적 무질서를 예견한다. 2000년대의 사회에서 나타날 가능성이 있는 네 가지 중요한 현상 혹은 위기가 구체적으로 제시된다. 즉, 핵전쟁 가능성, 제3세계의 일반화된 반란 가능성, 실업의 기하급수적인 증가 가능성, 부채 누적의 결과로 서구 세계의 일반화된 금융 파산 가능성이다.[69] 그런데, 일종의 '재난의 학습효과'에 해당하는 '유용한 재난'[70]이라는 개념은 그들에게는 오류인 듯이 보인다. 왜냐하면 각각의 재난은 체계에 대한 예속을 증가시키기 때문이다. 체르노빌 원전 사고 이후에 잘 나타났듯이, 재난 상황에 익숙해지는 것은 오래 전부터 시작된 과정이다. 이는 황폐한 상태에서 일단 문턱을 넘어서면, 그 여세를 몰아 그럭저럭 그 재난 상황을 있는 그대로 받아들일 수 있게 하는 것이다.[71]

이처럼, 『공해 백과사전』 참여자들은 세 가지 측면에서 엘륄을 비판하면서도, 기술 현상에 대한 비판에서 엘륄이 남긴 공헌의 객관적인 중요성을 인정한다. 특히, 그들은 국가에 대한 근본적인 불신, 이성의 이름으로 자행되는 기술적 합리주의에 대한 비판, 개인주의적 대중사회에 대한 비판, 제약적이기에 자유로운 미래의 공동체 건설에 대한 희망, 혁명에 대한 갈망과 같은 많은 점에서 엘륄의 견해와 일치한다.[72]

| 인간을 해방시키는 힘으로서 엘륄의 기술 사상

엘륄의 기술 사상에 대한 비판

뤼시앵 스페즈 Lucien Sfez 는 엘륄이 기술과 기술 체계에 대한 가장 철저한 비판을 하고 있다고 밝힌다. 더욱이, 그는 엘륄의 분석이 테오도어 아도르노 Theodor Adorno, 막스 호르크하이머 Max Horkheimer, 위르겐 하버마스 Jürgen Habermas 의 분석보다 더 공고한 듯이 보인다고 주장한다. 따라서 그는 엘륄이 그 분야에서 언제나 일인자라고까지 추켜세운다.[73] 하지만 그는 기술에 대한 엘륄의 급진성을 공유하지는 않는다. 그럼에도, 그는 기술이 정치 사회의 빈틈을 차지하고 정치를 대체하려는 것을 드러내며 비판하는 데에는 엘륄의 견해에 동조한다. 그렇지만 기술에 대한 낙관주의자로서 스페즈는 기술이 인간을 예속으로 이끌어 간다는 점을 받아들이지 않는다. 즉, 그는 기술이 인간 해방의 도구일 수도 있다고 생각한다.[74]

따라서 스페즈는 엘륄의 저작 전체에서 나타나는 기술에 대한 논제를 '극도의 기술 결정론'으로 규정한다. 그는 기술과 관련된 엘륄의 사상에서 나타나는 세 가지 특징을 든다.

첫째, 엘륄은 '극도의 기술 결정론'의 훌륭한 사례인 마샬 맥루한 Marshall McLuhan 의 논제들을 다시 취하고 원용한다는 것이다. 따라서 엘륄은 '극도의 기술 결정론'을 쇄신하지 않은 채 되풀이하면서 그 노선에 위치한다. 그뿐 아니라, 엘륄은 '극도의 기술 결정론'을 부풀리면서 어떤 출구도 제시하지 않는다.

둘째, 엘륄은 기술의 절대적 특성과 절대적 힘을 강조한다는 것이다. 즉, 기술은 곳곳에 존재하기에 '정치적인 것'은 기술 앞에서 무능하고, 기술은 절대적으로 강요되는 절대적 존재이다. 또한 기술의 자율성은 우리 인간을 완전히 벗어나고, 다른 가치들과 관련하여 기술의 절대적 가치를 강화한다. 그리고 기술의 단일성은 기술의 절대적 특성을 강화한다. 따라서 인간의 자유는 존재하지 않고, 기술은 기술을 그 목적으로 삼는다. 인간은 이미 기술화되어 있는데, 이는 기술의 절대적 힘을 강화한다.

셋째, 엘륄은 기술을 파국적인 것으로 간주한다는 것이다. 왜냐하면 기술의 지배에 대한 저항은 오히려 기술의 지배를 가중시키기 때문이다. 또한 기술은 경제, 외교, 재정, 생산력, 광고, 의료 등 거의 모든 분야를 흡수한 듯이 보이기 때문이다. 이처럼, 스페즈는 엘륄이 어떤 결정 요인으로부터 이론을 수립하면서도 그 결정 요인에 대해 불확실하게 서술한다고 비판한다. 그리고 그는 엘륄이 이론의 형태나 체계적인 방식으로 자신의 사상을 제시하기를 거부함으로써, 논리적 궁지에 빠지고 분석상의 오류를 범한다고 지적한다.[75]

기술 사상과 관련된 엘륄의 장점

그럼에도, 스페즈는 엘륄이 기술에 대한 비판에서 중요한 역할을 한다고 밝힌다. 그뿐 아니라, 그는 엘륄이 커뮤니케이션 영역이나 사회에 대한 문화적 분석 영역 같은 다른 영역에서도 중요한 역할을 한다고 밝힌다. 스페즈도 엘륄처럼 '기술'과 '기술 담론'이라는 두 용어를 구분한다. 즉, 그는 지상 세계와 우주의 모든 활동의 효율성을 기술적인 척도로 재려고 하는 '우위의 담론'으로서 '기술 담론'을 규정한다.

그래서 스페즈는 '기술'을 '기술 담론적인 문화'와 구분하면서, 그 둘에 관해 설명한다. 우선, '기술'은 삶의 상황을 개선하려는 것처럼 사회 전체가 바라는 목적을 달성하기 위해 사용되는 모든 도구로 지칭된다. 목적이 앞에 제시되고 사람들은 목적에 도달하기 위해 수단들을 실행한다. 그런데, 기술은 목적 외부에 있는 수단이며 도구이다. 반면에, '기술'과 아주 다른 '기술 담론적 문화'는 수단과 목적이 구분되지 않고 융합된 것으로서 지칭된다. 스페즈는 오늘날 '기술 담론적 문화'의 요소들이 기술에 대한 엘륄의 비판에서 이미 서술된다고 주장한다. 즉, 그 마지막 단계에 있는 저서가 바로 『기술 담론의 허세』라는 것이다. 특히, 스페즈는 인간을 위험에 빠뜨리는 것은 기술 자체가 아니라, '기술 담론적 문화'에 해당하는 '기술 담론'임을 강조한다.[76]

스페즈는 기술에 대한 사상과 관련하여, 엘륄의 장점을 두 가지로 제시한다.

첫째, 엘륄은 기술의 테러리즘이 결국 패배한다고 말하기 위해 모든 가능한 수단을 찾으면서, 기술의 테러리즘에 맞서 싸우는 반(反)테러리스트요 확신에 찬 휴머니스트라는 것이다.

둘째, 고대 그리스 비극에서의 합창대장의 역할을 맡은 엘륄의 모습이다. 전제적이고 전능한 기술과 연약한 현대인 사이의 전투에서 현대인이 이미 패해 있음이 엘륄의 모든 저서에 나타난다. 이는 두 세력이 맞서는 그리스 비극에서 변함없이 반복되는 주제이다. 하나는 신들이 원하는 '숙명'이다. 인간이 보기에 '숙명'은 그 원인을 간파할 수 없고 그 공격에 대비할 수 없는 끔찍하고 불가해한 것이다. 다른 하나는 인간적인 측면에서의 자유에 대한 갈망, 정의의 추구, 평화에 대한 요구이다. 인간은 신들의 의지, 곧 '숙명'을 결코 피할 수 없는 상황에서 아무것도 변화시킬 수 없다. 하지만 인간은 적어도 소리 지르고 노래하고 말할 수는 있다. 이는 맹목적이고 불가해한 '숙명', 곧 '필연성'을 이해하는 데 인간에게 남아 있는 미미하지만 유일한 자유이다. 또한 가차 없는 '필연성'의 형태들을 밝히는 것은 '필연성'의 힘을 조금이나마 없애는 일이다. 고대 그리스 비극에서의 합창대장은 신의 뜻을 표명하고, 관계된 자들에게 신의 뜻을 알려준다. 그리고 합창대장은 그들의 불행에 대해 설명하고, 그들에게 충고하며, 그들과 함께 슬퍼한다. 이어서 합창대장의 말을 따라 하는 합창대의 목소리가 뒤따른다. 인간과 신들 사이의 매개로서 그 목소리는 사건들에 질서를 부여하고, 전체로 하여금 이성을 되찾게 한다. 그런 합창대장의 역할을 맡은 엘륄은 자신이 '필연성'과 같다고 생각하는 기술의 공격에 대비하기 위해, 신처럼 전능하게 활동하는 기술의 테러리즘을 예리하게 분석한다. 그 분석은 아무것도 피해갈 수 없는 기술이라는 탐욕스러운 신의 무서운 모습을 드러내는 것을 목표로 한다. 그 때문에, 그 분석은 엘륄의 사상이 지닌 인간을 해방시키는 힘을 입증한다는 것이다.[77]

| '탈성장' 이론의 토대로서 엘륄의 기술 사상

엘륄의 '기술의 자율성'에 대한 비판과 수용

포르케는 엘륄의 사회학적 저작에 대해 가장 깊고 엄밀하게 연구한 철학자로서 도미니크 부르 Dominique Bourg 를 소개한다.[78] 부르는 자신의 초기 저서 중의 하나인 『인조인간 L'Homme-artifice』에서 많은 페이지를 엘륄과 관련된 내용으로 채운다.[79] 그는 엘륄이 집필한 저작의 중요성과 독창성에 경의를 표한다. 그러면서도, 그는 엘륄의 저작을 엄밀히 비판하며, 자신의 사상을 구축하기 위해 엘륄의 저작을 사용한다. 특히, 부르는 극단주의가 사고와 활동을 메마르게 한다고 간주한다. 그렇기에, 그는 기술 찬양론자이든, 기술 혐오자이든, 모든 형태의 극단주의에 대해 엄격한 태도를 보이면서, 다음 같은 점들을 내세운다. 즉, 기술 없이는 인류가 존재하지 않는다는 점이다.

또한 기술은 비록 인류를 위험에 빠뜨리지만, 인류가 이런 기술에 대해 빚진 것을 헤아려 보지 않고는 생존할 수 없다는 점이다. 그리고 기술에 대해 포괄적으로 단죄하는 것은 인간이 된 것을 결국 후회하게 만든다는 점이다. 부르는 엘륄이 제시한 '기술의 자율성'이라는 논제를 다양한 측면에서 비판하면서, 기술에 대한 엘륄의 접근 방식이 드러내는 단점을 지적한다. 즉, 엘륄이 취하는 입장의 취약성은 기술에 대한 사회학적 분석보다는 도덕적 분석에 토대를 둔다는 것이고, 지나칠 정도로 급진적이며 일방적인 특성을 띤다는 것이다.[80]

부르는 엘륄의 저서 『기술 혹은 시대의 쟁점 기술의 역사』, 『기술 체계』, 『기술 담론의 허세』의 요지를 『인조인간』에서 서술한다. 그는 그 요약을 통해 기술과 관련된 엘륄의 논지에 대한 날카로운 비판적 시각을 드러낸다. 즉, 엘륄은 기술에 의해 초래되는 인간 내면의 삶을 짓누르는 위험들에 대해 자신의 비판을 집중시킨다는 것이다. 또한 엘륄은 순전히 도덕적인 개념을 강조한다는 것이다. 더욱이, 엘륄은 인간의 판단 자유를 보호하기 위해 기술이 인간에게 주는 매혹적인 면을 비판하면서, 분명히 도덕주의자적 비판의 관점을 취한다는 것이다. 다른 한편으로, 그는 엘륄에게서 기술적 역동성과 관련된 시장과 금융 제도의 중요성을 고려할 역량이 없음을 비판한다. 그뿐 아니라, 그는 엘륄이 1980년대에 공산주의의 몰락이 목도되는 것을 인정하지 않으며 오류를 고집하는 것을 비판한다.

부르는 기술이 인간의 활동 영역 확대를 조장하기 때문에, 그 결과로서 기술은 인간의 자유를 증가시킨다고 확고히 주장한다. 게다가, 부르가 보기에는 수단과 목적 사이의 관계는 불명확하다. 그렇기에, 그는 기술 사회에서의 수단에 대한 목적의 종속이라는 엘륄이 내세운 원리에 대해 이의를 제기한다. 결국, 부르는 자신의 창조자 앞에서의 프랑켄슈타인의 괴물처럼 인간 앞에서 들고 일어서는 기술들의 체계라는 개념에 사람들이 동조할 수 없을 것이라고 주장한다. 그는 엘륄이 주장한 기술의 '절대적 자율성'이라는 급진적인 논제에 맞서 『인조인간』에서 자신의 주장을 내세운다. 그는 그런 주장을 통해 '지속 가능한 발전'이라는 개념을 연구하는 흐름 속에 포함됨으로써, 그 주요 사상가 중 하나로 부각된다.[81]

이처럼, 부르는 자신의 저서 『인조인간』을 중심으로 엘륄의 저작에 대한 가장 심오한 논평을 하고 엘륄의 논제에 대해 거침없는 비판을 가한다. 그러면서도, 그는 엘륄을 우리 현대 사회에서 독창적인 참여 활동을 하는 극히 강한 확신을 가진 인물로 평가한다. 그가 보기에, 엘륄은 자유인의 전형과 매력적인 인격의 소유자인 것이다. 그렇지만 부르에게는 인류와 기술 체계를 대립시키는 것은 의미가 없다. 즉, 인간은 역사를 자동적으로 만들어나간다는 것이다. 또한 인간화의 과정에서 인간에 의한 기술들의 조작은 절대적으로 결정적인 역할을 한다는 것이다. 더욱이, 기술 속에서 인간의 적을 발견하는 것은 인간의 극단적인 수동성으로 귀착될 따름이라는 것이다. 그렇기에, 인류와 기술 체계를 대립시키는 것은 부르에게 위험한 듯이 보인다. 따라서 기술의 '절대적 자율성'이라는 논제도 그에게는 오류인 듯이 보인다. 즉, 인간의 역사를 지배하는 일종의 외적 실체를 제시하지 않고서도 기술 체계의 결과들을 설명할 수 있다는 것이다. 그런데, 단지 기술들의 토대가 물리 법칙에 의해 형성되고 기술들의 역사적 논리가 있기 때문에, 부르는 기술의 '상대적 자율성'을 인정한다. 그런 의미에서, 그는 엘륄에게서 선구자의 면모를 인정한다. 엘륄은 체계적 의미에서 그런 '자율성'의 개념을 주장한 최초의 인물이라는 것이다.[82]

'탈성장' 관점에서의 엘륄 사상의 재평가

엘륄의 사상에 대한 부르의 또 다른 비판은 기술은 미래를 생각할 수 없게 만든다는 엘륄의 견해와 관련된다. 부르는 기술 시대 이전의 인류가 자신이 어디로 갈지 안다고 생각하는 것은 오류라고 주장한다. 즉, 역사에는 행동 결과들이 그 행동의 장본인들로부터 흔히 벗어남을 보여주는 사례들로 넘쳐난다는 것이다. 그리고 부르는 미래가 언제나 다소 불확실하다고 하면서, 기술이 이런 불확실함을 유일하게 책임지는 것으로 간주될 수 없다고 강조한다. 기술은 인간의 행동 영역을 확장시키기 때문에, 인간의 자유와 책임을 축소하지 않는다는 것이다. 더 나아가, 그는 엘륄이 제기한 진보에 대한 포괄적인 비판을 논박한다. 즉, 진보에 대한 엘륄의 비판은 지식과 기술과 산업의 발전을 통해 자동적으로 인간 상황의 전반적인 개선이 이루어진다는 도식을 부정하는 데 있다. 다시 말해, 인간 상황의 전반적인 개선으로 인간을 이끌어 가는 '필연성'이 아니라, 인류의 파멸을 향해 인간을 이끌어가는 '필연성'이 존재한다는 것이다.

그리하여 부르는 '사전예방원리', 시민협의회 같은 '새로운 협의 절차', 자연생태계를 본 따 산업체계 전체를 개선하는 '산업 생태학', 미래 세대의 역량을 위태롭게 하지 않고 현재의 필요에 부응하는 '지속 가능한 성장'과 같은 기술 사회에서의 가능성을 제시한다. 그는 그 새로운 네 가지 가능성이 기술 사회를 새로운 방향으로 이끌 것이라고 확신한다. 특히, 그는 지구온난화 문제에도 특별한 관심을 쏟는다. 따라서 그는 지구온난화가 인간 미래의 열쇠를 쥐고 있다고 여기면서, 20년 내에 온실가스 배출을 안정시키는 데 성공해야 한다고 역설한다.[83]

그런데, 2006년에 와서 부르의 철학 사상은 진정한 방향 전환이 시작된다. 그는 '지속 가능한 발전'이라는 개념을 문제 삼으면서 '탈성장'의 진영에 가담한 것이다. 특히, 2010년은 그 변화의 정점을 이루는 해가 된다. 그는 이제부터 '지속 가능한 발전'에 대해 이야기하기에는 때가 너무 늦고, 지금이야말로 '탈성장'의 필요성을 인정해야 할 때임을 강조한다. 더 나아가, 그는 '탈성장'만이 인류를 혼돈으로부터 구할 수 있으므로 '탈성장' 외에는 다른 선택이 없다고 주장한다. 즉, '지속 가능한 발전'은 용어 자체가 모순되는 불분명한 개념일 따름이라는 것이다. 물질과 에너지 배출의 감소가 없는 '지속 가능한 발전'이란 없다. 하지만, 그런 감축은 사회적 역동성, 기술적 혁신, 지식의 증가, 제도적 역동성을 해치지 않고서 이루어져야 한다는 것이다.

부르는 그런 방향 전환과 더불어 엘륄의 저작에 대한 자신의 이해방식을 새롭게 한다. 또한 엘륄의 급진성에 관한 예전 자신의 판단을 수정한다. 그의 관점에서 엘륄의 분석에 대한 그러한 재평가는 신학과 사회적 비판 사이의 변증법에서 대부분 기인한다. 그가 『인조인간』에서 제기한 불만들은 바로 엘륄에게 있어 기술에 대한 비판의 도덕적 토대와 관련된 것이다. 이에 반해, 그때부터 그는 엘륄의 '도덕주의자'라는 면모에 통찰력이 있음을 인정한다. 즉, 엘륄에게 도덕적 고찰과 기술 사회에 대한 비판이 분리되어 버리면, 엘륄의 사상이 심각하게 훼손된다는 사실을 의식한 것이다. 특히, 그는 엘륄의 사상이 시대에 뒤처져 있지 않다고 하면서, 해가 지남에 따라 엘륄의 저작은 점점 더 적절하고 타당한 것으로 판명된다고 주장한다. 즉, 우리 시대를 이해하고 미래의 도전들을 이해하기 원한다면, 엘륄의 저작과 마주쳐 보는 작업이 필요하다는 것이다. 그런데, 그 작업은 엘륄이 언급한 바를 그대로 답습하지도 말고 본래의 그의 논지를 반박하지도 않으면서 이루어져야 한다는 것이다.[84]

| '탈성장 사회'의 선구자로서의 엘륄

'탈성장'의 토대로서 엘륄의 기술 비판

세르쥬 라투슈 Serge Latouche는 '탈성장' 운동권에서의 대표적 경제학자로서 '탈성장' 운동의 대변자 중 하나로 여겨진다. 그는 엘륄의 저작에 힘입어 '성장'에 대한 자신의 비판을 정립한다. 본래 그는 첨단기술과 성장전략에 찬사를 보내는 방식으로 자신의 경제학 박사학위 논문을 쓴다. 하지만, 이후에 자신의 견해를 바꾸게 된다. 그는 프랑스 '경제사회 발전 연구소'에서 강의할 당시, 그의 강의와 세미나는 가장 최적화된 성장기술의 선택과 관련된다. 그는 기술에 대한 자신의 고찰을 더 심화시킬 필요성을 느낀다. 그런데, 라투슈가 이반 일리치 Ivan Illich의 저작을 읽은 후 엘륄의 저작을 읽은 것이 이에 결정적인 도움이 된다.

우선, 라투슈는 『기술 담론의 허세』를 읽고, 그다음에는 자신의 주의를 온통 끈 『기술 체계』를 읽는다. 그러고나서, 마침내 『기술 혹은 시대의 쟁점 기술의 역사』으로 거슬러 올라가 그 저서를 읽음으로써 엘륄의 기술 3부작을 읽는 여정을 마무리한다. 그리하여 그는 성장에 대한 비판과 관련된 자신의 초기 저서 중 하나인 『세계의 서구화 L'occidentailisation du monde』에서 엘륄을 인용한다.[85] 2003년 『르몽드 디플로마티크 Le Monde diplomatique』에 실린 「탈성장 사회를 위하여 Pour une société de décroissance」라는 글에서, 라투슈는 많은 부분을 엘륄과 관련된 것으로 채운다. 특히, 『혁명의 쇄신 인간을 위한 혁명』에 나오는 엘륄의 주장 일부분이 이 글에서 다시 취해진다. 그 글에서 라투슈는 "이미 1981년에 탈성장 사회의 초기 선구자 중의 한 사람으로서 자크 엘륄은 하루에 2시간을 넘지 않은 노동을 목표로 설정한다."[86]라고 언급한다. 엘륄을 '탈성장 사회'의 초기 사상가 중 하나로 규정한 것이다.[87]

라투슈에 따르면[88], 엘륄 자신은 '탈성장'이라는 용어를 결코 사용하지 않는 반면에, 엘륄의 친구 샤르보노는 분명히 이 용어를 사용한다. 이는 샤르보노가 성장 사회의 기술지상주의적 측면을 더한층 비판하는 엘륄보다 환경 분야에 더 기울어져 있다는 사실에서 비롯된다. 그렇지만 '기술적 과도함'과 '기술적 전체주의'에 대한 엘륄의 비판은 '탈성장' 프로그램의 주요 부분을 이룬다. 예를 들어, 노동 시간의 필수적 단축 같은 기술에 대한 비판에서 나온 어떤 결과들은 성장 반대론자들의 구체적인 제안과 완전히 방향이 같다. 더욱이, 엘륄은 수많은 글에서 서구 사회의 과도함과 성장과 발전에 대해 서슴지 않고 비판한다. 물론, 엘륄의 사상은 신학으로부터 정치에 이르기까지 많은 분야를 다루므로 '탈성장'에 국한되지 않는다. 따라서 엘륄의 사상과 성장 반대론자들의 사상 사이에는 일치점도 있지만, 두 사상 사이의 근접성을 떨어뜨리는 불일치점도 있다.

라투슈는 발전에 대한 이론적이고 실제적인 비판을 시도한다. 그리고 그 비판은 숨겨진 허구에 대한 비판, 곧 진보에 대한 비판으로 나아간다. 경제학자로서 라투슈는 경제가 모든 것을 좌우한다고 생각하는 경향이 있다. 하지만, 엘륄의 논제들이 그에게 엄청난 영향을 미친 나머지, 그는 기술 체계의 '자율성'에 대해 자각한다. 실제로, 경제에서 기술의 위상은 역설적이다. 즉, 정통 경제 이론에서 기술은 어떤 요인들의 결합으로서만 특징지어지기에, 기술은 완전히 사라진 동시에 모든 발전 계획은 기술적이다. 그 간극이 라투슈로 하여금 엘륄에게서 이해한 기술의 실체, 기술 체계, 기술 체계의 법칙을 자각하게 한다.

그렇다고 해서, 라투슈가 모든 면에서 엘륄과 견해를 같이하는 것은 아니다. 즉, 엘륄은 기술 체계를 너무도 자율화시킨다. 그런 나머지, 엘륄은 기술 체계를 모든 것이 그 논리를 따르는 독립적인 결정기관으로 만들어 버린다. 엘륄은 모든 상황에서 가장 앞선 기술이 늘 선택된다고 언급한다. 그런데, 이는 경제적 관점에서 잘못이며, 기술은 수익성이 있어야 한다. 특히, 기술자가 기술적 논리를 따르면서 행했을 수도 있는 어떤 선택은 경제적 측면에서 비합리적일 수 있다. 그렇기에, 그 선택이 기업과 결정권자에 의해 거부되는 많은 사례가 있다. 위험을 무릅쓰면서까지 경제를 고려하지 않는 일은 있을 수 없다는 것이다.[89]

엘륄의 그런 숙명론을 따르지 않는 라투슈의 낙관주의는 '재난의 학습 효과'라는 것에 부분적으로 토대를 둔다. 재난은 무언가를 자각하게 되는 특별한 순간이 된다는 것이다. 예를 들어, 1952년 스모그로 일주일에 4천 명이 죽는 바람에 영국인들은 런던에서 공해를 제거하기 시작한다. 또한 체르노빌 원자로 폭발 사고는 환경운동에 엄청난 추진력을 부여한다. 그리고 광우병은 유전자변형 식품을 거부하는 데 큰 영향을 미친다. 라투슈는 어떤 도덕적 제어도 기술을 저지하지 못한다는 엘륄의 견해에 동조한다. 하지만, 그는 상식을 벗어난 것들을 아주 진지하게 제어하는 수단이 있다는 희망을 품고 있다. 이는 '지속 가능한 발전'을 비판하는 것이다. 그에게 '지속 가능한 발전'이란 표현은 모순되는 두 단어를 나란히 놓은 모순어법이다. 그에게 실제로 존재하는 발전이란 승자와 패자가 있는 경제 전쟁이고, 자제하지 않고 자연을 약탈하는 것이다. 또한 그 발전이란 세계를 서구화시키는 것이고, 지구 전체를 획일화하는 것이며, 결국 다른 모든 문화를 파괴하는 것이다. 그래서 라투슈가 대안으로 제시하는 것은 '공생적 탈성장' la décroissance conviviale 이다. '공생적 탈성장'이란 생물권에서의 물질 채취를 감소시키는 것이고, 이런 감소로부터 복지 증대를 이끌어 내는 것이다. 또한 '공생적 탈성장'이란 공해를 줄여 삶의 질을 끌어올리는 것이고, 낭비와 스트레스와 향정신성의약품 소비를 줄이는 것이다.[90]

'기술적 전체주의'에 맞선 '탈성장'의 선구자 엘륄

라투슈는 루이스 멈포드 Lewis Mumford 의 개념을 다시 취해 자기 자신의 개념으로 만든다. 그런데, 그 개념은 자신의 저서 『거대 기계 La Mégamachine』의 제목이 된다.[91] 라투슈에 따르면, 가장 자율적인 것이 바로 '거대 기계'이며, 그것은 기술적·과학적·경제적 체계를 특징짓는 용어이다.[92] 기술과 과학과 경제는 하나의 삼각형이다. 그런데, 엘륄은 과학과 기술이라는 하나의 짝패를 고려하지 않는다는 것이다. 라투슈에게 '거대 기계'는 혼자서 돌아가면서도 인간을 톱니바퀴로 만들지는 않는다. 또한 인간은 단순한 톱니바퀴가 결코 아니다. 그런 인간에게는 일의 진행을 방해하는 요소가 되는 능력이 있다는 것이다. 즉, 인간에게는 '거대 기계'를 차단하거나 혹은 탈선시키는 능력이 있다는 것이다. 다시 말해, 인간에게는 '거대 기계'에 대한 통제권을 다시 취하는 능력이 있다는 것이다. 반면에, 엘륄에게는 끔찍한 비관주의와 소망 사이에서의 일종의 왕복운동이 있다. 비관주의는 인간이 무자비하고 돌이킬 수 없는 전체적인 체계를 향해 어쩔 수 없이 나아간다는 것이다. 반면에, 소망은 개신교회가 역사의 흐름을 뒤집게 할 수 있고, '기술적 전체주의'를 피할 수 있게 하는 지렛대가 될 수 있다는 것이다. 엘륄의 그런 신학적 집착이 라투슈에게 낯설기는 하다. 그럼에도 라투슈는 분명히 그런 점이 엘륄에게 있어 모든 것을 이룬다는 사실을 인정한다.[93]

라투슈는 엘륄의 저작이 다음 같은 인상을 남긴다고 지적한다. 즉, 인류가 과학 기술적인 '거대 기계'에 의해 자신의 운명이 박탈당해 있다는 인상이다. 또한 그는 기술 체계의 전체주의에 대한 엘륄의 강력한 분석을 통해, '합리화'라는 문제가 제기되고, 기술 체계가 지닌 힘의 한계라는 문제가 제기된다고 밝힌다. 라투슈는 그 문제들은 이렇게 설명한다. 즉, 세계가 서구화되고 지구가 황폐화되는 가운데, 서구의 육중한 로드 롤러는 이질적인 문화들을 짓눌러 납작하게 하고, '이성'의 이름으로 세계를 동질화한다. 기술적 합리화는 그런 과정에서 중심 위치를 차지한다. 또한 현대화 계획은 전통을 거부하면서 '이성'이라는 유일한 토대 위에 인간 사회를 건설하려는 것이다. 그러므로 현대화 계획은 전체적인 합리화 계획이라고 할 수 있다. 물론, 여기서는 분명히 기술적 기계화가 관건이 된다. 그렇지만 경제도 합리적으로 될 수밖에 없고, 국가와 사법기관과 법률도 합리적이 될 수밖에 없다. 그래서 라투슈는 "세상의 그런 합리화가 전체적인 기술화로 귀결되는가?"라는 질문을 제기한다.

라투슈는 엘륄의 장점이 마르크스나 대부분의 경제학자에게서 발견되는 결정론과 경제 제국주의 앞에서 기술적 질서의 완강함을 부각시킨 것이라고 판단한다. 엘륄에게 현대의 기술 현상은 절대로 가장 효율적인 방법을 매사에 추구하는 것이다. 그런데, 기술 체계의 논리는 엘륄이 제시한 법칙들로 인해 경제적 논리와 흔히 어긋난다. 엘륄은 행할 가능성이 있는 모든 것이 행해진다고 주장한다. 하지만, 만일 수익성이 없다면 시장 경제에서는 그렇게 되지 않는다. 우주 개발이나 콩코드 비행기 같이 엘륄이 제시하는 예들은 바로 시장에 의한 조정 작용이 이루어지지 않는 분야들이다. 결국, 시장 사회에서는 기술의 자가 증식 법칙이 늘 작동한다. 그렇지만 연구 방향과 적용 방향은 경제적 논리에 의해 흐름이 심하게 바뀐다는 것이다.[94]

라투슈는 '기술적 전체주의'에 대한 엘륄의 그러한 분석이 전체적으로 옳지만, 엘륄이 내리는 매우 비관적인 결말은 약간 극단적인 듯이 보인다고 지적한다. 예를 들어, 소비에트 세계의 붕괴를 통해, '기술 사회'와 '경직된 전체주의'가 기술 체계의 영구성을 보장하기 위한 가장 좋은 혼합물이 아님이 드러난다. 기술 사회의 비약적 발전을 보장하기 위한 전체주의가 필요하다면, 그것은 '유연한 전체주의'라는 것이다. 특히, 라투슈는 기술의 완벽함을 과대평가하지 말아야 한다고 주장한다. 대규모 기술 체계의 실패와 균열이 수많이 존재한다는 것이다. 물론, 재난이 관건이 되지만 재난은 기술과 과학과 진보에 대해 적어도 부분적으로 문제 삼는 기회가 된다. 다시 말해, 경제 위기, 환경적인 비극, 기술적인 재난은 기술의 편재성과 전능함에 대해 문제 삼을 수 있게 한다.[95]

이처럼, 라투슈는 엘륄의 사상의 급진성에 이끌려 그 사상에 매혹된 나머지, 자신의 저서 『거대 기계』를 엘륄에게 헌정한다. 하지만 그 저서의 출판을 통해 엘륄의 견해와 상당수의 불일치를 드러내게 된다. 즉, 경제학자로서 그는 경제가 기술보다 주도적 위치에 있다고 본다. 그 때문에, 그는 기술이 처음과 끝이라는 엘륄의 주장을 받아들일 수 없다. 특히, 그는 기술적으로 행할 수 있는 모든 것을 행한다는 엘륄의 논제를 완화시켜야 한다고 여긴다. 이는 실현되지 않는 다수의 잠재적 기술이 있기 때문이다. 예를 들어, 엘륄이 경제에 대한 기술 우위의 전형적 사례로 제시한 우주 개발은 냉전의 맥락에 연결되어 있었다. 그런데, 오늘날 우주 개발에 대한 신뢰가 더는 존재하지 않는다. 그렇지만 라투슈는 '기술적 전체주의'라는 엘륄의 개념을 문제 삼지 않고 오히려 이를 부각시킨다. 왜냐하면 '경제적 전체주의'가 있을 뿐 아니라, '기술적 전체주의'와 '경제적 전체주의' 사이에는 복잡한 관계가 있기 때문이다. 결국, 라투슈에게 엘륄의 독창성은 기술에 대한 비판이다. 그러므로 라투슈는 엘륄을 기술과 관련된 깊은 통찰력을 지닌 사상가이자 '탈성장'의 뛰어난 선구자로 간주한다.[96]

4장 나오는 말

　기술은 인간의 새로운 환경이 되고, 인간은 기술의 충직한 하수인이 된다. 정보처리기술 혁명은 그런 과정을 더욱 가속화 할 따름이다. 특히, 컴퓨터 때문에 기술은 단지 환경이 아니라 체계가 된다. 정보처리기술은 모든 기술을 망으로 연결함으로써 기하급수적인 성장을 초래한다. 또한 어떤 분야에서의 기술적 혁신은 체계 전체에 반향을 일으키게끔 한다. 그렇지만, 그와 동시에 고장이나 혹은 재난이 어떤 영역에 영향을 미치면, 체계 전체가 위협을 받는다. 그 때문에, 인간이 사는 기술 사회는 여태껏 존재한 가장 강한 사회인 동시에 가장 취약한 사회이다. 그런 과도한 가속화와 혁신을 향한 질주 속에서 현대인은 아마도 자기 조상들보다 더 강하기는 하다. 하지만, 분명히 인간은 더는 자유롭지 않은 상태에 있다. 그럼에도, 기술 사회에서 인간의 자유는 끊임없이 예찬된다. 특히, '기술 담론의 허세'가 그러하다. 더욱이, 끊임없이 밀려드는 흥미 없는 정보들 속에 빠진 오늘날의 인간은 기술에 의해 제압당하고 현혹된다. 현대인의 소외는 기술에 연관된 것이 아니라 기술적인 신성함에 연관되어 있다. 그 냉혹한 우상을 위해 현대인이 삶을 희생한다.

　정보처리기술의 출현은 기술이 인간관계와 인간의 근본 자질을 근본적으로 변화시키는 데 결정적 역할을 한다. 정보처리기술은 모든 것의 현실감을 잃게 하고, 모든 것을 소비해야 할 기호로 변모시킨다. 또한 정보처리기술은 어떤 현실이든 그 자체와 다른 추상적이고 멀리 떨어진 내용 없는 것으로 만들어버림으로써, 현실과의 관계를 완전히 변모시킨다. 특히, 기술적 자료와 관계를 맺을 따름인 컴퓨터는 변증법적이지 않다. 컴퓨터는 인간의 기쁨과 고통과 희망과 절망과 정념의 표현에 대해서도 무감하다. 그런데, 그런 컴퓨터와 접촉하는 빈도가 점점 더 늘어남으로써, 인간은 컴퓨터의 작동방식을 점차 따르게 된다. 컴퓨터는 어떤 변증법적 사고이든, 어떤 감정적 자발성이든, 어떤 상징 작용이든, 어떤 의미 추구이든 배제한다. 더욱이, 정보처리기술 혁명 이후부터, 일상생활에서 인간 각자는 그 어느 것도 자신의 삶이나 미래와 상관없는 수많은 정보에 매몰되어 있다. 그리고 인간은 자신에게 절대적인 힘과 무한한 자유를 줄 것 같은 엄청난 도구에 매혹당하고 사로잡힌다. 인간은 "자신이 행할 수 있는 모든 것을 왜 행해야 하는가?"라는 질문을 던질 수 없다. 그 때문에, 실제로 인간은 모두 일종의 최면상태 속에서 살고 있다. 엘륄은 그런 질문을 던지지 않는 것은 인간이 자유가 순전히 허구적임을 고백하는 것이라고 주장한다.[97]

 기술 현상 혹은 기술 사회와 기술 체계에 대한 엘륄의 분석, 그리고 기술 담론에 대한 그의 비판과 관련된 여러 평가를 통해, 현시대에서 그의 기술 사상이 지닌 위상과 면모가 가늠된다.

 첫째, 기술 비판에 대한 엘륄의 사상이 현재에도 여전히 관심사가 되고 있다는 것이다. 기술과 관련된 그의 저서들은 현재에도 여전히 관심을 끌고 있다. 그런 특성을 유지하는 요인 중 하나는 그 저서들에서 나타나는 그의 예언자적 측면이다. 그는 기술의 힘이 평범한 인간을 마비시키고 분해시키면서 모든 인간사에 개입한다고 지적한다. 그리고 그는 기술적 정신 상태는 모든 것을 오염시킨다고 비판한다. 특히, 그의 연구 작업은 인간과 자연의 근본적인 변화 앞에서의 대책으로서 20세기 철학의 다양한 해답 및 관점과 소통한다. 즉, 그의 연구 작업은 기술 앞에서 철학자들이 취하는 다양한 온갖 반응과 소통한다. 그뿐 아니라, 그가 기술에 대한 비판에서 남긴 공헌은 그 중요성이 객관적으로 인정된다.

 둘째, 기술에 대한 엘륄의 사상은 인간을 해방시키는 힘이라는 것이다. 그는 기술과 기술 체계에 대해 철저하게 비판하면서 그 비판에서 중요한 역할을 한다고 평가된다. 그뿐 아니라, 그는 커뮤니케이션 영역이나 사회에 대한 문화적 분석 같은 영역에서도 중요한 역할을 한다고 평가된다.[98]

특히, 그의 사상이 지닌 장점은 그가 기술의 테러리즘에 맞서 싸우는 확신에 찬 휴머니스트라는 것이다. 또한 그 장점은 그가 전능한 모습 가운데서 활동하는 기술의 테러리즘을 예리하게 분석한다는 것이다. 그 분석은 아무것도 피해갈 수 없는 기술이라는 탐욕스러운 신의 무서운 모습을 드러내는 것을 목표로 한다. 바로 그 때문에, 그 분석은 그의 사상이 지닌 인간을 해방시키는 힘을 입증한다.

셋째, 기술과 관련된 엘륄의 사상은 '탈성장' 이론의 토대가 된다는 것이다. 물론, 기술과 관련된 그의 분석에 대해 여러 비판이 따른다. 그렇지만, '탈성장'으로의 방향 전환이 이루어질 때 그의 기술 사상에 대한 이해가 새롭게 될 수 있다. 또한 그렇게 될 때, 기술에 관한 그의 도덕주의적 분석 및 급진적이고 일방적인 특성에 대한 비판은 수정될 수 있다. 따라서 그러한 관점에서, 기술 비판과 관련된 엘륄의 도덕주의적 면모에는 통찰력이 있다고 평가된다. 즉, 엘륄에게는 기술에 대한 도덕적 고찰과 기술 사회에 대한 비판이 분리되지 말아야 한다.

넷째, 엘륄은 기술에 관한 깊은 통찰력을 더불어 '기술적 전체주의'를 분석한 '탈성장 사회'의 뛰어난 선구자로 간주된다는 것이다. 그는 서구 사회의 기술적 과도함과 성장과 발전에 대해 서슴지 않고 비판한다. 또한 그는 기술적으로 가능한 모든 것이 이루어지고, 어떤 도덕적 제어도 기술을 저지하지 못한다고 주장한다. 그는 기술 체계의 전체주의를 분석함으로써, 인간이 무자비하고 돌이킬 수 없는 전체적인 체계를 향해 어쩔 수 없이 나아감을 보여준다. 그런데, 이를 통해 '기술적 전체주의'라는 개념이 부각된다. 따라서 기술의 완벽함을 과대평가하지 말아야 한다. 특히, 경제 위기, 환경적인 비극, 기술적인 재난을 통해, 기술의 전능함에 대해서도 문제 삼아야 한다. '기술적 과도함'과 '기술적 전체주의'에 대한 엘륄의 비판은 환경 위기와 문명 붕괴에서 벗어나기 위한 '탈성장' 프로그램의 주요 부분이 된다.

현대 세상의 유일한 궁극목적은 효율성을 증가시키기 위해 새로운 기술적 수단을 끊임없이 추구하는 것이다. 그런데, 그렇게 기술적 수단이 과도하게 증가함으로써 새로운 예속이 생겨난다. 여기서 인간은 자기 자신이 그 방향을 정할 수도 멈출 수도 없는 변화를 그냥 바라보고 있다. 더욱이, 현대 세상은 이윤이 지배하는 세상, 곧 인간의 모든 행동이 오직 이윤 창출을 위해 이루어지는 세상이다. 그런 세상에서 인간의 행동은 이윤의 극대화를 위해 미리 결정지어진 합리적이고 도식화된 기능에 맞추어진다. 그 결과, 인간의 행동은 규격화되고, 인간의 창조적 자유는 사라진다. 개인은 그런 세상에서 살아남기 위해 어쩔 수 없이 그런 획일화를 받아들여야 한다. 그러한 개인은 자신의 개성을 포기할 수밖에 없고, 그 획일화를 통해 개인 자신의 삶이 사라지고 만다.

특히, 인간은 정보통신기술 ICT의 융합으로 이뤄지는 차세대 산업혁명인 소위 '4차 산업혁명'이 도래하는 현대 세상에서 살아간다. 그래서 인간은 블록체인, 사물인터넷, 스마트폰, 인공지능, 빅데이터, 로봇공학 기술로 대표되는 기술 문명에 완전히 사로잡혀 거기서 헤어 나오지 못하고 있다. 인간은 무엇이 자신을 통제하고 조종하는지 모른 채, 맹목적으로 체계와 조직에 순응하며 살아갈 따름이다. 어쩌면 인간은 진리나 진정한 현실이 무엇인지 지각하지 못한 채, 마치 영화 <매트릭스>에 나오는 행렬 속의 한 점으로서 가상 세계가 진짜 현실인 줄로 착각하고 살아가는지도 모른다. 인간은 빠져나갈 틈이 전혀 보이지 않는 치밀하게 촘촘히 짜인 그 거대한 체계가 어떻게 구성되어 있는지 가늠할 수 없다. 또한 인간은 그 체계의 실체가 무엇인지 전혀 가늠할 수 없다. 인간은 체계를 구성하는 한 부품으로서 체계가 잘 작동하도록 자신의 기능을 수행할 따름이다. 그런 현실에 비추어 볼 때, 엘륄의 기술 사상을 정확히 파악하여 그 사상을 토대로 우리의 행동 방향이나 실천 방향을 설정할 필요성이 제기된다. 우리가 그렇게 방향을 설정할 수 있다면, 현대의 기술 문명 속에 사로잡혀 옴짝달싹하지 못하면서 어떻게 해야 할지 모르는 인간이 나아갈 바람직한 방향을 제시할 수 있을 것이다.

제 3 부

자크 엘륄의 신학 사상과 그 사상에 대한 평가

Exister,
c'est
résister.

1장 들어가는 말

자크 엘륄은 해석학자 폴 리쾨르[1]와 더불어 가톨릭이 지배적인 프랑스에서 개신교를 대표하는 인물이다. 어린 시절 그에게 기독교적 환경이나 기독교 교육은 거의 존재하지 않는다. 하지만 복음서를 읽다가 "나는 너희를 사람을 낚는 어부로 삼겠다."라는 구절이 그를 깊이 꿰뚫고 들어온 사건이 일어난다. 그 사건을 통해 그는 하나님의 존재에 관한 문제를 고려하기 시작한다.

18세 되던 해, 엘륄은 첫 번째 '회심'을 개인적으로 체험한다. 그리고 22세 되던 해, 회심의 두 번째 단계가 로마서 8장을 읽는 중에 찾아온다. 로마서 8장에 나오는 "모든 피조물이 이제까지 함께 신음하며, 함께 해산의 고통을 겪고 있다."라는 구절을 통해 계시가 주어진 것이다. 그 계시는 그에게 존재론적 문제에 대한 해답을 준다. 그래서 그는 자신의 회심이 성서를 읽으면서 일어난 것임을 분명히 밝힌다. 그러한 회심을 통해 그는 결국 그리스도인이 되고, 자신이 그리스도인임을 고백한다. 신학 영역에서 그는 칼 바르트의 영향을 받는다. 따라서 바르트의 신학 사상은 엘륄의 저서의 신학적이고 윤리적인 측면의 원천을 이룬다. 특히, 엘륄은 쇠렌 키르케고르 Søren Kierkegaard 를 기독교 신앙의 모범으로 간주한다. 그런 키르케고르의 사상은 엘륄의 연구와 고찰에서 가장 강한 영감을 주고, 가장 풍성한 영감의 원천이 된다.

제3부에서는 이와 같은 기독교 신앙을 바탕으로 하는 엘륄의 신학 사상의 배경으로서, 칼 바르트의 신학이 그의 신학 사상에 미친 영향, 그리고 키르케고르의 신앙과 사상이 그에게 끼친 영향을 살펴볼 것이다. 이어서, 그의 신학 사상이 형성되는 또 다른 배경이 될 수 있는 기독교와 교회에 대한 비판을 고찰해 볼 것이다. 다음으로, 그의 신학 사상의 특징으로서, '현실'

la réalité과 '진리' la vérité의 변증법적인 통일과 결합, '계시' la révélation와 '종교' la religion의 대립 및 '참된 신앙' la foi 과 '종교적 신심(信心)' la croyance의 대립, '하나님과의 단절' la déréliction시대에서의 소망과 기도, 예수 그리스도 안에서의 참된 자유, 세상 속에서의 참된 자유의 적용과 실천, 그리스도인의 새로운 삶의 방식 창조, 섭리에 대한 부정, 보편구원론에 대한 주장, 성서 해석 방식 등을 중심으로 살펴볼 것이다. 그러고 나서, 그의 신학 사상이 어떻게 평가되고 있으며 그 사상이 차지하는 위상이 어떠한지 가늠해 볼 것이다.

2장 엘륄의 신학 사상의 배경

| 칼 바르트의 신학의 영향

칼 바르트의 신학의 특징

엘륄은 그리스도인이 되고 나서 칼뱅의 『기독교 강요』를 읽으며 얼마 동안 칼뱅의 사상에 몰두한다. 하지만, 그는 점차 바르트와 키르케고르에게로 넘어간다. 바르트의 사상은 그의 속에 있던 칼뱅의 흔적을 지워버린다. 그와 동시에, 바르트의 사상은 그의 지적인 삶에서 마르크스 사상에 이어 두 번째로 중요한 요소가 된다. 그는 바르트를 20세기의 가장 위대한 신학자라고 하면서, 바르트에 대해 이렇게 평가한다.

칼 바르트는 이중적인 도전에 대응해야 했다. 그것은 히틀러주의의 도전이었고, 자유주의에 의한 계시된 진리의 점진적 와해라는 도전이었다. 자유주의는 복음의 메시지를 당시의 과학적 사고에 일치시켜 해석하려고 필사적으로 애썼다. 칼 바르트는 정치적 동기가 아닌 신학적 동기에서 나치주의와의 타협에 대해 철저한 반격을 가했다. 그런데, 이는 서구 세계 전체에서 처음이었던 반격이었다. 그와 반대로, 그는 과학에 대해서와 개신교 자유주의에 대해서는 정말 유연하고 분별력 있게 대처했다. 그는 '정통파'와 '자유주의파' 사이의 빠져나갈 길 없는 고착된 논쟁을 뛰어넘을 줄 알았다. 또한 그는 매우 엄밀한 방식으로 과학적 문제들을 제기하고, 그 주장 중 어떤 것들의 한계와 일시성을 보여줄 줄 알았다. 그리고 그는 과학으로부터 질문을 받는데 그치지 않고, 과학에 질문을 던졌다. 따라서 그는 진정한 성서적 사고, 신앙의 갱신 가능성, 역사와 진리 속에서 나아가기 위한 출구를

한 세대 혹은 여러 세대에 걸쳐 그리스도인에게 제시했다.[2]

따라서 엘륄의 신학 사상을 이해하려면, 바르트의 신학이 지닌 특징을 개략적으로 살펴볼 필요가 있다. 그 특징은 주로 세 가지로 나타난다.

그중 가장 큰 특징은 그 신학이 철두철미하게 하나님의 말을 존중하는 신학이라는 점이다. 바르트는 신학의 과제가 "하나님이 말한다."라는 놀라운 사실 앞에서 두려움과 기쁨으로 그 말을 있는 그대로 진술하는 데 있다고 주장한다. 즉, '하나님의 말' 중심의 신학을 전개한 것이다. 그와 동시에, 바르트는 그 '말'은 육신으로 온 '말씀'인 예수 그리스도라고 밝힌다. 즉, 철저한 그리스도 중심의 신학을 전개한 것이다. 따라서 바르트는 신학의 출발점도 귀결점도 예수 그리스도를 통해 자신을 인간 구원의 하나님으로 계시한 하나님을 있는 그대로 기술하고 증언하는 데 있다.

바르트의 신학의 두 번째 특징은 그 신학이 지닌 교회성에 있다. 즉, 신학의 기능은 교회가 하나님의 말을 제대로 분별하고 그 말대로 살아가도록 돕는 데 있다는 것이다.

바르트 신학의 또 다른 중요한 특징은 그 신학이 하나님의 말로 시대를 인도하는 예언자적 신학이라는 점이다. 구약의 예언자들이 "여호와가 말한다."라는 확신 속에서 그 시대에 주어진 하나님의 말을 선포했다. 이와 마찬가지로, 바르트 역시 하나님의 말로 시대를 분별하고 인도해 나간다.[3]

신학적이고 윤리적인 측면의 원천

엘륄은 신학 영역에서 바르트는 자신의 스승이며 신학을 고찰하는 방법을 자신에게 제시했다고 밝힌다. 즉, 자기 저서의 신학적이고 성서적이며 윤리적인 측면의 원천이 바르트에게서 비롯된 것임을 인정한다. 엘륄이 강조하는 '하나님의 자유 안에서의 인간의 자유'라는 개념도 "하나님의 자유 안에서 작용하는 인간의 역사를 만들기 위한 인간의 완전한 자유가 있다."라는 바르트의 말에서 비롯된다. 특히, 엘륄은 자신이 제시하는 '종교적 신심'과 '참된 신앙' 사이의 대립을 포함한 '종교'와 '계시' 사이의 근본적인 대립도 바르트가 이미 제기한 중심 문제라고 하면서 이렇게 언급한다.[4]

> 바르트 사상의 놀라운 균형과 더불어 결코 혼동을 일으키지 않는 그토록 정확한 방식으로, 종교와 계시 사이의 대립이나 종교와 기독교 신앙 사이의 대립은 바르트에게서 완전히 분명하게 규명된다.[5]

엘륄은 바르트의 저서 『하나님의 말과 사람의 말』을 읽음으로써 받은 충격과 그때 느낀 자유를 언급한다. 또한 그는 바르트를 통해 성서에 대한 유연한 해석법을 배우게 되었다고 토로한다. 즉, 칼뱅보다 훨씬 덜 조직적일 뿐 아니라 완전히 실존적이기까지 한 바르트는 성서의 사상을 실제 경험과 직접 마주치도록 한다. 그 때문에, 바르트의 신학은 결코 이론뿐인 신학이 아니라는 것이다. 특히, 바르트의 영향으로 엘륄은 하나님의 말로서 성서를 그 무엇보다도 가장 가치 있는 것으로 여기게 된다. 또한 그는 비합리적인 것과 비과학적인 것을 포함하여 모든 것은 오직 성서 텍스트 안에서만 의미를 지닌다는 것을 인정한다. 이와 아울러, 그는 바르트의 사상의 핵심 목표를 이렇게 파악한다. 즉, 자유는 본질적인 것이며, 하나님은 은혜로운 하나님인 동시에 우리를 해방시키는 하나님임을 보여주는 것이 그 핵심 목표이다. 다시 말해, 바르트는 지극히 자유로운 하나님의 자유 안에서 인간의 자유가 어떻게 역사할 수 있는지 보여준다. 즉, 하나님은 은혜를 베풀 자에게는 은혜를 베풀고, 자신을 계시할 자에게는 계시해 준다는 것이다.[6]

엘륄은 바르트의 그러한 사상을 발견함으로써, 칼뱅의 영향으로부터 멀어진다. 그는 칼뱅의 의심쩍은 예정론을 더는 믿는 것은 도저히 불가능하다고 여긴다. 그래서 '보편구원론' 혹은 '만인구원론'이 근본적으로 성서적이라는 생각을 내비친다. '보편구원론'이야말로 다음 같은 상황에 있는 사람들을 거절할 수 없는 하나님을 표현한다는 것이다. 즉, 하나님을 만날 수 있는 어떤 기회도 전혀 얻지 못한 채 재난 가운데서 지내는 사람들이다. 구체적으로, 비록 예수 그리스도에 대한 지식과 고백이 본질적이라고 믿는다고 하더라도, 이는 구원에 필요한 것이 아니다. 이는 과거로부터의 결별, 삶의 갱신, 소망을 위해 필요하다는 것이다. 그런 '보편구원론'을 확신하게 된 이상, 예수 그리스도에 대한 믿음에 대한 신앙고백은 그에게 구원의 조건이 되지 못한다. 그래서 그는 구원은 늘 모든 사람을 위한 것이며 은총에서 나온 것이라는 견해를 밝힌다.[7]

엘륄은 거의 비슷한 시기에 발견한 마르크스와 바르트의 사상은 엘륄의 사상 형성을 보완하게 된다. 그는 자본주의에 대한 마르크스의 비판에서 자기 아버지의 실업에 대한 설명 및 세상을 변화시키는 유인(誘因)을 발견한다. 하지만 그는 개신교 신학자 바르트에게서는 자유로운 하나님에 대하여 자유로운 인간의 순종을 변증법적으로 사고하는 수단을 발견한다. 다시 말해, 창조주의 자유로운 결정 안에서의 피조물의 자유로운 결단이라는 성서 메시지의 중심 사고를 발견한 것이다.[8]

| 키르케고르의 신앙과 사상의 영향

키르케고르의 신앙과 사상의 특징

바르트의 사상이 엘륄의 사상의 신학적이고 윤리적인 측면에 영향을 주었다면, 키르케고르의 사상은 원천적으로 엘륄의 사상의 방법론적 원리를 결정짓는다. 그 때문에 키르케고르의 사상은 엘륄의 모든 분석 영역과 관련된다. 그가 지적인 깊은 영향을 받았다고 인정하는 세 사람은 바르트와 키르케고르와 마르크스이다. 그중에서, 그의 고찰에 가장 강하게 영감을 주고 그에게 가장 풍성한 영감의 원천이 된 것은 바로 키르케고르이다. 그는 기독교 신앙으로 회심한 직후 키르케고르의 사상을 접한다. 그런데, 그 사상가에게서 육신의 형제보다 더 가까운 영적인 형제를 발견한다.[9]

엘륄에게는 모든 철학자가 언제나 현실을 벗어난 듯이 보이고, 그들은 오로지 자신들의 머리 가운데만 있다. 그렇기에, 다른 저술가들과 뚜렷이 구분되는 키르케고르에게 깊이 빠져든다. 그는 그 이유를 이렇게 설명한다.

> 키르케고르가 나의 존재에 말을 걸기 때문에 나를 사로잡았다. 나는 순전히 지적인 기능, 그리고 삶에 통합된 고찰 사이에 엄청난 거리가 있음을 깨달았다. 나는 일생 동안 마음에 품게 된 키르케고르에 열광했다.[10]

키르케고르에게서 엘륄을 맨 먼저 매료시킨 점은 키르케고르가 지닌 신앙의 급진성이다. 키르케고르는 예수 그리스도를 무조건 따른다는 명분으로, 세상과의 타협 및 모든 순응 행위를 거부한다. 그러한 키르케고르를 본따, 기술과 정치와 경제와 관계되든, 혹은 하나님의 뜻이 아닌 인간에 대한 신격화로 변질된 종교와 관계되든, 엘륄은 사회의 가치들에 대해 가차 없이 논전을 벌인다. 키르케고르에게 각 개인은 유일한 존재이다. 그 존재의 독특한 성격은 자신의 구세주와 유지하는 예외적이고 확고부동한 관계에서 기인한다. 그와 마찬가지로, 엘륄도 하나님에 대한 키르케고르의 표상을 받아들인다. 즉, '전적 타자'인 동시에 삶에서 인간과 동행하는 '지극히 가까운 자'로서의 하나님이다. 교회는 예수 그리스도가 선포한 원래의 메시지를 저버리고 세상과 화합하고 협력하며 온갖 타협을 받아들인다. 엘륄은 그런 교회에 대한 키르케고르의 비판에서 영감을 받는다. 이처럼 엘륄은 키르케고르의 신앙을 본받고 그의 사상에서 영감을 얻는다. 따라서 그는 바르트에게서보다 키르케고르에게서 훨씬 더 영향을 받았다고 분명히 언급한다.[11]

엘륄은 키르케고르에 관한 다른 저자의 저서 서문에서, 키르케고르가 지닌 사상의 특징을 설명한다. 우선, 그는 키르케고르에게서 본받을 만한 것은 그의 사상이나 행동이 아니라고 밝힌다. 특히, 그는 키르케고르가 '자신의 사상 안에 있는 존재'임을 강조한다. 즉, 키르케고르는 행위를 본받아야 할 어떤 성인(聖人)도 아니다. 또한 키르케고르는 자신의 저술이 일정한 표현으로 국한되고 적당한 꼬리표가 붙어 박물관에 전시되는 철학자도 아니다. 키르케고르는 아주 생동감 있고 활기찬 방식으로 사고할 뿐 아니라, 너무도 엄밀히 심사숙고하는 식으로 살아간다. 그런 나머지, 키르케고르는 전혀 다르게 독자에게 말을 건다. 엘륄은 그런 키르케고르가 자신에게도 말을 걸었다고 언급한다. 그런데, 키르케고르의 호출은 인격 전체를 대상으로 삼으며, 거기서 손대지 않은 채 내버려 두는 것은 아무것도 없다는 것이다. 엘륄은 자신이 바르트에 대해서는 늘 비판적 거리를 두지만, 키르케고르에게서는 단지 경청할 따름이라고 토로한다. 즉, 키르케고르의 말을 듣기만 할 따름이지, 키르케고르의 사상에 의문을 제기하지 않는다는 것이다.[12]

성서 중심주의와 급진적 신앙의 원천

엘륄에게 성서는 절대적 기준과 영감의 원천과 논증 수단의 구실을 한다. 그는 그런 성서적 원천을 키르케고르에게서 빌려 온다. 그래서 키르케고르를 본 따, "내 사상의 기준은 성서 계시이고, 내 사상의 내용도 성서 계시이다. 출발점은 성서 계시로 내게 주어진다."[13]라고 언급한다. 이처럼, 엘뤨은 자기 사상의 기준과 내용이 성서 계시임을 분명히 밝힌다. 그의 이런 단호한 성서 중심주의는 성서 텍스트가 유일한 규범이 되는 키르케고르의 다양한 글과 조화를 이룬다. 엘륄은 "나는 모든 기독교 저술가 중에서 키르케고르가 신앙의 실존적 실재를 가장 잘, 가장 진실하게, 가장 근본적으로 설명한 저술가이다."[14]라고 단언한다. 자신의 신앙이 직접 키르케고르의 신앙으로 함양되고, 키르케고르가 신앙의 모범이 된다는 점을 밝힌 것이다.

엘륄에 따르면[15], 하나님의 말을 듣는 인간은 홀로 하나님의 말을 들으며, 타인들로부터 분리되어 유일한 자가 된다. 인간이 유일한 자가 되는 것은, 단지 인간이 다른 어떤 것과도 비슷하지 않은 유일한 관계를 갖고 있기 때문이다. 그런데, 그 관계는 유일한 하나님에 대한 유일한 관계, 다시 말해 다른 어떤 관계와도 전혀 비교할 수 없는 관계이다. 그와 같은 엘륄의 주장에 비추어볼 때, 개인의 신앙과 관련하여 엘륄이 취하는 견해는, 이에 대해 키르케고르가 취하는 견해와 아주 가깝다. 그 때문에, 그는 키르케고르부터 받은 깊은 영향을 또다시 인정하며 '기도'를 주제로 삼은 저서에서 키르케고르의 글을 인용한다.

> 소박한 신자는 자신의 기도 속에서 중요한 점이 자신이 하나님에게 요구하는 바를 하나님이 듣는 것으로 생각하고 상상한다. 그렇지만 진리의 영원한 의미에서, 이는 정반대이다. 즉, 진정한 기도의 관계에서, 사람들이 하나님에게 요구하는 바를 듣는 것은 하나님이 아니다. 자기 자신이 듣는 자가 되기까지, 또한 하나님이 원하는 바를 듣기까지 계속 기도하는 것이 기도자이다. 진정한 기도는 듣는 것일 따름이다.[16]

이처럼, 엘륄은 단순한 '들음'으로서의 기도에 대한 키르케고르의 이론을 받아들인다. 그리고 그는 그 이론을 기술 사회의 맥락 속으로 옮겨 놓는다. 즉, 효율적인 어떤 기술로 인식된 도구적인 기도에 맞서, 혹은 비효율적이기 때문에 방치된 기도에 맞서, 더는 들을 줄 모르는 소음 문화 속에서 '들음'의 중요성을 재발견하기를 촉구한 것이다. 그는 자신의 초기 저작에서부터, 기독교와 세속 문화 사이에 단절에 대한 키르케고르의 주장을 지지한다. 엘륄은 세상의 활동을 도덕화하고 기독교화하는 것, 기독교적 제도를 만들어내는 것, 기독교 국가를 세우는 것, 기독교적 정치를 실행하는 것은, 마치 악마를 천사로 만들기 위해 악마를 금색으로 칠하는 것에 해당한다고 지적한다.[17]

사회에 대한 엘륄의 그런 비(非)순응적 자세에는 당시의 기독교 사회에 대해 근본적인 비판을 가한 키르케고르의 외침이 깃들어 있다. 키르케고르는 '기독교'라는 이름을 사칭한 것일 따름인 기독교의 이교적 위선과 이교적 기독교 세계를 거침없이 규탄한다. 이처럼 종교로서의 기독교 이데올로기에 대한 엘륄의 비판에는 키르케고르로부터 받은 영감이 확인된다.

| 기독교와 교회에 대한 비판

'참된 기독교'의 변질에 대한 비판

엘륄은 예수 그리스도가 선포한 원래의 메시지를 저버리고서 세상과 화합하고 협력하며 온갖 타협을 받아들인 기독교와 교회를 비판한다. 그는 왜곡되고 뒤집힌 '기독교'라는 용어와 구분하기 위해 '참된 기독교'를 나타내는 용어로서 '엑스' x를 사용한다. '엑스'는 세 가지를 동시에 의미한다. 첫째, 예수 그리스도 안에서 성취된 하나님의 계시와 일을 의미한다. 둘째, 예수 그리스도의 몸으로서 교회의 참된 존재를 의미한다. 셋째, 진리와 사랑 안에서의 그리스도인의 신앙과 삶을 의미한다.[18]

그러한 '엑스'는 모든 방향에서 모든 것을 뒤집어엎는다. 첫째, '엑스'는 예수 그리스도가 '맘몬'이라고 규정한 돈을 뒤엎는다. 둘째, '엑스'는 정치 권력을 뒤엎는다. '엑스'는 정치적 권세와 권력을 문제 삼기 때문에, 정치를 뒤엎을 정도로 급진적이다. 셋째, '엑스'는 모든 종교도 뒤엎는다. 모든 종교 현상은 하나님의 계시 및 인간들 가운데 성육신한 예수 그리스도의 임재와 반대된다. 넷째, '엑스'는 도덕조차 무너뜨린다. 하나님의 계시는 도덕과 전혀 관계없고, 구약성서의 계명이나 바울의 교훈도 전혀 도덕이 아니다. 다섯째, '엑스'는 문화를 뒤엎는다. 이렇게 세상을 뒤집은 '엑스'는 종교 역사상 큰 승리를 거둔다. 하지만, '엑스'는 세상의 종교들처럼 다시 '기독교'라는 종교로 철저히 변질된다. '기독교'는 정치 권력에 순응하게 할 뿐 항의나 비판을 하지 못하게 하고, 사회적 차원이나 혹은 경제적 차원에서 계급적 위계질서를 받아들이게 한다. 그리고 '기독교'는 가난함과 부유함을 하나님의 뜻으로 받아들이게 하고, 시대마다 지배 문화에 밀착한다. 그런 '기독교'는 예수 그리스도 안에 있는 하나님의 계시와 반대된다는 것이다.[19]

엘륄은 계시된 '엑스'가 변질되는 것은 인간의 의도적 행동 때문만 아니라 그 이상으로 나타나는 '영적 권세들'의 활동 때문이라고 밝힌다. 그는 돈, 권력, 거짓, 고소, 분리, 파괴 같은 기능으로 특징지어지는 맘몬, 이 세상 군주, 거짓의 영, 사탄, 악마, 죽음이라는 여섯 가지 악한 권세를 든다. 그 영적 권세들이 결집함으로써 그 힘으로 기독교가 뒤집힌다. 그런데, 영적 권세들은 예수 그리스도가 한 일을 공격하거나 파괴한 것이 아니라, 그 일을 왜곡시키고 이용한다. 물론, 교회의 온갖 거짓과 잘못 속에도 그리스도의 몸으로서 진정한 교회는 존재한다. 이는 복음과 계시가 늘 존재하고 진리 속에서 계속 전달되고 있기 때문이다. 또한 성령이 그리스도인의 삶에 현존하고 그리스도인 안에서 활동하고 있기 때문이다.[20]

세속화된 그리스도인에 대해 비판

엘륄은 세속화된 그리스도인에 대해 비판한다. 즉, 그리스도인이 세상의 모든 사람과 마찬가지이고, 아무것도 그리스도인의 기독교 신앙을 나타내지 않는다는 것이다. 또한 개인적인 혹은 집단적인 기독교 신앙을 나타내는 어떤 삶의 양식도 그리스도인에게 없다는 것이다. 특히, 교회는 '선전'과 같은 세상의 효율적인 수단을 쓴다. 그럼으로써, 교회가 세상에서 성공하고 세상의 권세가 되는 것은, 교회의 세속화에서 비롯된 불가피한 현상이다. 그리하여 교회는 세속화된 사람들의 인위적인 모임에 불과해진다. 그런 교회 안으로, 세속화된 그리스도인들은 세상의 가치 판단과 개념을 들여놓는다. 세속화된 그리스도인들은 행동을 신뢰하고, 효율성을 원한다. 그들은 '경제적인 것'의 우위를 택하고, 복음을 전파하기 위해서라면 모든 수단이 선하다고 생각한다. 특히, 그들은 세상이 사용하는 수단들을 택하는데, 이에 대한 문제 제기가 전혀 이루어지지 않는다. 즉, 그 수단들이 단지 존재하고 효율적이므로 선하다는 것이다. 또한 그 수단들은 신성화된 세상 속에 있고 효율적이기에, 교회 안에서 사용되지 않을 이유가 없다는 것이다. 더 나아가, 세속화된 그리스도인들은 세상의 문제에 지나친 관심을 가진다. 그럼으로써, 그들은 세상이 규정하고 파악하고 제시하는 그대로의 경제 문제와 사회 문제에만 단지 관심을 가진다.

이처럼 그리스도인들이 세상의 결정과 진단을 받아들이고 비(非)그리스도인들의 활동에 그저 가담한다면, 그리스도인들은 사람들이 '종교'로부터 기대하는 것을 제시하게 된다. 그 순간 그들은 계시된 진리를 '종교'로 변모시킨다. 그뿐 아니라, 그들은 인간의 필요에 부응하고 인간의 마음을 만족시키려고 계시된 진리를 이용한다.[21]

그래서 엘륄은 그리스도인이 '기독교적인 것'으로서 택하는 그리스도인의 수많은 태도와 견해 표명이, 단지 그리스도인의 세속화를 통해 생겨난

산물일 따름이라고 지적한다. 그런데, 이를 통해 그리스도인의 사고는 의도적이든 혹은 비의도적이든 간에 세상의 사고에 적응하게 된다. 그 때문에, 엘륄은 기독교적 입장과 동기에서 그리스도인이 세상에 적응하려 할 때 일어나는 위험성을 이렇게 경고한다.

> 우리 그리스도인을 둘러싸고 있는 세상에 적응한다는 견해는 성서적 가르침이 절대 아니라, 바로 세상의 행동지침이다. 우리 그리스도인은 철저한 부적응을 권장하는 것이 아니라, 세상에 대한 적응에 어떤 가치를 두기를 거부한다는 점을 기억하자. 또한 기독교적 동기들로 그런 적응을 정당화하는 것은 어떤 왜곡으로 간주된다는 점을 기억하자. 그리고 우리 그리스도인의 신앙과 신학적 견해와 기독교적 삶을 세상에 적응시키려는 것은 또 다른 왜곡이라는 점을 기억하자. 우리 그리스도인에게 세상의 토대를 조심하라는 지시가 분명히 내려진다. 그런데도, 그리스도인은 그렇게 적응함으로써, 이 세상의 토대, 곧 '세상의 기초 원리'를 신앙 속에 다시 통합하게 된다. 하지만 '적응'이라는 행동지침은 진보에 대한 신뢰에 연결되어 있다. 거기서 여전히 우리 그리스도인은 성서에 어떠한 근거도 두지 않는 현대의 신화와 직면한다. 그런 신화 및 진보에 대한 그런 집단적 신뢰가 어디에서 오는지, 그것들이 무엇을 자양분으로 삼는지 잘 알려져 있다. 그 자양분은 분명히 반(反)기독교적 철학이다. 또한 그 자양분은 과학과 기술의 성공 앞에서 어쩔 줄 모르고 감탄하는 것이다. 그리고 그 자양분은 모두에게 명백하고 공통된 '종교적 신심'이다.[22]

이처럼, 진보에 대한 신뢰로 가득 차 있고 과학과 기술이 눈부신 성공을 거두는 상황에 그리스도인은 놓여 있다. 그런 상황에서, 그리스도인도 세상의 인간이기 때문에 그런 열광적 분위기에 맞서지 못하고 진보를 향해 앞으로 나아가는 데 참여하고 싶은 것은 사실이다. 하지만 엘륄은 기독교적 입장과 동기에서 세상에 대한 그리스도인의 적응을 정당화하는 것, 그리고 그리스도인의 신앙과 삶을 세상에 적응시키는 것은 잘못된 왜곡이라고 지적한다. 이처럼 그는 교회에 대한 가장 신랄한 비판에 몰두하면서, 그리스도인들을 이렇게 묘사하기까지 한다.

> 그리스도인들은 투사였으며 투사일 수밖에 없었다. 그들은 행동 공동체를 만들기로 되어 있다. 그런데 우리는 무엇을 목격하는가? 일요일에 서로 옆에 앉아 있으나 서로 모르는 체하며, 새로운 아무것도 만들어내지 못하는 교회의 구성원들이다. 또한 무기력하고 게으르며 아무 일에도 개입하지 않는 교회의 구성원들이다.[23]

특히, "기독교는 예수 그리스도에 대한 최악의 배반이다."[24]라는 엘륄의 표현은 그보다 훨씬 더 과격하다. 이처럼, 그가 그리스도인들에게 근본적으로 비판하는 것은 그들의 '순응 행위'이다. 이는 로마서 12장의 서두에 나오는 "현시대에 순응하지 말라."라는 바울의 권고를 무시하는 것이다. 그래서 엘륄은 "기독교가 세상에서 받아들여지고 존중받는다면, 기독교가 더는 기독교가 아니다."[25]라고까지 단언한다. 그는 그리스도인들이 경제적 자유주의라는 재앙에 대해, 그리고 오늘날 마약이 되어버린 기술에 대해 어떠한 비판도 가하지 않는 실상을 지적한다. 또한 그리스도인들이 기술과 국가가 신성화되어 있다는 사실도 의식하지 못하는 실상을 지적한다. 더 나아가, 그리스도인들이 성서의 말이 조롱당한다는 사실도 제대로 의식하지 못하는 실상을 지적하고 비판한다

3장 엘륄의 신학 사상의 특징

Ⅰ '현실'과 '진리'의 변증법적 통일과 결합

'현실'로 한정되고 귀착된 '진리'의 문제

'현실과 진리의 변증법적 통일과 결합'이라는 논제는 아직껏 다루어지거나 언급된 적이 없기에 생소하게 느껴지는 것은 사실이다. 하지만 그 논제는 엘륄의 사상을 떠받치는 토대 중 하나로 여겨지는 저서 『굴욕당한 말』에서 주로 다루어진다. 따라서 그 논제는 엘륄의 신학 사상의 핵심 중 하나이다. 또한 그 논제는 기술 사회에서 기술과 이미지에 의해 짓밟힌 말의 문제, 그리고 성화상논쟁과 관련되는 우상의 문제로도 연결되는 핵심 주제이다. 엘륄은 기술적 지배권에 연결된 현대 사회의 주된 경향이 '현실'과 '진리'를 동일시하는 것이라고 주장한다. 다시 말해, 인간으로 하여금 '현실'을 '진리'라고 믿게 한다는 것이다.[26] 현대 사회에서의 인간은 기술에 의해 지배되고 기술지상주의에 빠져 기술을 신성시하며 섬기고 있다. 따라서 엘륄의 그런 주장은 내세의 존재를 부정하고 눈으로 감지되는 현실만을 인정하며 하나님의 존재를 부정하는 현시대 상황을 여실히 드러낸다고 볼 수 있다.

엘륄에 따르면[27], 확인할 수 있는 것에 해당하는 '현실'은 인간을 둘러싸고 있는 세상이면서, '시각'(視覺)이라는 수단을 통해 인간이 감지하는 세상이다. 반면에, '진리'는 인간의 궁극적인 종착지와 관련되고, 인간 삶의 의미와 방향과 관련된다. 그런데, 기술 사회는 확인할 수 있는 것 너머에는 아무것도 없다고 인간을 설득하려 든다는 것이다. 인간은 하나님의 행적과 활동을 볼 수 있지만, 활동 중인 하나님도, 현존하는 하나님도 결코 볼 수 없다. 따라서 시각이 현실의 차원에 있을 때 문제 되지 않는다. 하지만, 시각이 영적 차원과 진리의 차원에 접근할 때 성서는 '시각적인 것'을 단죄한다. 왜냐하면 이는 볼 수 없는 하나님을 시각으로 포착하는 것이며, 인간이 보는 바가 하나님일 수 있다고 하는 것이기 때문이다. 이는 진리가 현실이 되게 하는 것이고, 현실을 진리로 삼는 것이다. 다시 말해, 이는 하나님을 현실로 한정시키고 현실을 하나님으로 삼는 시도이다.

이처럼 현대인이 진리를 현실로 귀착시켰다면, 현대인은 허구적이고 가장되고 조작된 현실을 신뢰한다. 그런데, 그 위조된 현실을 통해 자체의 유일한 가시적 세계인 이미지 세계가 세워진다. 그 가시적 세계는 기술에 의해 더욱 강화된다. 가시적 세계 속에서 인간은 진리와 체험된 현실 상황으로부터 박탈된다. 그런 가시적 세계에서 인간의 상황은 잠재된 공포와 무의식적 공허함에 빠져 있다는 것으로 드러난다. 인간은 그 상황에서 벗어나야 한다. 하지만, 인간은 현실에서 벗어날 수 없기에 이미지와 보이는 것만을 통해 진리를 재구성할 수밖에 없다. 보기 위한 신, 곧 기술적이고 정치적인 신이 만들어지고, 소비, 권력, 기계를 지닌 신이 만들어진다. 대중매체는 그 현실을 칭송하고 신성화하는데, 이는 새로운 우상 숭배와 성상 숭배이다. 왜냐하면 그 현실은 진리가 아니라 배경이고 환경일 뿐이기 때문이다. 또한 그 현실은 인간의 삶에 어떤 의미도 방향도 주지 않기 때문이다. 그래서 엘륄은 예수 그리스도의 성육신이 진리가 현실과 합쳐지고 진리가 현실을 완전히 꿰뚫는 이 지상 역사의 유일한 지점이라고 밝힌다. 즉, 성육신이 완결되면 우리는 현실이 진리가 아닌 상황에 다시 놓인다는 것이다.[28]

예수 그리스도를 통한 '진리'와 '현실'의 통일과 결합

엘륄에 따르면[29], 예수 그리스도의 행위는 진리의 행위 자체인데, 진리는 성육신을 통해서만 현실을 뚫고 들어간다. 물론, 진리인 예수 그리스도가 현실 세상에 왔으나, 현실은 예수 그리스도를 받아들이지 않았고 거부했다. 즉, 현실의 차원에서 성육신은 성육신한 '말씀' le Verbe의 실패와 제거로 끝나고, 성육신한 '말씀'에 대한 거부로 끝난다. 따라서 예수 그리스도의 승리는 현실에서는 보이지 않고, 현실의 속성에는 포함되지 않는다. 하지만 예수 그리스도는 자신의 성육신이 현실 세상에서 진리의 통로임을 인식시킨다. 또한 예수 그리스도는 자신의 죽음과 부활이 진리의 승리임을 인식시킨다. 특히, 진리는 진리 앞에서의 영적 권세들의 행위인 거짓과 혼란을 패배시킨다. 결정적으로 패배당한 영적 권세들에게는, 진리가 존재하고 나타나며 성취되는 것을 가로막을 어떤 힘도 없다. 그럼에도, 현실은 영적 권세들이 주인으로 행세하는 영역으로 여전히 남아 있다. 현실이라는 자체의 영역을 가진 영적 권세들은 자신들이 끊임없이 공격하고 싶은 진리를 재정복하려는 헛된 시도를 한다. 그런데, 영적 권세들이 예수 그리스도 앞에서 패배한 것이지, 인간 앞에서 패배한 것은 아니다. 따라서 현실에 얽매인 인간은 인간의 고유한 영역에서 고삐 풀린 영적 권세들에게 늘 복종한다.

  이처럼 예수 그리스도에 의해 패배당하나 여전히 활동하는 영적 권세들은 패배를 인정하지 않는다. 심지어 그 권세들은 더 많은 폭력으로 투쟁한다. 그러므로 영적 권세들은 결정적으로 정복당해 있으나 개인적 차원에서 더 위험한 듯이 보인다. 비록 지엽적 승리이지만 영적 권세들이 거둔 승리는 인간으로 하여금 그 힘을 믿게 한다. 마지막 때에, 성육신한 '말씀'은 현실의 새로운 창조 가운데서 현실과 결합하고 현실을 알려준다. 예수 그리스도가 진리 속에서 영적 권세들에 대해 거둔 승리는 이제 현실 속에서 보이게 된다. 또한 그 승리는 현실의 새로운 속성에 포함된다. 그리하여 인간의 영역은 온전히 진리의 영역이 된다. 진리 안에서 거짓과 혼란이 승리할 가능성이 더는 없듯이, 현실 속에서 고통과 죽음이 승리할 가능성이 더는 없다. 결국, 새로운 창조는 재발견된 현실과 진리가 통일되면서 결합한다.

변증법을 자신의 학문적인 방법론으로 택한 엘륄은 지속해서 자신의 토대로 삼아온 변증법적 사고방식을 발전시킨다. 현실 상황에는 긍정적 요소들과 더불어 부정적 요소들이 포함되어 있다. 또한 현실 상황에는 모순되는 요인들이 서로 상쇄되지 않고 공존한다. 엘륄에게 변증법은 그런 상황을 파악하는 지적 방식이다. 또한 그 변증법은 둘 중에 하나를 배제하지도 둘 사이에 선택하지도 않고서, 긍정과 부정을 동시에 고려하는 역동적 사고 체계이다. 따라서 그에게 '정'(正), '반'(反), '합'(合)이라는 변증법적 공식에서, 세 번째 요인은 첫 두 요인 중 하나의 제거도 아니고 첫 두 요인의 병합도 합산도 아니다. 그 모순되는 요인들은 새로운 상황에 이르게 하는 일시적 흐름 속에서 상관관계를 맺고 있는 한에서만, 서로 없애지 않고서 존속할 수 있다.[30]

변증법에 대한 그런 견해에서 출발하여, 엘륄은 변증법이 근본적으로 '반'(反)을 배척하지 않고 오히려 그 '반'(反)을 포함하는 하나의 과정일 수 있다고 주장한다. 엘륄에게 진리는 긍정적 요소이고 현실은 부정적 요소일 수도 있고, 서로 모순되는 요인들일 수도 있다. 하지만 엘륄 특유의 변증법적 과정을 통해, 진리와 현실은 서로 배제되거나 상쇄되지 않은 채 공존하면서 새로운 창조를 통해 통일되고 결합된다. 그렇게 됨으로써, 진리인 예수 그리스도의 승리가 현실에 드러나고, 결국 현실도 진리의 영역에 속하게 된다.

| '계시'와 '종교', '참된 신앙'과 '종교적 신심'

'계시'와 '종교'의 대립

엘륄은 '종교적 신심'을 '참된 신앙'과 구별하듯이, '종교'를 '계시'에 대립시켜 구분한다. 엘륄에 따르면[31], 종교는 원래 인간에게 보편적 현상이며, 인간에게서 종교를 떼어놓을 수도 없고 파괴할 수도 없다. 역사적으로 인간에게서 종교를 떼어놓으려는 시도가 있었으나, 종교는 다른 방식과 다른 형태로 나타난다. 다시 말해, 기존의 종교를 파괴하려는 노력이 있었으나, 이념적 형태를 띤 종교 현상들이 다른 곳에서 다시 나타난다. 그런 종교들의 형태는 정치 이념이나 체제와 같은 것에 국한되지 않고 다양한 것으로 나타난다. 역사적으로 정치적 종교 현상인 나치주의, 마르크스주의, 레닌주의, 스탈린주의, 마오쩌둥 사상 등이 '정치적 세속 종교'로 규정된다. 그뿐 아니라, 현대 세상에 가득한 민족주의와 혁명주의도 특별한 종교적 태도이다.

특히, 현대 세상에는 과학, 국가, 기술, 민족, 혁명과 같은 다양한 '세속 종교'가 있다. 그런 종교 현상은 인간의 근본적인 어떤 성향에서 비롯된다. 즉, 종교 없이 살 수 없는 존재인 인간에게 종교를 박탈하더라도, 인간은 종교를 대체할 수 있는 것들을 찾아내어 신으로 받들며 다시 종교를 만들어 내어 믿는다. 그래서 현대 세상은 무엇보다 '종교적인 세상'으로 규정되고, 본질적으로 신성화된 세상으로 간주된다. 즉, 전쟁은 이념적인 전쟁, 곧 종교의 전쟁이다. 또한 사회 운동은 신성화되어 있으며, 혁명은 신(神)의 행위와 동일시된다. 그리고 기술은 신성한 것의 영역에 속해 있고, 과학은 훨씬 그 이상이다.

엘륄은 종교와 계시의 대립이 "종교는 올라가고 계시는 내려간다."[32]라는 표현으로 국한될 수 있다고 주장한다. 즉, 태초부터 인간은 위로 올라가

기를 애쓴다. 그런 인간에게, 올라감을 내포하는 종교는 상승의 주된 도구인 동시에 상승의 표현이다. 인간에게 하나님은 하늘 저 높은 곳에 있다는 것, 그것이 종교의 전부이다. 인간은 올라감으로써 하나님에게 도달하려고 애쓴다. 하지만, 하나님이 인간을 향해 내려오는 것이지, 어떠한 방식으로든 인간이 하나님을 향해 결코 올라갈 수 없다. 따라서 '종교적 인간'은 올라가기를 원하나, '성서적 하나님'은 내려가는 하나님이다. 하나님은 처음부터 끝까지 엄밀하고 유일한 방식을 택한다. 즉, 하나님이 인간을 향해 온다는 것이다.

> 이처럼, 하나님은 내려가서 인간의 수준에 위치함으로써, 인간이 접근할 수 있고 이해할 수 있는 모습을 취한다. 그런 하나님은 인간의 상황 속으로 들어가려고 자신의 위대함과 권능을 이루는 모든 것을 박탈당한다. 즉, 모든 면에서 평범한 인간이 된 하나님은 자신이 하나님임을 드러내려고 하지 않는다. 평범한 인간처럼 고통의 길로 들어가는 것, 그것이 바로 하나님의 길이다. 계시는 그런 하나님과 관계되므로 종교와 반대된다. 결국, 계시 전체는 성육신을 통해 인간이 된 예수 그리스도 안에서 완전한 의미를 가지고 완성된다.[33]

엘륄은 인간이 자기 자신의 힘에 내맡겨지고 자신의 계획에 따라 행동하면, 필연적으로 종교를 다시 만들게 된다고 지적한다. 그런데, 종교에는 올라감이 있어서 늘 힘의 형태로 표현된다. 또한 사람들은 좀 더 많은 힘을 가지려고 하나님을 개입시킨다. 그 때문에, 온갖 종교의 이름으로 가장 잔인한 전쟁이 벌어진다. 그리고 그런 종교들을 통해 전 세계적인 재난과 불행이 일어난다. 그래서 종교는 늘 분열과 증오의 요인이 된다. 물론, 하나님의 계시는 '만군(萬軍)의 하나님'과 관계되고, 자기 민족을 수많은 전투에서 승리로 이끄는 하나님과 관계된다. 비록 그렇더라도, 하나님의 계시는 '비무력'(非武力) la non-puissance 의 방향으로 인간을 이끌고, 인간이 지배 수단들을 포기하는 방향으로 이끈다. '비무력'은 '무능력'(無能力) l'impuissance과 구분된다. '무능력'은 본래 힘과 능력이 없어서 힘과 능력에 의해 행동할 수 없는 상황을 가리킨다. 하지만 '비무력'은 실제로 힘과 능력을 갖추고 있으면서도, 이 힘과 능력을 쓰지 않겠다는 단호한 의지를 나타낸다.[34]

그래서 엘륄은 오늘날 무한한 힘의 수단을 얻어 힘의 논리에 빠진 현대 사회에서, '비무력'을 통해서만이 세상을 구원하는 기회가 주어진다고 역설한다. 시대의 논리에 따라 사용된 힘의 수단들을 거부해야 하는 것은 그리스도인으로서는 가장 어려운 상황이다. 그런 상황에서도, 그리스도인이 세상을 구원하려면 '비무력'의 태도를 보여야 한다는 것이다.[35]

'참된 신앙'과 '종교적 신심'의 대립

엘륄은 프랑스어로 '기독교' christianisme라는 용어 자체에 붙어 있는 '-isme'에서 연상되듯이, 종교나 이념으로 변질된 기독교를 일종의 '주의'(主義)로 규정한다. 특히, 그는 선전이라는 기술적 수단에 의해 전파된 기독교를 하나의 이념으로 간주한다.

> 교회가 선전을 받아들이면 그런 결정을 통해 두 가지 중요한 결과가 생긴다. 우선 그와 같이 전파된 기독교는 '기독교'가 아니라는 것이다. 사실상 교회가 그런 수단에 의해 행동하는 즉시, '기독교'는 온갖 다른 이념이나 혹은 다른 세속 종교의 차원으로 전락한다. 이는 역사의 흐름 전체에서 나타난다. 교회가 그 시대에 받아들여진 선전으로 활동하려고 애쓸 때마다, '기독교'의 진리와 진정성이 하락하는 것이 목격된다.[36]

'종교'와 '계시'의 대립을 통해 부각되는 점은 기독교가 종교나 이념으로 변질되었다는 것이다. '참된 신앙'과 '종교적 신심'의 대립도 그런 관점에 놓여 있다. 즉, '참된 신앙'은 '계시'와 관계되고, '종교적 신심'은 '종교적인 것'과 관계된다.

엘륄에 따르면[37], '참된 신앙'이라는 용어는 예수 그리스도의 계시에 해당하는 것을 지칭한다. 반면에, '종교적 신심'이라는 용어는 종교적인 것과 비(非)기독교적 체험을 근거로 하는 온갖 태도를 지칭한다. 또한 '참된 신앙'과 '종교적 신심'을 통해 서로 반대되는 결과가 나타난다. 즉, '참된 신앙'은 인간의 질문에 대한 답을 결코 주지 않는 반면에, '종교적 신심'은 답을 준다는 것이다. 이는 '참된 신앙'과 '종교적 신심'을 구분하는 결정적 기준이 된다. 즉, 자기 자신에게 답하는 데만 열중하는 인간은 '종교적 신심'의 체계를 만든다. 이는 자신을 안전하게 하기 위함이고, 자신의 질문에 대한 답과 해결을 찾아 자신에게 답하며 설명하려 하기 위함이다. 그와 반대로, '참된 신앙'은 어떠한 흥미로운 점에 대한 설명을 전혀 제시하지 않으면서, 인간에 대한 질문을 던지고 어떤 질문을 듣게 한다. 그래서 엘륄은 '참된 신앙'은 하나님의 질문을 듣는 것이며, 인간이 제시해야 할 대답 속으로 위험을 무릅쓰고 가는 것이라고 설명한다.

> 하나님은 설명하지도 않고, 인간의 호기심이나 혹은 불안감에 대해 대답하지도 않는다. 하나님은 일련의 질문을 던진다. 이는 하나님이 인간을 책임 있게 만들고 인간을 인간 자신의 자유로 돌려보내는 것이다.[38]

엘륄은 "사회가 지속하는데 유용한 종교적 신심은 필연적으로 집단적이다."[39]라고 하면서, 상승적인 힘으로서의 '종교적 신심'은 자체의 대상을 온전히 장악한다고 지적한다. 그와 반대로, '참된 신앙'은 개인적 관계이며 존재와 개인과의 대화이다. 그러므로 '참된 신앙'은 그 자체와 관계되는 자를 결코 장악하지 않는다. 결국, '참된 신앙'은 인간을 향해 내려오는 것이

하나님이라는 한에서만 생겨날 수 있다.[40]

여기서 '종교'와 '계시' 그리고 '참된 신앙'과 '종교적 신심'의 구분과 대립을 통해 엘륄이 드러내려는 것은, 기독교를 다른 종교들과 대립시켜 그것들과 구별하는 데 있지 않다. 그는 '계시'에서 벗어나 '종교'로 변질되고 '참된 신앙'이 아닌 '종교적 신심'에 기반을 둔 기독교를 다른 종교와 별다른 차이가 없는 것으로 간주한다. 따라서 그가 그런 구분과 대립을 통해 나타내려고 하는 바는, 변질된 기독교의 양상 및 거기에 빠진 그리스도인들의 태도이다. 그 때문에, 그런 구분과 대립을 기독교와 다른 종교들을 대립시키는 관점에서 보기보다, 기독교 자체 안에서 그 용어들을 받아들여야 할 것이다.

더 나아가, 엘륄은 '하나님과의 단절' 상태를 언급한다. 즉, 상황이 그렇다면 문제되는 것은 "한편으로는 구조들의 문제이고, 다른 한편으로는 하나님이 그들로부터 기대하는 바가 될 줄 모르는 그리스도인과 교회의 책임이다."[41]라고 지적한다. 그 지적에서 나타나듯이, 현시대와 상황이 '하나님과의 단절' 상태에 있다면, 무엇보다 그 책임은 변질된 기독교와 타락한 교회 및 이를 추종하는 그리스도인에게 있다고 할 것이다.

| '하나님과의 단절' 시대

'하나님과의 단절' 시대의 상황

엘륄은 하나님이 침묵하고 돌아설 수 있다는 가능성을 바탕으로 이 시대의 현상으로서 '하나님과의 단절'을 제시한다. 즉, 하나님의 말이 희귀하게 나타난 구약의 '사사기 시대'나 예수 그리스도가 오기 직전의 '중간 시대'처럼 현시대와 세상이 '하나님과의 단절' 상태에 있다는 것이다. 달리 표현하면, 하나님이 우리로부터 돌아서서 침묵하는 '하나님과의 단절' 시대에 우리가 들어왔다는 것이다. 하지만 하나님이 모두로부터 돌아선 것이 아니라, 개인의 삶 속에는 존재한다. 다시 말해, '하나님과의 단절' 시대에서도 하나님은 여전히 어떤 개인에 의해 가깝게 체험된다. 또한 하나님은 자신의 '말'이 어떤 이들의 마음속에 살아 있게 한다. 왜냐하면 육체적 질병과 정신병의 치유 같은 하나님의 은총으로 이루어지는 기적이나 복음서에 기술된 것과 비슷한 기적이 오늘날에도 여전히 일어나기 때문이다.

따라서 하나님의 침묵과 부재(不在)는 집단적으로 체험된다. 즉, 하나님이 인간의 마음속에서는 여전히 말을 하고 어떤 사람의 삶에 존재한다. 비록 그렇더라도, 하나님은 인간의 역사, 사회, 문화, 과학, 정치로부터는 존재하지 않는다. 우리가 '하나님과의 단절' 시대에 들어왔다는 것은 다음 같은 데서도 나타난다. 즉, 현대인은 기술에 힘입어 자신의 모든 필요를 홀로 떠맡을 수 있다고 확신한다. 그러므로 하나님은 현대인을 그의 운명에 내맡겨둔다는 것이다. 특히, 이 시대에서 하나님의 침묵은 하나님이 우리를 내버리는 것을 의미하는 것이 아니라, 우리가 하나님을 내버리는 것을 의미한다. 소음과 분노로 가득한 세상에서, 하나님은 자신의 '말'을 세상에서 인간의 소란한 수다와 대립시키기를 바라지 않는다는 것이다.[42] 엘륄은 하나님이 얼굴을 돌리고 외면하는 '하나님과의 단절' 시대에 나타나는 실상을 이렇게 묘사한다.

'하나님과의 단절' 시대에서 인간은 어떤 진리도 더는 분별하지 못하고, 권력이 맹위를 떨친다. 선과 악의 혼란이 지속되고, 인간은 온갖 참화를 겪으며, 불안이 너무 커져 불안에 사로잡힌 사람들이 파멸한다. 짧은 지식으로 하나님이 죽었다고 판단하는 인간은 온갖 메시아가 나타나 인간을 구원한다고 주장한다. 인간의 기도는 응답을 받지 못해 인간이 하늘을 향해 부르짖어도 아무 대답이 없다. 하나님을 알기 원하지 않는 인간은 다 자란 성인이라고 자만하지만, 실제로는 비참한 고아 신세로서 암흑 속에 빠져 있다.

하나님의 말은 소멸하며, 하나님은 하나님을 부르는 자들에게 침묵한다.[43]

엘륄에 따르면[44], 오래전부터 교회가 더는 교회가 아니고, 그리스도의 '말'은 그와 반대되는 것으로 변질되었다. 그렇기에, '하나님과의 단절'은 교회와도 관계된다. 즉, '하나님과의 단절' 상황에 있는 것은 기독교가 지배하는 국가이고 교회이다. 그러므로 교회 내에서 어떤 이들의 경험이나 증언을 통해서는 아무것도 변하지 않는다. 그뿐 아니라, 그 증언은 들리지도 않고 받아들여지지도 않은 채 하나님은 교회를 향해 침묵한다. 이는 하나님이 말을 하지 않고 자신의 침묵과 어둠 속에 칩거했음을 뜻한다. 그래서 엘륄은 온갖 이유에도 불구하고 하나님이 실제로 돌아섰고, 하나님의 '말'이 그 자체로서 더는 선포되지 않는다고 주장한다. 그것은 영원히 그렇지 않고 오늘날 그렇기는 하지만, 어쨌든 그것이 인간의 상황이라는 것이다.

'하나님과의 단절' 시대에서의 소망과 기도

엘륄에게 그러한 '하나님과 단절' 시대에서의 소망은 기다림이나 혹은 확신만이 아니다. 그 소망은 하나님의 거부와 침묵과 돌아섬 앞에서의 인간의 확고부동한 요구이면서 하나님에게 전해지는 도발이다. 즉, 하나님이 침묵할 때, 하나님이 말하도록 강요해야 한다는 것이다. 또한 하나님이 돌아설 때, 하나님이 돌아오도록 강요해야 한다는 것이다. 그리고 하나님이 죽은 듯이 보일 때, 하나님이 존재하도록 강요해야 한다는 것이다. 다시 말해, 소망은 침묵하는 하나님의 결정을 거부하는 것이다. 또한 소망은 인간으로부터 돌아서는 하나님의 뜻을 인정하지 않는 것이다. 그리고 소망은 하나님에게 맞서 하나님에 대해 이의를 제기하는 것이다. 결국, 소망은 하나님이 약속을 지키지 않음에 대해 항변하는 것이다. 또한 소망은 하나님의 말의 이름으로 하나님을 고소하는 것이다. 그리고 소망은 침묵하는 하나님은 진정한 하나님이 될 수 없다고 고발하는 것이다.[45]

엘륄은 그러한 소망이 근거하는 인간의 태도로서 '기다림'과 '기도'를 제시한다. 오늘날 기다림은 예수 그리스도의 재림과 하나님 나라의 도래에 대한 기다림이다. 또한 기다림은 '여기서 지금' 하나님의 말과 성령에 대한 기다림이다. 위험이 임박할 때 구조신호를 보내듯이, 기다림은 길을 잃은 이 시대에 중단 없이 악착같이 매일 하루에도 수백 번 '마라나타'[46]를 외치는 인간에게 더욱더 요구된다. 소망의 인간은 '기다림의 인간'이다. 기다림 없이는 아무것도 이루어지지 않기 때문에, 기다림은 결정적이다. 따라서 그리스도인은 다음 같은 점을 반드시 이해해야 한다. 즉, 투쟁적이고 열정적인 기다림을 다시 찾는 것이야말로 세상을 위해 유일하게 유용하고 꼭 필요한 것이라는 점이다.

다음으로 '기도'는 하나님의 개입 가능성에 대한 확신으로서, 그 확신 없이는 소망이 없다. 따라서 기도가 없이는 최소한의 소망도 없다. 기도는 하나님에 의해 주어진 하나님과의 대화 수단으로서, 우리가 기도를 시작하는 순간 소망이 생겨난다. 그 때문에, 기도는 미래와 영원의 연결점이며, 소망은 바로 거기에 자리 잡는다. 만일 우리가 소망을 체험한다면 그것을 기도 속에서만 표현할 수 있다. 그러므로 기도는 소망의 수단과 표현인 동시에 소망의 유일한 '이유'이다. 결국, '하나님과의 단절' 시대에서 그리스도인의 진정한 기도는 다음 같은 기도가 되어야 한다. 즉, 돌아서서 침묵하는 하나님이 우리에게 돌아와 다시 말하도록 요청하는 끈질기고 투쟁적인 기도이다.[47]

그래서 엘륄은 '하나님과의 단절' 시대에서의 기도는 모든 영역에서 전개해야 할 투쟁임을 강조한다. 그뿐 아니라, 그는 엄청난 유혹과 이단의 시대인 '하나님과의 단절' 시대에서 벌어지는 투쟁의 유일한 무기로서 기도를 제시한다. '하나님과의 단절' 시대에서 일어나는 세상의 고통과 재앙은 예수 그리스도로부터 우리를 갈라놓으려는 공격의 외형적인 모습에 지나지 않는다. 하지만 다른 구세주들이 출현하고, 절망이라는 유혹이 생겨난다. 또한 세상 권세가 힘을 발휘하고, 계시를 왜곡하는 표현이 나오며, '이 세상 군주들'과의 싸움이 일어난다. 그때 이단에 맞설 수 있는 유일한 무기가 기도이다. 특히, 성령의 임재가 있는 기도로만 영적 분별이 가능하다. 이단에 맞서 싸우는 방법은 영적 권세에 해당하는 영적 근원을 분별하는 것이다. 투쟁은 단지 그런 차원에서만 이루어질 수 있고, 기도 속에서 기도를 통해서만 전개될 수 있다.

엘륄은 기도가 하나님이 스스로를 드러내고 계시하여 우리의 상황에 들어오도록 은밀한 하나님에게 요청하는 것임을 강조한다. '하나님과의 단절' 시대에서 우리는 기도를 통해 하나님이 우리를 향해 다시 얼굴을 돌리고 하나님으로서 행동하도록 강요해야 한다. 즉, 기도는 하나님이 침묵하지 말라는 요구이고, 하나님이 잠자코 있도록 내버려두지 않는 것이다. 기도는 하나님이 대답하고 다시 계시하도록 강요하기 위한 하나님과의 투쟁이다. 다시 말해, 기도는 하나님에게 강청하고 귀찮게 굴며 끊임없이 공격하는 것이다. 그렇게 함으로써 어떤 대가를 치르더라도 하나님의 침묵과 부재를 뚫고 들어가는 것이다. 결국, 결정적인 투쟁과 궁극적인 결단으로서의 기도는 이 시대에 돌아선 하나님에 대한 진지한 투쟁이 된다.[48]

엘륄은 기도가 하나님의 약속에 기반을 두기에, 기도는 소망을 지극히 드러내는 행위, 곧 하나님 나라가 오게 하는 행위라고 밝힌다. 즉, 하나님은 독단적으로 결정하지 않는다. 그렇기에, 새로운 창조가 이루어지려면 결정을 내리는 하나님과 새로운 창조를 요청하는 피조물 사이의 동의가 필요하다. 특히, 구체적 상황과 결부된 기도에서만 우리는 마지막 때의 삶을 구체적으로 체험할 수 있고, 하나님 나라의 임재에 참여할 수 있다. 이제 우리가 하나님 나라에 들어가 있는 존재처럼 살 수 있다면, 하나님 나라에서의 삶의 첫걸음은 정신 차려 기도하는 것이다.

이처럼, 기도에 전적으로 투신하는 것은 우리와 가깝거나 멀리 있는 사람들의 삶에 관여하는 것을 요구한다. 그러므로 우리의 기도는 구체적 상황에 결부되어야 한다. 그래서 기도는 행동을 수반할 수밖에 없지만, 기도가 근본적이고 결정적이다. 그러므로 기도하고 나서 그 기도에 따라 행동해야 한다. 왜냐하면 참된 기도는 그 내용과 효력이 하나님에게서 오기에 변하지 않고, 하나님이 부여한 결과들을 얻기 때문이다. 그런 기도의 투쟁 속에서 기도하는 그리스도인은 사회 참여에 자신의 진실한 신앙을 결부시킨다. 그 때문에, 그는 정치적으로 참여하는 사람보다 더 진지하게 결정적으로 사회에 영향을 미친다. 결국, 기도는 하나님의 말과 인간의 말이 대화의 형태로 만나는 지점이다. 그렇기에 기도는 역사 속에서의 하나님의 계획에 우리를 연결시킨다.[49]

| 그리스도인의 참된 자유

예수 그리스도 안에서의 자유

엘륄에게 자유는 그리스도인의 삶의 조건 자체이다. 하지만 자유는 저절로 주어진 것도 얻어진 것도 아니며, 인간은 그 자체로 자유롭지 않다. 그래서 인간은 본성적으로 자신의 존재 안에 소외되어 있다. 또한 인간은 언제나 필연성의 세계에 완전히 예속되어 있으며, 늘 결정지어져 있다. 그렇지만 하나님의 계시를 믿는 사람은 하나님의 행위를 통해 자유롭고 해방된 존재가 된다. 그러한 사람은 다시는 예속 상태에 빠지지 않으며, 책임감 있고 자유로운 상태에 머무르게 된다. 하나님으로부터 받은 그런 자유가 없이는, 예수 그리스도 안에서의 어떤 삶도 가능하지 않다. 자유는 사랑 안에서 표현될 때만 자유가 될 수 있다. 그렇지 않으면, 자유는 반드시 다른 사람을 침해하며 예속하는 것이 되고, 힘의 의지를 나타내는 것이 된다. 그것

이 바로 '예수 그리스도 안에서의 자유'의 신학적 토대이다.[50]

　일반적으로, 자유는 제약 없이 행동할 수 있는 능력으로 정의된다. 또한 자유는 외적 요인에 의해 결정지어지거나 제한되지 않은 채 행동을 결정하고 수행할 수 있는 역량으로 정의된다. 그러나 '예수 그리스도 안에서의 자유'는 자유에 대한 그런 일반적인 개념과 거리가 있다. 따라서 엘륄에게 그런 일반적인 개념의 자유는 환상과 기만이며 사실상의 노예 상태이다. 결국, '예수 그리스도 안에서의 자유'만이 참된 자유이다.[51] 그는 바르트가 사용한 '하나님의 자유 안에서의 인간의 자유'라는 개념을 중심으로 그리스도인의 참된 자유에 대해 이렇게 설명한다.

> 인간은 자신도 모르게 구원되지 않는다. 인간은 기계처럼 강제에 못 이겨 하나님의 의지에 따르지 않는다. 역사, 곧 '인간과 함께하는 하나님의 역사'가 시작된다. 하나님은 인간이 결국 '예'라고 말하게끔 하려고 많은 수단을 쓴다. 그것은 강요에 의해서가 아니라 완만한 설득에 의해서이다. 이처럼, 하나님의 의지가 인간 안에서 인간에 의해 이루어지는 것은 인간에게 달려 있지 않다. 그러나 하나님은 강요하지 않는다. 그것이 바로 바르트가 '하나님의 자유 안에서의 인간의 자유'라고 부른 것이다.[52]

　엘륄에 따르면[53], 인간은 '필연성'의 세계 속에 살고 있다. 하지만 인간은 자신을 결정짓는 것들을 내면화함으로써 그것들을 당연한 것으로 여긴다. 그렇기에, 인간은 자신이 자유롭다고 믿는다. 그러나 소외와 필연성은 죄를 나타내는 것이고, 인간과 하나님과의 단절을 나타내는 것이다. 아담의 타락, 곧 하나님과의 아담의 단절을 통해 창조 세계는 필연성의 질서로 들어간다. 하나님은 필연성에 예속되지 않는다. 그렇기에, 하나님의 창조 세계에는 어떤 필연성도 없다. 그러나 하나님과의 아담의 단절을 통해 혼돈이 야기되고, 모든 것이 무(無)로 돌아갈 위험에 처한다. 다시 말해, 하나님이 제시한 질서는 외적 제약이 된다. 그 때문에, 그 질서가 단호한 방식으로 유지되지 않으면, 창조 세계는 사라질 수도 있다. 그래서 인간은 필연성에 예속되고, 창조 세계는 필연성의 질서로 들어간다.

엘륄은 인간이 그런 노예 상태에 있다는 상황으로부터 인간의 참된 자유에 대해 언급해야 한다고 주장한다. 왜냐하면 자유는 인간 본성에 고유한 여건이 아니라, 예수 그리스도 안에서 얻어지기 때문이다. 인간으로서의 예수 그리스도는 유일하게 진정으로 자유롭다. 왜냐하면 예수 그리스도는 광야에서 '굶주림', '지배', '하나님의 자리 차지'라는 세 가지 시험을 받지만, 그 시험들을 극복하기 때문이다. 여기서 굶주림은 '필연성'에 해당하고, 지배는 '힘'에 해당하며, 하나님의 자리 차지는 '자율성'에 해당한다. 그런데, 예수 그리스도는 더 큰 힘을 사용함으로써 그 시험들을 극복하지 않는다. 그와 반대로, 예수 그리스도는 자신의 역량이 미치는 가능한 것들을 포기함으로써 그 시험들을 극복한다. 예수 그리스도가 인간에게 열어주는 길과 제시하는 해방은 그러하다. 예수 그리스도 안에서 그런 자유를 누릴 수 있다면, 이는 하나님의 말 때문이다. 완전하고 절대적이고 근본적이고 참된 자유는 오로지 하나님의 말의 자유이다. 다시 말해, 예수 그리스도의 경우처럼 하나님의 말은 인간에게 자유의 근거이자 이유이다.[54]

마찬가지로, 엘륄은 기술 사회에서의 인간의 상황도 그러하다는 점을 강조한다. 즉, 인간은 기술적인 기적을 일으키도록 유혹받는다. 또한 인간은 땅을 지배하도록 유혹받는다. 그리고 인간은 하나님 없이 자율적으로 살도록 유혹받는다. 그렇지만 예수 그리스도가 인간에게 제시하는 해방은 다음과 같은 것이다. 즉, 인간이 할 수 있는 모든 것을 행하기를 포기하는 것, 곧 힘의 우상 숭배를 포기하는 것이다. 그런데, 일반적으로 인간은 단지 그것을 할 수 있다는 이유에서, 인간이 기술적으로 할 수 있는 모든 것을 분별없이 행하기를 선호한다.[55]

'예수 그리스도 안에서의 자유'의 특징

엘륄은 예수 그리스도 안에서 얻어진 자유에 대해 구체적으로 설명한다. 즉, 예수 그리스도와 바울은 성령에 의해 인도되는 자는 모든 것에 완전히 자유롭다고 우리에게 증언한다. 예수 그리스도 안에서 얻어진 자유는 다음과 같은 것들을 전제로 한다. 즉, 자아에 대한 완벽한 제어, 완전한 지혜, 하나님과의 완전한 일치, 완전무결한 사랑이다. 자유는 절대적으로 초인적인 모험이다. 자유는 인간에게 극도의 성별(聖別)을 요구하면서 인간을 힘들게 한다. 자유로운 인간은 선택이라는 변함없는 조건 속에서, 또한 모든 것을 부패시키는 지속적인 위험 속에서, 가장 전적으로 책임을 진다.[56]

자유에 대한 일반적인 분석에 따르면, 자유란 방종이 아니고, 자유는 다른 이들의 자유가 시작되는 곳에서 멈춘다는 것이다. 하지만 자유에 대한 그런 분석은 그리스도인의 자유나 성령의 자유와 아무런 관계가 없다. 또한 그런 분석은 예수 그리스도의 죽음과 부활로 얻어진 자유와 아무런 관계가 없다. 노예 상태에서 하나님에 의한 해방이야말로 가장 큰 변화이다. 이는 예수 그리스도의 죽음과 부활을 통해 인간 안에 실현되고 성취된 변화이다. 그 때문에, 그 자유는 영적이고 완전한 자유이다. 예수 그리스도 안에는 숙명이나 운명이 더는 존재하지 않는다. 그러므로 예수 그리스도 안에서 인간은 근본적으로 자유롭다.[57]

엘륄에 따르면[58], 자유로운 인간은 탐욕이 없는 존재이다. 또한 자유로운 인간은 타인을 사물로써 소유하려고 애쓰지 않는 존재이다. 그리고 자유로운 인간은 하나님과 함께하고자 하는 갈망만을 가진 존재이다. 그러면서도 자유로운 인간은 대가 없이 거저 주고 기꺼이 자신을 내어주면서 살아가는 존재이다. 그리스도인의 삶에서 하나님의 은총을 직접 표현하는 유일한 방식은 대가 없이 거저 줄 수 있다는 것이다. 대가 없이 거저 주는 것은 '예수 그리스도 안에서의 자유'를 나타낸다.

특히, '예수 그리스도 안에서의 자유'를 통해 좌절이 근본적으로 치유된다. 왜냐하면 자신으로부터 해방된 그리스도인은 더는 다른 사람과 비교될 필요가 없기 때문이다. 또한 그런 그리스도인은 자신의 소비를 줄임으로써, 선전과 광고의 유혹에서 벗어날 수 있기 때문이다. 이는 어떤 혁명 운동도 이행할 수 없었던 이데올로기적 단절이다. 결국, 그리스도인의 자유는 책임이다. 다시 말해, 그리스도인의 자유는 순종과 자발성 사이의 변증법이다. 인간적으로 그 둘은 모순되지만, 그리스도 안에서 그 둘은 다른 하나 없이는 나아갈 수 없다.

그리스도인의 삶으로서의 자유

엘륄은 자유가 그리스도인의 삶 자체이며 삶의 기본조건이라고 밝힌다. 즉, 자유가 없다면 그리스도인의 삶은 전혀 없다. 또한 자유는 신앙의 모든 윤리적 표현에 대한 전제조건이다. 그리스도인의 삶은 자유로운 인간이 자유로운 하나님에게 순종하는 것이다. 그러므로 자유는 하나님에 대한 순종과 인간에 대한 섬김을 통해, 그리스도인으로 하여금 제약되지 않은 채 행동할 수 있게 한다. 기술 사회에서는 기술 체계를 벗어날 수 있는 어떤 희망도 체계의 내부로부터 올 수 없다. 유일한 해방은 기술 체계 외부로부터 올 수 있다. 특히, 그러한 해방은 인간으로 하여금 초월적 존재에 대한 순종을 통해 제약과 유혹을 벗어나게 한다. 따라서 인간이 자신을 자유롭게 한 하나님을 인정할 때만이 자유가 존재할 수 있다. 그렇기에, 자유는 먼저 하나님을 향해 돌아서는 것이다. 인간의 소외가 너무 깊은 나머지, 하나님만이 인간을 해방시킬 수 있다.[59]

인간이 무엇으로부터 해방되어야 하는지에 대해, 엘륄은 인간이 우선 자기 자신으로부터 해방되어야 함을 강조한다. 즉, 인간은 자기 자신을 얽매는 것으로부터 해방되어야 하고, 자신을 마비시키는 조건들로부터 해방되어야 한다. 또한 인간은 자신을 예속시키는 율법, 정치권력, 돈, 기술, 체계, 종교 등 권세들로부터 해방되어야 한다. 그리고 인간은 성서 해석학과 신학에 대해서도 해방되어야 한다. 예수 그리스도 안에서 해방된 그리스도인은 성서에 대한 과학적 해석이라는 제약에서 벗어나 성서를 읽어야 한다. 왜냐하면 그런 과학적 해석을 통해 성서 텍스트에서 영적 차원이 사라지기 때문이다. 또한 그런 해석을 통해 성서 텍스트는 단지 일반적인 어떤 텍스트로 전락하기 때문이다.[60]

특히, 예수 그리스도 안에서 해방된 그리스도인은 성서에서 어떤 해답을 찾으려 하지 말아야 한다. 더욱이, 그리스도인은 하나님이 성서를 통해 던지는 질문들을 받아들여야 하며, 자유로이 그 질문들에 대답할 수 있어야 한다. 즉, 그리스도인은 그 질문들에 대답할 준비가 되어 있을 뿐 아니라, 자신의 삶에서 그 대답들을 책임질 준비가 되어 있어야 한다. 그런데, 그 대답들이 자유롭고 책임 있는 대답이 되려면, 그 대답들은 온갖 사회적 제약에서 벗어나야 한다. 따라서 그 대답들은 온갖 순응적 태도에서 벗어나야 한다. 결국, 엘륄에게 그리스도인의 자유와 관련하여 중심이 되는 성서 구절은 로마서 12장 2절에 나오는 "현시대에 순응하지 말라."라는 바울의 권고이다.[61]

엘륄은 그리스도인으로 하여금 순응적 태도에 관여하게 만드는 것을 예수 그리스도 안에서 분별해야 한다고 주장한다. 그런데, 이는 그리스도인이 더는 거기에 예속되지 않도록 하기 위함이다. 따라서 그리스도인의 사회 참여는 그리스도인이 사회에서 미리 벗어나 있음을 조건으로 한다. 즉, 그리스도인은 이 세상에 대해 비(非)순응적 태도를 보이면서도 이 세상과 전혀 분리되어 있지 않은 한, 그리스도인은 다음 같은 이중적 상황에 놓인다. 즉, 한편으로 그리스도인은 다른 사람들의 계획을 채택하고 그들의 과업에 참여하면서, 그들과 더불어 이 세상의 활동에 참여하기를 받아들인다. 하지만 다른 한편으로, 그리스도인과 그들 사이에는 존속하는 어떤 거

리가 있어, 그리스도인은 자신의 길을 홀로 가면서 단절되고 떨어져 나가게 된다.[62]

결국, 성서의 가르침에 따르면, 세상의 일에 대한 '참여' l'engagement와 '이탈' le dégagement이라는 두 가지 태도는 서로 연결되는 경우에만 타당하다. 즉, 참여는 이탈이 미리 이루어짐으로써만이 타당하다는 것이다. 다시 말해, 근본적으로 이탈된 사람이 참여할 때, 그의 참여는 가치와 영향력과 의미가 있다. 또한 그런 사람은 자신이 참여하는 일에 새로운 관점과 차원을 제시할 수 있다. 역으로, 이탈은 세상과 사회와 다른 사람의 일에 사랑과 열정으로 참여한 사람의 행위인 경우에만이 힘과 의미가 있다. 결국, 이탈로부터 참여를 향해 가고 참여로부터 이탈을 향해 가는 움직임이 필요하다. 그런 움직임은 그리스도인의 삶에서의 자유의 법칙을 나타낸다.[63]

| 세상 속에서의 참된 자유의 적용과 실천

세상에서의 참된 자유의 구현

그리스도인의 유일하게 참된 일은 신앙 속에서 완전히 체험된 자신의 삶이다. 그래서 엘륄은 그리스도인이 자기 일에 집착하지 말아야 한다고 권고한다. 하지만 신앙은 그리스도인 자신에게 달려 있지 않다. 그 때문에, 실제로 그 일은 하나님의 일 속에 그리스도인을 포함시키는 것이다. 예수 그리스도 안에서 자유롭게 된 그리스도인은 하나님 앞에서뿐만 아니라 인간들 앞에서 책임을 지는 상황에 놓여 있다. 왜냐하면 성육신인 예수 그리스도에 의해 세상은 두 가지 가운데 선택하는 양자택일의 상황에 있기 때문이다. 그중 하나는 사회에서의 삶이 가능해지고 새로운 문명이 창출되는 사랑과 자유 가운데서 살아가는 것이다. 다른 하나는 그렇지 않다면 어떤 사회도 문화도 결국 인간적으로 살만하지 않게 되는 것이다.[64]

예수 그리스도가 인간을 그런 딜레마에 빠트린 것이라면, 그리스도인은 인간들 앞에서 그 곤경에 대해 책임을 진다. 왜냐하면 그리스도인은 예수 그리스도라는 몸의 한 지체이면서 예수 그리스도의 이름을 표방하기 때문이다. 따라서 그리스도인은 사회가 살아갈 만한 곳이 다시 되고 문명이 가능해지도록, 모든 인간과 더불어 모든 인간을 위해 자유를 구현해야 한다.[65]

엘륄은 그리스도인이 자신의 참된 자유를 세상 속에서 어떻게 적용하고 실천할 수 있는지에 대해 구체적인 사례와 분야를 들어 설명한다. 자유의 행위와 자유의 구현과 자유의 표현만이 자유이다. 즉, 자유가 구체적으로 드러나거나 나타나지 않고 터져 나오지 않으면, 어떤 종류의 자유도 존재하지 않는다. 그리스도인은 해방되지만 세상 속에 남아 있다. 그러므로 그리스도인이 자유를 체험해야 하는 것은 세상 속에서이다. 그렇지만 엘륄은 자신에게 소중한 것에 대해 뿌리 뽑힌 그리스도인이 근본적으로 지상에서 이방인과 나그네 같은 존재임을 부각시킨다. 따라서 그리스도인은 자기 자신에게서 벗어나야 하고, 자신을 조건 짓는 것에서 벗어나야 한다. 이는 자신의 환경 및 본래의 진영과 결별하면서도 자유롭게 거기에 참여하기 위함이다.[66]

참된 자유의 적용 영역으로서의 '정치적 참여'[67]

엘륄은 그리스도인의 참된 자유를 구체적으로 적용할 수 있는 영역으로 '정치적 참여'를 든다. 복음을 전하는 것에만 그칠 수 없는 그리스도인은 정치에 참여해야 하고, 온갖 정당에 참여해야 한다. 또한 그리스도인은 다른 정당의 그리스도인 형제자매에게 예수 그리스도에 대한 신앙이 정치적이고 이데올로기적인 선택보다 더 중요함을 보여주어야 한다. 왜냐하면 예수 그리스도에 대한 신앙은 자신을 그들과 연결시키는 것이기 때문이다. 이에 반해, 정치적이고 이데올로기적인 선택은 그들로부터 자신을 분리시키는 것이기 때문이다. 그리고 그리스도인은 모든 사회 운동에 참여해야 한다. 특히, 그리스도인은 인간의 자유를 위해 투쟁하는 운동에 참여해야 한다. 하지만 그리스도인은 그 운동에 최소한의 가치도 부여하지 않은 채 참여해야 한다. 왜냐하면 인간의 자유와 '예수 그리스도 안에서의 자유' 사이에는 어떤 연속성도 없기 때문이다.

특히, 혁명 운동의 와중에서 그리스도인은 자신의 소망을 제시할 수 있고 적과의 화해 요구를 제시할 수 있다. 심지어 그리스도인은 제3세계에서의 혁명 게릴라에 참여할 수 있다. 하지만, 이는 무기를 들지 않는다는 조건에서이고, 혁명 운동의 내부에서 다른 것을 증언한다는 조건에서이다. 독특하게도, 엘륄은 일단 독재가 무너지거나 식민주의가 패배하면, 그리스도인은 자신이 가담하던 진영을 바꾸라고 권유한다. 예전의 압제자들을 물리친 후 그 압제자들이 새로운 피압제자가 되면 그들의 편을 들어야 한다는 것이다. 그러기 위해서는, 권력에 오른 새로운 압제자들, 곧 예전에 같이 투쟁하던 동지들을 물리쳐야 한다는 것이다.

따라서 그리스도인은 새로운 투쟁에 돌입해야 하고, 중단할 수 없는 행진을 다시 시작해야 한다. 하지만 그 투쟁은 예전의 주인에게 권력을 되돌려주려는 것이 아니다. 그 투쟁은 단지 새로운 피압제자를 다시 보호하려는 것이다. 또한 그 투쟁은 새로운 소망을 향해 나아가려는 것이다. 그러한 그리스도인의 태도는 배신과 신의의 배반으로 비난받고 세상에서 빈축을 사게 된다. 그렇지만 그리스도인이 예수 그리스도에게 충실하면서 그런 종류의 문제에 개입되어 있다면 사정은 달라질 수 없다는 것이다.

'종교적 자유'의 진정한 역할[68]

엘륄은 그리스도인의 자유가 지닌 역설을 강조하기 위해, '종교적 자유'

라는 다른 예를 든다. 엘륄은 "기독교의 토대 자체인 계시의 내용으로 보아, 기독교는 종교적 자유의 선포를 그 안에 포함하고 있다."[69]라고 하면서, 종교적 자유의 선포가 기독교에서 차지하는 중요성을 강조한다. 그리스도인이 종교적 자유를 선포하지 않는다면, 계시의 본질 자체를 부인하고, 역사에서 하나님의 활동을 거부하며, 예수 그리스도 안에 있는 하나님의 계시를 우롱하게 된다. 그리스도인은 심지어 박해를 받더라도 근본적으로 자유롭다. 그 때문에, 그리스도인은 자신을 위해서가 아니라 다른 사람을 위해 종교적 자유를 옹호하려고 이해관계를 초월하여 참여해야 한다.

물론, 종교적 자유를 선포하면서 종교를 자유롭게 내버려 두고 인간이 종교를 자유롭게 선택하도록 내버려 두는 것은, 종교가 선하고 진실하기 때문이 아니다. 이는 인간의 독립성을 옹호하지 않고 거역하는 인간의 의지를 존중하지 않고는, 인간을 위한 하나님의 사랑을 선포할 수단이 없기 때문이다. 다시 말해, 종교적 자유가 선포되지 않는다면, 하나님의 사랑이 더는 선포될 수 없기 때문이다. 따라서 종교는 잘못되고 위험하지만, 인간은 모든 종교적 가능성을 모색해야 한다. 그리스도인은 인간의 자유를 위해 투쟁해야 한다. 또한 그리스도인은 인간이 그리스도의 진실한 사랑을 받아들이도록 투쟁해야 한다. 그리고 그리스도인은 인간이 그러한 자유 속으로 들어오도록 투쟁해야 한다.

하지만 그렇다고 해서, 제약을 통해서나 삶의 기반을 파괴함으로써 인간으로 하여금 그 자유에 이르게 하지 말아야 한다. 다시 말해, 인간이 그리스도 안에 있도록 하기 위한 투쟁은, 하나님에 대한 인간의 독립성이나 불순종과의 투쟁과 뗄 수 없다. 그런 독립성이나 불순종은 새로운 속박과 잘못을 일으킨다. 하지만 그것들은 인간 삶의 골조이자 인간을 지탱하는 에너지이다. 따라서 그리스도인은 인간의 그런 기반을 무너뜨리지 말아야 한다. 그러면서도, 그리스도인은 인간으로 하여금 유일한 진리를 알게 함으로써, 인간을 예속시키는 거짓을 고발해야 한다. 또한 그리스도인은 하나님의 사랑을 인간에게 입증함으로써, 인간이 '신'이라고 믿는 모든 것에는 사랑이 없음을 드러내야 한다. 결국, 그런 과정에서 종교적 자유가 진정한 역할을 수행할 수 있다.

참된 자유의 적용 영역으로서의 '노동'[70]

엘륄은 그리스도인의 자유가 적용되는 또 다른 영역으로서 노동의 영역을 제시한다. 엘륄에 따르면, '필연성'의 질서에 속하는 노동은 은총과 사랑과 자유의 질서에 속하지도 않는다. 또한 노동은 아무 대가 없이 거저 주는 '무상 공여'(無償 供與)의 질서에도 속하지 않는다. 하나님이 생존을 위한 수단으로 인간에게 부여한 것이 노동이다. 하지만, 노동은 생존을 위한 조건으로도 제시된다. 인간에게는 생존에 절대 필요하고 필연성의 질서에 속하는 노동이 있다. 그리고 하나님을 섬기기 위한 하나님의 부름인 '소명'으로서의 노동이 있다. 그 둘을 혼동하지 말아야 한다. 결국, 그리스도인의 삶은 무의미한 노동을 하는 것, 그리고 참여 속에서 하나님의 소명을 구현하는 것 사이의 변증법이다. 그런데, 그 둘은 각기 서로에게 의미를 부여한다.

그리스도인의 자유를 통해, 그리스도인은 지구 전체의 파멸을 피하기 위한 세상이 필요로 하는 변화를 시작할 수 있다. 즉, 과학적이고 기술적인 연구를 힘의 방향으로 설정하기보다 지혜의 방향으로 설정하는 것, 기초 필수품을 충족시키는 방향으로 경제를 다시 전환하는 것, 사회 수익 전체를 모든 사람에게 배분하는 것이다. 그렇게 되지 않으면, 기술적인 수단들의 힘은 인간에게 해를 끼칠 것이다. 더욱이, 그리스도인이 그런 변화의 용기를 다른 사람들에게 주지 못한다면, 그리스도인은 그 기술적인 수단들에 대해 완전히 책임을 져야 한다. 따라서 그리스도인의 자유는 사회의 경제적 선택 방향 속에 근본적으로 구체화되어야 한다.

'여성적 가치'의 필요성[71]

엘륄은 새로운 환경을 만들어내는 것으로서 자유의 기능을 제시한다. 그 새로운 환경을 통해 인격의 성숙과 다른 사람과의 진정한 만남이 가능해진다. 그런데, 그는 그런 새로운 환경이 열리는 것을 특이하게도 '여성'과 관련지어 설명한다.

예를 들어, 예수 그리스도는 남성과 여성을 마찬가지로 받아들이고 그들의 말을 경청하며 그들을 치유하고 구원한다. 예수 그리스도가 남성들 가운데서만 제자를 선택했지만, 자신의 부활을 먼저 여성들에게 나타낸다. 따라서 여성들은 진정한 복음 전파자이다. 더욱이, 예수 그리스도 자신은 여성적인 가치들을 놀랍게 구현한다. 즉, 예수 그리스도는 비폭력과 '비무력'을 통해 폭력을 중지시킨다. 초기 교회에서 남성과 여성은 동등하다. 하지만 기원 2세기 이후 체계화된 기독교 도덕이 만들어진다. 그 도덕은 극렬한 반(反)여성주의의 경향을 띠고 여성을 도외시한다. 교회는 여성에게 침묵하기를 강요하고, 여성의 순결에 더 높은 가치를 부여하며, 동정녀를 이상화함으로써 여성을 무력화시킨다. 물론, 20세기의 소위 여성해방운동 대부분이 기독교 도덕과 부르주아 도덕에 맞서기는 한다. 하지만 그 운동은 여성의 진정한 해방, 곧 예수 그리스도 안에서의 해방을 조금도 진척시키지 못한다.

그럼에도, 엘륄은 이제 여성은 인간의 소외에 대한 해답을 갖고 있으므로, 자유의 윤리는 여성에게 집중된다는 점을 강조한다. 즉, '남성적 가치'는 소유와 행동의 우위, 힘과 경쟁, 오만과 의지, 합리성과 양적 차원 같은 것이고, '여성적 가치'는 존재와 말의 우위, 용서와 선함, 겸손과 직관, 감수성과 질적 차원 같은 것이다. 따라서 인간이 주로 내세울 수단이나 미래에 대한 가능성은 '남성적 가치'를 '여성적 가치'로 대체하는데 달려 있다. 결국, 오늘날 그런 '여성적 가치'의 존재는 인간 모두에게 생사의 문제와 관련된다는 것이다.

| 그리스도인의 새로운 삶의 방식 창조

새로운 삶의 방식의 필요성

복음을 무력하게 만들려는 사탄의 책략이 있고, 복음이 뚫고 들어가지 못하게 하는 벽 앞에 그리스도인이 있다. 그렇기에, 세상은 복음을 듣지 않고 하나님의 말이 인간의 삶 속으로 뚫고 들어가지 못한다. 엘륄은 그런 상황에서 그리스도인이 해야 할 일과 투쟁을 제시한다. 즉, 복음을 가로막는 두꺼운 벽을 통과하려면 벽에서 문을 찾거나 벽에 갈라진 틈을 만들어야 한다. 그런데, 벽에 문이 있는지 알려면 그리스도인이 현재의 세상을 탐색하는 일에 해당하는 벽을 인식하는 작업을 해야 한다. 또한 그리스도인은 벽에 갈라진 틈을 만드는 도구를 찾아야 한다. 그런 작업이 반드시 필요한 것은, 성서가 실제 상황에서와 삶의 틀 속에서 인간을 붙들고 있는 하나님의 모습을 보여주기 때문이다. 또한 성서가 그 시대의 문제 가운데서 그 시대의 수단과 더불어 인간으로 하여금 행동하게 하는 하나님을 보여주기 때문이다.[72]

그런 관점에서, 그리스도인은 이 시대 사람들의 구체적 상황을 진지하게 받아들여야 한다. 또한 그리스도인은 그들이 지르는 고뇌에 찬 비명을 들으며, 그들의 육적이고 영적인 고통과 절망에 관여해야 한다. 그렇게 할 때, 그리스도인의 투쟁 한 가운데서 그리스도인의 목소리는 하나님의 말을 선포할 수 있다는 것이다. 그렇지만 하나님의 말을 구체적으로 들을 수 없는 상황에 놓인 사람들이 있다. 만일 그런 사람들에게 하나님의 말을 선포하게 되면, 하나님의 말은 늘 효력이 있으나 그들의 상황이 잘못되어서 하나님의 말이 그들에게 아무것도 제시하지 못한다. 그러므로 오늘날 하나님

의 말이 인간의 상황 전체에서 들려질 수 있도록, 교회가 그 상황을 변화시켜야 한다는 것이다.[73]

그래서 엘륄은 기독교가 세상과의 접촉점을 가지려고 할 때 그 핵심 문제는 새로운 삶의 방식의 창조라고 밝힌다. 즉, 세상 속으로의 기독교의 통합이라는 문제나 혹은 세상에서 기독교가 지닌 창조력이라는 문제가 거기에 달려 있다는 것이다. 그리스도인에게는 새로운 삶의 방식을 창조하는 일이 필요하다. 즉, 교회가 행하는 활동의 효용성을 드러내고 교회가 세상에 개입할 필요성이 대두될 때, 첫 목표가 바로 새로운 삶의 방식을 창조하는 것이다. 특히, 오늘날 그리스도인에게 많은 개인적 미덕은 있지만, 어떠한 삶의 방식도 없다. 더 정확히 말해, 그리스도인에게는 사회적 상황에 의해 강요되는 삶의 방식이 있다. 또한 그리스도인에게는 사회 계층, 민족, 환경에 의해 결정되는 삶의 방식이 있다. 그러므로 그리스도인의 삶의 방식을 결정짓는 것은 영적 상황이 아니라 정치 상황이나 혹은 경제 상황이다. 그러므로, 새로운 삶의 방식을 창조하는 일이 무엇보다 중요하다는 것이다.[74]

연계된 행위로서의 새로운 삶의 방식 창조

엘륄에 따르면[75], 새로운 삶의 방식을 창조하는 것은 개인적인 일인 동시에 집단적인 일이다. 즉, 이는 자신의 신앙을 삶의 구체적 형태에서 진정으로 구현하려는 각각의 그리스도인이 해야 할 개인적인 일이다. 그와 동시에, 이는 상충되거나 심지어 모순되는 온갖 노력과 상황이 드러나는 그리스도인 공동체가 해야 할 집단적인 일이다. 그런 새로운 삶의 방식이 형성되고 새로운 삶의 방식에 대한 추구가 계속 이루어질 때, 그 추구에는 개인의 삶 전체가 관련된다. 즉, 우리가 대수롭지 않게 여기는 세세한 사항일지라도, 그 모든 것을 반드시 재검토해야 한다. 특히, 그 모든 것을 신앙이라는 빛 아래에서 다시 보아야 하며, 하나님의 영광이라는 관점에서 살펴야 한다. 바로 그 조건에서, 새롭고 진정한 그리스도인의 삶의 방식이 교회 안에서 발견될 수 있다.

그래서 엘륄은 그런 새로운 삶의 방식을 추구하는 일은 반드시 그리스도인들 사이의 연계된 행위임을 강조한다. 즉, 새로운 삶의 방식을 실현하는데 본질적인 조건 중 하나는 그리스도인들 사이의 진정한 연계가 있어야 한다는 것이다. 그런데, 그런 연계는 하나님의 뜻에 순종함으로써 자발적으로 이루어진 것이다. 다시 말해, 새로운 삶의 방식을 추구하려면, 영적 이유에서 뿐만 아니라 단지 물질적 이유에서도, 그리스도인은 각자 다른 그리스도인에 의해 자신이 뒷받침되고 지원받고 있음을 느끼고 알아야 한다. 따라서 그리스도인들 사이의 연계는 각자가 삶의 균형을 찾을 수 있게 하는 도움으로 나타나야 한다. 또한 그 연계는 각자의 신앙이 진정으로 구현되는 삶의 방식을 추구할 수 있게 하는 도움으로 나타나야 한다. 그렇지 않은 한, 그 연계는 단지 공허한 말일 따름이다. 그런 새로운 삶의 방식의 추구는 인간의 습관과는 어긋나는 길로 이끌 수도 있고, 매우 못마땅할 것일 수도 있다. 그렇지만 그런 대가를 치름으로써 예수 그리스도 안에 있는 구원의 복음은 어떤 인간적인 말과도 다른 것이 된다.[76]

엘륄은 진정한 혁명이란 권력을 잡는 것이 아니라, 그리스도인의 삶을 근본적으로 변화시키는 것일 수도 있다고 하면서, 혁명과 관련하여서도 개인의 삶의 방식 변화를 강조한다. 따라서 그에게 유일하게 효율적인 혁명은 인간의 삶의 방식을 변화시키면서 세상의 구조와 체계와 토대를 완전히 뒤바꾸는 것을 목표로 삼는 혁명이다.[77]

그렇지만 엘륄은 그런 새로운 삶의 방식을 구체적으로 설명하기를 유보한다. 첫 번째 이유는 그런 삶의 방식이 현실 영역에서 실제로 존재하지 않기 때문에 그 무엇과도 상응하지 않는다는 것이다. 즉, 지금으로서는 단순한 지적 관점에서 그런 삶의 방식을 기술하는 것이므로, 그리스도인 앞에 그런 요구를 제시하는 것으로도 충분하다는 것이다. 따라서 성서 연구와 끊임없는 자각을 통해 그런 삶의 방식 형성을 돕는 것이 바람직하다는 것이다. 두 번째 이유는 그런 삶의 방식이 그리스도인의 개입으로 이루어진 것이 아니라면 그 무엇과도 상응하지 않는다는 것이다. 즉, 그런 삶의 방식을 창조하기 위한 현재의 다양한 시도들이 서로 연계되어 있지 않다. 그렇기에, 그리스도인들이 각기 제시하는 진리들을 고려하지 않고서, 임의로 그 진리들을 통합하는 것은 바람직하지 않다는 것이다.[78]

| 섭리에 대한 부정

하나님의 안식이 나타내는 의미

역사 전체는 창조 이후에 하나님이 안식하고 있는 일곱째 날에 놓여 있다. 따라서 하나님은 역사를 이루어가지 않고, 그 역사 속에서 자신의 창조 자체를 계속하지 않으며, 사건들을 이끌어가지 않는다. 다시 말해, 역사 전체가 놓인 것은 일곱 번째 날의 현실 상황이며, 하나님은 안식을 취하고 있다. 그렇다면, 자신의 의도와 능력과 더불어 역사를 이루어가는 것은 바로 인간이다. 역사는 하나님의 활동 산물이 아니라는 것이다. 그래서 엘륄은 하나님의 안식을 창조의 완성으로 간주한다. 이는 하나님이 창조의 일을 다 마친 후 모든 일에서 손을 떼고 자신의 안식으로 물러난 것과 관련된다.[79]

엘륄에 따르면[80], 하나님의 안식은 인간의 자유를 전제로 하듯이 하나님의 자유를 전제로 한다. 왜냐하면 일단 인간이 창조되자 하나님은 안식하기 때문이다. 이는 하나님이 인간에게 계속 영향을 미치지도 않고 인간을 압박하지도 않음을 뜻한다. 하나님이 인간의 활동과 일에 간섭하지 않으려고 활동하기를 그만둔 것이다. 이는 자신의 피조물에게 자유를 남겨 두려고 자신이 더는 활동하지 않을 정도로, 자신의 피조물을 존중하는 것이다.

이처럼, 하나님은 인간에게 자유로운 영역을 남겨 두려고 자신의 안식으로 물러난다. 그러므로 하나님이 안식한다는 것은, 인간이 혼자서 헤쳐 나가도록 하나님이 내버려 둔다는 것이다. 그리하여 역사는 하나님이 거기에 연루되지 않은 채 진행된다. 물론, 그 순간 사람들은 하나님이 사랑이라는 점을 잊지만, 하나님의 사랑은 중단될 수 없다. 따라서 하나님이 안식한다는 것은, 하나님이 더는 사랑이 아님을 의미하지는 않는다. 결국, 하나님이 안식한다는 것은, 하나님이 제약적이고 독점적인 사랑으로서 나타나지 않음을 의미한다.

그래서 엘륄은 성서의 이야기 전체가 다음과 같다고 설명한다. 즉, 하나님은 안식하고, 인간은 자신의 역사가 진행되는 가운데 그토록 어리석은 짓들을 행한다. 그런 나머지, 하나님의 사랑은 하나님으로 하여금 다시금 인간의 역사에 개입하게 한다. 인간이 자신의 역사 속에서 하나님의 안식을 방해하고 만 것이다.[81] 하지만 여기서 '섭리'라는 중요한 신학적 문제에 직면한다. 즉, '섭리'로서 하나님은 모든 것을 알고 예견할 뿐 아니라 모든 것을 조합한다는 것이다. 또한 인간 각자의 삶은 그런 섭리에 의해 완전히 이끌려 간다는 것이다. 그리고 역사의 각각의 움직임은 실제로 하나님의 행위라는 것이다.

성서와 관련 없는 '섭리'라는 개념

엘륄은 그러한 '섭리'라는 개념이 성서적으로 부정확한 듯이 보이고 신학적으로 잘못된 것처럼 보인다고 판단한다. 즉, '섭리'라는 개념은 '전능한 하나님'이라는 개념으로부터 일관성을 이끌어내려는 논리적 사고에 부합한다. 그런데, 그런 개념을 통해 인간의 자유가 사라져 버린다는 것이다.

그런 관점에서, 엘륄은 섭리란 존재하지 않는다고 주장한다. 왜냐하면 만일 섭리가 존재한다면 하나님의 뜻은 각 상황에서 기필코 이루어질 것이기 때문이다.[82]

엘륄은 주기도문과 성서 텍스트에 나오는 표현들을 예로 들며 '섭리'라는 개념이 성서와 관련이 없음을 보여준다. 주기도문에서 하나님의 나라가 임하고 하나님의 뜻이 이루어질 것을 요청하는 것은 섭리가 존재하지 않음을 드러낸다. 특히, 성서에는 '섭리'라는 말도 결코 나타나지 않고 '섭리'에 해당하는 말도 없다. 신명기에 나오는 "나는 죽이기도 하고 살리기도 한다."[83]라는 선언도 각 생명의 탄생이나 죽음이 하나님의 특별한 행위임을 의미하지 않는다. 그 선언은 신명기 말미에 나오는 "내가 오늘 생명과 선, 죽음과 저주를 네 앞에 두었으니 네가 살려면 선을 택하라."[84]라는 선언과 상응한다. 그러므로 여기서도 생명과 죽음을 야기할 수도 있는 섭리에 대한 어떠한 것도 나타나지 않는다. 여기서는 다만 자유로운 하나님만이 드러난다. 그런 하나님은 인간이 살아가도록 모든 것을 마련하고, 인간에게 그 길을 가리키며, 선을 택하면서 살아가도록 부추긴다. "하나님이 모든 것을 한다"[85]라는 전도서의 표현도, "하나님은 자신이 원하는 모든 것을 한다."[86]라는 시편의 표현도, "나는 당신이 모든 것을 할 수 있음을 인정하고 당신 앞에 엎드린다."[87]라는 욥기의 표현도 '섭리'와는 전혀 상관이 없다. 예를 들어, 전도서에 나오는 표현은 삶에서 모든 것을 시도하고 실행한 후 모든 방법을 통해 복과 지혜를 구하던 사람이 인간의 모든 일이 헛됨을 인정하는 것이다.[88]

더 나아가, 엘륄은 구약성서의 히브리 민족의 역사에서도 '섭리'라는 개념을 찾기가 어렵다고 밝힌다. 즉, 하나님이 목적을 반드시 달성하기 위해 세운 확고한 계획은 없다는 것이다. 하나님은 인간의 의지와 결정에 따라 자신의 계획과 구상을 변경한다. 또한 하나님은 자신이 내리기로 결심했던 저주를 후회하며, 인간의 기도로 마음이 흔들린다. 다시 말해, 하나님은 인간과 동행하고, 인간에게 억압적으로 아무것도 강요하지 않으며, 모든 것을 혼자서 다 하지 않는다. 물론, 달성해야 할 목적과 결말은 완전히 정해져 있다. 여기서 중요한 것은 단지 '하나님의 인내'이다. 그런데, '하나님의 인내'는 하나님이 역사의 결말을 기다리고 인간이 악습을 끝내기를 기다린다는 사실이다. 그뿐 아니라, '하나님의 인내'는 하나님이 안식에 들어간 것을 나타낸다. 하나님이 안식에 들어갔으므로 하나님의 섭리가 존재하지 않는다는 것이다.

그렇지만 하나님이 자신의 창조 세계로부터 물러난 것은 아니다. 인간이 하나님의 형상으로 온전히 남아 자신의 사랑을 하나님에게 전함으로써 모든 것이 잘 이루어졌다면, 하나님의 안식은 온전했을 것이고, 창조 세계는 스스로 존립했을 것이다. 그런데, 인간은 하나님과 결별하여 자신이 하나님이라고 생각하는 광기와 의지 가운데서 자신의 역사를 이루어간다. 그럼으로써, 인간은 하나님의 안식을 방해한다. 즉, 안식 가운데 있으나 인간의 역사에 무관심할 수 없는 하나님은 인간의 그런 모험 때문에 호출당하고 이끌려 나온다는 것이다.[89]

'섭리'로서 개입하지 않는 하나님

엘륄에 따르면[90], 성서는 하나님의 개입을 우리에게 보여준다. 즉, 인간의 역사에 개입하는 하나님은 다음 같은 상황에서 개입한다. 우선, 인간이 저지른 악이 광란의 지경에 이르는 때이다. 이는 우상 숭배나 혹은 오만처럼 하나님에게 맞서 벌어지는 악이거나, 타인에게 맞서 벌어지는 악이다. 특히, 하나님이나 혹은 타인이 견디거나 참을 수 있는 악의 한계를 인간이 넘어설 때, 하나님은 상황을 제자리로 돌려놓는 행동을 취한다.

그러므로 다음과 같을 때 하나님은 개입한다. 즉, 사랑하는 피조물인 인간의 고통이 극에 달할 때이고, 인간이 자신을 덮치는 불행을 더는 견딜 수 없을 때이다. 즉, 그러한 악과 고통과 불행에 대한 인간의 해결책이 없고, 거기에 대처할 수단이 없으며, 희망이 더는 없을 때이다. 인간의 역사에서 하나님의 개입은 복합적이다. 즉, 하나님의 개입은 인간의 역사가 하나님 나라로 귀결되는 것을 목적으로 삼지 않는다. 하나님의 개입은 어떤 인간이나 혹은 어떤 민족이 여호와가 유일한 하나님임을 인정하는 것을 목적으로 한다.

이처럼, 하나님은 '섭리'로서 개입하지 않는다. 섭리는 모든 것을 예견하고, 모든 것을 행하며, 어디서든 개입한다. 그 같은 섭리와 전혀 다르게, 하나님은 일시적으로 개입하거나 그렇지 않으면 인간에게 상황이 지나치게 악화될 때 개입한다. 바벨탑 사건이나 대홍수 사건이 전형적인 예이다. 역사가 진행되는 가운데 하나님은 인간이 자유롭게 행하도록 내버려 두지만, 어떤 순간에는 개입한다는 것이다. 하지만 역사 속으로의 하나님의 개입은 인간의 요청 없이는 이루어지지 않고, 하나님의 그런 개입은 인간과의 협력과 동의하에 이루어진다.[91]

| 보편구원론에 대한 주장

보편구원론과 관련된 문제

보편구원론이란 태초부터 모든 사람이 무슨 짓을 했더라도 예수 그리스도 안에서 하나님에 의해 구원받고 죄를 용서받는다는 것을 의미한다. 엘륄은 그러한 보편구원론을 제시할 때 부딪치는 세 가지 난관을 제시한다. 첫째, 보편구원론이 우리의 본능적인 정의감과 충돌한다는 것이다. 둘째, 보편구원론이 거의 만장일치로 지지되는 신학 이론과 반대된다는 것이다. 셋째, 보편구원론과 상반되는 성서 텍스트들이 있다는 것이다. 하지만 그는 보편구원론에 대한 신앙으로 자신을 이끈 신학적 이유들, 그리고 보편구원론과 상반되는 듯이 보이는 성서 텍스트들을 고찰하면서, 보편구원론과 관련된 문제의 해결 가능성을 모색한다.[92]

우선, 엘륄은 하나님과 관련하여 확증된 두 가지 사실을 제시한다. 첫째, 하나님은 전능한 존재이고, 만물의 창조주이며, 어디에나 편재하는 존재라는 사실이다. 즉, 그것이 무엇이든 하나님을 벗어나는 장소나 혹은 존재는 생각할 수 없다는 것이다. 그러므로 만일 하나님을 벗어나는 장소나 존재가 있다면, 하나님은 만물의 창조주가 아니라는 것이다. 둘째, 예수 그리스도 이래로 하나님은 사랑이라는 사실인데, 핵심적인 계시가 거기에 있다. 그 두 가지 사실을 종합하면 하나님의 사랑을 벗어나는 존재가 있을 수 없다는 것이다. 그래서 엘륄은 모든 사람이 하나님의 은총 안에 포함되어 있다고 하면서, 영벌(永罰)과 지옥에 큰 비중을 두는 모든 신학은 '은총의 신학'에 충실하지 않다고 지적한다. 왜냐하면 단죄가 미리 예정되어 있다면, 은총을 통한 구원이 더는 없기 때문이다. 따라서 은총을 통한 구원은 그런 은총이 없었다면 파멸당했을 사람에게 주어지며, '은총의 신학'은 보편구원론을 전제로 한다는 것이다.[93]

다음으로, 엘륄은 "보편구원론에 따라 모든 사람이 구원을 받는다면 그리스도인으로서 삶을 사는 것이 무슨 소용인가?"라는 의문에 대해 설명한다. 즉, 그런 경건하고 정직한 도덕적인 삶을 사는 것은 구원을 조금도 보장해주지 않는다. 다시 말해, 구원을 받기 위해 고결한 삶을 사는 것은 성서적으로 완전히 잘못된 것이다. 복음적인 사고에 따르면, 자신이 구원받은 것을 알기 때문에 고결한 삶을 사는 것이다. 또한 은총이 자신에게 베풀어지기 때문에 하나님 앞에서 정직한 삶을 살 수 있다는 것이다. 구원은 미덕의 결과가 아니라 미덕의 기원과 원천이라는 것이다. 특히, 보편구원론에 대한 반론은 선한 행위도 더는 필요 없고 심지어 무신론자와 이방인도 구원을 받기에 신앙도 더는 필요 없다는 식으로 나타나기도 한다. 엘륄은 보편구원론에 대한 그런 반론을 이렇게 비판한다. 즉, 그런 말은 복음이 온전히 전해졌으나 복음을 멸시한 사람이 한 말이기 때문에, 그런 말은 인간을 영벌로 이끌 수도 있는 유일한 말이다. 다시 말해, 용서받을 수 없는 것은 하나님의 은총을 이해했으면서도 그 은총을 멸시하는 경우이다. 또한 용납될 수 없는 것은 하나님의 사랑이 어떠한지 알고 그 사랑을 인정했으면서도, 그 사랑에 마음이 움직여지지 않고 그 사랑에 응답하지 않는 경우이다.[94]

  엘륄은 그런 보편구원론의 진리를 선포하면서도, 보편구원론을 하나님의 비밀을 꿰뚫고 영원한 하나님의 결정을 앞지르는 절대적 진리로서 선포하지는 않는다. 또한 그는 보편구원론을 학문적으로 입증된 교리적 주장으로서 선포하지도 않는다. 즉, 그가 보편구원론의 진리를 선포할 때, 이는 자신이 믿는 바를 언급하는 것이고, 성서 텍스트에 대한 묵상을 통해 자신이 믿게 된 바를 언급하는 것이다. 결국, 보편구원론에 대한 그의 견해는 보편구원론을 가르치는 것이 아니라, 보편구원론을 전하는 것이다.[95]

보편구원론과 상반되는 성서 텍스트에 대한 해석

  엘륄은 보편구원론과 상반되는 듯한 성서 텍스트들을 살펴보기 전에, 구약의 텍스트들과 관련된 사실을 지적한다. 즉, 죽음 이후에 인간의 내세의 삶이나 혹은 부활에 대한 개념은 히브리 신학 사상에서 매우 늦게 형성된다. 또한 히브리 신학 사상에는 '영원한 형벌'이라는 개념이 포함되지 않는다. 따라서 '단죄'를 선언하는 수많은 성서 텍스트는 '영벌'을 나타내는 것이 결코 아니다. 그 '단죄'는 지상에서의 시간으로 한정된다. 즉, 그 '단죄'는 기근, 가뭄, 적의 침략, 유배 등과 같이 흔히 구체적으로 나타나는 역사적이고 일시적인 단죄와 관련된다.
  따라서 엘륄은 보편구원론과 상반되는 듯한 성서 텍스트들을 '영원한 심판'의 텍스트로 삼지 말아야 한다고 주장한다. 신약에서 '지옥'으로 가장 많이 번역된 "게헨나에 던진다."라는 선언도 쓸 수 없는 물건처럼 쓰레기 더미 속에 던진다는 것이다. 즉, 하나님에게 더 쓰임 받을 수 없는 물건이 되었다는 뜻이다. 특히, 이스라엘인에게 가장 큰 두려움과 단죄는 "하나님이 그로부터 돌아선다."라거나 혹은 "하나님이 자신의 얼굴을 숨긴다."라는 것이다. 이는 '영원한 심판'을 나타내는 것이 아니라, 지상에서의 인간의 상황을 나타낸다.[96]

엘륄은 예수 그리스도가 지옥에 대한 경고를 비유로 나타낸 "혼인 잔치에서 쫓겨나는 것", "이를 갈며 슬퍼하는 것", "꺼지지 않는 불에 던져지는 것"과 관련하여 두 가지 사실을 지적한다. 첫 번째 사실은 그 비유들에는 직접적인 교리적 가르침이 들어있지 않다는 것이다. 그러므로 그 비유들 속에 지옥에 대한 경고가 있다고 해서 지옥이 실제로 존재하지는 않는다는 것이다. 부자와 가난한 나사로의 비유에서도 지옥이 큰 비중을 차지한다. 하지만, 그 비유도 지옥에 대한 가르침을 주는 것이 아니다. 그 비유의 목적은 부자와 가난한 자의 관계 및 물질적 부를 문제 삼는 것이고, 모세와 예언자들을 통해 진리를 알게 하는 것이다. 따라서 지옥은 예수 그리스도가 말하려는 바의 핵심을 이해하게끔 하는 수단일 따름이라는 것이다.

지옥에 대한 경고 비유들과 관련된 두 번째 사실은 그 비유들이 위협이 아니라 경고로서 받아들여져야 한다는 것이다. 다시 말해, 그 비유들은 인간이 어떤 결단 앞에 놓이도록 예수 그리스도가 택한 수단으로서 이해되고 받아들여져야 한다는 것이다. 따라서 그 비유들은 단순한 우화나 경건한 설교나 교리문답이 아니다. 각각의 비유는 하나님의 뜻에 대한 계시를 담고 있는 동시에, 우리 인간 각자에게 자신의 결단을 내리도록 엄중히 촉구하는 내용을 담고 있다. 예수 그리스도는 사랑만을 요구하기 때문에, 두려움을 줌으로써 자신을 따르게 하지는 않는다. 예수 그리스도는 두려움을 유발하려 하지 않지만, 사랑이 없는 세상의 모습에 대한 이미지로서 비유를 전한다. 그것이 바로 지옥이다. 그런데, 인간은 그 지옥을 지상에서 이

미 체험하고 있다는 것이다.[97]

엘륄은 하나님에 의해 버림받음, 영원한 단죄, 지옥을 언급하는 서신서의 텍스트들과 관련하여, 그 서신서들이 그리스도인을 대상으로 한다는 사실을 지적한다. 따라서 서신서들에서의 지옥과 단죄는 그리스도인이 아닌 다른 사람들과 관련되지 않는다. 달리 말해, 지옥과 영원한 단죄의 가능성은 그리스도인을 대상으로 한다. 물론, 하나님의 사랑과 예수 그리스도의 희생 때문에 인간에 대한 단죄는 없고 죄가 용서된다. 그렇지만 지옥은 가능하면서도 불가능한 것으로서, 징벌과 형벌의 가능성은 여전히 남아있다. 영원한 단죄나 지옥을 언급하는 서신서의 텍스트들은 전체적으로 죄인들은 하나님 나라를 물려받을 수 없다고 언급한다. 하지만, 그것이 지옥과 영원히 타는 불을 의미하는지는 전혀 확실하지 않다. 여기서 분명한 사실은 하나님 나라가 하나님 나라에 속할 수 없는 악과 불의와 증오를 통해서는 이루어질 수 없다는 것이다. 다시 말해, 하나님 나라는 그것들과 정반대되는 모든 것으로 이루어진다는 것이다. 엄밀히 말해, 은총은 심판 때에 단죄를 받은 사람에게 용서를 베풀려고 오는 하나님의 행위이다. 그렇지 않다면 하나님의 은총이 미치는 범위를 상당히 제한하게 된다. 또한 영원으로 이어질 그 은총의 차원을 이 세상에서의 삶으로 한정하게 된다. 하나님의 은총은 하나님의 사랑을 구체적으로 나타내기 때문에 만인에게 미친다는 것이다.[98]

보편구원론을 제한하는 성서 텍스트에 대한 해석

엘륄은 '선택'과 '버림받음'이라는 이중예정론의 근거가 되는 바울의 텍스트들을 든다. 즉, "내가 자비를 베푸는 자에게는 자비를 베풀 것이고 내가 긍휼을 가지는 자에게는 긍휼을 가질 것이다."[99]라는 텍스트이다. 그리고 "파멸을 위해 만들어진 진노의 그릇과 영광을 위해 미리 준비된 자비의 그릇"¹⁰⁰⁾이라는 표현이 들어간 텍스트이다. 그 텍스트들과 관련하여 다음 같은 점이 드러난다. 즉, 이집트에 선포된 심판은 하나님의 진노를 알리기 위한 것이고, 하나님의 진노는 홍해에서의 이집트인의 비극을 통해 드러나며, 하나님의 능력은 이집트인의 전멸에서 기적으로 나타난다는 점이다. 하지만 엘륄은 그 모든 점이 구원과 관련된 영원한 심판과 아무 상관이 없다고 지적한다. 그런데, 여기서 '예정'과 '영벌'이라는 문제를 떠올리게 하는 유일한 단어는 바로 '파멸'이다. 하지만, 그 단어가 들어간 텍스트는 하나님이 진노의 그릇을 영벌에 처하기 위해 만들었음을 의미하지 않는다. 왜냐하면 하나님의 권능이 드러나도록 하나님에게 도움이 된 파라오의 행위는 모세의 행위만큼 중요하기 때문이다. 특히, 인간에게 스스로 계시하는 것이 바로 하나님이라는 점에서, 하나님은 무조건적인 용서로 자신에게 속하는 피조물 전체를 감싼다는 것이다.¹⁰¹⁾

엘륄은 "하나님이 세상을 이처럼 사랑하셔서 외아들을 주셨으니, 이는 그를 믿는 사람마다 멸망하지 않고 영생을 얻게 하려는 것이다."¹⁰²⁾라는 요한복음의 텍스트를 구원을 제한적인 것으로 나타나게 하는 텍스트로 제시한다. 엘륄에 따르면¹⁰³⁾, 여기에서 세상은 거기에 거하는 세력들 전체이다. 그런데, 그 세력들은 불행과 증오와 탐욕과 권력을 만들어낸다. 다시 말해, 그 세력들은 이 세상을 혐오스럽게 만들기 때문에, 세상은 선을 만들어내는 것이 아니라 늘 악을 만들어낸다. 이처럼, 하나님은 혐오스러운 세상을 이처럼 사랑하여 자신의 무한한 사랑을 드러낸다. 즉, 하나님은 자신의 아들 안에서 자기 자신을 다 내어주기까지 세상을 사랑한다. 그럼으로써, 하나님은 세상이 악의 논리적 귀결인 '죽음'이라는 운명을 향해 가지 않게 한다. 그런데, 예수 그리스도를 믿지 않은 사람은 영생을 얻지 못해 영벌에 처해진다면, 다음 같은 명백한 모순을 설명할 수 없다. 즉, 한편으로 하나님이 제한 없이 세상 전체를 사랑하고, 다른 한편으로 제한을 두어 예수 그리스도를 믿는 자만이 죽지 않고 영생을 얻는다. 그래서 예수 그리스도 이전에

살았던 모든 사람, 그리고 예수 그리스도의 복음을 전해 받지 않은 모든 사
람은 구원에서 배제된다는 것이다. 그렇지만 그 모든 사람이 바로 하나님
이 사랑하는 세상이고 세상은 그들로 이루어져 있다는 것이다. 엘륄은 뒤
이어지는 요한복음 텍스트를 인용하면서, 믿지 않은 사람들이 받는 심판
에 대해 설명한다.

> 하나님이 아들을 세상에 보낸 것은, 세상을 심판하려는 것이 아니라, 아들
> 을 통하여 세상을 구원하려는 것이다. 아들을 믿는 사람은 심판을 받지 않
> 는다. 그러나 믿지 않는 사람은 이미 심판을 받았다. 그것은 하나님의 외아
> 들의 이름을 믿지 않았기 때문이다. 심판을 받았다고 하는 것은, 빛이 세상
> 에 들어왔지만, 사람들이 자기들의 행위가 악하므로 빛보다 어둠을 더 좋
> 아했다는 것을 뜻한다.[104]

예수 그리스도는 세상을 구원하러 오고, 그 일을 하나도 빠짐없이 모두
성취한다. 그러나 사람들은 자신들의 행위가 악하다는 것을 알기 때문에
빛보다 어둠을 선호한다. 그래서 그들은 어둠에 계속 머물러서 자신들이
이제 구원받은 세상에 속해 있음을 알지 못한다. 반면에, 믿는 사람들은 진
리에 따라 행동한다. 그렇게 함으로써, 그들은 하나님의 뜻에 따라 행동한
다. 결국, 믿지 않는 사람들이 받은 심판은 영벌을 의미하지 않고, 자신들이
택한 어둠에 계속 남아 자신들의 삶 전체를 바치는 것이다. 다시 말해, 그들
은 출구 없는 상황에서 세상의 비극과 참화를 심판으로서 실제로 겪는다.
그들은 의미와 소망을 동시에 거부했기에 역사 전체에는 어떤 의미도 없
다. 더욱이, 그들은 어떠한 영생도 없다고 인식하며, 매일매일 악행이 확산
되는 죽음의 상황에 있다. 반면에, 믿는 사람들은 소망 가운데서 살아간다.
그리고 영생의 씨앗과 소멸되지 않는 하나님의 말이 그들 안에 있다. 이처
럼, 그런 이중적인 삶이 지상에서 이루어진다. 즉, 세상은 어떤 사람들이 보

기에는 구원받은 곳이고, 어떤 사람들에게는 끔찍한 곳이다. 어떤 사람들은 이미 부활에 대한 확신이 있으나, 어떤 사람들은 죽음에 대한 확신이 있다. 어떤 사람들은 이 세상 역사의 흐름에서 그런 행복을 알고 빛을 갖고 있기에, 인간의 시도에서 어떤 의미를 발견한다. 하지만 어떤 사람들은 광기와 파멸 가운데 출구를 알 수 없는 길에서 길을 잃고 방황한다. 하지만 그들이 하나님의 사랑에서 벗어나 길을 잃은 것은 아니다. 결국, 인간이 지상에서 겪는 것만으로도 징벌로서 충분한데, 지옥은 바로 지상에 있다는 것이다.[105]

엘륄은 요한계시록에서 선포되는 지옥과 '둘째 사망'과 관련하여 먼저 지옥에 대해 설명한다. 사탄은 열국을 유혹하고 하나님과 예수 그리스도에 맞선 전쟁을 위해 열국을 모으지만, 불이 하늘에서 내려와 그들을 삼킨다. 열국을 유혹하는 악마, 곧 열국을 하나님으로부터 분리시키는 '분열시키는 자'는 불과 유황으로 된 연못에 던져진다. 거기에는 짐승과 거짓 예언자도 있다.[106] 따라서 불못에 던져진 것은 악마이고, 권세에 해당하는 짐승이며, 거짓에 해당하는 거짓 예언자라고 이해해야 한다. 그것들은 어떤 인물이나 인간이 아니라 창조 이후부터 인간을 하나님으로부터 떼어놓은 영적 권세들로서, 그 권세들은 절대 악을 만들었다. 지옥에 있는 것은 바로 하나님에게 반역하는 영적 권세들이다. 그 권세들이 열국을 유혹한 것이다. 이어서 엘륄은 "그리고 사망과 지옥이 불바다에 던져졌다. 이 불바다가 둘째 사망이다."[107]라는 텍스트를 제시하면서, '둘째 사망'에 대해 설명한다. 사망에 처해지는 것은 사망 그 자체이다. 이는 "맨 마지막으로 멸망 받을 원수는 죽음이다."[108]라는 바울의 말과 부합한다. 바울은 예수 그리스도의 절대적 승리를 언급한다. 하나님은 통치와 권력 전체를 예수 그리스도에게 부여한다. 그래서 예수 그리스도는 모든 적을 자신의 발아래 두는데, 마지막으로 정복당하고 멸망 받을 원수는 죽음이라는 것이다.[109]

엘륄은 심판과 부활의 때에 죽은 자들이 자신들의 행위에 따라, 그리고 하나님 앞에 펼쳐진 책들 속에 기록된 바에 따라 심판을 받는다는 것에 대해, 다음 텍스트를 들어 설명한다. 즉, "이 생명책에 기록되어 있지 않은 사람은 누구나 다 이 불바다에 던져졌다."[110]라는 텍스트이다. 지상에서 인간들의 모든 행위와 체험 및 심판과 관련된 책들이 있고, 은총의 책인 한 권으로 된 생명책이 있다. 그런데, 그 둘은 서로 대립한다. 인간의 모든 행위를 회계장부에 올리듯이 기록한 책들을 가지고 대차 대조하여 결산해서 항상 적자가 된다면, 아무도 생명책에 기록될 수 없다. 따라서 예수 그리스도의 책인 생명책은 어떤 회계도 하지 않고, 모두가 예수 그리스도 안에서 은총으로 구원을 받는다는 선포만을 담고 있다. 결국, 심판을 거치고 난 뒤 간결하고 보편적인 판결이 뒤를 잇는다. 그러므로 모든 인간은 생명책에 기록된다는 것이다. 그렇지만 하나님에게는 인간을 내칠 가능성이 늘 있는데, 이는 하나님의 자유가 지닌 비밀이라는 것이다.[111]

| 엘륄의 성서 해석 방식

질문을 던지는 책으로서의 성서

엘륄은 성서에 나오는 하나님의 말에 대해 절대적이고 근본적인 태도를 보인다. 그는 성서를 하나님의 말과 기계적으로 동일시하지는 않는다. 하지만, 그에게는 하나님의 어떤 말이든 그 말은 근본적이고 절대적이다. 다시 말해, 하나님의 말은 근원에 닿아 있다. 그는 성서를 곧이곧대로 해석하지 않지만, 성서적 명령은 있는 그대로 남아 있다고 간주한다. 그래서 성서적 명령이 재해석되거나 표현이 완화되거나 내용이 한정될 어떠한 가능성도 없다고 생각한다. 즉, 성서는 모든 것을 잃더라도 모든 것을 얻는다는 희망으로 모든 것을 걸어보는 대상이다.[112] 프레데릭 로뇽 Frédéric Rognon은 성서에 대해 그런 태도를 보이는 엘륄이 성서에 대한 주석을 하려고 성서 텍트에 접근할 때 드러나는 특징을 이렇게 설명한다.

> 자크 엘륄은 성서를 비결을 담은 책으로도, 심지어 우리 질문에 대한 대답을 담은 책으로도 생각하지 않는다. 우리가 질문을 가지고 성서 안으로 들어가면, 거기서 질문은 답을 찾는 것이 아니라, 그 질문은 변화되고 중심을 잃어버린다. 따라서 우리는 새로워진 우리의 질문 및 우리에게 제기된 새로운 질문을 가지고 성서로부터 다시 나온다. 질문에 대답하는 것, 다시 말해, 우리의 대답을 떠맡으면서 책임지는 것은 바로 우리이다. 성서는 인간을 자신의 자유와 책임으로 돌려보내는 책이다.[113]

엘륄 자신도 자신의 저서에서 아주 일정하게 성서를 질문을 담은 책으로 소개하면서 이렇게 언급한다.

> 우리는 성서가 하나님이 우리의 질문에 제시하는 답변의 요약이 아니라, 이와 반대로 하나님이 우리에게 던지는 질의, 곧 우리에게 제시되고 우리가 답변해야 하는 질문임을 알았다. 하나님의 말을 듣는 것은 책임을 지는 일이다.[114]

즉, 하나님이 우리 인간에게 말할 때 하나님은 인간을 제약하는 것이 아니라, 인간이 자신의 결정에 진정으로 책임을 질 수 있도록 인간을 해방한다. 이처럼, 무엇보다 성서는 우리 인간에게 질문을 던지는 책이다. 그러므로 성서 텍스트를 우리 인간의 모든 문제에 대한 해답과 해결을 담은 책으로 만들어 버리는 것은, 그리스도인에게 빈번히 일어나는 큰 오류이다.[115]

엘륄은 성서 해석학에 대해서도 비판한다. 즉, 성서 해석학에 대한 열광은 하나님의 침묵을 드러내는 것이며, 성령의 부재를 메우려는 필사적인 시도라는 것이다.[116] 그래서 그는 인간이 성서 해석학과 신학에 대해서도 해방되어야 함을 역설한다. 로마서 12장의 서두에서 바울은 "현시대에 순응하지 말라."라고 하면서 비(非)순응주의를 촉구한다. 바울의 그런 입장은 엘륄에게 성서 텍스트를 읽는 열쇠가 된다. 예수 그리스도 안에서 해방된 그리스도인은 성서에 대한 과학적 해석의 제약에서 벗어나 성서를 읽어야 한다. 왜냐하면 그런 과학적 해석을 통해서는 성서 텍스트에서 영적 차원이 사라지고, 성서 텍스트는 단지 일반적인 어떤 텍스트로 전락하기 때문이다.

그래서 엘륄은 성서를 무기력한 대상으로 여기는 것은, 자신이 수술하는 환자가 살아 있음을 잊어버리는 외과 의사의 태도와 비슷하다고 지적한다. 즉, 그런 외과 의사는 환자를 살리는 수술을 하는 대신 환자를 해부하거나 혹은 부검을 하려고 한다는 것이다. 특히, 예수 그리스도 안에서 해방된 그리스도인은 성서에서 어떤 해답을 찾으려 하지 말고, 하나님이 성서를 통해 던지는 질문들을 받아들여야 하며, 자유로이 그 질문들에 대답할 수 있어야 한다. 즉, 그리스도인은 그 질문들에 대답할 준비가 되어 있을 뿐 아니라, 자신의 삶에서 그 대답들을 책임질 준비가 되어 있어야 한다. 그런데, 그 대답들이 자유롭고 책임 있는 대답이 되려면, 그 대답들은 온갖 사회적 제약에서 벗어나야 한다는 것이다. 결국, 그 대답들은 온갖 순응적 태도에서 벗어나야 한다는 것이다.[117]

'말'로부터 '기록'으로의 이행

엘륄은 구약성서와 관련하여 다음 같은 견해를 드러낸다. 즉, 구약성서가 지상의 삶 '그 이상의 것'을 알지 못해서, 구약성서에는 '개인의 부활'이라는 개념도, '영혼의 불멸'이라는 개념도, '낙원'이라는 개념도 없다는 것이다. 다시 말해, 구약성서에서 하나님은 인간들을 세상으로부터 끌어내지 않으며, 인간들의 구체적인 삶 속으로 들어와서 인간의 역사에 참여한다. 그래서 엘륄은 구약성서 전체의 유물론적 특성을 강조하면서 이렇게 언급한다.

> 구약성서는 그 전체를 통해 정치사이지, 종교사가 결코 아니다. 구약성서는 육체를 벗어나서는 아무것도 체험되지 않음을 보여준다. 중요한 것일 수도 있는 영혼과 천하고 낮은 것일 수도 있는 육체 사이에 어떠한 구분도 없다.[118]

더 나아가, 엘륄은 성서에서 '성문서'(聖文書)[119]와 '예언서'가 지닌 인간적 요소에 대해 설명한다. 엘륄에 따르면[120], 다섯 권으로 이루어져 있으며 흔히 '모세오경'으로 불리는 '토라'는 직접적으로 또한 전체적으로 그 자체로서 하나님의 말이라고 할 수 있다. 따라서 토라는 근본적인 책으로서, 이 근본적인 책과 관련하여 나머지 모든 것은 이해되어야 한다. 다음으로, 계시된 성서 텍스트들의 서열에서 토라보다 덜 중요한 예언서가 있다. 예언서는 하나님의 영감(靈感) 아래에서 인간의 말로 기록된 것이다. 하지만, 거기에는 순수한 하나님의 말을 흐릴 수 있는 인간적인 매개체가 있다. 마지막으로, 전도서와 같은 성문서는 성서 텍스트들의 서열에서 가장 덜 중요한 것에 속한다. 성문서는 전혀 다른 특징을 드러낸다. 성문서에서 말을 하는 것은 우선 인간이다. 따라서 하나님은 인간의 말을 입증하러 오고, 인간의 말을 택하며, 인간의 말에 계시의 가치를 부여한다. 하지만, 이는 토라에 힘입어 이해되어야 하는 인간의 말로 남아 있다는 것이다.

이처럼, 엘륄은 성서 텍스트들에서 드러나는 인간적 요소를 부각시킨다. 특히, 그는 하나님이 인간에게 말하고 인간은 자신의 수단과 한계와 문화를 가지고 하나님의 말을 번역하고 기록으로 전달하는 책임을 진다고 주장한다. 따라서 성서를 기록하는 저자가 아무리 충실할지라도, '말'로부터 '기록'으로의 본질적인 이행이 있다. 그 때문에, 성서는 하나님의 말 속에서 태동할 수밖에 없다. 즉, 기록된 성서 텍스트가 새로이 말해지고 성령이 와서 다시 살아난 그 말의 진리를 보증해 줄 때, 성서 텍스트는 하나님의 말이 다시 될 수 있다는 것이다. 그런 관점에서, 엘륄은 성서가 하나님이 성서의 기록자가 메시지를 한 자 한 자씩 받아쓰게 한 책이 아니라, 영감을 받은 책이라는 점을 강조한다. 즉, 하나님의 말이라는 진리를 전달하는 데 하나님의 파트너인 인간이 하나님의 말을 책임지고 기록했기 때문에, 성서는 영감을 받아 기록된 책이라는 것이다.[121]

엘륄에 따르면[122], 성서는 다양한 시대 지층으로 형성된 책이자 수십 명의 저자가 기록하고 개편하고 간혹 종합된 책으로서, 성서에는 복잡한 역사가 있다. 하지만 성서는 방향이 잘 잡힌 일치된 사상이 10여 세기에 걸쳐 펼쳐진 기록의 결과이다. 성서의 모든 권(卷)은 저자의 책임 아래 기록된다. 다시 말해, 하나님은 진리를 전달하기 위한 자신의 파트너인 인간에게 말하고, 인간은 기록하는 책임을 진다. 그래서 성서는 마호메트가 알라의 말을 글자 하나하나씩 받아쓴 것으로 전해지는 이슬람의 코란처럼 완벽한 책이 아니다. 그렇지만, 다음과 같을 때 그러한 성서 텍스트가 진정한 의미를 지니게 된다. 즉, 인간이 '기록'일 따름인 성서 텍스트를 하나님의 '말'로 새로이 변화시키고, 자신의 말과 삶에서 진리의 전달자가 됨으로써, 책갈피에 갇혀 있는 한 잠잠히 '기록'으로 남아 있을 하나님의 '말'을 다시 살아나게 할 때이다.

엘륄은 '말'과 '기록'의 관계를 이렇게 설명한다. 말과 기록의 관계를 살펴보면, 마치 녹음된 음반과 같은 '기록된 말'은 고착되고 고정된 말이며, 시각적 영역과 공간 속에 있는 말이다. 말은 기록되면 더는 타오르는 진리가 아니고, 인격이 없는 시각적 기호일 뿐이다. 그럼에도 '기록된 말', 곧 '표기'는 여전히 중요하다. 왜냐하면 기록은 비록 고착되어 있을지라도 늘 진리와 관계하도록 할 수 있고, 말의 목표와 의도와 의미를 여전히 지니고 있기 때문이다. 간혹 기록에서 말로 건너가는 일도 있는데, 시나 종교적 텍스트가 여기에 해당한다. 시가 낭송될 때, 말하는 자는 텍스트를 자기 것으로 만들고, 자기 나름대로 말을 만들어낸다. 그래서 시는 살아 영향을 미치게 된다. 마찬가지로, 종교적 텍스트가 기록에 머물 때, 그 텍스트는 영감이 없는 법률서나 교리문답집이나 무한히 반복되는 기도문에 불과하다. 그렇지만, '말'이 다시 살아나서 영감이 작용할 때 진리를 선포하게 된다는 것이다.[123]

성서 전체의 체계화에 대한 비판

신구약성서가 전체적으로 체계적이지 않고 일관성 없는 듯이 보이므로 여전히 드러나는 모순과 결함이 제대로 설명되지 않는다면, 성서 내용을 과연 어떤 식으로 받아들이고 이해할 것인가란 문제가 제기된다. 엘륄은 성서에 나타나는 모순과 결함에도 불구하고 그러한 성서에 대해 취할 수 있는 이해방식과 해석 원리를 제시하면서, 그 문제와 관련하여 이렇게 언급한다.

> 성서의 각 권은 나름대로 독특한 의미와 주장과 관점이 있다. 각 권은 하나님의 전체적인 계시의 측면 중 한 측면을 반영한다. 각 권은 유일하고 독특한 진리를 우리에게 언급한다. 엄밀히 말해, 그것들은 서로 분리될 수 없듯이 뒤섞일 수도 없다. 각 권에는 독특한 특성이 있다. 성서 속에 아무런 것에나 들어맞을 수도 있는 '줄거리'를 각 권에서 이끌어내지 말아야 한다. 나는 성서의 각 권을 그 권이 자체에 부여하는 것으로 간주해야 하며, 이것이 첫째 해석 원리라 생각한다.[124]

여기서 엘륄이 주장하는 바는 성서의 각각의 권에는 나름대로 독특한 특성과 유일한 진리가 있으므로, 성서 전체의 아무 데서나 들어맞을 수 있는

'줄거리'를 성서의 각 권에서 끌어내지 말아야 한다는 것이다. 다시 말해, 성서의 각각의 권에 들어있는 고유한 내용을 보아야 한다는 것이다. 또한 각각의 권의 고유한 특성과 다른 것을 애써 식별해내지 말아야 한다는 것이다. 그리고 각각의 권의 기록 자체가 의미하는 바를 중시해야 한다는 것이다. 어차피 나름대로 독특한 의미와 관점이 있는 성서의 각각의 권은 하나님의 계시 전체의 한 측면을 나타낸다. 그런데도, 성서를 전체적으로 볼 때 드러날 수밖에 없는 모순과 결함을 없애려고, 성서 전체를 체계화하거나 논리적으로 연결하려고 애쓰지 말아야 한다는 것이다. 이처럼, 엘륄은 성서 전체의 체계화에 대해 비판한다. 그와 동시에, 그는 모든 성서 텍스트들을 한데 모아 성서의 일반적 진리를 이끌어 내려는 전통적인 성서 연구 작업을 이렇게 비판한다.

> 전통적인 성서 연구는 겉으로 보기에 어떤 문제와 관련되는 모든 성서 텍스트들을 한데 모으는 것이다. 또한 그 연구는 이 텍스트들로부터 성서의 일반적 진리를 이끌어 내려고, 이 텍스트들을 뒤죽박죽으로 만들어 버리는 것이다. 성서 텍스트들은 다른 맥락에서 나오고, 다양한 문화적 환경을 나타내며, 서로 아주 멀리 떨어진 시대에 기록되었다. 또한 성서 텍스트들은 다양한 토대를 지닌 언어로 표현되고, 다양한 문학 장르에 속하며, 서로 다른 청자(聽者)를 대상으로 한다. 따라서 성서를 어떤 전체로서 다루는 것보다 더 나쁜 것은 없다.[125]

성서를 하나의 전체로 보는 관점에서는, 성서의 각 부분이 다른 부분들과 일치를 이루고, 성서의 어떤 부분도 그 자체로 충족되지 않지만 각 부분은 필요하다. 또한 그런 관점에서는, 문화와 기질의 산물인 바울처럼 보는 방식이나 요한처럼 보는 방식이 따로 존재하지 않는다. 하지만, 그 표현들의 결합을 통해 계시 전체에 대해 더 진정하게 접근할 수 있게 하는 보완적이고 일치된 표현들이 존재한다. 그리고 그런 관점에서는, 어떤 텍스트도 계시에 대해 충분한 설명을 하지 않는다. 하지만, 각각 자체의 특수성을 지닌 텍스트들의 전체성을 받아들이면, 계시에 대해 더 진정하게 이해할 가능성이 있다. 그럼에도 엘륄은 성서를 하나의 전체로 보는 관점을 비판한다. 특히, 그는 성서 전체를 미리 설정된 체계에 맞추어 해석하거나 성서 내용 전체를 논리적 틀 속에 넣어 연결하려고 시도 하지 말아야 한다고 주장한다.[126] 반면에, 그는 신약성서의 요한계시록을 예로 들며 성서의 각각의 권은 '전체'로서 읽혀져야 한다고 밝힌다.

> 나는 각 부분이 '전체'에 대한 관계를 통해 자체의 의미를 얻는 어떤 '전체'로서 요한계시록이 읽혀져야 한다고 주장한다. 달리 말해, 요한계시록은 한 구절 한 구절씩 이해되는 성서 텍스트가 아니다. '두 예언자'나 혹은 '용'(龍)과 같은 표현의 상징적 의미를 그 자체로서 혹은 심지어 짧막한 연속 장면 속에서 풀어내는 일은 별로 중요하지 않다. 그 각각의 표현은 '전체성'과의 관련 속에서 자체의 역할을 맡고 있으며, 게다가 숲을 가리는 세세한 표현들로부터는 이 '전체성'을 통해 벗어날 수 있다. 각각의 상징은 숲의 나무에 해당하지만, 그 자체로서 파악해야 하는 것은 바로 숲이다.[127]

즉, 요한계시록에 나타나는 상징이나 암호나 수수께끼 같은 내용을 해석하고 세세한 의미를 파악하는 데 전념하기보다, 각 부분의 의미를 '전체'에 대한 관계에 의해서만 파악하는 일이 중요하다는 것이다.

성서와 도덕의 관계

엘륄은 인간이 만드는 도덕이나 인간이 세우는 도덕 체계가 하나님의 뜻과 전혀 상관없이 전혀 다른 방향으로 설정될 수 있다고 지적한다. 또한 그는 인간이 하나님의 뜻과 전혀 상관없는 선을 행할 수 있기에, 인간의 가장 경건하고 도덕적인 행위를 포함하여 인간의 모든 행위는 하나님의 관점에서 죄에 포함될 수 있다고 주장한다.

> 사실상 성서적으로 선이란 하나님의 뜻이며 그것이 전부이다. 하나님이 결정하는 것은 무엇이든 간에 선이다. 따라서 인간이 선한 것에 대해 결정하면서 행하는 바는, 정확히 하나님의 뜻을 자기 뜻으로 대체하는 것이다. 그런 인간이 근본적으로 죄인이 되는 것은, 그가 하나의 도덕을 만들거나 선을 규정할 때이며 심지어 선을 행할 때이다. 하나의 도덕을 만들어내는 것은 하나님 앞에서 자신을 죄인으로 드러내는 것이다.[128]

엘륄에 따르면[129], 인간의 도덕이나 도덕 체계 및 선이란 문제는 하나님의 정의(正義)와 관련되기도 한다. 즉, 인간은 정의에 대한 어떤 개념을 가지고 있고 이 개념에 근거하여 하나님이 정의롭다거나 혹은 불의하다고 선언하면서 하나님을 판단한다고 자부한다. 하지만 인간은 하나님의 독단이 불의(不義)처럼 보이더라도, 인간의 기준이나 가치에 따라 하나님을 판단할 수 없다. 또한 선은 하나님이 이루는 것이고 정의는 하나님이 결정하는 것이다. 그러므로 하나님이 진정한 하나님이라면, 인간의 정의나 선과 같은 가치들은 하나님 위에 존재할 수 없다. 결국, 하나님은 자신의 주권 속에서 절대적으로 자유롭다. 또한 하나님의 뜻에는 어떠한 한계도 없다. 그리고 하나님의 결정은 어떠한 외부 실재에 의해서도 제약받지 않는다. 반면에, 인간은 자신의 구원을 이루는 데 있어, 또한 선하고 의로운 행위를 하는 데 있어 전적으로 무능하다는 것이다.

엘륄은 도덕에 대한 그러한 관점으로부터 성서와 도덕의 관계를 설명하면서, 다음 같은 주장은 도덕화된 기독교라는 문제와 연관이 있다고 밝힌다. 즉, 기독교 교리의 토대가 되는 성서의 내용이 도덕과 상식에 어긋나므로, 그 교리가 도덕에 어긋나고 부합하지 않는 기독교라는 종교는 잘못되어 있다는 주장이다. 특히, 기독교의 진리에 대해 의문을 제기하는 사람은 그리스도인의 행위나 혹은 그리스도인의 도덕적 문제를 제기하는 경우가 많다. 하지만 엘륄은 하나님의 계시는 도덕과 전혀 관계없다고 반박하면서 세 가지 근거를 제시한다.

첫째, 히브리 성서 중 토라, 곧 모세오경은 도덕주의자가 만들어낸 도덕으로서의 도덕도 아니고, 집단생활에 필요한 도덕도 아니다. 토라는 하나님 자신에 대한 하나님의 계시이고, 삶과 죽음을 구분하는 규정이며, 하나님의 절대 주권을 상징화한 것이다.

둘째, 기독교 도덕이란 없다. 복음서에서 예수의 말은 도덕적 차원의 것이 아니라 실존적 차원의 것이며, 존재의 근원이 변화되는 데서 비롯되는 것이다. 또한 바울 서신서의 교훈도 도덕이 아니라, 모범으로서 유용한 권고사항에 해당한다. 기존 관념과 달리, 예수 그리스도 안에 있는 하나님의 계시에는 어떤 도덕 체계도 없다. 하나님의 계시에는 독립적으로 존재하는 도덕 규범도, 보편적 가치가 있는 도덕 규범도, 하나의 도덕을 만드는 데 사용될 수 있는 도덕 규범도 없다.

셋째, 예수 그리스도 안에 있는 하나님의 계시는 도덕과 반대된다. 복음서나 혹은 신약성서의 서신서에서 도덕을 끄집어내는 것은 불가능하다. 그뿐 아니라, 복음의 열쇠가 되는 은총의 선포, 용서의 선언, 자유를 향한 삶은 도덕에 완전히 반대된다.[130]

인간과 함께 하는 하나님의 역사

엘륄은 성서 계시가 도덕과 상관이 없음을 드러내면서, 성서는 인간과 함께 하는 하나님의 역사임을 내세운다. 일반적으로 성서에서 드러나는 모순이나 결함으로 말미암아, 또한 성서에 나타나는 불완전한 내용으로 말미암아, 성서의 신빙성과 관련하여 많은 문제가 제기되는 것은 사실이다. 특히, 창세기에 나오는 내용에서 드러나는 연대기상의 문제나 과학적인 진위 여부가 많은 논란을 일으킨다. 그 때문에, 창세기는 구약성서 중에서도 성서의 신빙성과 관련하여 가장 논란의 중심에 있다. 엘륄은 창세기에 나타난 의문점과 신빙성의 문제에 대한 해결의 실마리를 제시하면서 이렇게 언급한다.

> 성서 텍스트는 철학도 아니고 우주 생성론도 아니다. 성서 텍스트는 개인적인 계시를 늘 전달하고자 하므로, 또한 하나님의 뜻을 이미 믿고 받아들인 자에게만 의미가 있으므로, 우리는 성서 텍스트가 선포 대상으로 하는 사람들과 관련하여 성서 텍스트를 해석해야 한다.[131]

즉 성서 텍스트가 어떤 철학이나 우주 생성론이라면, 창세기에 드러나는 연대기상의 문제나 과학적 진위 여부는 당연히 문제시될 수 있다. 그렇지만 성서 텍스트는 개인적인 계시를 전달하려는 것이기 때문에, 성서 텍스트는 연대기나 과학적 사실에 따라 그 자체로 해석되지 말아야 한다는 것이다. 따라서 어떤 성서 텍스트를 해석할 때 그 성서 텍스트가 선포 대상으로 하는 사람들과 관련되어 해석되지 않으면 아무런 의미가 없다는 것이다. 특히, 엘륄은 성서에 존재하는 어떤 모순들이 늘 이해되지는 않지만, 이 모순들은 하나님이 어떤 문화나 삶의 방식의 인간에게 적응했다는 사실에서 비롯된다는 점을 지적한다. 즉, 하나님이 자신이 말을 거는 자를 고려하지 않고 계시된다면, 추상적인 신의 존재가 추상적인 인간 존재에게 계시되는 것과 다를 바 없다.[132] 그래서 엘륄은 자신의 힘으로 하나님에 대해 조금도 알 수 없는 인간의 수준에 적응하고 맞추려는 하나님의 행동에 대해 이렇게 설명한다.

우리 스스로는 하나님에 대해 아무것도 알 수 없다. 단지 하나님이 자신의 존재에 관해 아주 조금이라도 드러내려 할 때, 비로소 우리 인간은 하나님에 대한 지식과 인식에 아주 조금 접근할 수 있을 뿐이다. 그 드러냄에서 하나님은 자신에 관해 전하려는 것을 이해할 수 있도록, 우리 인간의 문화적, 지적 수준과 이해 수준에 맞출 수밖에 없다.[133]

이처럼, 인간에게 파악되지 않는 초월자인 하나님은 인간에게 이해될 수 있는 방식으로 자신을 만들 뿐 아니라, 인간에게 이해되려고 시초부터 인간의 높이와 수준에 있다. 다시 말해, 초월자인 하나님은 인간에게 도저히 이해될 수 없다. 그러므로 하나님은 인간에게 이해될 수 있도록 자신이 인간의 수준으로 내려와서 어떤 문화나 삶의 방식을 가진 인간에게 적응한다. 개인적으로는 물론 집단적인 역사 속에서 인간과 동행하는 하나님 자신은 절대 변하지 않는다. 단지 하나님이 인간과 설정하는 관계가 변한다. 인간과 함께하는 하나님이 행하는 모험의 궁극적인 지점은 예수 그리스도의 성육신이다. 엘륄은 그러한 하나님이 인간과 함께하며 나아가는 것을 담은 책, 다시 말해 인간과 함께하는 하나님의 역사를 담은 책이 성서임을 강조한다. 어떤 제약을 통해서나 혹은 힘에 의해서는 어떠한 사랑도 존재하지 않는다. 그 때문에, 사랑은 자유를 전제로 한다. 특히, 더할 나위 없이 자유로운 존재인 하나님에게는 어떠한 강요된 사랑도 없다. 결국, 성서는 자유에 대한 하나님의 약속을 담고 있는 책이라는 것이다.

4장 엘륄의 신학 사상에 대한 평가

| 하나님의 사람으로서의 엘륄

엘륄의 신앙의 실존적 토대

에티엔 드라바사 Étienne Dravasa에 따르면[134] 엘륄은 진정한 정체성에 있어 하나님의 사람임을 드러내고, 진리와 견고함과 겸손에 있어 그리스도인임을 드러낸다. 따라서 그의 신앙은 일종의 실존적 선택이며, 그의 하나님은 사랑 속에서만 성육신할 수 있다. 그의 신학 저작 전체는 이를 입증한다. 또한 엘륄의 하나님은 마치 자신이 하나님이 아닌 듯이 십자가에서 피를 흘리는 하나님이다. 그런 하나님은 인간을 구원하려고 스스로 지상에 온 자애와 용서와 관대함과 소망의 하나님이다. 그런 상황에서 불가피하고 근본적인 의문이 제기된다. 즉, 인간은 세계의 왕인 사랑의 하나님과 어떤 관계를 유지하게 되는가라는 의문이다. 그 때문에, 엘륄은 하나님과 피조물 각자 사이의 관계를 모든 측면에서 기술하는 역사가가 되고자 한다. 그러므로 그의 신앙의 신학적 토대들은 이중적인 관점 속에 유기적으로 배열된다. 즉, 세계의 왕이 하나님이라는 것이고, 하나님과 모든 인간과의 대화를 통해 하나님은 역사의 주인이 된다는 것이다.

드라바사는 엘륄의 그런 기독교적 절대성이 감정 분출이나 피상적인 영적 흥분의 폭발이 아니라고 밝힌다. 즉, 엘륄에게 기독교는 부드러운 미온적 태도도 아니고, 퇴행적 수다나 혹은 공허한 객설도 아니다. 그에게 기독교는 우선은 '확신'이고 그다음으로는 '행동'이다. 엘륄은 사랑의 하나님의 전형적인 제자가 되기를 원한다. 그에게 하나님의 신실함은 예수 그리스도의 부활과 승천이라는 불가피하고 타협할 수 없는 두 토대 위에 근거를 둔다. 특히, 부활과 승천의 결합은 죽음의 승리자인 예수 그리스도에 대한 확신을 준다. 그와 동시에, 그 결합은 아들인 예수 그리스도가 자신의 아버지를 향해 돌아감으로써, 영생에 대한 확신을 준다.

엘륄에게서 부활과 승천이라는 이중적 움직임은 이중적 요청에서 발단이 된다. 첫째, 하늘이라는 관점에서이다. 하늘은 성부의 우편에서 예수 그리스도가 있는 곳이다. 둘째, 지상이라는 관점에서이다. 지상은 각 그리스도인이 자신의 자유와 책임 속에서 부활에 대한 확신 가운데 살아가는 곳이다. 또한 지상은 각 그리스도인이 개인적이고 영원한 자신의 구원에 대한 소망 가운데 살아가는 곳이다. 따라서 엘륄에게 부활과 승천은 예수 그리스도가 만물이 그 안에 있어야 하는 존재임을 이중적으로 입증하는 것이다. 결국, 엘륄의 신앙의 실존적 토대는 두 가지이다. 즉, 확신과 행동으로서의 기독교, 그리고 십자가에 못 박히고 부활한 세계의 왕 예수 그리스도이다.[135]

하나님의 사람으로서 엘륄의 연구방식

드라바사는 엘륄의 연구방식에서의 변증법은 역사의 고전적 개념을 배제한다고 밝힌다. 그런데, 이는 하나님과 인간의 관계라는 변증법만을 받아들이기 위해서이다. 즉, 엘륄에게 역사는 전통적인 고전주의 학설에서 이해되는 식으로 과학이나 확실성이 아니다. 그에게 역사는 기껏해야 막연하고 불확실한 인식 도구이거나 사실과 감정의 집적이다. 따라서 그에게 역사는 과거와 지나간 것과 만료된 것에 대한 탐구에 불과한데, 그런 탐구를 통해 고작해야 전례와 선례와 교훈이 주어진다. 그렇다고 해서 그는 과거를 잊어버리지도 않고, 현재를 등한시하지도 않으며, 미래를 무시하지도 않는다. 하지만, 그에게는 하나님과 인간의 만남만이 인간 각자의 유일한 삶이 된다. 엘륄은 인간이 있는 그대로의 존재이고, 과거는 체험된 것임을 인정한다. 하지만 인간은 역사의 쓸모없음과 무의미를 반박하기 어려운 상황에서, 역사의 연속성에 따라 결정적인 선택을 할 수밖에 없다. 왜냐하면 인간은 역사의 주인이 아니며 역사로부터 비롯되기 때문이다.[136]

그 딜레마에 대한 엘륄의 대답은 두 가지이다. 첫 번째 대답은 하나님이 자신과 유대 민족과의 특별한 언약때문에 확립된 직접적이고 개인적인 관계 가운데 역사 속에서 각 인간과 동행한다는 것이다. 각 인간 옆에 하나님이 계속 현존한다는 사실은 성서 텍스트를 통해 분명한 방식으로 확증된다. 그런데, 이로부터 하나님과 각 인간 사이의 확실한 대화가 창출된다는 결과가 나온다.

그런 절대적이고 특별한 대화는 두 가지 특징을 띠는데, 그 특징들이 엘륄의 두 번째 대답에 해당한다. 첫 번째 특징은 그것이 사랑과 다정함과 부드러움의 대화라는 것이다. 하나님이 인간과 맺는 관계에서 하나님의 권위는 참음과 기다림과 용서와 사랑의 권위이다. 하나님의 그런 권위는 가족 구성원에 대한 구약시대 족장의 위압적인 절대 권한과 절대명령과 완전히 대립된다. 두 번째 특징은 두 대화자 사이의 상호적이고 완전한 자유 속에서 나타나고 펼쳐진다. 그런 자유의 완전함 가운데서 성서 계시의 하나님은 시간 속으로 들어온다. 그리고 바로 그 때문에, 하나님은 각 인간의 운명 속으로 들어온다. 하나님은 각 인간의 주도권과 약점과 잘못을 받아들이면서, 인류의 죄와 비참이라는 무거운 짐을 완전히 짊어진다. 인간 개인의 개별적인 삶 속에서의 하나님의 그런 편재(遍在)는, 어떤 감수나 굴종으로 귀결될 수도 있는 평범한 결과가 아니다. 정반대로, 그런 편재는 영원하면서도 한계가 없는 자유가 실현되는 가운데서 펼쳐진다. 그렇기에, 그 편재는 결말을 미리 알 수 없는 끊임없이 새로워지는 혁신과 창조이다.

따라서 엘륄의 연구방식은 하나님 앞에서의 은총과 죄와 회개의 상호 의존을 중시할 수밖에 없다. 그 때문에, 엘륄의 논거는 인간의 자유를 인정한다. 인간은 하나님과의 대화를 구상하고 유지하며 중지하고 심지어 거부할 수 있다는 것이다. 이처럼, 사랑과 자유 속에서 하나님과 인간 사이의 그런 대화가 존재하고 펼쳐진다. 그런데, 이는 말세에 일어날 선택된 자들에 대한 구원의 영광 속에서 최고조에 달한다.[137]

| 시대의 예언자로서의 엘륄

예언자의 진정한 역할

엘륄은 예언자를 미래를 미리 말하는 일종의 점쟁이가 아니라 '파수꾼'으로 규정한다. 즉, 예언자의 행동은 하나님의 공의나 혹은 힘처럼 나타날 수도 있는 재난의 도래를 알리는 것이 아니다. 예언자의 행동은 인간이 바뀌도록 위험을 선포하는 것이다. 이를 통해 예언에 대한 기존의 판단이 바뀐다. 즉, 예언이 성취되지 않았다고 해서 예언자가 틀린 것이 아니다. 그와 반대로, 예고된 사건이 일어나지 않으면 예언은 성공했다는 것이다. 왜냐하면 예언의 목적은 인간에게 피해야 할 것을 알려주고, 그것을 피하고자 해야 할 것을 알려주는 것이기 때문이다. 결국, 재난이 일어나지 않았을 때, 이는 하나님이 견해를 바꾼 것이 아니다. 이는 인간의 행동이 바뀜으로써 하나님이 뒤로 물러나 원래의 상황으로 되돌린다는 것을 의미한다. 그런 목적을 위해 예언자는 파송된다.[138]

엘륄에 따르면[139], 예언자들은 이스라엘 백성이 회개하고 삶의 방향을 바꾸는 적절한 행동을 취한다면, 하나님이 그들을 용서하고 사건의 경과에 개입하여 아무 일도 일어나지 않을 거라고 선언한다. 다시 말해, 하나님은 이스라엘 백성이 제때 회개하면 여러 사건과 재앙을 막아주는 존재이지, 그 일들이 일어나게 하는 존재가 아니라는 것이다. 이는 모든 예언에 들어있는 요소이다. 따라서 주어진 사건에 대한 정치적이고 도덕적인 해석, 다가올 재앙과 심판에 대한 분별, 회개의 촉구 등의 요소들이 예언자들의 역할이다. 그뿐 아니라, 그 모든 요소는 예언적 메시지의 필수 요소이다.

엘륄은 인간의 결정과 하나님의 결정 사이에 예언자가 있다고 밝힌다. 즉, 예언자는 일이 전개되기 전이나 혹은 전개되기 시작할 때, 하나님의 뜻을 계시받고 그 뜻을 선포하여 일의 흐름을 바꾸거나 혹은 일을 촉발할 수 있다는 것이다. 그러나 거기에는 어떤 필연적이거나 결정적인 것이 없고 열린 가능성만이 있다. 예언자는 일어난 일의 참된 의미를 전해준다. 또한 예언자는 인간의 자유로운 결정과 하나님의 자유로운 결정 사이에 존재하는 관계를 밝혀내는 근본적이고 결정적인 역할을 한다. 하나님의 말이 곧 하나님의 행동이다. 하지만 하나님의 행동은 분명하거나 명확하지 않기 때문에, 하나님의 행동을 명백히 밝힐 필요가 있다. 그런데, 하나님이 자신의 행동을 계시해 준 사람만이 유일하게 하나님의 행동을 직접 포착할 수 있다. 그 유일한 사람은 바로 예언자이다. 예언자만이 하나님의 행동이 거기에 있음을 알고, 하나님은 예언자에게만 그 사실을 말할 자격을 부여한다. 예언자는 그 사실을 설명해야 하고 언어로 표현하는 작업을 해야 한다. 그 작업에는 온갖 위험이 따르지만, 그와 동시에 그 작업은 하나님의 뜻에 정확히 들어맞는다.[140]

예언자로서의 엘륄의 소명과 목적

포르케가 쓴 저서 『자크 엘륄, (거의) 모든 것을 예견한 사람 Jacques Ellul. L'homme qui avait (presque) tout prévu』은 기술 사회에 대한 비판과 관련된 엘륄의 주제들을 폭넓게 전파하는데 주요 역할을 한다. 광우병의 위험이 한창이던 때, 포르케는 5년 전 세상을 떠난 인물이 프랑스인들이 당시 겪고 있던 것을 예전에 이미 예견했음을 발견한다. 특히, "우리는 우리를 무한히 넘어서는 문제나 혹은 상황에 대해 끊임없이 결정을 내리도록 강요당한다."[141]라는 엘륄의 분석이 다른 분석들보다 더 명확해 보인다. 그런 나머지, 그는 즉시 엘륄의 분석에 열광한다. 그는 엘륄이 표명한 견해들이 오늘날 여전히 타당하고 유용하다는 점을 드러내려고, 엘륄의 지적 자서전을 집필한 것이다. 그 저서는 엄청난 부수가 팔리는 성공을 거둔다. 그런데, 그런 유형의 저서가 프랑스에서 그렇게 팔린 것은 예외적인 경우이다.

그 저서의 성공 요인은 이렇게 설명된다. 즉, 유전자변형, 나노기술, 광우병, 휴대전화의 급격한 확산 등 현시대의 관심사들이 더욱 드러난다. 그런데, 그 관심사들은 엘륄의 견해가 옳다고 인정할 수밖에 없는 점점 더 풍부한 소재를 제시한다는 것이다. 많은 사람들은 일상생활에서 기술의 전제적 지배와 아주 구체적으로 마주한다. 그래서 그들은 자신들에게 일어나는 일을 파악하기 위해 질문을 제기한다. 또한 그들은 상황을 이해하려 애쓰며, 그 상황을 이해하게 해주는 지적 도구들을 찾고 있다. 그런데, 이에 대해 설명하는 사상가가 드물다는 것이다. 그렇지만, 엘륄은 이에 대한 해석의 틀을 제시하고, 현실을 파악하기 위한 수단을 제공한다는 것이다.[142]

물론, 『자크 엘륄, (거의) 모든 것을 예견한 사람』이라는 제목에서, 포르케는 '예언하다'라는 표현 대신 '예견하다'라는 표현을 쓴다. 사회학적 관점에서는 그렇게 쓸 수밖에 없는 '예견하다'라는 표현을 신학적 관점에서는 '예언하다'라는 표현으로 받아들일 수도 있다. 그런 측면에서, 엘륄은 흔히 '예언자'로 통한다. 엘륄이 현대 세상과 기술 사회와 기독교와 교회에 대한 분석을 통해 기술 사회와 관련된 거짓 이데올로기를 비판한 것, 즉 기술 사회가 인간에게 받아들여지는 것을 정당화하고 기술을 옹호하며 신성시하는 담론들을 비판한 것, 무분별한 기술적 성장을 정당화하는 기술 담론의 현혹에 빠져드는 것을 경고하고 현대인을 그런 현혹에서 벗어나게 하려고 애쓴 것, 기술 체계가 지배하는 세상에 순응하는 삶과 태도를 비판하면서 거기에 맞서 치열하게 투쟁하는 삶을 촉구한 것, 예수 그리스도가 선포한 원래의 메시지를 저버리고 세상과 화합하고 협력하며 온갖 타협을 받아들인 교회와 기독교를 근본적으로 가차 없이 비판한 것, 경제적 자유주의라는 재앙과 오늘날 마약이 되어버린 기술에 대한 어떠한 문제 제기도 하지 않는 그리스도인의 '순응행위'에 대해 근본적으로 비판한 것, 그모든 것은 자신이 묘사한 예언자의 진정한 역할과 예언자적 태도에서 비롯된 것이라고 할 수 있다.

엘륄은 "성령을 받은 각 그리스도인은 예수 그리스도의 재림에 대한 예언자이다."143)라고 하면서, 무엇보다 교회의 예언자적 사명은 '파수꾼'으로서 세상을 섬기는 것이라고 지적한다. 또한 그는 그리스도인의 예언자적 역할은 예언자 요나가 니느웨 인들에게 하듯이, 그리고 예언자 에스겔이 이스라엘 민족에게 하듯이, 사회에 다가올 위험을 알리며 경고하는 것이라고 밝힌다.144) 특히, 그는 "남아 있는 유일한 것은 예언자의 외침인데, 나는 종말을 보기 때문에 외치고, 나의 모든 저서가 차가운 느낌을 주기는 하지만 외침으로서 들려져야 한다."145)라고 하면서, 그리스도인으로서의 자신의 소명을 기술한다. 그런데, 엘륄에 대한 많은 해석자가 엘륄의 그 말만을 끄집어내어 단지 인용하면서, 예언자 엘륄이 이 시대 상황에 대해 환멸을 느낀 비관자일 따름이라고 결론짓는다.

그렇지만 다니엘 클린드닌 Daniel Clendenin은 그런 비판을 잘 알고 있는 엘륄이 그 비판에 대처하며 그 비판을 의미 없게 만든다고 하면서, 이와 관련된 엘륄의 입장을 제시한다. 첫째, 엘륄에게 기술은 사악하지 않고, 문제는 현재의 사회 구조이다. 즉, 기술은 이제 우리 자신의 환경을 규정하고, 사실상 뚫고 들어갈 수 없는 '기술 체계'를 구성한다. 그런데, 사회 구조나 기술 체계를 문제 삼지 않고 기술의 부정적인 측면들에만 단지 집중함으로써, 엘륄이 '거짓 문제'라고 부르는 것이 생겨난다. 둘째, 엘륄은 반(反)기술주의나 혹은 기술에 맞선 심판을 옹호하는 것이 아니라, 기술에 대한 비판적 수용을 옹호한다. 셋째, 엘륄은 기술이 행복의 요소들을 현대인에게 가져다준다는 점을 결코 부인한 적이 없다. 그는 그 요소들이 너무나 명백하므로 단지 그 요소들에 대해 논의하지 않은 것이다. 심지어 그는 기술이 적은 것보다 더 많은 것이 인간의 생존 가능성에 더 잘 이바지할 것이라고 확신한다. 넷째, 역사를 넘어 모든 사람에 대한 보편적 구원에 대한 자신의 신학적 확신에 힘입어, 엘륄은 자신을 완전히 낙관주의적인 것으로 묘사한다.[146]

클린드닌은 엘륄에 대한 해석자들 가운데 예언자로서의 엘륄을 가장 잘 이해하는 대표적 인물로서 데이비드 길 David Gill을 든다. 데이비드 길에 따르면[147], 대중의 예언자가 아닌 지식인의 예언자로서 엘륄의 예언자적 역할은 일반인과 관련된 것이 아니라 지식인과 학문 공동체와 관련된다. 그렇지만 예언자로서의 엘륄의 목적은 현대의 상황에 대해 '전적 타자'인 하나님의 말을 묵상함으로써 우리에게 도전하는 것이다. 또한 그의 목적은 우리의 방향을 바꾸게 하며, 우리에게 동기를 부여하는 것이다. 따라서 데이비드 길이 내린 결론은, 엘륄의 예언적 중요성이 우리의 지적 개념이나 혹은 교의학(敎義學)에 대해 이의를 제기하는 데 있다. 그뿐 아니라, 그 중요성은 그런 분야에서의 삶을 위한 신앙의 구체적 의미를 향해 나아가도록 압박을 하는데 있다.[148]

| 소망에 근거한 엘륄의 신학 사상의 의의

그리스도인과 이스라엘의 일치와 연합

엘륄의 신학 사상에서 그 주안점은 무엇보다 '소망'에 놓여 있다. 특히, 그는 '소망' l'espérance을 '희망' l'espoir과 대립시키면서, 소망과 희망을 근본적으로 구분한다. "희망은 인간에 대한 저주이다."[149]라고까지 주장하는 엘륄에게 희망이란 인간을 기만하는 것이다. "삶이 있는 한 희망이 있다."라는 격언처럼, 유대인에 대한 학살을 가능하게 했던 것은 결국 희망이다. 그러므로 희망은 최악의 것을 여전히 피할 수 있음을 의미한다. 다시 말해, 가능한 해결책이 여전히 있는 듯이 보일 때, 인간은 희망을 품을 수 있다. 하지만 인간이 끔찍한 상황에서도 출구가 있다고 상상하는 한, 상황을 변화시키기 위한 아무 일도 하지 않는다. 그런 희망과 더불어 살아가는 것은 실제로 해결책이 없어질 때까지 상황들이 악화되도록 내버려 두는 것이다. 그와 반대로, 최악의 것이 확실할 때, 돌아서서 침묵하는 하나님이 인간에게로 다시 돌아온다는 소망이 개입한다. 따라서 희망은 가능한 것에 대한 집착이지만, 소망은 불가능한 것에 대한 집착이다. 소망은 출구 없는 벽과 돌이킬 수 없는 재난과 마주할 때 존재한다. 특히, 소망은 실제로 아무것도 더는 가능하지 않은 곳에서만 의미와 근거와 존재 이유가 있다.[150)]

엘륄은 1967년 이스라엘과 아랍 국가들 사이에 벌어진 '6일 전쟁' 후에 「이스라엘을 구해야 함 Il faut sauver Israël」이라는 제목으로 글을 발표하고, 이와 관련된 다른 글을 연이어 발표한다. 그런데, 이스라엘에 호의적인 엘륄의 변함없는 그런 참여 활동은 엘륄에 대해 많은 반감을 불러일으키기에 충분하다. 그런 참여 활동은 예루살렘에서의 자신의 체류를 기술하는 「이스라엘에 대한 인상 Impression d'Israël」이라는 1977년에 쓴 긴 글에서도 나타난다. 특히, 그 활동은 1986년에 출간된 『이스라엘을 위한 그리스도인 Un chrétien pour Israël』과 더불어 정점에 달한다.[151)] 그렇지만 그는 그러한 오해와 비난과 논란을 염두에 두고서도, 『이스라엘을 위한 그리스도인』을 집필한다. 이 저서는 1984년 레바논 전쟁이라는 맥락에서 쓰인 것이다. 또한 이 저서는 아랍 국가에 의한 이스라엘의 계획적인 소멸을 규정하는 팔레스타인 해방기구의 헌장이라는 맥락에서 쓰인 것이다. 그는 이 저서의 특징을 언급하면서, 그리스도인이 이스라엘이라는 선민(選民)의 생존을 위한 시도를 하도록 이렇게 촉구한다.

『이스라엘을 위한 그리스도인』이란 저서는 무엇인가? 바람에 흔들리는 갈대요, 나뭇잎의 부스럭거림이요, 수많은 저서 가운데 하나의 저서이다. 이 저서가 온갖 선전에 의해 이용될 수도 있다거나 혹은 온갖 다양한 기정방

침에 의해 이해되지 않을 수도 있음을 쓰라린 마음으로 누가 알겠는가? 그것은 정치적 흐름을 조금도 달라지게 하지 못할 시도이다. 하지만, 이스라엘을 위한 그리스도인은 우선 주(主) 하나님에 대한 소망 속에서 살고 기도하는 사람이기 때문에 그 시도를 해야 한다.[152]

이처럼, 엘륄은 하나님의 선민으로서 이스라엘을 향한 뜨거운 애정과 관심을 늘 보여준다. 하지만 이스라엘은 미국을 등에 업고 아랍권 국가에 대해 침략 전쟁을 자행함으로써 일부 아랍 국가들과 심각하게 대립한다. 그뿐 아니라, 이스라엘은 팔레스타인에 대해 심한 압제와 탄압을 가해 오고 있다. 그런 상황을 고려해 볼 때, 이스라엘에 대한 엘륄의 호의적 입장은 하나님의 선택을 받은 선민이라는 이유만으로 맹목적으로 이스라엘을 옹호한다는 오해와 비난을 불러일으킬 소지가 있다. 즉, 역사적 정황이나 국제적 상황을 고려하지 않고서 단순히 그런 견해를 밝힌다는 비판을 받을 수 있다는 것이다. 더구나 일방적인 침략 전쟁이라는 세계의 우려와 비판에도, 미국은 이라크 전쟁을 무모하게 밀어붙인다. 그러한 이라크 전쟁은 유대 기독교와 이슬람교 사이의 대립이나 이 종교들을 배경으로 하는 문명의 충돌로 보는 시각이 팽배하다. 그러한 상황에서, 이스라엘에 대한 애정 어리고 편향되어 보이는 그의 입장은 논란을 일으킬만하다.

그럼에도 엘륄은 우리가 '하나님과의 단절' 시대에 있고 그리스도인의 소명이 소망에 눈뜨는 것이라면, 역사의 흐름을 위해 결정적인 일이 있다고 주장한다. 그 일은 바로 이스라엘과의 만남과 연결과 결합이라는 것이다. 즉, 이스라엘은 모든 나라를 위한 하나님의 약속의 전달자이자, '하나님과의 단절' 속에서 살면서 버려지지만 늘 선택된 선민이다. 따라서 그리스도인은 순수한 올리브나무와 접붙여진 올리브나무에 대한 바울의 비유를 이해해야 한다. 이는 단지 신앙의 뿌리만 관계된 것이 아니라 소망의 뿌리와도 관계된 것이다. 그렇기에, 교회가 진정으로 교회가 되는 법을 알았다면, 교회는 그리스도 안에서 이스라엘의 구원에 대한 진정한 증언을 이스라엘에게 제시했을 것이다. 하지만 그것은 교회의 잘못으로 망쳐진다. 그 때문에, 이제 그리스도인은 살아 있는 새로운 소망을 이스라엘에게 제시해야 한다는 것이다. 그런데, 그 새로운 소망은 이스라엘의 특별한 소망을 대체하지도 않고 없애지도 않는다. 그래서 엘륄은 오늘날 '하나님과의 단절' 시대에서 의미심장한 유일한 시도는, 그리스도인과 이스라엘의 일치이고 교회와 이스라엘의 연합임을 강조한다. 그런데, 그 시도는 예수 그리스도라는 완전한 방향을 전제로 한다는 것이다.[153]

'하나님의 죽음 신학'에 맞선 엘륄의 신학 사상

'사신 신학'(死神 神學)이라고도 하는 '하나님의 죽음 신학'은 세속화된 현대 서구 사회의 상황에서 "하나님이 죽었다."라고 선언하는 현대 신학의 한 부류이다. 그 신학은 하나님을 부정하며, 하나님 없는 신학, 특히 하나님 없는 그리스도론을 전개한다. 하나님이 예수 안에서 전적으로 인간이 되었으므로 더는 형이상학적이고 초월적인 신은 없으며, 역사적 예수에 대해서만 집중해야 한다고 강조한 것이다. '하나님의 죽음 신학'에서 공통적인 것은 하나님에 대한 신앙이 현 세계에서는 불가능하거나 무의미하다는 것이다. 또한 인간의 성취는 하나님이 아니라 세상에서의 세속적인 삶에서 실현되어야 한다는 것이다.

그 대표적 신학자들 중 알타이저 T.J.Altizer 는 전통적인 하나님은 십자가 사건에서 실제로 죽었으며, 따라서 전통적 신관은 무가치하다고 주장한다. 해밀턴 W. Hamilton 은 하나님의 속박에서 인간을 자유롭게 하며 인간의 책임과 행위를 완전히 가능하게 하려고 신은 죽어야 한다고 주장한다. 반 뷰렌 Van Buren 은 초월적 실체인 하나님과 관계를 갖거나 대화하는 것은 불가능하기에, 하나님에 대해 말하는 것은 언어적으로 무의미하다고 주장한다. 바

아니앙 G. Vahanian 은 하나님이 인간적 언어로 알려진 하나님이니만큼 그것은 근본적으로 우상일 수밖에 없다고 주장한다.[154]

엘륄은 '하나님의 죽음 신학' 이론 전체를 수립하는 신학자들을 이렇게 비판한다. 즉, 그들은 주위 문화로부터 자신들에게 다가오는 하나님에 대해 반박하면서, 하나님이 존재하지 않는다는 문화적 전제로부터 출발한다는 것이다. 따라서 '하나님의 죽음 신학' 자체는 사회적이고 과학적인 흐름 속에 있는 신앙의 위기로부터 나오고, 언어의 위기로부터 나온다는 것이다. 더 나아가, 엘륄은 폴 틸리히 Paul Tillich가 하나님의 부재가 성령이 현존한다는 증거라고 주장할 때, 이에 대한 반론을 제시한다. 물론, 엘륄은 신학적 관점에서 틸리히의 주장을 인정한다. 그러면서도, 그는 그 주장이 하나님의 부재와 침묵이라는 심각한 상황을 가볍게 취급하며 인간으로 하여금 "너무 걱정할 필요가 없다."라고 여기게 하는 안이한 위로가 될 수 있다고 지적한다. 즉, 하나님의 침묵과 부재 속에서 인간은 진정으로 고아와 같은 상황에 있다는 것이다. 특히, 하나님이 인간을 향해 다시 돌아올 어떠한 이유도 없이 하나님이 정말로 돌아설 수 있음을 받아들일 수밖에 없다는 것이다.[155]

스테판 라비뇨트 Stéphane Lavignotte 에 따르면[156], 엘륄에게 하나님은 죽지 않은 것과 마찬가지로 스스로 먼저 침묵하는 것도 아니다. 더 정확히 말하면, 하나님이 침묵하는 것은 인간이 기술적 현실 속에 틀어박혀 하나님으로부터 돌아서 있기 때문이다. 결국, 소망에 근거하고 소망에 주안점이 놓인 엘륄의 신학 사상은 '하나님의 죽음 신학'에 맞서려는 것이고, 폴 틸리히로 대표되는 '하나님의 부재 신학'을 극복하려는 것이다.

엘륄의 신학적 중요성과 신학적 방법

현대 신학에서의 엘륄의 신학 사상의 중요성

대럴 패싱 Darrell Fasching 에 따르면[157], 바아니앙으로 대표되는 1960년대 '하나님의 죽음 신학'은 20세기 현대 신학에서 일종의 중대한 분수령이 된다. 즉, 그로부터 '하나님 문제'에 대해 이야기하게 만든 문화적 변동의 원천으로서 기술에 대한 인식이 점차 드러난다. 그 이후로부터 신학은 그 존재 형태에서 현대인의 삶과 무관하게 되기에, 20세기 네 명의 뛰어난 신학자 루돌프 불트만 Roudolf Bultmann, 칼 바르트, 라인홀드 니버 Reinhold Niebuhr, 폴 틸리히는 복음이 자신의 동시대인들에게 전달되지 않음을 이미 인정한다. 그래서 각자 자기 자신의 방법으로 복음과 세상 사이의 틈새를 연결해 보려고 시도한다.

불트만은 복음의 진정한 메시지가 현대인에게 전달되도록, 1세기 복음의 신화적 맥락으로부터 복음을 벗어나게 하려고, 복음을 비(非)신화화하는 것을 옹호한다. 바르트의 변증법적 이론은 세상이 복음을 들을 수 있게 만들기 위해 세상을 비(非)신화화한다. 또한 바르트는 자율성과 자급자족을 향한 세상의 헛된 시도를 비(非)신화화하려고 애쓰면서, 불트만과 반대 방향으로 나아간다. 니버는 복음이 현대인의 필요에 부응하고 따라서 현대인에게 이해되도록, 복음이 사회정치적으로 연루되는 것을 촉진한다. 틸리히는 현대인에게 복음이 들려지도록 신학과 문화 사이의 상관관계를 발견하려고 시도하면서 '문화 신학'을 발전시킨다.

그럼에도, '하나님의 죽음'이라는 신학 동향의 주장에 따르면, 그런 시도들은 성공하지 못했고, 문제가 처음에 나타났던 것보다 더 근본적이 되었다. 하지만 새로운 신학 운동이 나타나 '하나님의 죽음 너머로' 가려고 시도한다. 예를 들어, '희망의 신학'은 '하나님이 실재하는 장소로서의 미래'

라는 주제를 취한다. '놀이 신학'은 상상과 환상의 영역으로 넘어가서 초월의 장소로서 '게임'이라는 은유를 통해 설명한다. '해방 신학'은 정치적 문제와 특히 제3세계에서 압제 받는 자들의 자유를 위한 투쟁으로 넘어가고, 하나님은 가난한 자들 사이에서 발견된다고 주장한다. '과정 신학'은 초월을 지속적인 새로움의 출현 과정에 위치시킨다. '세속도시 신학'은 하나님이 현대의 세속도시에서 발견된다고 선포한다.

패싱은 그 신학 동향들 각각에는 현재의 인류 상황과 기술 사이의 의미심장한 연결이 분명히 있다고 지적한다. 즉, 미래에 대한 관심과 더불어 '희망의 신학'은 그런 미래를 만들어내는데 한 요인으로서 기술의 위협과 약속에 대한 논의를 피할 수 없다. '놀이 신학'은 은유 게임이 다양한 분야에 파고든 방식에 깊은 관심을 드러내고, 기술적 입안에서 사용된 중요한 기술인 '게임 이론'이 은유 게임을 통해 생겨난 방식에 첨예한 관심을 드러낸다. '해방 신학'은 압제와 해방에서의 주요인으로서 제3세계에 대한 기술의 위협과 약속을 분석한다. '과정 신학'은 현대 기술에서 중요한 기술인 인공두뇌학과 일반체계이론을 탐구하기 시작한다. 마지막으로, '세속도시 신학'은 기술에 의해 만들어진 새로운 사회질서 자체가 복음을 비(非)신화화하는 힘의 산물이라고 주장한다. 또한 '세속도시 신학'은 그 새로운 사회질서가 인간으로 하여금 역사를 책임지고 미래를 창조하도록 인간을 해방시킨다고 주장한다.

패싱은 그 신학 동향들이 '하나님의 죽음 너머로' 나아가는 데 진정으로 성공했든지 그렇지 않든 간에, 그 신학 동향들 사이의 공통 요인이 있다고 밝힌다. 그 공통 요인은 기술 도시가 인류의 새로운 환경이 되었고, 따라서 그런 맥락에서 신학이 이루어질 수밖에 없음을 점점 더 인정한다는 것이다. 인간의 경험에서 근본 변화가 있었다면, 이는 현대 기술의 출현에 의해 일어난 사회 변동에 긴밀하게 연결되어 있다. 그래서 패싱은 이처럼 1960년대 말과 1970년대 초에 기술이 신학에서 지배적인 주제로서 나타났다면,

엘륄은 신학과 기술에 대한 저작을 통해 현대의 신학적 관심과 관련하여 중요한 선구자와 예언자로서 특징지어진다고 주장한다. 그런 선구적 저작과 그 저작의 깊이와 넓이에 힘입어, 현대의 신학 공동체가 미래를 위한 자체의 의제를 수립하려고 시도할 때, 엘륄은 반드시 다루어질 수밖에 없는 신학적 인물이 된 것이다.[158]

현대 신학에 대한 엘륄의 기여

패싱은 현대 신학에 대한 엘륄의 기여는 분명히 엄청나다고 주장한다. 특히, 몇십 년에 걸쳐 이루어진 포괄적인 역작으로서 엘륄의 저작은 기술 사회에 대한 철저한 사회학적 분석에서 최고조에 달한다. 그런 분석이 이루어진 것은 우리 기술 문명에서의 인간의 자유를 직접 드러내기 위함이다. 또한 그런 분석이 이루어진 것은 미래와 관련된 윤리적이고 신학적인 논제들을 직접 드러내기 위함이다. 특히, 엘륄은 우리가 살고 있는 새로운 기술 환경에 대해 묘사한다. 엘륄의 묘사에 비추어보면, 그런 사실을 인식하지 않은 채 이 시대의 영향 가운데 어떤 적절한 방식으로 앞으로 나아가는 신학을 상상하기란 어렵다. 따라서 더는 자연이나 역사와 관련하여서가 아니라 기술과 관련하여 신학적 성찰이 정립될 수밖에 없다. 그런데, 인간의 새로운 언어를 우리에게 제시하는 것은 바로 기술이다. 따라서 장래의 신학 의제에 대한 엘륄의 가장 중요한 기여는 그 자신이 제기하는 문제들에 대해 제시하는 해답들이 아니라, 그 문제들 자체이다. 물론, 그가 제시하는 해답들이 하찮은 것은 아니다. 그런데, 그는 그 해답들을 해결책으로 여기지는 않는다. 하지만 신학적 성찰과 윤리적 고찰을 위해 기술 문제를 적절히 제기하는 방법을 우리에게 알려준다. 결국, 인간의 탁월한 능력은 우리 세상에 대한 문제를 제기하는 능력에 있고, 모든 것이 가능하고 새롭게 만들어지는 새로운 세상을 상상하는 능력에 있다는 것이다.[159]

패싱에 따르면[160], 기술 사회의 출현에 대한 엘륄의 신학적 반응을 이해하려면, 엘륄이 바르트와 관련된 변증법적 신학 전통으로 향한다고 여기는 것이 중요하다. 엘륄은 성서의 도처에서 나타나는 주목할 만한 변증법을 표현하는 바르트의 신학의 균형을 존중한다. 성서적 변증법은 세상에 대한 하나님의 말의 '부정'과 '긍정'을 둘 다 선언한다. 그런 성서적 변증법은 예수 그리스도의 죽음과 부활에서 완전히 표현되는 변증법 속에서 하나님의 심판과 은총을 둘 다 제시한다. 엘륄의 관점에서, 현대 신학이 받는 유혹은 '부정'과 '긍정'의 그 지속적인 변증법과 결별하고 그 변증법을 역사에 대한 이원론적인 해석으로 변질시키는 것이다. 그 해석에 따르면, 역사에서 세상에 대한 하나님의 심판이라는 '부정'은 예수 그리스도의 부활을 통한 세상에 대한 무조건적인 '긍정'에 의해 대체된다. 그런 일이 벌어질 때, 엘륄은 복음이 현재의 상황에 대한 이데올로기적인 자기 정당화가 된다고 경고한다. 그러한 역사적 이원론을 통해, 변증법적 통일성 속에서 결합될 수밖에 없는 것이 바로 분리된다는 것이다.

그 때문에, 엘륄의 신학적 접근을 알려주는 것은 바로 바르트의 변증법이다. 그렇지만 엘륄에게 그런 변증법적 접근은 세상을 판단하는 동시에 세상을 새롭게 하려고 세상과 관련된 복음을 제시하는 것이다. 따라서 그런 변증법적 접근은 복음이 실제로 존재하는 그대로의 세상에게 말을 거는 경우에만 효과적이다. 엘륄이 바르트의 신학에 대해 비판적인 것은, 주로 그런 관점에서 바르트가 그르치기 때문이다. 그래서 엘륄은 바르트가 현실과 실제 상황을 간파하는 데 실패했다고 주장한다.

결국, 바르트의 신학에 대한 엘륄의 반응은 바르트의 신학을 묵살하는 것이 아니다. 엘륄의 반응은 기술에 의해 형성되고 있는 그대로의 세상의 구체적 현실들과 관련되도록 바르트의 변증법을 제시하는 것이다. 이는 성서 계시와 신학적 성찰을 인간의 현재 상황에 대한 자세한 사회학적 분석과 대조시킴으로써 이루어진다. 즉, 엘륄에게 신학적 변증법은 성서와 사회학 사이의 대조로부터 가장 적절하게 나타난다. 그런 확신을 토대로, 엘륄은 '대조'라는 방법론을 확립한다. 한편으로, 그리스도인은 우리가 어디에 있고, 무엇을 하고 있으며, 어떤 행동 방향이 우리에게 열려있는지 알아내려 한다. 그러기 위해서는, 그리스도인은 완전한 현실주의 및 사고의 명확성과 더불어 세상에 대해 가능한 한 깊게 이해하기를 추구해야 한다. 다른 한편으로, 그리스도인은 성서적이고 신학적인 영역에서 자신의 지식을 심화시켜야 한다. 그런 대조를 통해, 그리스도인은 양립할 수 없고 모순된 동시에 분리할 수 없는 두 요소, 곧 복음과 세상을 체험한다는 것이다.

엘륄의 신학적 방법이 지닌 특별한 힘

클린드닌에 따르면[161], 엘륄의 신학적 전문 지식은 역사학자와 사회학자로서의 그의 탁월함에 비해 단지 부차적이다. 그럼에도, 엘륄은 많은 전문적인 신학자들에 필적하는 교회사와 교회 신학에 대한 정확한 지식을 구사한다. 즉, 그의 신학적 저작이나 성서 주석을 읽어 보면, 그를 자신의 전문 지식 영역에서 벗어나서 헤매는 초보 신학자로 일축할 수 없음이 드러난다. 따라서 클린드닌은 엘륄이 현대 신학에 진정으로 공헌을 했다고 하면서, 엘륄의 신학적 방법이 지닌 특별한 힘을 네 가지로 든다.

첫째, 엘륄의 신학적 방법에는 소크라테스의 산파술 방법 같은 특징이 있다. 즉, 그는 자신의 신학적 저작이나 성서 주석을 통해 독자에게 무언가를 알려주려 할 뿐 아니라, 독자로 하여금 개인적인 대화에 참여시키려 한다. 따라서 그의 목표 중 하나는 독자로 하여금 그와 더불어 소통하게 만드는 것이고, 독자가 읽은 것과 관련하여 개인적 결단을 하게 만드는 것이다. 결국, 그의 신학적 저작이나 성서 주석의 목적은 독자에게 개인적 성찰이라는 반응을 불러일으키는 것이고, 그리하여 독자로 하여금 어떤 행동 경로를 선택하게 만드는 것이다.

둘째, 신학에서의 엘륄의 지상 과제는 상호 비판적인 변증법 속에서 세상과 복음을 마주치게 하고 그 둘의 상관관계를 보여주어야 할 필요성이다. 그에게 세상과 복음은 결코 분리될 수 없다. 따라서 그의 연구 전체는 두 가지 연구 방향과 더불어 그러한 관심을 입증하고 있다. 즉, 하나는 현대 세상에 대한 이해를 중심으로 하는 연구 방향이고, 또 다른 하나는 성서에 대한 이해를 중심으로 하는 연구 방향이다. 그는 신앙과 세상 사이의 역동적이고 건설적인 변증법에 관여하기를 원한다. 즉, 그에게는 세상이 없으면 신앙도 없다.

셋째, 엘륄은 신학이 다음 같은 목적에 이바지해야 함을 유념하도록 우리에게 요구한다. 즉, 실제적이고 실존적이며 윤리적인 목적, 곧 그리스도인으로 하여금 현대 세상에 영향을 주는 특별한 삶의 방식을 만들어내도록 돕는다는 목적이다. 이는 그가 기독교를 윤리로 한정시킴을 결코 의미하는 것이 아니라, 그가 순전히 학문적 연습에 불과한 신학을 무시한다는 것이다. 그에게 신학의 최종 목적은 실제적이고 윤리적인 방향을 중심으로 삼는 것이다. 그가 자신의 교파에서 신학 교육을 개혁하는 데 개입한 것은 그런 점을 분명히 보여준다. 따라서 목회자 양성 교육과 관련된 그의 주된 관심사 중 하나는 이론과 삶이 서로 마주쳐야 한다는 것이다. 다시 말해, 단순한 학문적 훈련을 통해서는 자질이 없는 목회자가 양성된다는 것이다.

넷째, 엘륄은 신학과 현실을 결부시키기를 열망한다. 엘륄에 따르면, 정말로 중요한 것은 압제와 '필연성'의 세상에서의 소망과 자유의 가능성이다. 신학이 그런 실존적 관점을 상실하면 존재 이유를 저버리게 된다. 그에게 신학의 목적은 길거리의 사람에게 그런 소망과 자유를 전하는 것이다. 그의 작업은 그런 선물이 우리에게 주어진 것을 알면서 우리로 하여금 막다른 골목으로부터 나오도록 도우려는 시도이다. 그리스도인은 하나님이 우리와 함께 우리를 위해 있으며 진정한 소망과 자유가 정말로 가능함을 궁극적으로 입증해야 한다. 이를 전하는 것이 신학의 과업이라는 것이다.

5장 나오는 말

　엘륄의 신학 사상의 특징은 이렇게 요약된다.
　첫째, '현실'과 '진리'는 특유의 변증법적 방식을 통해 결합되고 통일된다. 진리 자체인 예수 그리스도는 자신의 성육신이 현실 세상에서 진리의 통로임을 인식시키고, 자신의 죽음과 부활이 바로 진리의 승리임을 인식시킨다. 이때 진리와 현실은 공존하면서 새로운 창조를 통해 통일되고 결합된다. 그럼으로써, 진리인 예수 그리스도의 승리가 현실에 드러나고, 결국 현실도 진리의 영역에 속하게 된다.
　둘째, '종교적 신심'과 '참된 신앙'이 구별되듯이, '종교'는 '계시'에 대립된다. 종교는 늘 힘의 형태로 표현되고, 사람들은 좀 더 많은 힘을 가지려고 하나님을 개입시킨다. 그와 반대로, 하나님의 계시는 인간을 '비무력'의 방향으로 이끌고, 인간이 지배 수단들을 포기하는 방향으로 이끈다. 또한 '참된 신앙'은 예수 그리스도의 계시에 해당하는 반면에, '종교적 신심'은 종교적인 것과 비(非)기독교적 체험을 근거로 하는 온갖 태도에 해당한다.
　셋째, 이 시대의 현상으로서 하나님이 인간으로부터 돌아서서 침묵하며 하나님의 '말'이 그 자체로서 더는 선포되지 않는 '하나님과의 단절'이 제시된다. '하나님과의 단절' 시대에서, 소망은 하나님의 거부와 침묵과 돌아섬 앞에서의 인간의 확고부동한 요구이면서 하나님에게 전해지는 도발이어야 한다. 그리고 진정한 기도는 하나님이 우리에게 돌아와 다시 말하도록 요청하는 끈질기고 투쟁적인 기도가 되어야 한다.
　넷째, '예수 그리스도 안에서의 자유'만이 참된 자유이다. 자유는 인간으로서 유일하게 진정으로 자유로운 예수 그리스도 안에서 얻어진다. 자유로운 인간은 타인을 사물로써 소유하려고 애쓰지 않는 탐욕이 없는 존재이다. 또한 자유로운 인간은 하나님과 함께하고자 하는 갈망만을 가지고서 기꺼이 자신을 내어주면서 살아가는 존재이다.

다섯째, 그리스도인이 자유를 체험해야 하는 것은 세상 속에서이다. 세상에는 정치적 참여, 종교적 자유, 노동, 여성적 가치와 같은 그리스도인의 자유가 구체적으로 적용되는 영역들이 있다.

여섯째, 그리스도인에게 새로운 삶의 방식의 창조가 필요하다. 그런 삶의 방식을 추구하는 일은 반드시 그리스도인들 사이의 연계된 행위여야 한다.

일곱째, 하나님은 '섭리'로서 역사에 개입하지 않는다. 모든 것을 예견하고 행하며 어디서든 개입하는 것인 '섭리'와는 다르게, 하나님은 일시적으로 개입하거나 인간에게 상황이 지나치게 악화될 때 개입한다. 역사가 진행되는 가운데 하나님은 인간이 자유롭게 행하도록 내려버 두지만, 어떤 순간에는 개입한다는 것이다. 하나님의 그런 개입은 인간의 요청 없이는 이루어지지 않고, 인간과의 협력과 동의하에 이루어진다.

여덟째, 구원은 늘 모든 사람을 위한 것이며 은총에서 나온 것이라는 '보편구원론'이 근본적으로 성서적일 수 있다. '보편구원론'은 하나님을 만날 어떤 기회도 얻지 못한 채 재난 가운데서 지내는 사람들을 거절할 수 없는 하나님을 표현한다. 따라서 예수 그리스도에 대한 지식과 고백이 본질적인 것이라고 믿는다고 하더라도, 이는 구원에 필요한 것이 아니다. 그렇다고 해서, '보편구원론'이 절대적 진리나 교리적 주장으로서 선포되지는 않는다.

아홉째, 성서는 하나님의 말과 기계적으로 동일시되지는 않지만, 성서에 나오는 하나님의 말은 절대적이고 근본적이며 근원에 닿아 있다. 비록 성서 텍스트에는 인간적 요소가 드러나고 부각되지만, 이는 하나님이 인간에게 말하고 인간은 자신의 수단과 한계와 문화를 가지고 하나님의 말을 번역하고 기록한 것이기 때문이다. 그 때문에, 성서는 하나님의 말 속에서 태동할 수밖에 없다. 즉, 기록된 텍스트가 새로이 말해지고 성령이 와서 다시 살아난 그 말의 진리를 보증해 줄 때, 성서는 하나님의 말이 다시 될 수 있다. 성서의 각 권에는 나름대로 독특한 특성과 유일한 진리가 있으므로, 성서 전체의 아무 데서나 들어맞을 수 있는 '줄거리'를 성서의 각 권에서 끌어내지 말아야 한다. 즉, 성서를 전체적으로 볼 때 드러날 수밖에 없는 모순과 결함을 없애려고, 성서 전체를 체계화하거나 논리적으로 연결하려고 하지 말아야 한다. 인간에게 파악되지 않는 초월자인 하나님은 인간에게 도저히 이해될 수 없다. 그러므로 하나님은 인간에게 이해될 수 있도록 인간의 수준으로 내려와서 어떤 문화나 삶의 방식을 가진 인간에게 적응한다. 개인적으로는 물론 집단적인 역사 속에서 인간과 동행하는 하나님이 행하는 모험의 궁극적인 지점은 예수 그리스도의 성육신이다. 그러한 하나님이 인간과 함께하며 나아가는 것을 담은 책, 곧 인간과 함께하는 하나님의 역사를 담은 책이 성서이다.

그러한 특징들을 지닌 엘륄의 신학 사상에 대한 평가는 주로 이렇게 이루어진다.

첫째, 엘륄은 자신의 신학 사상을 통해 자신이 하나님의 사람이자 그리스도인임을 드러낼 뿐 아니라, 시대의 '예언자'로 간주된다는 것이다. 엘륄에게 예수 그리스도의 부활과 승천은 죽음의 승리자인 예수 그리스도에 대한 확신을 주는 동시에, 영생에 대한 확신을 준다. 또한 확신과 행동으로서의 기독교, 그리고 십자가에 못 박히고 부활한 세계의 왕 예수 그리스도는 엘륄의 신앙의 실존적인 토대이다. 엘륄에게 그리스도인의 예언자적 역할은 사회에 다가올 위험을 알리고 경고하는 것이다. 따라서 예언자로서의 엘륄의 목적은 현대의 상황에 대해 '전적 타자'인 하나님의 말을 묵상함으로써, 우리에게 도전하고 우리의 방향을 바꾸게 하며 우리에게 동기를 부여하는 것이다.

둘째, 무엇보다 '소망'에 기반을 둔 엘륄의 신학 사상은 그리스도인과 이스라엘 사이의 일치와 연합을 지향한다. 엘륄에게 하나님은 죽지 않은 것과 마찬가지로 스스로 먼저 침묵하는 것도 아니다. 하나님이 침묵하는 것은 인간이 기술적 현실 속에 틀어박혀 하나님으로부터 돌아서 있기 때문이다. 따라서 엘륄의 신학 사상은 하나님을 부정하며 "하나님이 죽었다."라고 선언하는 '하나님의 죽음 신학'에 맞서려는 것이고, '하나님의 부재 신학'을 극복하려는 것이다.

셋째, 현대 신학에 대한 엘륄의 기여는 엄청나며, 현대 신학에 진정으로 공헌을 한 그의 신학적 방법에는 특별한 힘이 있다는 것이다. 즉, 그의 신학적 저작이나 성서 주석의 목적은 독자에게 개인적 성찰이라는 반응을 불러일으켜, 독자로 하여금 어떤 행동 경로를 선택하게 만드는 것이다. 또한 신학에서의 그의 지상 과제는 상호 비판적인 변증법 속에서 세상과 복음을 마주치게 하고, 그 둘의 상관관계를 드러내는 것이다. 따라서 그는 신학과 현실을 결부시키기를 열망한다. 그에게 신학의 목적은 그리스도인으로 하여금 현대 세상에 영향을 주는 특별한 삶의 방식을 만들어내도록 돕는 데 이바지하는 것이며, 소망과 자유를 전하는 것이다.

엘륄의 사상 전체는 사회학적 측면과 신학적 측면으로 뚜렷이 구별되면서도, 두 측면이 하나의 전체를 이루면서 통일성과 일관성을 유지한다. 그는 신학적 연구를 통해서는 현대 사회의 다양한 현상을 구체적으로 묘사하거나 분석할 수 없으며, 사회학적 연구를 통해서만 이 세상에 대해 고찰할 수 있다고 간주한다. 하지만, 그는 현대 사회를 영적으로 고찰하는 작업인 신학적 연구 없이는 현대 사회를 전체적으로 바라보고 연구할 수 없음을 확신한다. 즉, 사회 정치적 영역에만 단지 관심이 있다면, 대답과 출구가 없는 상황에 끊임없이 부딪힌다는 것이다. 따라서 그의 신학 사상은 기술 사상으로 대표되는 그의 사회학적 측면의 사상과 떼어 놓고 생각할 수 없다.

역사학자와 사회학자로서 제도사, 기술, 혁명, 선전, 정치 등과 관련된 엘륄의 탁월한 연구 업적에 비하면, 그의 신학 사상은 단지 부차적일 따름이라고 볼 수 있다. 그럼에도 그의 신학 사상이 주목을 받고 높이 평가되는 것은, 그 신학 사상이 그의 연구 업적 가운데 중심으로 평가되는 기술 사상과 밀접히 관련되기 때문이다. 물론, 그 신학 사상이 그의 기술 사상에서 제기되는 문제에 대한 해답이나 해결책으로 제시되는 것은 아니다. 그의 기술 사상에서 나타나는 주된 개념으로서 기술 체계는 전체성과 통일성을 지향한다. 기술 체계가 모든 활동을 포괄하고 자체의 고유한 논리를 갖고 있으며 모든 문화를 점진적으로 동화시키는 전체적인 체계라면, 기술 체계와 관련된 변증법적 요인이 더는 없다는 것이 문제이다. 이처럼, 기술 체계가 전체적이라면 변증법적 요인은 기술 체계를 벗어난 외부에 존재해야 하는데, '초월자'만이 기술 체계 외부에 있을 수 있다.

특유의 신학 사상을 바탕으로 하는 엘륄의 기독교 신앙은 기술 체계 밖에 존재하고 닫힌 세상에 돌파구를 열 수 있는 초월적인 하나님과 하나님의 계시에 따른다. 그 때문에, 그에게 기독교 신앙은 기술적인 지배에 저항할 수 있는 유일한 힘이다. 그리고 예수 그리스도 안에서의 해방이야말로 인간이 자신의 결정지어짐과 소외로부터 해방되는 것이다. 그러므로 예수 그리스도의 하나님은 인간을 참된 자유로 이끌 수 있는 유일한 존재이다. 인간이 예수 그리스도 안에 있다면, 기술의 신성함을 더는 숭배하지 않고 기술의 신성함을 떨어뜨리면서, 기술 사회에서 계속 살아갈 수 있다. 즉, 인간이 도구들을 섬기는 대신 이 도구들을 인간을 위해 사용할 수 있고, 인간에게 유용하지 않은 도구들 없이도 살아갈 수 있다. 엘륄은 각각의 신학적 저작의 말미에서 독자에게 다음 같은 인간 자신의 책임을 떠올리게 한다. 즉, 인간은 예수 그리스도에 의해 해방되게 되어 있다는 것이다. 또한 인간은 기술 사회의 모든 우상에 대해 그 신성함을 떨어뜨리는 길로 들어가게 되어 있다는 것이다. 그리고 인간은 자신의 삶의 방식을 통해 모든 희망과 절망을 넘어서는 소망을 증언하기로 되어 있다는 것이다.[162]

엘륄이 언급하듯이[163], 결국 우리는 개인적인 혹은 사회적인 혹은 도덕적인 맥락에 따라서 뿐만 아니라, 종말론적 실재에 따라 우리의 행위와 결단을 선택해야 한다. 우리는 오직 그런 선택을 함으로써만이, 우리가 '소망하는' 하나님 나라가 우리의 일을 통해 어느 정도 우리 가운데 실현되고 있음을 말할 수 있다. 바로 그것이 결정적이다. 왜냐하면 우리는 예수 그리스도의 재림을 소망하고, 예수 그리스도의 통치가 확립되기를 소망하기 때문이다.

제 4 부

자크 엘륄의 인격주의 운동과 혁명적 기독교

Exister,
c'est
résister.

1장 들어가는 말

자크 엘륄은 오늘날 우리 문명에서 기술은 조금도 제한되지 않고 모든 분야로 확장되며, 인간의 모든 활동을 포괄한다고 주장한다. 그래서 그는 현대 사회의 열쇠를 기술적 요인에서 찾아야 함을 보여준다. 또한 그는 기술 현상이 삶의 다른 모든 면을 재구성하고 인간 자신을 점차 개조하는 현대 사회의 결정적인 요소라고 밝힌다. 그러므로, 기술은 자체의 특성들을 통해 중립적 실체가 더는 아니다. 기술은 신성한 힘을 부여받은 비인격적인 권세가 됨으로써, 인간은 기술을 신뢰하고 숭배대상으로 삼는다. 인간은 기술을 통제할 수도 제한할 수도 없고, 심지어 기술의 방향을 설정할 수도 없다. 따라서 기술은 정치나 경제보다 더 사회의 결정 요인이 된다. 기술 세계는 인간에게 하나의 환경이 되어버림으로써, 인간은 그 기술 환경 속으로 들어가 거기에 통합된다. 그러한 인간이 무엇을 보거나 혹은 무엇을 사용하든지 그것은 기술적 대상이다. 특히, 인간은 안락과 효율성을 위해 만들어진 그 기술 환경에 따라 사고한다.

그런데, 기술은 우리 시대에 주요 요인이나 혹은 결정 요인이 되는 데 그치지 않는다. 이제 기술은 무질서와 불합리와 비일관성을 사회에 유발하고 사회적 환경을 위태롭게 하는 '체계'가 된다. 스스로 생성되는 맹목적인 체계는 어디로 가야 할 지도 모르고, 자체의 잘못을 바로잡지도 못한다. 더구나 자기 뜻대로 기술을 사용하고 통제한다고 자부하는 인간 자신도 기술적 대상이 되어버린다. 그럼으로써, 인간은 사실상 기술을 더는 통제하지 못하고, 기술 체계 속에 편입되어 기술 체계에 완전히 종속된다. 특히, 기술은 내적 조정 현상인 '피드백' 현상을 박탈당한다. 그러한 기술은 근본으로 돌아가 체계의 여건을 변모시킬 수도 없고, 자체의 오류를 바로잡을 수도 없다. 그런 상황에서 인간만이 기술의 잘못된 방향을 바꾸기 위해 개입할 수 있다. 하지만 인간은 어떤 것이 가능하면 그것을 실현해야 한다는 원리에서 벗어나지 못한다. 다시 말해, 인간은 기술이 존재하면 그 기술을 사용한다는 원리에서 벗어나지 못하기에 실제로 그렇게 하지 못한다. 이처럼, 기술 체계 속에서 기술적 요인에 의해 변화되는 인간은 기술을 이용하기보다 기술을 섬기는 존재가 된다.[1]

엘륄에 따르면[2], 기술 체계가 그 속에 자리 잡는 기술 사회와 관련된 거짓 이데올로기는 인간을 해방시키는 데 있어 인간에게 필요한 것으로서 기술 사회를 제시한다. 그뿐 아니라, 그 거짓 이데올로기는 인간의 집단적이고 개인적인 모든 문제의 유일한 해결책으로서 기술 사회를 제시하면서, 기술 사회가 인간에게 받아들여지는 것을 정당화한다. 기술적 진보를 통해 이루어진 엄청난 기술적 혁신은 매혹적인 담론에 기반을 두고 있다. 그 담론의 목적은 인간을 현혹하여 기술에 더 잘 적응시키기 위해 기술에 대한 인간의 저항을 무력화시키는데 있다.

기술 담론이 은폐하려는 기술의 다양한 측면 중 하나는 기술적 진보의 '양면성'이다. 즉, 기술적 진보는 극심한 환경 파괴와 극도의 사회적 속박이라는 대가를 치른다. 더욱이, 기술적 진보는 기술적 진보 자체가 해결하는 환경 문제보다 훨씬 더 심각한 환경 문제를 불러일으킨다. 그렇지만 기술적 진보는 계속 커질 뿐 아니라, '혁신'이라는 개념을 통해 특히 정치 분야와 경제 분야의 담론에서 끊임없이 과대평가된다. 기술 담론이 은폐하려는 기술의 측면 중 다른 하나는 '예측 불가능성'이다. 오늘날 기술 체계가 너무도 복합성을 띠고 있는 나머지, 불가항력의 재난을 당하고 싶지 않다면 반드시 모든 것을 예측해야 한다. 그런데, 그렇게 반드시 필요한 예측 가능성은 특히 정보의 과잉으로 불가능하고, 불확실성이 지배한다. 따라서 최악의 상황이 가능해지고 심지어 그 가능성이 충분해진다.

그럼에도, 엘륄은 기술 사회에 대해 가차 없이 필사적으로 비판하는 것이 아니다. 다만 그는 현대인이 무분별한 기술적 성장을 정당화하는 기술 담론의 현혹에 빠져드는 것을 경고할 따름이고, 현대인을 그런 현혹에서 벗어나게 하려고 애쓸 따름이다. 따라서 그에게는 기술 담론에 대해 비판적 거리를 유지하는 것이야말로 인간의 유일한 자유이다. 그런 자유는 인간으로 하여금 앞으로 다가올 엄청난 전 세계적 혼란에 대비할 수 있게 하는 특별한 자유이다. 그런데도, 기술 체계가 너무도 발달한 나머지 모든 사람이 모든 활동 분야에서 결국 기술의 요구에 순응한다. 그뿐 아니라, 모든 사람이 기술이 결국 인간을 해방시킨다고 믿을 만큼, 기술을 신성시하고 기술에 과도한 중요성을 부여한다. 기술에 대한 엘륄의 그러한 관점에서 출발하여, 제4부에서는 엘륄이 이끈 인격주의 운동, 현대 사회에서의 진정한 혁명의 모색, 엘륄이 제시한 '혁명적 기독교'를 중심으로 살펴볼 것이다.

엘륄은 젊은 시절인 1930년대에 당시 매우 격동적인 사회 정치적 상황과 맞물려 인격주의 운동에 뛰어든다. 그는 이 운동을 기독교적 토대 위에서 시작하여 이 운동을 치열하게 이끌고 전개해 나간다. 그는 프랑스 남서부 지방을 중심으로 인격주의 운동 소그룹들을 결성하여 이 소그룹들을 중심으로 활발한 운동을 펼치면서, 개인과 집단의 철저한 변화를 통해 사회의 근본적 변화를 시도한다. 엘륄의 그러한 인격주의 운동과 관련하여, 1930년대 프랑스에서의 인격주의 운동의 흐름과 인격주의 운동 집단들을 알아볼 것이다. 또한 엘륄이 적극적으로 참여한 인격주의 운동 단체들에 대해 파악해 볼 것이다. 그리고 엘륄이 주도한 혁명적 인격주의 운동의 특성 및 엘륄의 인격주의 운동의 토대가 된 이론들을 살펴볼 것이다.

다음으로, 전통적 혁명에 대해 엘륄은 어떤 견해를 밝히는지, 그리고 엘륄이 제시하는 현대 기술 사회에서의 '필요한 혁명'이 무엇인지 고찰해 볼 것이다. 또한 현대 기술 사회에서 혁명 대신 엘륄이 언급하는 소위 '반란'이 가능한지, 그리고 그가 현대 기술 사회에서 가능한 새로운 혁명을 어떻게 모색하고 있는지 알아볼 것이다. 마지막으로, 엘륄이 제시하는 '혁명적 기독교'를 중심으로, 현대 세상에서의 혁명적 상황이 어떠한지 살펴보고, 그런 혁명적 상황에서 그가 권고하는 그리스도인의 혁명적 자세가 무엇인지 파악해 볼 것이다.

2장 엘륄의 인격주의 운동

| 프랑스 인격주의 운동의 흐름

프랑스에서 1930년대에 전개된 인격주의 운동은 1920년대 말부터 등장한 인격주의 운동 집단 및 이때부터 간행되기 시작한 인격주의 운동 관련 잡지 전체를 지칭한다. 제1차 세계대전을 겪고 난 이후 황폐된 유럽 사회에서 1930년대는 파시즘의 등장과 히틀러의 정권 장악 등 사회적으로 정치적으로 격변기에 해당한다. 인격주의 운동에 참여한 이들은 당시 사회의 총체적 위기를 감지하고서, 인격주의적 관점과 기준에서 그 위기에 대한 해결책을 찾으려고 한다.

프랑스 인격주의 운동은 대체로 세 가지 흐름으로 나누어진다. 첫 번째 흐름은 에마뉘엘 무니에의 주도로 1931년부터 간행된 잡지 『에스프리』를 중심으로 이루어진 활동이다. 오늘날 1930년대 인격주의 운동은 그 흐름으로 한정되는 경향이 있다. 두 번째 흐름은 잡지 『로르드르 누보 L'Ordre Nouveau』를 중심으로 이루어진 활동이다. 이 잡지는 아르노 당디외 Arnaud Dandieu의 이론적 고찰에 근거한 자료집을 토대로 알렉상드르 마르크 Alexandre Marc의 조직적 추진력으로 만들어진다. 그 흐름은 주도 인물의 죽음으로 1933년에 갑자기 중단된다. 세 번째 흐름은 장 드 파브레그 Jean de Fabrègues와 티에리 몰니에 Thierry Maulnier를 중심으로 지식 청년층에 의해 1934년까지 이루어진 활동이다. 에마뉘엘 무니에는 그 흐름을 '청년 우파'라고 부른다.[3]

1930년대 프랑스 인격주의 운동가들은 당시 미국의 발전과 변화, 그리고 미국화되어 가는 유럽 문명을 감지한다. 그래서 인격주의 운동의 관점과 기준에서, 그들은 미국 문화 생활방식의 모방 및 이른바 '미국화'에 대해 신랄하게 비판한다. 당시 인격주의 운동가들의 공통점은 문명의 위기를 심각하게 느꼈다는 것이다. 다시 말해, 그들은 인간이 자신의 사회 환경이나 혹은 자연환경과 맺는 관계에서 인간 존재의 모든 면을 위태롭게 하는 총체적 위기를 느낀다. 거기서부터 출발하여 '미국화'에 대한 그들의 비판적 견해는 두 가지 축에 따라 전개된다.[4]

첫 번째 축은 '생산제일주의', '경제지상주의', '물질주의'라는 세 단어에 초점이 맞추어진다. 우선, 미국 사회에 대한 비판은 생산제일주의 사회에 대한 비판으로 나타난다. 생산제일주의 사회에서 인간의 노력은 가차 없이 언제나 더 빠른 리듬에 따라 균형을 일정하게 유지하는데 온통 바쳐진다. 그런데, 그 균형은 소비하는 것보다 더 많이 생산하고 생산하는 모든 것을 소비하는데 맞추어져 있다. 다음으로, 그 비판은 경제지상주의 사회를 문제 삼는다. 경제지상주의 사회에서 인간은 소비하고 생산하는 기계, 곧 경제에만 매여 있는 일차원적 인간으로 전락한다. 그 외에는 인간에게 다른 존재 이유도, 다른 행복도, 다른 운명도 없다는 것이다. 마지막으로, 그 비판은 미국식 문명의 물질주의를 고발하는데 중심을 둔다. 미국 문화 생활방식의 모방이란 물질주의적 낙관주의이고, 과학 발전에 달려 있는 행복이며, 물질적 안락과 부로 요약되는 낙원이다.

두 번째 축은 '합리화', '규격화', '획일화'라는 세 단어를 중심으로 이루어진다. 당시 인격주의 운동가들에게 미국의 병폐 중 하나는 '합리화'라는 파괴적 움직임에 대한 극도의 예찬이다. '합리화'란 인간의 모든 행동을 미리 결정지어진 합리적이고 도식화된 기능에다 맞추는 것이다. 더욱이, 그런 '합리화'의 결과는 인간의 창조적 자유가 드러나는 것을 가로막는 인간 행동의 '규격화'로 나타난다. 그리고 그 '규격화'의 당연한 귀결은 '규격화'의 요구에 적응하기 위해 자신의 개성을 포기할 수밖에 없는 개인들의 '획일화'이다. 그런 '획일화'를 통해 개인이 사라지고, 개인 자신의 삶이 사라진다. 결국, 그러한 기계적인 생산제일주의 사회를 통해, 존재에 대한 소유의 우위, 개성에 대한 평범함의 우위가 확립된다. 또한 그러한 사회를 통해 책임감에 대한 무책임의 우위, 구체적 '인격' la personne에 대한 대중과 추상적 개인의 우위가 확립된다.

| 인격주의 운동에의 참여

인격주의 운동과의 만남

1930년대에 엘륄은 샤르보노와 함께 인격주의 운동을 활발하게 이끈다. 젊은 시절에 그들이 인격주의 운동에 적극적으로 뛰어든 것은 매우 격동적인 당시의 사회 정치적 상황과 무관하지 않다. 그들은 파시즘의 등장과 히틀러의 정권 장악 같은 정치적 격변기라는 상황 때문에 정치에 사로잡힐 수밖에 없었다. 물론, 그들은 그런 상황에서 정치적 방향을 분명히 정해야 하는데도, 맹목적으로 어떤 진영에 가담하기를 거부한다. 그러면서, 그들은 자신들의 정치적 신념을 구현할 수 있는 다른 정치 노선을 모색한다. 그래서 그들은 일련의 사건을 겪은 후 반(反)파시스트주의 노선을 걷기로 결심한다.

특히, 히틀러가 권력을 잡고 비극의 시대가 닥쳐오기 시작한 1933년 이후 엘륄과 샤르보노는 정치에 깊이 관여한다. 1934년에는 프랑스에서 최초로 대규모 파시스트 폭동이 일어나자, 그들은 파시스트 쿠데타의 위험에 맞서 싸우려고 파리에 모인 군중에 합류한다. 1935년에는 이탈리아가 에티오피아를 침공함으로써 최초의 반(反)파시스트 운동이 일어나자, 그들은 이 운동에도 적극적으로 참여한다. 또한 프랑스 정부가 이탈리아를 지지하도록 강요하는 대규모 우익 파업이 일어난다. 그들에게는 그 우익 파업에 맞서 싸울 별다른 수단이 없지만, 이에 맞선 여러 투쟁에 참여한다. 그리고 그들은 '인민전선'[5]에 참여하고, 스페인 내란이 일어나자 거기서도 모종의 역할을 담당한다. 따라서 그들에게 그 기간은 매우 격렬한 정치적 활동기

가 된다.[6]

　자신들의 그러한 혁명 의지를 어디에 연결시킬지 찾던 엘륄과 샤르보노는 프랑스 남서부 지역에서 '남서부 인격주의 운동 그룹'이라는 소그룹을 결성한다. 그와 동시에, 그들은 과학적이고 기술적인 진보 때문에 초래되는 온갖 변화와 문제를 고찰하고자, 정기간행물을 펴내는 클럽과 토론 그룹을 만든다. 그들은 그런 활동을 활발히 전개해 나가던 중, 가톨릭 성향의 인격주의 운동에 가담한다. 그 운동은 당시 인격주의 운동 지도자 에마뉘엘 무니에의 주도로 간행된 잡지『에스프리』를 중심으로 이루어진다. 그들은 그 인격주의 운동 모임에서 여러 인격주의 운동가들을 만난다. 그들은 그 운동가들이 프랑스 남서부 지역에서 결성한 소그룹에서 자신들이 이미 행한 현대 사회에 대한 비판과 마찬가지의 비판을 하고 있음을 발견한다. 특히, 그 운동가들에게는 반(反)자본주의적인 혁명적 비판을 통해 당시 좌파나 우파 모두에게 있던 사회에 대한 순응적 태도를 넘어서려는 열망이 있었다. 따라서 그 운동가들의 주된 목표는 '인격'에 바탕을 둔 공동체를 만드는 것이었다. 그 운동가들에게 '인격'이란 자신의 독특성이 풍부할 뿐 아니라 세상에서 자신의 소명을 의식하는 개인을 가리킨다.[7]

　이처럼, 샤르보노와 함께 1930년대 비(非)순응주의자들의 인격주의 운동에 참여한 엘륄은 이 운동을 기독교적인 토대 위에서 시작한다. 하지만 그들의 정치적 입장은 어렵다. 이는 그들이 스탈린주의자도 아니고 파시스트도 아니며, 자유로운 자본주의를 지지하지도 않기 때문이다. 그래서 그들은 그런 어려움을 이기고 그런 모순을 극복하기 위해 노력한다. 엘륄에 따르면[8], 매우 풍성한 모임으로 이루어진 대단히 열정적인 인격주의 운동은 모든 것이 새로운 하나의 철학이다. 따라서 인격주의 운동은 19세기의 부르주아에게 깊이 박힌 개인주의를 거부하면서도 집단주의를 거부한 철학이다. 인격주의 운동에서는 인간 존재를 '인격'이라고 여긴다. 이 말은 인간이 경제적인 존재인 동시에 영적인 존재임을 의미한다. 다시 말해, 사회가 전적으로 그러한 개성을 개발시키고 소외를 거부하는 쪽으로 구성되어야 한다고 믿는 것이다.

『에스프리』 인격주의 운동과의 결별

엘륄과 샤르보노가 잡지 『로르드르 누보』를 중심으로 한 인격주의 운동과 관계를 맺게 된 이후, 잡지 『에스프리』를 중심으로 한 인격주의 운동과는 비판적인 거리감을 두기 시작한다. 물론, 그들은 『에스프리』 인격주의 운동의 가톨릭 성향에도 불편함을 느끼고, 『로르드르 누보』 인격주의 운동의 계획경제 정신에도 동의하지 않는다. 하지만 『로르드르 누보』 인격주의 운동은 아주 구체적인 관점을 지니고 있다. 예를 들어, 『로르드르 누보』 인격주의 운동은 당시에는 아주 새로운 최저소득 보장 문제를 논의할 정도이다. 따라서 『로르드르 누보』 인격주의 운동이 더 구체적인 혁명적 개입 의지와 혁명적 활동 의지를 나타내는 듯이 보이기 때문에, 그들은 『로르드르 누보』 인격주의 운동에 더 끌린다. 하지만 그 둘 사이에는 미묘한 차이만이 있을 따름이다. 예를 들어, 연방제는 『로르드르 누보』 인격주의 운동의 토대 중 하나이다. 반면에, 『에스프리』 인격주의 운동도 연방제를 권장하지만 이를 부수적 요소로서 권장한다. 또한 공동체적 요소는 『에스프리』 인격주의 운동에서는 본질적이지만, 『로르드르 누보』 인격주의 운동에서는 부수적이다. 그럼에도 결국 그들이 『에스프리』 인격주의 운동에 아주 가까이 가게 되는 것은 가톨릭 성향을 띤 이 운동의 영적 뿌리 때문이다. 그들은 『에스프리』 인격주의 운동을 기초부터 조직된 혁명 운동을 향하도록 밀고 나가면서, 이 운동의 방향을 변화시키려고 애를 쓴다.[9]

그런 노력에도 불구하고, 엘륄과 샤르보노는 그 운동의 방법에서 무니에와 심각한 견해 차이 때문에 무니에와 결국 결별한다. 즉, 혁명적 충격을 줄 수 있는 구체적인 운동을 만들어 나갈지, 아니면 잡지 『에스프리』를 통해 지식층이나 이념적인 사람들에게 제한적으로 세력을 펴 나갈지가 그들 사이의 논쟁거리가 된다. 엘륄과 샤르보노가 보기에, 『에스프리』는 파리 지식인들의 잡지로 남아 있을 따름이다. 특히, 엘륄과 샤르보노는 직접 민주주의를 실행할 지역 그룹들을 연방식으로 결집할 수 있는 진정한 혁명 운동을 전개하기를 원한다. 그 때문에, 그들의 관점에서 혁명 임무를 수행하려면 기존의 정치 정당이나 부패한 노동조합을 거부하는 것이 혁명의 출발점이다. 또한 그들은 개인과 집단의 변혁을 동시에 수행해야 하므로, 이러한 변혁은 자치적으로 조직과 전략을 고안할 능력을 갖춘 소그룹이 결성되는 상황에서만 일어날 수 있다고 생각한다. 그래서 그들은 효과적인 혁명 활동의 기반과 훈련에 도움이 되는 구성원들을 단체로 끌어들여 연합단체를 결성할 것을 주장하면서, 이런 지방단체를 여러 개 조직하여 활동한다. 하지만 지식층이 읽는 잡지 발간에 치중하는 무니에는 그런 연방단체의 결성을 절대 반대하면서 그런 방향을 단호히 거부한다.[10]

트루드 샤스트네에 따르면[11], 엘륄과 샤르보노가 자신들의 견해의 핵심으로 삼는 것은 바로 과학기술적 지배 앞에서의 정치의 무력함이다. 그 때문에, 그들은 인격주의 운동을 하면서 가장 무정부주의적이고 지방분권주의적이며 연방제적이고 자연보호적인 소그룹을 구현하는 데 힘을 쏟는다. 그렇지만 무니에와 근본적으로 의견이 엇갈림으로써, 결과적으로 그들은 1930년대 프랑스 사회에서 소수의 흐름으로 밀려난다.

혁명적 인격주의 운동

엘륄의 관점에서 혁명이란 근본적으로 사회를 변혁시키는 것이다. 그래서 그는 언론, 중앙집권화, 광고, 산업 조직 등과 같은 이 사회의 구조적 실재의 차원에서 우리가 행동해야 한다고 주장한다. 인간의 사고방식, 온갖 종류의 중앙집권화 구조, 인간의 경험 기준, 인간 상호 간의 관계가 변하지 않는다면, 혁명적인 것은 아무것도 이루어질 수 없다는 것이다.[12] 특히, 샤르보노는 현대 사회를 분석하고 경제와 기술 발전이 지닌 절대적 힘을 비판하면서, 20세기의 이데올로기와 근본적으로 다른 사회 조직 형태를 구상할 것을 제안한다. 더욱이, 그는 자연을 사랑하고 자유에 매료된 나머지, 더 많은 조직을 만들어내는 근원이자 자유를 더욱 제한하는 원천인 기술적인 진보를 경계한다. 따라서 엘륄과 샤르보노는 당시 미국식 생산방식인 '테일러 방식'[13]과 '포드 방식'의 원칙에 따라 구조화된 생산도구에 의해 초래된 심리적 장애에 대한 비판 및 미국 사회에 대한 비판에 초점을 맞춘다.

엘륄과 샤르보노는 『에스프리』 인격주의 운동과 결별하고 나서, 다음 같은 출발점에서 인격주의 운동을 시작한다. 즉, 혁명 활동을 수행하기 위해서는 현존하는 모든 모델, 곧 민주 정당이나 각종 연맹이나 전체주의 정당의 모델에서 벗어나야 한다는 것이다. 게다가, 일종의 근본적인 문화 혁명을 목표로 하는 한, 이미 부패한 노동조합 체제는 적합하지 않다는 것이다. 결국, 개인적인 동시에 집단적인 변혁을 이루어야 하고, 그 변혁에는 공동체적 방식만이 적용되어야 한다는 것이다. 그런 출발점을 토대로 엘륄과 샤르보노는 15명 내지 20명의 사람으로 이루어진 소그룹들을 결성한다. 그 소그룹들은 프랑스 여러 지역의 인격주의 운동 그룹과 연계된 '에스프리 보르도 그룹'이 된다. 그들은 그런 소그룹들을 더 결성하기 위해 프랑스 전역을 순회하기도 한다.

그 당시, 샤르보노는 개인적이면서도 집단적인 변혁에 초점을 맞춘 프로그램의 초안을 짠다. 그 프로그램에는 자체의 조직과 전략을 지역에 따라 각자 만들어낼 수 있는 소그룹들의 연방제적 공동체 방식이 적용된다. 그 새로운 공동체들은 자연과 접촉하면서 전혀 다른 인간관계에 토대를 둔다. 또한 그 공동체들은 인간을 소외시키고 인간성을 말살하는 사회에 대한 신빙성 있는 대안으로서 차츰 자체의 존재를 뚜렷이 나타낸다. '에스프리 보르도 그룹'은 절대 자유주의적 사상을 구체적으로 실천한다. 그뿐 아니라, 그 그룹은 전원과 자연 속에서 삶과 교제를 통해, 인간으로 하여금 구체적인 삶의 원천인 땅과 이웃과의 접촉을 유지시키는 데 힘을 쏟는다. 그래서 그 시기에 엘륄과 샤르보노는 선별된 소그룹으로 자연과 직접 접촉하면서 인격주의 사회의 모델을 실제로 구체적으로 체험하기 위해, 특히 개신교 대학생들과 더불어 피레네산맥에서 여러 번 캠프를 운영하기도 한다.[14]

그 소그룹 모임들이 근본적으로 중요한 것은, 한편으로 그 모임들이 파리식의 중앙집권화에 반대하기 때문이다. 다른 한편으로, 그 모임들이 잡지 『에스프리』나 『로르드르 누보』에서 제시된 의견이나 프로그램이 타당한지 구체적으로 검증할 수 있는 장이 되기 때문이다. 그 모임은 소수의 구성원으로 이루어지기 때문에, 그 모임들에서는 완전한 민주주의가 실현될 수 있다. 그래서 엘륄과 샤르보노는 그 모임들이 사회 정치적 창조와 혁신의 장이 되고, 더 나아가 경제적 창조와 혁신의 장이 되기를 기대한다. 왜냐하면 그러한 종류의 상당수 모임들은 기성 사회체제에 대한 일종의 대항 세력과 비밀 조직이 될 수 있기 때문이다.[15]

그와 같은 활동 방향을 중심으로 엘륄은 샤르보노와 함께 「인격주의 운동 강령」을 집필하여 당시 프랑스 남서부 지역의 인격주의 운동 그룹에 배포한다. 그들은 그 강령을 토대로 활발한 활동을 펼치면서, 개인과 집단의 철저한 변화를 통해 사회의 근본적인 변혁을 시도한다. 물론, 그 강령이 집필된 지 이미 80년 이상이 지났기에, 어쩔 수 없이 그 강령에는 현시대 상황이나 현대 사회에 정확히 잘 들어맞지 않는 부분이 있다. 하지만, 그 강령에는 우리 사회에서 여전히 적용하고 실천할 수 있는 상당히 많은 내용이 있음은 사실이다. 특히, 엘륄의 기본 사상 중 하나는 '기술의 중립성'이라는 개념을 근본적으로 문제 삼는 것이다. 기술적 진보이든, 과학적 진보이든, 어떤 진보를 통해 반드시 힘의 발달이 이루어지기 마련이다. 그런데, 그 힘을 통해 어떤 해방이 이루어지기는커녕, 그 힘을 통해 불균형이 초래되고, 그 힘은 통제할 수 없게 된다. 왜냐하면 그 힘은 중앙집권화와 '거대함' le gigantisme을 반드시 요구하기 때문이다. 그 강령에서 나타나듯이, 엘륄은 그런 과정과 관계를 단절하기 위해, 대형 공장, 대도시, 전체주의 국가, 광고 회사, 이윤, 군수산업에 맞서는 '문명 혁명'을 촉구한다.[16]

| 인격주의 운동의 이론적 토대

엘륄과 샤르보노가 치열하게 이끌어간 인격주의 운동의 이론적 토대를 열 가지 사항으로 요약할 수 있다.[17]

첫째, 현대성의 결정적인 요인은 기술이라는 점이다. 엘륄과 샤르보노는 현대 세상의 변화와 위기를 기술로부터 해석하도록 제안한다. 기술은 기계의 사용일 뿐 아니라, 도구들의 연결이고 일의 자동화이다. 기술은 지적 기술, 경제 기술, 정치 기술, 사법 기술, 기계공학 기술, 조직 기술, 통신 기술, 운송 기술 등과 같은 새로운 사회 기반을 형성하는 일련의 기술들을 집적하고 늘린 데서 생겨난 새로운 현상을 지칭한다. 효율성이 유일한 행동 기준이 된 사회생활의 그런 다양한 분야를 합리화함으로써 다음 같은 과정이 생겨난다. 즉, 그 과정에서는 사회 기반의 끊임없는 강화가 사회 정치적 영역의 지속적인 재조직과 더불어 이루어진다. 엘륄은 그런 가정을 더 깊이 연구하면서, 그 기술적인 역동성을 점점 더 사회 외적인 힘이 되어 가는 것으로서 분석한다. 그런데, 그 힘은 순전히 인과적인 발달에 의해 부추겨진다. 일례로, 경쟁으로 조장된 많은 발명을 통해 새로운 기술들이 생겨난다. 또한 그 기술들을 통해 새로운 방법들이 생겨나며, 이 방법들에 따라 새로운 연구들이 조장된다. 결국, 스스로 유지되는 그 기술적인 피드백 회로로부터 끊임없는 성장 현상이 생겨난다.

둘째, 기술에 대해 사고하고 비판하는 것은 '진보지상주의'와 '산업우선주의'를 문제 삼는 것으로 귀결된다는 점이다. 샤르보노는 다음 같은 확실한 진단을 내린다. 즉, 경쟁적인 정치 이론과 슬로건을 내세우고 이데올로기적 대립을 요란하게 내세우더라도, 자유주의 체제나 파시스트 체제나 공산주의 체제는 그 유사성이 명백히 드러난다는 것이다. 그 모든 체제는 진보지상주의 이데올로기를 사상체계의 중심으로 삼는다. 또한 그 모든 체제는 그 이데올로기를 정책 지침으로 삼는 동시에, 시민들에게 제시된 사회적 궁극목적으로 삼는다. 그 궁극목적은 생산력의 무한한 증가이다. 그리고 '산업우선주의'는 생산에 토대를 둔 사회 조직을 지향한다. 그 사회 조직은 노동에 대한 찬양, 정치경제적 중앙집권화, 인구의 중앙 집중, 기술적 하부구조의 거대함, 선전의 힘, 언론과 라디오와 영화 같은 대중매체의 힘을 전제로 한다.

셋째, 기술의 보편성을 통해, 이데올로기적으로 대립된 체제들의 유사성이 설명된다는 점이다. 이는 시카고, 파리, 로마 혹은 모스크바에서 대도시와 대형 공장 및 관료주의와 병존하는 '진보지상주의'의 실상이다. 자유주의를 능가한다고 자부하는 파시즘과 공산주의도 실제로는 자유주의의 실패에서 생겨난 것이다. 그렇기에, 샤르보노는 파시즘과 공산주의가 자유주의의 당연한 결말이라고 지적한다. 달리 말해, 그 체제들을 근접시키는 요소야말로 사람들의 눈길을 끄는 그 체제들 사이의 차이점보다 훨씬 더 중요하다는 것이다. 또한 샤르보노는 모든 정당과 모든 선진국에 공통된 진보에 대한 잠재의식적 절대 숭배를 비판하면서, 상품과 생산이 지닌 신성한 특성을 보여준다. 결국, 엘륄과 샤르보노는 자본주의나 파시즘이나 공산주의나 그 체제가 무엇이든 이윤이 사라질 수 없고 단지 소유주가 바뀔 따름이라고 이해한다.

넷째, 진보지상주의자들은 기술을 가치와 동일시함으로써, 진보를 신화로 변모시킨다는 점이다. 기계들의 발달을 통해 자유가 주어진다고 생각하는 것, 그리고 가치들이 기술력에 결부되어 있다고 생각하는 것은, 진보를 예찬하는 것이고, 기술에 의해 정해진 방향에다 우리의 자유를 내려놓는 것이다. 또한 과학 지식과 기술적인 실현이 증가함으로써 반드시 도덕적 진보가 이루어진다고 생각하는 것은, 단지 수단일 따름인 것에 확실한 목적을 부여하는 것이다.

다섯째, 기술을 통해 국가화, 관료주의 화, 프롤레타리아 화가 야기된다는 점이다. 「인격주의 운동 강령」의 독창성 중 하나는 자본주의 사회에서 힘이 있는 주체는 자본가가 아니라 행정 관료라는 점을 지적하는 것이다. 그 견해는 부르주아와 프롤레타리아 사이의 새로운 계급, 곧 기술전문가가 나타난다는 것이다. 그뿐 아니라, 그 견해는 현대 기술을 통해 일련의 새로운 실제 적용이 이루어지고, 전대미문의 가상적인 것이 개입한다는 것이다. 그 가상적인 것을 통해 사회는 숙명성의 세계로 변모되고, 인간은 그 계급이 무엇이든 프롤레타리아로 변모된다.

여섯째, 기술을 중요시하는 것은 실제 적용에 관심을 가지는 것이고, 담론이나 이데올로기에 관심을 가지기보다는 차라리 현대성에 의해 생겨난 삶의 형태에 관심을 가지는 것이라는 점이다. 그 결정적인 변화들을 주의 깊게 살펴보면, 사회 질서는 '익명의 힘의 세계'로서 나타난다. 주변 세계의 진정한 변화를 가리고 은폐하는 사회면 기사와 시청률의 논리에 맞서, 샤르보노는 매일의 우리 삶의 느린 변화를 주의 깊게 살펴보기를 제안한다. 따라서 산업적 현대성에 의해 새로 만들어진 삶의 형태를 전적으로 문제 삼아야 한다는 것이다.

일곱째, 기술은 인간을 무책임하게 만든다는 점이다. 기술의 발달을 통해 주로 나타나는 것은 '거대함'과 '중앙집권화'와 '추상화'이다. 그런 현재 상태는 행동 결과들이 분산되는 것으로 귀결된다. 기술이 지배하는 시대에서는 당사자들의 책임 소재를 밝히는 것이 불확실해지고, 심지어 불가능해진다. 인간은 자신의 행동 결과를 드러낼 수 없으므로 도덕적 행동은 불가능하다. 인간은 자기 자신이나 다른 사람과 허위 관계에 있어서, 인간에게 포기와 위선은 제2의 본성이 된다. 현대 기술을 통해 '거대함'이란 수단이 자본주의에 주어지는 순간, 그 새로운 현재 상태에 대한 책임감은 막연해진다. 각자는 자기 존재의 근본 방향이 무엇인지 묻기를 포기하면서, 그 현재 상태를 유지시키고 심지어 더 공고하게 하는데 이바지한다.

여덟째, 기술은 자율적으로 되었다는 점이다. 서구 문명의 유일한 궁극 목적은 효율성을 증가시키기 위해 새로운 수단을 끊임없이 추구하는 것이다. 그런데, 수단의 과도한 증가를 통해 새로운 예속이 생겨난다. 그 과정에서 인간은 거기에 끼어든 구경꾼의 처지에 있으면서, 자기 자신이 그 방향을 정할 수도 멈출 수도 없는 변화를 그냥 바라보고 있다. 인간이 만들어내는 그 연쇄적인 악순환과 타율적인 상황에서 벗어나려면, '대중'으로부터 출발하기보다는 '인격'으로부터 출발해야 한다. 또한 집단적인 힘으로부터 출발하기보다는 개인적인 행복으로부터 출발해야 한다. 그리고 자연을 지배하고 정복하는 것을 목표로 삼기보다는 내면의 완성을 목표로 삼아야 한다. 자율적인 되어버린 기술들은 제자리에 되돌려 놓으려면, 어떤 가치에 따라 기술들을 선택해야 하고, 사회적 효용에 따라 기술들의 방향을 다시 설정해야 한다.

아홉째, 새로운 세상을 만들어야 한다는 점이다. 사회 구조의 혁명적 변화를 거침으로써 기술이 지배하는 세상과 단절한다. 즉, 기술에 의해 야기된 현재의 무질서에 맞서 완전한 사회를 다시 만들어야 한다는 것이다. 유일하게 효율적인 혁명은 인간의 삶의 방식을 변화시키는 것을 목표로 삼는 혁명이다. 따라서 혁명은 우선 현상의 실재와 '진보' 이데올로기에 대해 자각하는 것이다. 그런 '진보'에 맞서서, '인격'에 우위에 토대를 둔 문명을 새로 만들어내는 것이 중요하다. 이는 그 자체로는 좋지도 나쁘지도 않은 기술들이 차지한 위상을 지속해서 문제 삼음으로써 이루어진다. 기술, 노동 형태, 도시화, 대중매체, 국가 발전, 돈의 역할을 진정한 민주주의 속에 포함되게 하는 것은, 결국 현대 사회의 근본 토대를 집단적으로 거론하고 논의에 부치는 것이다. 기존의 무질서와 단절하려면, 사고방식의 변화가 이루어져야 한다. 또한 각자로 하여금 어떤 환경 속에서 '인격'으로서 자신의 존재를 뚜렷이 나타낼 수 있게 하는 혁명을 유발해야 한다. 양적 초과 생산보다는 질적 생산을 가능하게 하기 위해서는 다음 같은 것들을 모색해야 한다. 즉, 기술에 대한 통제와 방향설정, 노동 시간의 단축, 광고의 전면적인 축소, 작은 국가를 형성할 수 있게 하는 지방분권화와 연방제, 최저소득 보장 등을 모색해야 한다. 인간의 물질적인 측면과 정신적인 측면 사이에 균형을 회복하기 위해서는, 소비가 제한되고 내적 삶이 증대되는 '절제된 도시'를 건설하는 것이 중요하다.

열째, 자연에 대한 새로운 관계설정을 통해, 새로운 문명을 품은 진정한 혁명이 이루어진다는 점이다. 샤르보노는 자연을 정치적 문제로 다루고 자연을 우리 인간성의 본질적인 면으로 삼으면서, 자연에 대한 기술지상주의적인 접근을 비판한다. 그는 인간이 마주한 구체적인 자연을 언급하는데, 이런 자연 없이는 정신과 자유는 아무것도 아니다. 자유로운 삶이란 갈등과 모순이 없는 삶이 아니라, 인공적인 것과 자연적인 것 사이에 긴장을 깊이 느끼고 이 긴장을 떠맡는 삶이다. 자연에 대한 감정은 인간의 깊은 열망이지만, 이 감정은 관광이나 영화나 여행 이야기에 의해서도 다시 느껴진다. 즉, 대부분의 사람은 다른 사람의 경험을 통해 대리로 그런 감정을 느낀다. 따라서 인간과 인간이 만들어낸 인공물 사이의 단절 위험이야말로, 기술에 대한 엘륄과 샤르보노의 비판 동기와 근거가 된다. 인간이 만들어내는 기술 세상은 인간에게 점점 더 낯설어진다. 인간은 자신이 과다하게 만들어낸 사물과 과다하게 사용한 매개물에 의해 압도당한다. 그렇기에, 가장 큰 위험은 인간과 인간의 기술적 성과 사이에 공통분모가 없다는 것이다.

3장 혁명에 대한 분석과 새로운 혁명의 모색

| 혁명에 대한 고찰

전통적 혁명에 대한 회의적 입장

엘륄이 기술과 정치와 선전에 대한 고찰을 통해 기술 사회에 대해 행한 비판적 분석은 '혁명'을 다룬 저서들에서 마무리된다. '혁명'을 주제로 한 그의 저서는 1969년에 나온 『혁명에 대한 분석 혁명의 해부』, 1972년에 나온 『혁명에서 반란으로』, 1982년에 나온 『혁명의 쇄신 인간을 위한 혁명』 등 모두 세 권이다. '혁명'이라는 단어는 그 저서들이 출간되던 당시 극심하게 되풀이되던 주제로서, 그는 그 시대의 가장 순응적이고 새롭지 못한 주제 중 하나를 그 단어에서 발견한다. 엘륄 자신도 젊은 시절인 1930년대에 인격주의 혁명을 신봉하고, 독일 점령 치하에서 '저항에서 혁명으로'라는 투쟁 운동 슬로건의 실현을 믿는다. 하지만, 그는 전통 정당의 강력한 복귀를 확인함으로써 환상에서 깨어날 수밖에 없었다. 또한 프랑스의 1968년 5월 혁명 시절, 그는 당시 혁명 조직이던 '국제 무정부주의 운동'[18]의 노선과 아주 가까워서, 대학 자치권 운동에 호의적 태도를 보인다. 하지만, 학생운동이 자본주의 붕괴를 목표로 하는 사회 전복을 주장하고 프롤레타리아 혁명을 흉내 내기 시작하자 그 운동과 결별한다.[119]

트루드 샤스트네에 따르면[20], 엘륄은 5월 혁명에서 권위에 기초한 교육을 일소하기 원하는 학생운동의 무정부주의적 방향들과 보조를 같이한다. 그는 학생들의 기본적인 요구들에 민감한 만큼 더더욱 그 요구들은 자신의 비전과 일치한다. 그 비전은 중앙 권력에 대해 자율적이면서 교수진과 커리큘럼 선택에 완전히 자유로운 대학이다. 또한 그는 그 요구들에서 자신의 꿈을 발견한 것이라고 일시적으로 생각한다. 그 꿈은 순진하고 시시한 기술전문가를 만들어내지 않고 여러 영역에 걸친 인문학적 교양을 뿜어내는 진정한 대학인을 만들어내는 대학이다. 그렇지만 학생운동이 공산주의 혁명을 요구하고 프롤레타리아 혁명을 닮아가기 시작하는 순간부터 그는 학생운동과 결별한다. 물론, 당국과 학생들 사이의 중재 역할을 하는 것을 그만두지는 않는다. 아마도 그 경험이 혁명에 관한 삼부작의 준비 작업을 하는 데 어떤 역할을 하게 된다. 그는 마르크스 사상과 기술 사회에 대한 자신의 연구를 통해, 혁명 자체에 대한 전통적인 접근방식을 '진정한 혁명'에 대한 장애물로서 간주하게 된다.

> 이제 모든 진정한 혁명은 직접적이어야 한다. 다시 말해, 판단 방식의 변화와 행동 방식의 변화를 통해, 혁명은 각 개인의 내부에서 시작되어야 한다. 혁명은 더는 대중 운동일 수 없고, 엄청난 대소동일 수 없다. 게다가 기술적인 관점에서 혁명은 거의 불가능해졌다. 그 때문에, 삶을 변화시키지 않은 채 혁명가라고 이제 자칭할 수 없다.[21]

결국, 엘륄에게 유일하게 효율적인 혁명은 인간의 삶의 방식을 변화시키면서 세상의 구조와 체계와 토대를 완전히 뒤바꾸는 것을 목표로 삼는 혁명이다. 이처럼, 그는 이미 젊은 시절부터 그렇게 주장할 정도로, 기존의 전통적인 혁명에 대해 회의적인 태도를 보인다.

혁명 현상의 규격화를 통한 혁명의 왜곡

그리하여 엘륄은 역사상 다양한 사례의 반란과 혁명을 살펴보고, 1789년 프랑스 대혁명 이후부터 어떤 모델이 수립되고 어떤 이론이 적용된다는 점을 확인한다.[22] 다음으로, 그는 혁명 현상에 대한 완전한 설명을 통해 그 결과로 나타난 혁명 현상의 규격화에 대해 설명한다. 즉, 헤겔 Hegel 과 마르크스와 더불어, 혁명은 역사에서 설명할 수 있고 비교적 예측될 수 있는 정상적인 국면과 양상이 된다는 점을 보여줄 수 있게 된다. 그런데 그렇게 된 순간부터, 혁명이 아주 복잡하고 지적으로 기교적인 어떤 도식에 포함됨으로써, 혁명은 더는 예견할 수 없는 분노와 절망의 폭발이 아니게 된다. 마르크스에 따르면, 19세기에 혁명은 진정으로 그 성격이 바뀌어, 그때부터 실현할 수 있는 미래를 향해 방향을 설정하고, 예전의 적대 세력들과 융화하려고 시도하며, 사회를 새롭게 통합한다.[23]

따라서 엘륄은 혁명의 성공을 위해 모든 것이 합리적이 되어야 하고 어떤 비합리적인 것이든 혁명에서 배제되어야 한다고 주장한다. 특히, 마르크스가 객관적 요인들의 비중을 높이고 인간이 결코 자리 잡지 못하는 점점 더 가차 없는 메커니즘을 기술함으로써, 혁명은 인간들 사이의 관계나 계급들 사이의 관계로 점점 더 여겨지지 않게 된다. 그래서 혁명은 객관적인 세력들의 관계의 결과가 되는데, 거기서는 사물들과 사물들의 내재된 필연성들이 지배적 역할을 한다. 결국, 인간은 역사의 도면 속에 포함된 혁명 도식에서의 성가신 방해자가 될 따름이다. 특히, 사회주의가 더욱 과학적이 되고 계산에 의존함에 따라, 인간의 자발성은 더는 자리 잡을 수 없게 된다. 혁명이 그런 도식적인 역사 속에 끼워 넣어진다는 사실을 통해 인간과 인간의 불확실성은 배제됨으로써, 사실상 혁명에서 배제되는 것은 바로 인간 자신이 된다. 도식적인 역사 속에 끼워 넣어진 혁명에서 나타나는 객관적인 메커니즘의 영향력은 인간적 요인들을 말살함으로써 증대한다.[24]

엘륄에 따르면[25], 혁명이 역사의 방향에서 역사의 한 단계로 여겨질 때부터, 혁명은 한편으로 이론으로 변할 수밖에 없고 다른 한편으로 전술로 변할 수밖에 없다. 그리고 상대적으로 오랫동안 이론과 전술 사이의 통일을 유지하는 것은 실제로 불가능하다. 그래서 인간은 이론과 전술의 질을 떨어뜨리는 타협을 반드시 추구한다. 그러므로 혁명이 역사의 방향 속에 있을 수밖에 없다면 왜곡될 따름이다. 즉, 혁명이 자체의 목적을 상실하고 결국 체계가 되어버릴 때, 또한 혁명이 역사에서의 정상적인 현상이 되었을 때 왜곡된다. 역사의 방향에 대한 마르크스의 해석의 오류로부터 그의 교리에 따라 만들어진 혁명은 왜곡된 혁명일 수밖에 없다. '반란'은 인간의 충동적인 표현이었던 반면, 혁명의 결과로부터 나온 사회에서 국가의 역할은 인간성이 상실된 혁명을 보여준다. 이처럼, 혁명은 규격화됨으로써 왜곡된 상태에 빠진다.

| 기술 사회에서의 '필요한 혁명'

'필요한 혁명'과 상관없는 오늘날의 혁명[26]

엘륄은 자신이 '필요한 혁명'이라고 부르는 '진정한 혁명'이 오늘날 여전히 가능하냐는 의문을 제기하면서도, 다음 같은 상황에 있는 사람들에게는 혁명이 분명히 필요함을 인정한다. 즉, 상품들이 넘쳐나는 가운데 단 한 푼도 없이 대도시의 거리에서 방황하는 사람, 제3세계 국가에서 굶어 죽어가는 사람, 피부색 때문에 차별받고 모욕당하는 사람, 자신의 이웃을 사랑하고 무기를 들기 거부하나 강제로 징집당하고 전쟁에 끌려가는 사람 등 그 모든 사람에게 혁명의 동기가 즉각적으로 생겨난다는 것이다. 따라서 절대화된 불의와 불평등과 착취에 맞서 항거해야 한다는 것이다. 왜냐하면 그런 항거는 각각의 사회와 집단과 시대에서 가치가 있기 때문이다.

그런데, 엘륄은 인간이 그 모든 것에 대항하여 일어서고 그 모든 것을 받아들이지 않는 것은 당연하지만, 그 모든 것은 '필요한 혁명'과 관련하여 중요한 어떤 것과도 일치하지 않음을 강조한다. 다시 말해, 그 모든 것은 이 시대의 인간의 운명을 실제로 바꾸기 위해 실행해야 할 '필요한 혁명'과 관련된 어떤 중요한 것과도 일치하지 않는다. 물론, 굶주림으로 죽어가는 아이들과 정당한 이유 없이 유발된 광기 어린 전쟁들을 걱정하면서 거기에 맞서 투쟁해야 한다. 하지만, 이는 '진정한 혁명'과는 아무 상관이 없다는 것이다. 따라서 그런 비참함의 원인으로 인식되는 것에 맞서 투쟁하는 것은 더는 혁명이 아니다. 또한 부의 분배에서의 불평등의 원인에 맞서 투쟁하는 것도 혁명적이지 않다. 왜냐하면 전 세계가 그런 비극과 불의를 자각했기 때문이며, 그 문제들을 해결하기 위한 기술에 힘입어 해결 수단들이 점차 나타나기 때문이다. 또한 수많은 사람이 그 문제들을 용기 있게 지속적으로 떠맡아 문제들을 해결하려고 하기에, 그 문제들은 잠재적으로 해결될 가능성이 있기 때문이다.

그래서 엘륄은 지금 문제가 되는 것은 바로 다른 힘들에 의해 위협받는 인간 총체이며, 인간의 체험이 그것을 즉각적으로 느끼지 않는 데서 어려움이 생겨난다고 지적한다. 즉, 그 문제가 사회적, 정치적, 경제적 구조의 문제보다 훨씬 더 깊다는 것이다. 또한 인간은 그런 위협을 굶주림처럼 직접 느끼지 않는 것이다. 그리고 우리 사회에서의 모든 것이 더 모호해지듯이, 인간 총체를 짓누르는 위협은 오늘날 더 은밀해진다는 것이다. 결국, 우리가 현상의 본질로서 간주하는 것은 그 현상의 겉모습일 뿐이라는 것이다.

'필요한 혁명'의 특성과 목표

엘륄은 '필요한 혁명'의 특성들이 우리 시대의 근본 구조들로 인식되는 것에서 나와야 한다고 하면서, 그 특성들을 차례로 제시한다. 첫째, '필요한 혁명'은 '필연성'에 맞서서만이 일어날 수 있다. 왜냐하면 필연성은 그 자체로 자유를 부정하는 것이기 때문이다. 엘륄에게 필연성은 기술과 국가 같은 구조들처럼 자율적인 방식으로 자체의 방향으로 나아가는 현상을 가리킨다. 또한 필연성은 그 자체 외에는 다른 아무것에도 의존하지 않으며, 자체의 내재된 법칙을 따르는 현상을 가리킨다. 둘째, '필요한 혁명'은 무언가에 맞서는 것으로서, 무엇에 맞서 결국 행동해야 하는지 분명히 식별한다면 혁명적 폭발은 일어날 수 있다. 셋째, '필요한 혁명'이 무언가에 맞설 수밖에 없는 것이라면, '필요한 혁명'은 현재의 사회 구조에 따라 구상될 수밖에 없다. 여기서 두 가지 요소를 고려해야 한다. 즉, 혁명은 구조들과 관련될 수밖에 없다는 것이고, 특정 사실과 연관된 것, 눈길을 끄는 것, 일상적인 것, 당대의 관심사를 넘어설 수밖에 없다는 것이다. 따라서 공격의 대상이 되는 구조들은 바로 이 세상의 구조여야 하고 이 사회의 구조여야 한다.[27]

우리는 제3세계 문제, 가난한 나라들 문제, 세상에서의 기아 문제로 계속 혼란스러워한다. 엘륄은 물론 그 문제들이 본질적인 동시에 비극적인 인류의 문제이기는 하지만, '진정한 혁명'과 아무 관련이 없다고 지적한다. 몹시 걱정스러운 그 상황을 해결해 줄 것은 혁명이라는 현상도 아니고 사회주의의 실현도 아니라는 것이다. '필요한 혁명'은 이 사회의 구조들에 맞서는 것으로서, 그 근본 구조는 바로 기술이다. 특히, 국가, 도시, 교통수단, 조직 같은 마찬가지로 결정적인 다른 요인들도 기술에 종속되어 있다.[28] 결국, 오늘날 '필요한 혁명'은 경제적 혹은 정치적 현상이나 문제가 아니라, 사회 및 문명 전체와 관련된다. 또한 '필요한 혁명'은 기술화에 직접 연결되어 있으며, 기술 환경 속에서의 인간 존재 자체와 관련된다.[29]

우리의 문명은 산업 사회, 소비 사회, 거대 사회, 풍요 사회, 억압 사회, 구경거리 사회, 관료주의 사회, 서비스 사회, 부르주아 사회, 계급 사회 등으로 규정될 수 있다. 하지만, 엘륄은 그 모든 규정이 단편적이거나 혹은 불충분하고 부분적일 수 있다고 하면서, 더 결정적이고 특징적인 요인들이 있다고 주장한다. 즉, 우리 사회는 근본적으로 기술적이고 국가적이며, 우리 사회의 모든 특징은 거기로 귀결된다. 따라서 이루어야 할 '필요한 혁명'

이 있다면, 그 혁명은 '기술화'와 '국가화'라는 사실에 바탕을 두는 혁명일 수밖에 없다. 국가는 근본적으로 기술화되었다. 그렇기에, 기술을 비판하지 않으면서 국가에 맞서는 혁명이란 있을 수 없다는 것이다. 오늘날 국가는 기술적 발전에 부합하는 유일한 요인이기 때문에, 국가라는 문제는 가장 결정적이 된다. 따라서 현대 국가와 기술 사회의 결합은 불가피하게 일어난다. 그런데, 그 결합을 통해 소외되고 사물화된 인간이 반드시 생겨난다.[30]

그런 관점에서, 엘륄은 '필요한 혁명'이 인간에 대한 집단의 지배에 맞서 일어날 수밖에 없다고 역설한다. 인간에 대한 집단의 지배는 집단과 기업의 이데올로기이다. 그 이데올로기는 인간은 자신이 속한 집단 없이는 아무것도 아니라는 것이다. 또한 그 이데올로기는 오늘날 팀으로만 지적이고 과학적인 작업을 할 수 있다는 것이고, 혼자인 인간은 아무것도 할 수 없다는 것이다. 결국, 기술을 문제 삼는 것은 '풍요 사회'를 문제 삼는 것이고, 더 나아가 '소비 사회'를 문제 삼는 것이다. '풍요 사회'에서는 인간에게 큰 기쁨과 만족을 주지만 인간의 욕구를 상쇄하고, 거짓된 편리함과 성취를 만들어내며, 몰려드는 물건들이 지나치게 넘쳐난다. 또한 '소비 사회'에서는 모든 것이 단지 소비 대상이며 소비가 가치와 의미가 된다.[31]

엘륄은 인간에 대해 기술 체계에 의해 이루어지는 재앙과 같은 공격에서 자신을 스스로 방어해야 하는 것은 바로 인간 자신이라고 밝힌다. 그 때문에, '필요한 혁명'에는 프로그램도 전략도 없지만, 그럼에도 '필요한 혁명'에는 아주 분명한 목표가 있다. 엘륄에게 유일한 '필요한 혁명'은 바로 '필연성'에 맞서는 혁명으로서, 그 혁명을 통해 인간은 자유에 이를 수 있다. 따라서 '필요한 혁명'은 기술화된 국가와 기술 사회에 맞서 일어나는 것일 수밖에 없다. 엘륄은 기술 사회에 맞선 그 유일한 해방 혁명의 결과를 제시한다. 그것은 바로 수익과 생산성과 같은 모든 영역에서 효율성을 감소시키는 것이고, 개인적인 안락함을 퇴보시키는 것이다. 또한 그것은 대규모 집단 작업을 저하시키는 것이고, 대중문화를 점진적으로 사라지게 하는 것이다.[32] 그래서 그는 "만일 그 네 가지 구성요소의 결합이라는 대가를 치를 각오가 되어 있지 않다면, 오늘날 유일한 '필요한 혁명'을 위한 준비가 되어 있지 않다."[33]라고 역설한다.

| 기술 사회에서의 '반란'의 가능성

현대 사회에서의 혁명의 불가능성

엘륄은 기술과 국가의 힘으로 특징지어진 현대 사회에서 가능한 혁명의 유형이 무엇인지 질문을 다시 제기한다. 또한 현재 상황에서 혁명에 대한 이야기만 되풀이될 뿐 어떤 혁명적인 힘도 더는 없다는 점을 지적한다. 즉, 현대 서구 사회의 어떤 집단도 마르크스가 분석한 프롤레타리아 계급의 상황을 재현하지 못하고, 혁명적일 수 있는 집단들은 와해된다. 결국, 현대 서구 사회에서는 혁명 과정을 끌어들일 수 있는 어떤 조직화된 힘도 어떤 잠재된 힘도 없다는 것이다.[34]

그래서 엘륄은 제3세계, 중국, 미국 등 세계의 다른 지역에 관심을 기울여본다. 하지만 아프리카에서도, 남아메리카에서도, 중국에서도, 미국에서도, 서구 자체의 구조와 관련하여 유럽에서 수행해야 할 '필요한 혁명'을 위한 어떤 교훈도 이끌어 내지 못한다. 그 이유 중 하나는 서로 간의 환경이 너무 다르기 때문이다. 그중 다른 이유는 기술 사회의 모델이 혁명 주동자들에게 여전히 매혹적인 영향을 미치기 때문이다. 또 다른 이유는 기술 체계가 어떤 저항 의도든 흡수하여, 그 저항 의도가 조금도 영향을 미치지 못하게 하기 때문이다. 그리하여 그는 유럽 기술 사회의 현실로 되돌아와서 유럽에서 혁명을 할 수 없다고 선언하면서, 실제로 유럽에서의 혁명에는 목적이 상실되어 있다고 주장한다. 우선, 정치에 대한 열광은 실제로 혁명의 목적을 명확히 밝히지 못하는 이유 중 하나이다. 왜냐하면 '정치'라는 강박관념에 사로잡히면, 혁명은 사회의 구조 전체와 관련된다는 사실을 이해할 수 없게 되기 때문이다. 또한 정치에 열광하는 사람들은 국가를 문제 삼을 수 없기 때문이다.[35]

엘륄은 특히 오늘날 혁명의 목적이 기술적 맹목성 속에 빠져 있다는 사실이 문제라고 지적한다. 특히, 그 사실은 이루어야 할 혁명이란 인간을 자신의 기술들에 적응시키고 기술을 더욱 촉진하는 것이라는 주장으로 나타난다. 더욱이, 인간이 자신의 숙명에 적응하는 것과 기술적 성장이 오늘날 혁명의 핵심이라는 주장이 대두된다. 그 주장은 서구인을 진정한 문제들로부터 떼어놓기 위해 새로운 부르주아가 행하는 가장 끔찍한 교란작전처럼 보인다. 더욱이, 오늘날 혁명가들은 시대에 뒤쳐진 낡은 혁명 모델을 기준으로 삼으면서, '필요한 혁명'을 약화시키는 힘인 유토피아 속에서 길을 잃고 헤맨다. 그 내용이 무엇이든 간에 유토피아는 모든 차원과 관점에서 '반(反)혁명'인 것으로 보인다.[36]

'필요한 혁명'의 불가능성과 '반란'의 가능성

엘륄에 따르면[37], 현대 국가의 특별한 변화는 전혀 고려되지 않은 채, 권력 쟁취를 지향하는 정치적 영역의 수단들만이 다만 고려될 따름이다. 특히, 혁명 과정상의 폭력은 국가 앞에서 무력한데도, 폭력적인 수단이 늘 언급된다. 혁명 과정상의 폭력을 통해 국가를 중심으로 한 사회의 결속이 강화될 따름이다. 국가는 혁명 운동을 분쇄하기 위한 자체의 엄청난 수단들을 사용할 권한이 있다고 스스로 느낀다. 이처럼, 혁명에는 목적도 수단도 없다.

그렇다면, 혁명은 현대 사회의 새로운 구조에서 기인하는 난관에 부딪히듯이, 현대인에게는 혁명의 분명한 의미가 없다는 난관에 봉착한다. 국가의 개입 능력은 너무 크고, 기술 사회의 구조는 너무 복잡하다. 또한 사회적 요소들은 지나치게 서로 뒤얽혀 있고, 사회의 통합 역량과 동화 역량은 지나치게 높다. 그래서 이제부터 혁명을 통한 급격한 단절은 가능하지 않다. 게다가, 현대인에게 혁명은 더는 아무것도 의미하지 않는다. 특히, 현대인의 의식을 마비시키려는 노력이 온통 기울여지는 기술 사회에서는, 진정한 혁명 의식을 발견할 수 없다. 그 때문에, 엘륄은 "이제 혁명의 시대는 끝났다."[38]라고 하면서, 기술 사회에서 혁명이 더는 가능하지 않음을 역설한다. 결국, 그는 '필요한 혁명'에 대한 희망이 사라진 것처럼 간주하면서 이렇게 언급한다.

> '필요한 혁명'의 순간은 지나갔다. 기술 사회가 그 발전에 이르지 않았을 때, '필요한 혁명'을 일으켜야 했다. 30년 전에는 그것이 가능했다. 이미 시대에 뒤떨어진 마르크스주의 혁명과 더불어 시간을 허비했다. 방향을 바꿀 수 있었으나, 그것은 이루어지지 않았다. 이제 이 사회는 진정으로 문제 제기의 대상이 더는 될 수 없다. 단지 이 사회의 겉모습만이 문제 제기의 대상이 될 수 있다.[39]

그럼에도, 엘륄은 혁명이 더는 고려될 수 없다면 '반란'은 아직 가능하다고 주장한다. 즉, 기술 사회에서 인간은 쉽사리 적을 식별할 수 없더라도, 여전히 '반란'을 시도할 수 있다는 것이다. 또한 기술 사회에서 인간은 자신에게 강요되는 것을 본능적이고 자발적으로 거부할 수 있다는 것이다. 그래서 그는 완전히 새로운 기술 사회에서 지나간 혁명 모델은 전혀 유용하지 않으며, 유일하게 혁명이 이루어지는 장소는 개인의 의식이라고 하면서 이렇게 역설한다.

> 기술 사회의 전적인 새로움을 통해 혁명 과정은 완전히 새롭게 된다. 이는

무(無)에서 다시 출발하는 것, 다시 말해, 개인으로부터 출발하는 것이다. 그런 출발점에서 벗어나면 모든 것이 쓸데없는 일이다.[40]

결국, 엘륄은 기술 사회에서의 인간의 상황과 여건이 아무리 어렵더라도 자유로운 인간에 의한 혁명 수행이 가능하다는 희망의 빛을 남겨 두면서 이렇게 언급한다.

역사 법칙의 자동성이나 혹은 진화 법칙의 자동성을 통해서는 아무 것도 얻어지지 않음을 깨달아야 한다. 또한 우리가 끝까지 따라가야 할 혁명 과정에 이미 들어와 있음을 깨달아야 한다. 따라서 나는 그것이 아무리 어렵더라도, 자유로운 인간이 여전히 존재하는 한 그것이 절대로 불가능하지 않음을 확신한다.[41]

| 기술 사회에서의 새로운 혁명의 모색

기술 사회에서의 새로운 프롤레타리아

엘륄은 프롤레타리아와 관련된 문제를 분석하고 나서, 제3세계 프롤레타리아의 심각하고 열악한 상황에 대해 설명한다. 우선, 자기 나라에서 생존할 수 없어서 일자리를 구할 수 있다고 확신하는 나라로 가기 위해 조국을 떠날 수밖에 없는 사람들이 진정한 프롤레타리아가 된다. 제3세계에서의 프롤레타리아화의 다른 측면은, 한 나라 전체나 한 지방 전체가 원자재를 헐값에 사들이는 제국주의 방식의 수탈 때문에 프롤레타리아가 되는 것이다. 부유한 나라는 노동력 외에 원자재만이 유일한 부(富)로 남아 있는 나라로 하여금 원자재를 생산하고 수출하도록 강요하는 동시에, 경제적으로 벗어날 수 없도록 가격을 지불한다. 원자재를 수출하는 나라는 재정적으로 원조를 받을 수밖에 없는 나머지 끊임없이 부채를 더 지게 된다. 결국, 그 나라의 수출 전체는 단지 부채의 이자를 갚는데 충당된다.[42]

제3세계 국가가 내적으로 프롤레타리아화가 되는 것은 단지 제국주의에서만 기인하지 않는다. 인구의 급속한 증가는 제3세계 국가의 빈곤화에 큰 역할을 한다. 그런데, 빈곤화는 프롤레타리아화가 되는 요인 중 하나이다. 그리고 프롤레타리아화가 되는 다른 본질적 측면 중 하나는 실업의 증가이다. 실업은 기근과 산업화 자체에서 기인하는 인구 이동과 도시화에 연결되어 있다. 그렇지만 프롤레타리아화가 되는 가장 중요한 원인은 19세기 유럽 부르주아와 똑 같은 역할을 하는 지역 부르주아의 출현과 발달이다. 지역 부르주아는 매우 다양한 형태를 취한다. 즉, 전통적 의미에서 상업 부르주아나 산업 부르주아 이외에, 권력을 차지한 군대 간부들이 자신들의 이익을 위해 권력을 행사하면서 나머지 주민을 프롤레타리아 상태로 전락시킨다. 특히, 소수 권력자들은 경제적 관점에서 터무니없는 권력을 행사한다. 하지만 그들은 대중의 구매력을 신장하는 데는 거의 아무것도 하지 않는다. 그런 동시에, 그들은 지배계급과 가난한 자들 사이의 격차를 훨씬 더 벌림으로써 가난한 자들은 프롤레타리아가 된다.[43]

더 나아가, 엘륄은 서구 기술 사회에도 프롤레타리아 상황에 놓인 집단이 남아 있다고 지적한다. 즉, 기술과 소비와 순응 행위에 연결된 새로운 프롤레타리아가 출현한다는 것이다. 특히, 기술적 진보를 통해 실업자 그리고 덜 전문화된 저질의 노동자라는 이중의 프롤레타리아가 생겨난다. 따라서 실제로 노동이 절감되어 실업에 떨어진 프롤레타리아가 있다. 이는 새로운 생산방식과 더불어 새로운 유형의 사회로 옮겨가는 것과 연결된 문제이다. 소위 그런 '기술적 실업'은 일시적 고용 창출이나 새로운 공장 설치로 줄어들 수도 없고 보상될 수도 없다. 또한 '기술적 실업'은 주당 노동 시간 단축에 의해서도 효과적으로 줄지 않는다. 다른 분야들에서의 자동화의 급속한 발달을 통해 새로운 실업자들이 생겨난다. 그렇기에, '기술적 실업'을 줄이려면 노동 시간을 정말로 획기적으로 줄여야 한다. 그렇지만 이는 사회 전체 구조들의 완전한 변화를 전제로 한다. 문제는 우리는 거기에 전혀 대비하지 않고 있으며, 아무에게도 거기에 부응하기 위한 실제 프로그램이 없다는 것이다.[44]

기술 사회에서 생겨난 새로운 프롤레타리아는 빈곤을 제외하고 산업사회의 프롤레타리아와 동일한 특성과 소외를 드러낸다. 그 새로운 프롤레타리아를 특징짓는 것은 시간의 박탈, 예속, 통제, 뿌리 뽑힘, 만성 피로이다. 따라서 기술 사회에서의 새로운 프롤레타리아는 삶의 터전에서 뿌리 뽑히고, 자기 자신으로부터 박탈된 인간이다. 또한 그런 프롤레타리아는 기술에 의해 마비되고, 자신의 운명에 전반적으로 만족하는 인간이다.[45]

다섯 가지 혁명 프로그램[46]

엘륄은 그런 상황에서 유일하게 가능한 혁명을 제시하면서, 그 혁명 프로그램을 다섯 가지로 제시한다.

첫째, 제3세계의 실제 필요와 충족을 위해, 이자 없이, 채무의 상환 없이, 간섭 없이, 군사적 침략이나 문화적 침략 없이 완전히 이해관계를 떠나 제3세계에 원조하는 것이다. 그렇게 함으로써, 서구 세계의 생산력을 완전히 다시 전환하는 것이다. 제3세계에 대한 그런 원조는 제3세계에 생존 가능성을 부여하기 위함이 아니다. 이는 제3세계가 현존하는 사회 구조와 잔존하는 특수한 문화를 토대로 스스로 조직될 수 있도록 서구의 기술적 진보를 이용할 가능성을 주기 위함이다.

둘째, '비무력'(非武力)을 의도적으로 용기 있게 선택하는 것이다. 이는 경제를 망가뜨리는 군사적 수단의 포기를 전제로 할 뿐 아니라, 관료주의적 중앙집권 국가의 근본적인 소멸을 전제로 한다. 따라서 '비무력'은 성장에 대해 기필코 거부하는 것을 전제로 한다. 또한 '비무력'은 소규모 생산단위, 자연 에너지, 유연한 방법, 느슨한 삶의 유형을 추구하는 것을 전제로 한다. 더 나아가, '비무력'은 모두를 위해 얻어진 삶의 질을 위해, 그리고 노동과 소득의 균등을 위해 최소한의 소비와 생활 수준의 축소를 전제로 한다.

셋째, 모든 영역에서 분산과 다양화를 시행하는 것이다. 이는 사회적 행동 양식에서와 마찬가지로 행정 단위와 산업 단위에서, 정보 수단과 소통 수단에서, 문화 창조에서 이루어져야 한다.

넷째, 노동 시간을 획기적으로 단축하는 것이다. 예를 들어, 하루 2시간 노동은 당장의 목표이고 당장 실현할 수 있다. 이는 기초 재화 생산을 위한 자동화와 정보화를 통해 실제로 가능해진다. 노동 시간의 단축은 새로운 일자리들을 만들어냄으로써, 저질 노동의 고역을 줄여주고, 저질 노동을 모두에게 배분하며, 모든 사람에게 이익을 준다.

다섯째, 임금제도를 폐지하는 것이다. 이는 임금으로 노동의 대가를 지급하지 않는 것이다. 즉, 자동화되고 정보화된 공장들에 의해 산출된 부의 연간 생산량을 사회의 모든 구성원에게 분배함으로써 임금제도를 대체하는 것이다.

엘륄은 자신이 내세운 주장이 완전히 환상적이고 비현실적으로 보이겠지만, 그것이 혁명과 관계된 것이며, 혁명은 정치 구조와 경제 구조의 근본 변화를 전제로 함을 강조한다. 즉, 그 다섯 가지 여건이 우리 시대의 혁명을 실제로 이루는 것이다. 그런데, 그 유일한 혁명은 권력을 차지하는 것이 아니다. 그 유일한 혁명은 현대 기술의 긍정적 잠재력을 확보하면서, 인간 해방이라는 유일한 방향으로 현대 기술들의 방향을 설정하는 것이다. 그러한 혁명을 통해 기술이 종속될 수 있는 동시에, 체계로서의 기술 체계가 파괴될 수 있다. 또한 그러한 혁명을 통해 국가의 권력이 사라질 수 있고, 평등이 실현될 수 있으며, 소외가 그칠 수 있다.

기술 체계를 벗어날 원동력으로서의 지렛대와 받침대

엘륄은 '마이크로컴퓨터 정보처리기술' la micro-informatique을 통해 그런 변화가 가능하다고 주장한다. 더 나아가, 그는 '마이크로컴퓨터 정보처리기술'이 기술 체계에 의해 장악되기 전에 그런 역사적 기회를 포착해야 한다고 주장한다.[47] 그러나 이후에, 그는 "이제, 나는 싸움에 진 것이라 판단한다. 즉, 정보처리 능력에 의해 고조된 기술 체계는 인간의 방향 지시 의지를 결국 벗어났다."[48]라고 하면서, 역사적인 좋은 기회가 포착되지 않았음을 아쉬워한다. 그런데, 엘륄은 기술의 자율성과 정치의 무능함과 혁명의 불가능성을 이미 주장한 바 있다. 그렇게 주장한 그가 오늘날 인간은 마이크로컴퓨터 정보처리기술에 힘입어 기술 사회를 통제하고 그 방향을 설정할 수 있다고 선언하는 것은 모순처럼 보인다.

엘륄에 따르면[49], 서구 사회의 가치들은 반세기 전부터 당연히 거부되었고, 서구와 다른 사회에도 우리를 인도할 수 있는 도덕적 가치나 혹은 종교적 가치가 없다. 따라서 극히 강력한 지렛대 같은 원동력 및 변함없는 받침대 같은 근거가 필요하다. 그리하여 그는 이제 자신에게 그 일이 명백한 신앙의 문제임을 강조하면서 이렇게 언급한다.

> 이제 나는 사실 확인과 엄밀함의 영역을 벗어나 개인적 확신과 증언의 영역 속으로 들어간다. 나는 예수 그리스도 안에서의 하나님의 계시만이 결국 그런 지렛대와 받침대를 동시에 줄 수 있다고 믿는다.[50]

엘륄에게 그런 지렛대는 이 같은 것들을 전제로 한다. 첫째, 인간이 자기 자신에게 우상으로서 부여하는 모든 것에 대한 신성 박탈이다. 둘째, 완전히 이해관계를 떠난 인간관계이다. 그런 인간관계는 자신이 아닌 타인에 대한 관심, 사랑, 자기희생 속에서 이루어진다. 셋째, 완전한 '비무력'의 정신이다. '비무력'의 정신은 사랑의 결과로써 지배하지 않고 착취하지 않기로 하는 것이다. 또한 '비무력'의 정신은 자신이 지닐 수 있는 힘의 수단들을 사용하지 않기로 하는 것이다. 넷째, 소망이다. 소망은 절망적인 상황에서 무한히 다시 시작하는 것을 전제로 하고, 변화의 위험을 전제로 한다. 다섯째, 변화에 대한 요구이다. 실제로 모든 것은 늘 다시 시작되어야 하고, 새로 이루어져야 한다. 여섯째, 자유이다. 이스라엘의 하나님은 무엇보다 해방자로서 계시되는데, 이를 통해 우리는 자유의 모든 길에 들어서게 된다. 일곱째, 현실주의이다. 이상주의나 환상 없이 사람과 사물을 있는 그대로 그 자체로 보는 것이다. 여덟째, 정의이다. 사법적 정의나 혹은 보상의 정의가 아니라, 정당성과 평화의 정의이다. 하지만 그 정의는 사랑에 예속된다. 아홉째, 진리이다. 이는 교조적 진리나 혹은 과학적 진리도 아니고, 심지어 지적 진리도 아니다. 이는 투명한 관계와 인격 속에서 실천된 진리이다. 하지만 그 진리도 사랑에 예속된다.[51]

엘륄은 그와 같은 아홉 가지 자질을 지닌 사람이야말로 예수 그리스도 안에서 우리에게 보여준 그리스도인이고, 스스로 그리스도인이라고 할 수 있다고 단언한다. 그렇지만 교회와 그리스도인은 새로운 '신성한 것'을 만들어내고, 인간을 억누르며 죄의식 속에 가둔다. 또한 교회와 그리스도인은 힘을 발전시키고, 가장 나쁜 교조주의를 확립하며, 불의를 옹호한다. 그리고 교회와 그리스도인은 진리를 무너뜨리고, 인간을 기만적인 이상주의 속에서 살아가게 한다. 그런데, 이는 힘, 성공, 돈, 효율성, 절망 같은 이 세상의 정신에 종속되는 결과로 나타난다.[52]

그럼에도 엘륄은 소망이 기독교 진리의 중심에 있기 때문에, 그리스도인은 거기서 벗어날 수 있는 원동력으로서의 지렛대가 될 수 있다고 밝힌다. 또한 그는 그 지렛대를 받쳐주는 받침대가 '전적 타자'인 한, 그 받침대는 변함없고 확고부동하며 견고하다고 주장한다. 그런데, 그 모든 것들은 근본적인 영적 회심을 통해서만 주어질 수 있고 이루어질 수 있다. 결국, 하나님은 존재하고 하나님은 해방자이다. 그렇기에, 우리는 마침내 노예제와 프롤레타리아의 종식이 시작하는 시대로 들어갈 수 있다. 또한 불가피하게 생겨난 프롤레타리아는 그 거대한 움직임 속에서 사라질 것이다.[53] 그 때문에, 엘륄은 진정한 혁명의 대가를 자세히 설명하면서, 진정한 혁명이 성공할 기회가 거의 없음을 인정한다. 여기서 엘륄의 사회학적 분석과 신앙고백 사이에 유기적 결합은 그의 연구방법론으로서의 변증법적 핵심에 도달한다.

4장 엘륄의 혁명적 기독교

| 세상에서의 혁명적 상황

진정한 혁명의 불가능성

엘륄에 따르면[54], 이 시대 사람들은 혁명의 필요성을 절감하고 혁명의 실현을 확신한다. 즉, 사람들이 세상의 상황에서 문명의 심층적이고 근본적인 변화의 필요성을 느끼고 있다. 특히, 온갖 형태의 불행이 어느 때보다 지구 전체에 밀려든 현실을 볼 때, 세상은 혁명적 상황에 놓여 있다. 전면전(全面戰), 구조화된 기근, 개인적 차원과 사회적 차원에서 도덕의 붕괴, 극심한 빈부 격차, 국가와 자본주의로의 완전한 예속, 비인간화 같은 상황에서, 안전이 보장되지도 않고 희망도 없는 인간은 변화를 요구한다. 하지만 인간은 변화를 시도하면서 나아갈수록, 더욱더 해결책이 비효율적임을 알게 된다. 더욱이, 그 해결책은 모두 실패할 뿐 아니라 어려움을 더욱 심각하게 만든다.

엘륄은 이 시대가 혁명적이라는 확신에도 불구하고, 허울뿐인 발전과 표면상의 움직임 아래에서 인간은 완전한 정체 상태 속에 살고 있다고 주장한다. 즉, 세상의 구조들이 완전히 고정되어 있고, 세상의 발달이 혁명적 방향이 아닌 철저히 논리적 방향에 따라 이루어진다는 것이다. 그 때문에, 기술적 진보가 이루어지고 사회 정치적 실험이 행해지지만, 세상은 움직이지 않는다. 그리하여 생산의 우위, 국가 권력의 지속적 증대, 기술의 독자적 발전이 전 세계적 문명에서 결정적인 힘과 가치가 된다. 특히, 이 시대의 전 세계적 재난은 우연이나 불운의 산물이 아니라, 문명 구조 자체에서 비롯된 불가피한 산물이다. 따라서 그 구조들을 바꾸지 않고서 해결책을 발견하려는 것은 무의미하다. 또한 그 구조들이 '실재' 속에서 파악되지 않고 밝혀지지 않는다면 혁명에 대한 논의는 쓸모없다.[55]

그렇기에, 예견되는 혁명이란 국가 권력을 더 크게 강화하는 것이고, 인간을 경제적 기능에 더 철저히 예속시키는 것이다. 그런데, 그런 혁명은 세상의 구조들을 공고하게 할 따름이다. 그 외의 다른 어떤 혁명도 현재로서 불가능한 이유는, 혁명이란 성공과 실현을 위해 현 세상의 수단을 사용할 수밖에 없기 때문이다. 즉, 세상이 제공하는 것을 사용하면, 세상을 변혁시킨다고 하면서도 세상의 노예가 된다. 결국, 이 시대의 본질적인 특성은 '필요한 혁명'을 시도하려는 갈망에 대립하는 문명의 깊은 정체 상태이며, 진정한 혁명이 불가능하다는 사실이다.[56]

그리스도인의 혁명적 역량과 사명

엘륄은 인간이 세상을 맹목적으로 따르는 동기로서 '사실'에 대한 존중을 든다. '사실'에 대한 존중은 인간이 문명의 구조를 문제 삼지 못하게 한다. 또한 '사실'에 대한 존중은 '필요한 혁명'의 길로 뛰어드는 것을 막으면서 인간을 짓누르는 가장 강력한 동기가 된다. 따라서 '기정사실'이든 '객관적 사실'이든 '사실'은 궁극적 이유와 진리의 기준이 되며, '사실'인 모든 것은 정당화된다. 예를 들어, 기술, 국가, 생산, 돈은 '사실'이기 때문에, 그것들을 '사실'로서 숭배해야 하고 받아들여야 한다. 엘륄은 이처럼 인간이 '사실'에 예속되어 있어 '필요한 혁명'이 일어나지 않는다면, 모든 것이 끝장이고 인간의 어떤 문명도 불가능하다고 주장한다. 그래서 그는 인간이 지금 하나의 선택 앞에 놓여 있음을 상기시킨다. 즉, 기술적이고 순응적인 대중 문명, 곧 단지 인간의 육적인 행복을 위해 지상에 세워진 지옥을 택할 것인가, 아니면 다른 문명을 택할 것인가라는 선택이다. 그리스도인이 그 둘 사이에서 선택할 줄 모르고 역사가 흘러가는 데로 자신을 내맡긴다면,

그리스도인의 선택은 세상 중심에 있는 자살의 힘을 위한 선택이 된다.[57)]

엘륄은 근본 문제가 국가 형태나 경제 형태를 바꾸는 것이 아니라, 끊임없이 문제를 제기해야 할 세상의 문명 구조를 변화시키는 것이라고 지적한다. 그렇기에, 그는 그리스도인이 혁명적 상황에 있다고 하면서, 혁명적 상황의 조건을 제시한다.

첫째 조건은 그리스도인이 두 도성(都城)에 속해 있다는 것이다. 이방인과 나그네로서 세상과 완전히 다른 세계에 속한 그리스도인은 본래의 도성으로 돌아가기 원하지만, 이 땅에 있는 한 어느 것도 포기할 수 없다. 이는 사회적·정치적·경제적 현실에서 나타나는 '긴장'이다. 그리스도인은 '이 세상 군주'와는 다른 주인의 대표자로서 세상에 관여한다. 그런데, 두 권세는 양립할 수 없고 세상과 하나님 나라 사이의 대립이 전면적이다. 그러므로 그리스도인은 그런 '긴장'과 대립을 받아들여야 한다.

둘째 조건은 예수 그리스도의 영광스러운 재림 약속이다. 그리스도인은 '기다림' 속에서 사는 존재로서, 주(主)의 재림에 대한 '기다림'은 최후의 심판과 함께 오며 하나님 나라를 알린다. 세상의 모든 '사실들'은 다가올 하나님 나라와 최후의 심판과 주(主)의 승리에 비추어볼 때 가치를 띤다. 그러므로 세상의 현재 사건들은 다가올 하나님 나라의 관점에서 볼 때만 가치가 있다.[58)]

엘륄에 따르면[59)], 그리스도인의 역할은 '그리스도의 재림'이라는 사건을 자신의 행동과 생각을 통해 세상에 현재화하는 것이다. 즉, 성령을 받은 각 그리스도인은 이제 그리스도의 재림에 대한 예언자이다. 그리고 그런 예언자임을 통해, 그리스도인은 정치에서 혁명적 사명을 갖고 있다.. 왜냐하면 예언자는 다소 먼 사건을 다소 정확하게 알리는데 그치는 존재가 아니기 때문이다. 다시 말해, 예언자는 자신을 둘러싼 세상을 위해 그 사건을 체험하고 그 사건을 현실화하는 존재이기 때문이다. 따라서 그리스도인은 비록 엄청난 정치적 미사여구를 늘어놓거나 혹은 자신의 혁명적 역량을 드러내지 않더라도, 예수 그리스도의 능력을 실제로 체험한다. 이처럼, 그리스도인은 그 사건을 현재에 개입시킴으로써, 그 아래에서 문명이 점차 시들어가고 사라지는 숨이 막히는 사회 구조와 정치 구조를 유일하게 뒤집어엎을 수 있다.

| 그리스도인의 혁명적 자세

혁명적 상황의 조성

엘륄에 따르면[60], 그리스도인이 예수 그리스도의 능력을 실제로 체험하고 소망을 통해 하나님 나라의 도래를 현실화한다면, 가장 혁명적인 상황을 맞이한다. 그리고 그리스도인의 그러한 혁명적 상황에서 나오는 결과들은 이렇게 제시된다. 첫째, 그리스도인은 원리가 아니라 지금 여기서 체험된 종말의 실재에 따라 판단하고 행동하며 살아간다는 것이다. 모든 것의 원리인 '그리스도'가 있으므로, 기독교를 논리적으로 결과를 끄집어낼 수 있는 몇몇 원리로 한정시키지 말아야 한다. 하나님은 자신이 약속한 하나님 나라를 향해 인간의 일들을 사용하면서, 이 일들을 하나님의 활동 속으로 이끌어 간다. 그러므로 그리스도인은 인간의 어떤 활동에도 열려 있어야 하고, 이 활동들을 받아들여야 한다.

둘째, 그리스도인이 과거나 '원리'에 연결될 수 없다는 것이다. 그리스도인은 전도서에 나오는 원리, 곧 "모든 것에는 때가 있고 하나님은 그 때를 따라 각각의 것을 좋게 만들었다."라는 원리를 정치권에 적용시켜야 한다. 모든 때 마다 가치 있는 그리스도인의 태도란 없다. 또한 때에 따라 명백히 모순된 태도들도 하나님의 계획에 충실히 하는 한, 이 태도들 역시 좋을 수 있다. 그리스도인은 그 시대에 어떤 관점이 하나님의 뜻에 가장 일치하는 것처럼 보여 이념적·정치적 입장을 달리할 수 있다. 그 입장들은 인간적 관점에서는 모순되지만, 다가올 하나님 나라를 추구하는 데 일치되어야 한다.

엘륄은 이 시대의 주된 문제가 문명의 심층 구조들의 현상에 의해 제기된다고 주장한다. 즉, 우리가 겪는 재난이 그 구조들에 의해 결정될 뿐 아니라, 어떠한 혁명이든 이 구조들에 의해 방해받는다는 것이다. 하지만 예수 그리스도를 구주로 고백하는 사람은 그리스도인의 상황이 본질적으로 혁명적임을 인식하면서, 자신의 근본적인 상황을 증언하는 책임 앞에 놓인다. 일상 현실에서 나타나는 그 혁명적 힘은 시대의 근본 문제를 공격하고 문명의 심층 구조들을 변화시키는 데 사용되어야 한다. 하지만, 이는 세상에 대한 인식과 '자각'을 통해 이루어진다. 그리스도인이 추구해야 할 삶의 방식은 심층 구조들의 중압에서 벗어나게 하는 것이다. 그러므로 그 구조들에 대한 유일한 효과적인 공격은 그 구조들을 피하는 것이다. 그러한 공격은 사회를 단순히 거부하는 것이 아니라, 사회를 자세히 검토하면서 그 테두리 바깥에서 사는 것이다. 하지만 그리스도인이 떼야 할 첫걸음은 세상에 대한 '자각', 곧 혁명적 상황의 조성이다.[61]

그리스도인의 혁명적 역할

엘륄은 그러한 혁명적 상황에서 그리스도인은 이 세상에서의 혁명적 역할, 즉 반죽 속의 '누룩'과 '효모'의 역할을 하도록 부름을 받았으며, 그리스도인은 새로운 삶의 방식을 추구해야 한다고 주장한다.[62] 엘륄에 따르면 [63], 복음은 근본적인 차원에서 혁명적이며 다른 운동들보다 더 급진적이다. 그뿐 아니라, 복음은 '영원한 혁명'을 요구한다. 즉, 어떤 제도나 혹은 구조들을 변화시키는데 그칠 수 없다는 것이다. 달리 말해, '종교적 신심'과 편견과 전제들을 근본적으로 변화시켜야 한다는 것이다. 이는 우리 사회의 거짓 신들을 파괴하는 것이다. 왜냐하면 혁명적 결단은 단지 경제 조직을 변화시키는데 있는 것이 아니라, 근본적인 변화라는 그런 깊은 차원에 있기 때문이다. 하지만 그와 동시에, 인간이 그런 것들을 문제 삼는 용기와 통찰력을 가지게 해야 한다. 그런데, 그 모든 것은 복음서와 예언서로부터 나오는 불가피한 결과이다. 그것은 지적 변화나 혹은 이데올로기적 변화에 그치는 것이 아니라, 그 결과로서 정치·사회적 혁명을 전제로 한다.

엘륄은 그리스도인이 모든 사회적 순응과 완전히 결별한 상태에서 자신의 사고와 행동을 통해 예언적 사명을 부여받기 때문에, 현실 속에서 종말론의 힘을 지니고 있다고 밝힌다. 즉, 예수 그리스도의 영광스러운 재림에 대한 소망은, 그리스도인으로 하여금 기술적인 독재에 맞설 수 있게 하는 혁명적인 상황에 놓이게 한다.[64] 이처럼, 엘륄에게는 이 사회를 변화시켜야 할 기독교적인 이유가 있기에, 사회를 변화시킬 수 있는 진정한 기독교를 '혁명적 기독교'라고 지칭한다.[65]

그래서 엘륄은 자신들이 사는 사회를 변화시킬 능력이 있는 사람들이 있다면, 그들은 그리스도인일 것으로 생각한다. 하지만 그는 그리스도인이 '행동하는' 것이 아니라 '존재하는' 것을 실천에 옮겨야 함을 강조한다. 즉, 세상은 '행동'을 향해 완전히 방향이 설정되어 있고 모든 것이 '행동'의 용어로 표현된다. 그러므로 그리스도인에게 필요한 자세는 세상이 제시하는 '행동'을 거부하고 '살아가는' 것이다. 이는 '삶'을 요구하지 않고 '행동'을 요구하는 세상에서의 혁명적 자세이다.[66] 엘륄은 "존재한다는 것은 저항하는 것이다."[67]를 신조로 삼아, 기술 체계가 지배하는 세상에 순응하는 삶과 태도를 비판하면서 거기에 맞서 치열한 투쟁을 벌인다. 결국, 엘륄의 그러한 삶과 사상은 그리스도인이 취해야 할 혁명적 자세를 잘 드러내는 것이라고 할 수 있다.

5장 나오는 말

　엘륄은 아주 젊은 나이에 인격주의 운동을 시작하고 활발하게 이끌어 나간다. 물론, 그 운동이 그 이후에 지속되지 못하고 어떤 구체적인 결과로 나타나지는 않는다. 하지만, 그 운동에는 현대 사회에서도 되새길만한 충분한 의미가 있는 것은 사실이다. 그가 현대 사회를 분석하면서 정치나 경제보다 더 중요한 결정 요인으로 간주한 것이 기술이다. 따라서 엘륄의 사상의 출발점은 인간이 완전히 예속된 기술 문명에 대한 비판으로 볼 수 있다. 엘륄에게 기술은 민주주의를 깔아뭉개고, 천연자원을 고갈시키며, 문명을 획일화한다. 기술은 예견할 수 없는 결과를 낳고, 미래를 상상할 수 없게 만든다.

　특히, 기술은 정보처리기술 덕분에 본래의 성격이 바뀌는데, 기술은 사회 안에서 기술 체계를 형성한다. 정보처리기술은 전신, 항공, 에너지의 생산과 분배 등과 같은 모든 하위체계를 통합하면서, 기술로 하여금 '조직된 전체'가 될 수 있게 한다. 그런데, '조직된 전체'는 사회 안에서 존속하고, 사회의 형태를 만들며, 사회를 이용하고, 사회를 변모시킨다. 그러나 스스로 생성되는 맹목적인 그 체계는 어디로 가야할 지도 모르고, 자체의 잘못을 바로잡지도 못한다. 더구나 기술을 통제한다고 자부하는 인간도 사실상 기술을 더는 통제하지 못한다. 인간은 기술 체계 속에 편입되어 기술 체계에 완전히 종속되어 있기 때문이다.

　그래서 엘륄은 우리를 굴종시키는 것은 기술이 아니라 기술에 전이된 신성함이라고 지적하면서[68], 기술 체계의 그러한 엄밀성과 심각성을 부각시킨다. 즉, 우리 사회의 구조는 점점 더 엄밀하고 명확해져서, 이 구조들이 더 확고할수록 더욱 더 인간은 자신에게 미래가 없음을 안다. 미래를 파괴하는 것은 전 세계적인 파괴의 위협인 핵폭탄이 아니라, 체계와 조직의 엄밀성이다. 인간이 그것을 아는지 모르는지 상관없이, 체계가 펼쳐지고 구조가 조직되고 움직인다. 인간은 거기서 아무것도 할 수 없고, 아무것도 변하지 않으며, 결정의 중심부에 인간이 조금도 접근할 수 없음을 체험한다.[69]

현대 세상의 유일한 궁극목적은 효율성을 증가시키기 위해 새로운 기술적 수단을 끊임없이 추구하는 것이다. 그렇게 기술적 수단이 과도하게 증가함으로써 새로운 예속이 생겨난다. 여기서 인간은 자기 자신이 그 방향을 정할 수도 멈출 수도 없는 변화를 그냥 바라보고 있다. 그 상황에서 벗어나려면, 경제적 존재인 동시에 영적 존재인 '인격'으로부터 출발해야 한다. 이 세상은 이윤이 지배하는 세상, 곧 인간의 모든 행동이 오직 이윤 창출을 위해 이루어지는 세상이다. 그런 세상에서, 인간의 행동은 이윤의 극대화를 위해 미리 결정지어진 합리적이고 도식화된 기능에 맞추어진다. 그 결과, 인간의 행동은 규격화되고, 인간의 창조적 자유는 사라진다. 개인은 그런 세상에서 살아남기 위해 어쩔 수 없이 그런 획일화를 받아들여야 한다. 그런 개인은 자신의 개성을 포기할 수밖에 없고, 획일화를 통해 개인 자신의 삶이 사라지고 만다. 그런 개인은 세상의 요구에 따라 규격화되고 획일화된 추상적인 개인일 따름이다.

따라서 세상에 대한 순응적 태도를 넘어서려는 열망을 지니고 세상에서 자신의 소명을 의식하고 자각하는 개인으로서의 '인격'에 바탕을 둔 공동체를 만드는 일이 필요하다. 새로운 세상을 만들어야 하고, 현재의 무질서에 맞서 완전한 사회를 다시 만들어야 한다는 것이다. 결국, 기존의 무질서와 단절하려면 우선 각자의 사고방식이 변화되어야 한다. 그리고 각자로 하여금 어떤 환경 속에서 '인격'으로서 자신의 존재를 뚜렷이 나타낼 수 있게 하는 혁명을 유발해야 한다. 엘륄의 관점에서 혁명이란 근본적으로 사회를 변혁시키는 것이다. 따라서 그는 일종의 근본적인 '문명 혁명'을 목표로 삼아 그런 '문명 혁명'을 촉구한다. 즉, 근본 문제는 국가 형태나 경제 형태를 바꾸는 것이 아니라, 끊임없이 문제를 제기해야 할 세상의 문명 구조를 변화시키는 것이다.

그래서 엘륄은 규격화되고 왜곡된 상태에 빠진 전통적인 혁명에 대해 회의적인 태도를 보인다. 그래서 그는 혁명 자체에 대한 전통적인 접근방식을 자신이 '필요한 혁명'이라고 지칭하는 '진정한 혁명'에 대한 장애물로 간주한다. 그에게 '진정한 혁명'이란 인간의 삶을 변화시키면서 세상의 구조와 체계와 토대를 완전히 뒤바꾸는 혁명이다. 그는 '진정한 혁명'이 오늘날 여전히 가능하냐는 의문을 제기하면서도, '진정한 혁명'의 특성들이 우리 시대의 근본 구조들을 인식하는 것에 나와야 한다고 주장한다. 그러므로 엘륄의 관점에서, '진정한 혁명'은 먼저 '필연성'에 맞서야 한다. '필연성'은 기술과 국가 같은 구조들처럼 자율적인 방식으로 자체의 방향으로 나아가는 것이므로, '필연성'은 그 자체로 자유를 부정하는 것이기 때문이다. 다음으로, '진정한 혁명'은 이 세상의 구조와 이 사회의 구조에 맞서 그것들을 공격 대상으로 삼아야 한다. 따라서 오늘날 '진정한 혁명'은 사회 및 문명 전체와 관련되고, 기술화에 직접 연결되어 있으며, 기술 환경 속에서의 인간 존재 자체와 관련된다. 결국, '필요한 혁명'은 기술화된 국가와 기술 사회에 맞서 일어나는 것일 수밖에 없다.

그렇지만 엘륄은 기술과 국가의 힘으로 특징지어진 현대 사회에서의 가능한 혁명의 유형이 무엇인지 질문을 다시 제기하면서, 전 세계에서의 혁명적 상황을 분석한 결과, '진정한 혁명'에 대한 희망이 사라진 것처럼 간주한다. 그럼에도 그는 기술 사회에서의 인간의 상황과 여건이 아무리 어렵더라도, 자유로운 인간에 의한 혁명 수행이 가능하다는 희망의 빛을 남겨 둔다. 그는 그런 상황에서 유일하게 가능한 혁명을 제시하면서, 이해관계를 떠난 제3세계에 대한 원조, '비무력'의 의도적인 선택, 모든 영역에서의 분산과 다양화, 노동 시간의 획기적 단축, 임금제도의 폐지 등의 혁명 프로그램을 제시한다. 그 유일한 혁명은 인간 해방이라는 방향으로 현대 기술들의 방향을 설정하는 것이다. 또한 그러한 혁명을 통해 기술이 종속될 수 있는 동시에, 체계로서의 기술이 파괴될 수 있다. 그리고 그러한 혁명을 통해 국가의 권력이 사라질 수 있고, 평등이 실현될 수 있으며, 소외가 그칠 수 있다.

그럼에도 엘륄은 '마이크로컴퓨터 정보처리기술'이 기술 체계에 의해 장악됨으로써 역사적인 좋은 기회가 사라져 버렸다고 판단한다. 그리하여 그는 이제 자신에게 그 일이 명백한 신앙의 문제임을 강조한다. 즉, 예수 그리스도 안에서의 하나님의 계시만이 거기에서 벗어날 수 있는 원동력으로서의 지렛대를 줄 수 있고, 그 지렛대를 받쳐주는 견고한 받침대를 줄 수 있음을 확신한다. 즉, 소망이 기독교 진리의 중심에 있기에 그리스도인은 그 지렛대가 될 수 있으며, 그 받침대가 '전적 타자'인 하나님인 한 그 받침대는 변함없이 확고부동하다는 것이다.

엘륄은 이처럼 그리스도인이 혁명적 상황에 놓여 있음을 강조한다. 그리스도인이 예수 그리스도의 능력을 실제로 체험하고 소망을 통해 하나님 나라의 도래를 현실화한다면, 가장 혁명적 상황을 맞이한다는 것이다. 따라서 예수 그리스도를 구주로 고백하는 사람은 그리스도인의 상황이 본질적으로 혁명적임을 인식하면서, 자신의 근본적인 상황을 증언하는 책임 앞에 놓인다. 그리스도인은 모든 사회적 순응과 결별한 상태에서 자신의 사고와 행동을 통해 예언적 사명을 부여받기 때문에, 현실 속에서 종말론의 힘을 갖고 있다. 즉, 예수 그리스도의 재림에 대한 소망은 그리스도인을 기술적인 독재에 맞설 수 있게 하는 혁명적인 상황에 놓이게 한다. 이처럼, 사회를 변화시킬 수 있는 진정한 기독교는 '혁명적 기독교'이며, 자신들의 사회를 변화시킬 수 있는 사람들은 그리스도인이다. 결국, 그리스도인의 혁명적 자세는 기술 체계가 지배하는 세상에 순응하는 태도에서 완전히 벗어나, 거기에 맞서 저항하고 치열한 투쟁을 벌이며 살아가는 것이다.

제 5 부

자크 엘륄 사상의 영향과 현 시대에서의 적용

*Exister,
c'est
résister.*

1장 들어가는 말

자크 엘륄의 사상은 프랑스에서 사후에 와서야 상대적으로 인정되고 있다. 그런데, 그 이유를 설명하는 것도, 그 결과를 가늠하는 것도 단순하지 않다. 따라서 살아생전에 엘륄이 겪은 따돌림의 이유를 밝히는 것이 중요하다. 일반적으로 다섯 가지 이유를 들 수 있다.

첫째, 그는 파리에서 멀리 떨어진 보르도에서만 교수 생활을 한 고질적인 지방출신자이다. 그래서 그는 파리의 지성계와 출판계와 대중매체의 인맥과 동떨어져 있었다는 점이다. 둘째, 그는 '영광의 삼십 년'이 시작할 때부터 기술적인 현대성에 대해 통찰력 있는 비판을 했다. 하지만 그 비판이 들리지 않았을 뿐 아니라, 그는 너무 일찍 바른 판단을 한 잘못을 저질렀다는 점이다. 셋째, 그는 세속적인 유토피아에 대해 망설이는 태도를 보였다는 점이다. 그와 아울러, 그는 정치가 모든 것인 시대에 달콤한 '정치적 환상'에 대해 망설이는 태도를 보였다는 점이다. 넷째, 그는 마르크스주의자가 아닌 채로 마르크스 사상을 까다롭게 검토하는 마르크스 이론가였다는 점이다. 그 당시는 프랑스 지식인 사회에서 진정한 지배 이데올로기인 마르크스 사상에 대한 어떠한 재검토도 이루어지지 않을 때였다. 다섯째, '종교의 종말'만이 이야기되던 시절에, 그는 자신의 기독교 신앙을 고백하기를 주저하지 않았다. 이는 프랑스에서 지식인으로서의 중대한 결함으로 드러났고, 결정적으로 그의 평판을 떨어뜨렸다는 점이다.

부분적이고 부정적인 면이 있기도 하지만, 그런 요인들을 통해 엘륄이 미국에서 인정받는 이유가 설명되기도 한다. 왜냐하면 미국에서는 지식과 문화에서의 프랑스 파리의 중앙집권적 특성이 아주 이상한 현상으로 비추어지기 때문이다. 또한 미국에서 기술적 진보의 대가가 유럽에서보다 더 빨리 나타났기 때문이다. 특히, 미국에서는 그리스도인이라는 것은 지식인에게 정상 상태로 비쳐지는 반면, 마르크스주의 유형의 정치성을 띠는 것은 중대한 결함이 되기 때문이다.[1]

오늘날 프랑스에서 그 이유 중 몇 가지는 훨씬 약해진 상황이다. 즉, 엘륄이 시대의 흐름에 역행한 1950년대부터 1980년대까지의 지적이고 문화적인 풍조는 구식이 되어 버린 것이다. 또한 탈(脫)정치화가 대대적으로 이루어지고, 마르크스 사상이 더는 득세하지 않고 있다는 것이다. 그리고 신앙은 유대교이든, 기독교이든, 이슬람교이든, 지식인에게 더는 금기사항이 아니라는 것이다. 더욱이, 전 세계적 금융 위기 같은 사회적 위기, 환경 파괴 위험의 증가, 기후 변화, 핵 재난, 유전자변형 식품, '변형인본주의적인 환상'[2]에 대한 자각은, 엘륄의 사상을 받아들이는 데 일시적으로 호전된 현상을 설명할 수 있는 요인이 되기도 한다. 프랑스에서는 엘륄의 사상을 재발견하는 데 가장 호의적인 세 집단이 있다. 보르도 대학교 법학대학 및 보르도 정치대학과 연계된 몇몇 학구적 서클, 프랑스의 소규모 개신교 사회, 성장 반대론자를 포함한 급진적 환경 운동권이다. 이 세 집단이 엘륄의 사상을 인정하면서 가장 충실하게 잘 받아들이고 있다.[3]

그래서 포르케는 오늘날 프랑스에서는 소수의 인물들이 엘륄에게 사상적으로 큰 영향을 받는 현실을 지적하면서, 이러한 질문들을 제기한다.

> 엘륄의 사고들은 단지 잊혔는가, 아니면 그의 사고들은 시대에 반발하고, 다른 고찰을 키우며, 논쟁을 유발하며, 사람들의 행동을 부추겼는가? 엘륄에게 제자들과 반대자들이 있는가? 오늘날 누가 기술에 대한 비판적 고찰을 따르고 있는가?[4]

포르케는 엘륄이 살아생전에 프랑스에서 인정받지 못하고 그의 사상이 퍼져나가지 못한 요인들은 이렇게 설명하기도 한다. 우선, 엘륄은 기술적인 진보를 비판하기 때문에 우파 지식인으로 분류된다. 그런데, 당시의 정설에 따르면, 진보 이데올로기를 비판하면 우파가 될 수밖에 없다. 더욱이, 그는 알제리 전쟁이나 혹은 남아프리카 공화국과 관련된 아주 부담스러운 좌파의 투쟁에 가담하지 않는다. 또한 그가 취한 입장들은 좌파에 대한 비판을 끝까지 밀고 나가려고 한 것이다. 그래서 그 입장들은 그로 하여금 맞은편 진영인 우파 진영에 동화되어 있는 상황에 놓이게끔 한다. 예를 들어, 알제리의 '민족 해방 전선' FLN(Front de Libération Nationale)에 대한 그의 비판적 관점을 사람들은 곱게 보지 않는다. 1968년 5월 혁명에서, 그는 학생운동에 합류함으로써 학생들과 함께하고 보수적인 동료 교수들에 맞선다. 하지만, 학생운동 자체에 비판적 태도를 취하면서, 학생들을 선동하지도 않고 학생들을 격려하지도 않는다. 그는 자신의 가치 체계를 숨기지 않는다. 특히, 그가 자신이 그리스도인이라고 하는 것이 문제가 된다. 즉, 기술 사회에 대해 비판하는 동시에 그리스도인임을 숨기지 않는 것은 그 당시에는 의심스러운 태도이다. 그래서 그리스도인인 그가 내세에서만의 희망을 품고 있기 때문에 비관주의자이며 이 세상에 대해서는 문을 닫고 있다는 비난이 퍼부어진다.[5]

포르케에 따르면[6], 오늘날 기술에 대해 논의할 때 프랑스 지식인들이 엘륄의 사상보다 하이데거의 사상에 더 의거하는 것이 일반적이다. 하지만 기술에 대해 진지하게 연구하는 모든 사람은 하이데거에게서 보다 엘륄에게서 기술에 대해 엄청나게 더 많은 것을 배운다고 토로한다. 사실상 엘륄과 하이데거의 접근방식은 매우 다르다. 즉, 엘륄은 철학자가 아니라 무엇보다 역사가이자 사회학자이므로, 엘륄을 하이데거처럼 취급하는 것은 이치에 맞지 않을 수 있다. 하이데거에게는 기술의 진정한 본질이 경험 세계에서 확인된다. 하지만 엘륄은 하이데거 식으로 기술을 결코 해석하지 않는다. 엘륄은 기술이 해방의 도구가 될 수 있듯이 예속의 도구가 될 수 있음을 분명히 강조한다.

특히. 엘륄이 파리가 아닌 지방에 거주한 것은 그의 사상이 저평가되는

데 치명적인 사실이다. 하지만 그가 명성을 추구했다고 보기는 어렵다. 물론, 그가 생의 말년에 가서 자신이 저평가되는 데 대해 일말의 회한을 느꼈을 수 있다. 그렇지만 그에게는 프랑스 전역에 걸쳐 제2의 사르트르 Sartre와 같은 역할을 하려는 의도가 없었다. 그는 자신이 죽고 나서 10년 후에는 사람들이 그의 생각이 옳았음을 깨닫기를 원했다. 하지만 그의 사상은 인정되지 않고 심지어 오용되기까지 한다. 그럼에도 '선전'에 대한 그의 분석은 현재에도 뜨거운 관심사로 남아 있다. 즉, 그에게 대단한 무엇인가가 있다면 그것은 바로 '선전'에 대한 분석이다.

제5부에서는 그러한 엘륄의 사상이 프랑스 내외에서 어떤 인물들에게 어떤 식으로 계승되고 발전되어 나가면서, 그 사상이 어떠한 영향을 미치고 수용되고 있는지 살펴볼 것이다. 또한 현시대에 일어나는 다양한 사건 및 현상들과 관련하여, 대형 의료 사고를 엘륄적인 해석 도구를 통해 어떻게 분석할 수 있으며 그 분석 결과가 무엇인지 알아볼 것이다. 그리고 전 세계적인 금융 위기의 원인에 대해 엘륄적인 분석을 적용함으로써, 그 위기의 원인이 무엇인지 규명하면서, 금융 위기에서의 기술적인 요인의 중요성에 대해 파악해 볼 것이다. 다음으로, 비즈니스 윤리에 대해서도 엘륄적인 분석을 적용하여, 엘륄이 제기한 문제들을 비즈니스 윤리에서 진지하게 고려함으로써, 비즈니스 윤리가 건설적인 역할을 되찾을 수 있는 방향을 모색해볼 것이다. 마지막으로, 유전공학의 일탈, 실험실에서의 슈퍼바이러스 생성, '밀실 생명공학' 같은 기술적 진보와 관련된 사건들을 중심으로, 엘륄의 사고에 근거하여 그 진상들을 파악하고 분석함으로써, 기술적 진보에 대해 엘륄적인 사고를 어떻게 적용할 수 있는지 고찰해 볼 것이다.

2장 엘륄 사상의 영향과 수용

| 조제 보베, 노엘 마메르

반(反)세계화 운동가 조제 보베

엘륄 사상의 계승자들 중에는 대중매체와 정치무대를 통해 모든 프랑스인에게 잘 알려진 이들이 있다. 그중 가장 유명한 인물은 유럽의회 의원 조제 보베와 정치가 노엘 마메르 Noël Mamère이다. 비록 그들은 엘륄의 제자로 알려져 있지는 않지만, 그들의 명성은 자신들의 스승을 훨씬 능가한다. 또한 유명 작가 장 클로드 기유보 Jean-Claude Guillebaud, 철학자 도미니크 부르, 경제학자 세르쥬 라투슈 등이 엘륄의 사상을 영향을 받은 대표적 인물로서, 그들은 엘륄의 사상을 계승하여 발전시키고 있다.[7]

반(反)세계화 운동가로 유명한 조제 보베는 프랑스의 '엘륄주의자'[8] 중 가장 유명한 인물이다. 하지만 그는 '엘륄주의자'로 전혀 알려져 있지 않고, 그의 활동과 행로에서 엘륄의 사상이 미친 엄청난 영향은 잊혀 있다. 그가 엘륄을 처음 만난 것은 1971년 그가 속해 있던 양심적 병역거부자 지원 위원회의 모임에서이다. 이후에 그는 엘륄이 운동의 방향을 제시하던 지역 비폭력 운동 집단에서 엘륄과 여러 번 만나게 된다. 1974년 정치적 비폭력을 지향하는 전국 운동단체로서 무정부주의적이고 급진적 성향을 띤 '비폭력적 대안을 위한 운동'이 창설된다. 엘륄도 그 단체의 모임에 와서 국가, 기술, 핵과 관련된 회원들의 토론에 참여한다. 그렇게 함으로써, 그 단체의 회원이던 보베는 엘륄로부터 이론적이고 투쟁적인 교육을 받는 동시에, 엘륄과 지속적인 관계를 맺게 된다. 특히, 보베는 엘륄의 절대적인 급진성에 매료된다. 그뿐 아니라, 그는 핵발전소 건설 반대 투쟁 그리고 양심적 병역거부자와 명령 불복종 군인에 대한 재판에서의 증언 등에서 나타난 엘륄의 활동성에 이끌린다. 그런 나머지, 그는 엘륄과 샤르보노가 이끌던 아키텐 연안 개발에 반대하는 환경보호 투쟁에 참여하기도 한다.[9]

보베로 하여금 대중매체의 전면에 나오게끔 한 상징적인 활동은 1999년 8월 맥도날드 매장을 망가뜨린 사건이다. 세계무역기구의 결정에 항의할 목적으로, 세계화와 '정크 푸드' junc food의 상징 중 하나인 맥도날드 매장을 망가뜨린 것이다. 그의 행동을 통해 음식 소비와 관련된 문제들이 지속적으로 공론화되는 결과가 나타난다. 특히, 1999년 11월 미국 시애틀에서의 세계무역기구 정상회의는 잘 조직된 엄청난 시위 때문에 실패로 돌아간다. 거기서 보베는 반(反)세계화 운동을 국제적으로 조직한 지도자 중 한 사람으로 등장한다. 2001년 반(反)세계화 투쟁가들과 함께 이탈리아 제노바에서 열린 G 8 정상회담에 반대하는 시위를 벌인다. 2004년 전 세계에서 다양한 농민 노동조합들의 연맹을 결성하는 국제적 운동인 '비아 캄페시나' Via Campesina의 대변인을 맡는다. 그 운동은 다국적 종자 기업과 농산물 가공 기업에 저항하고, '식량 주권'을 수호하기 위한 다양한 지역 투쟁을 지원한다. 그는 다양한 시민 불복종 운동 및 들판 한가운데서의 유전자변형 작물의 파괴 활동을 통해, 프랑스에서 유전자변형 작물의 재배가 발전하는 것을 무력화시킨다. 즉, 2008년에 그를 포함한 투쟁가들이 벌인 단식 투쟁 끝에, 프랑스 정부는 유전자변형 작물에 맞선 보호 법률 조항을 제정한다. 그 법률 조항은 프랑스 영토에서의 유전자변형 작물 재배에 유예기간을 둘 수 있게 한 것이다. 2009년 유럽의회 의원에 선출되고, 유럽의회의 국제 농상공 위원회 부위원장으로 지명되어 왕성한 활동을 한다.[10]

엘륄은 국가에 대해 경계하고 불신하면서 주된 위험이 국가와 기술의 연합 속에 있다고 본다. 그런데, 보베는 오늘날 주된 위험은 계획경제가 아니라 경제의 자율화라고 하면서, 그 때문에 세계화에 맞선 투쟁이 핵심적이라고 밝힌다. 국가와 경제는 발전하기 위해 각자 서로를 필요로 하므로 나란히 성립되었다. 하지만, 오늘날 경제는 성립되기 위해 국가를 더는 필요로 하지 않는다는 것이다. 따라서 경제는 완전히 독립된 체계로 성립되고 거기서 정치의 위기가 비롯된다. 오늘날 재정 체계와 재정 흐름을 통해 나타나는 경제의 자율화는 기술의 한 분야가 된다. 그런데, 문제는 어떻게 경제를 인간을 위해 되돌려 놓고 다시 위치시키며 변화시키는가이다. 그래서 보베는 경제 영역을 엘륄이 제시한 기술 체계에 덧붙인다. 즉, 기술은 모든 측면에서 인간의 일상생활에 침투하고, 기술 체계는 개인의 삶과 집단의 삶을 조직한다. 그런데, 이에 대한 엘륄의 고찰은 근본적으로 남아 있다는 것이다.[11]

보베는 19세기에 마르크스가 태동하는 자본주의와 그 결과에 대한 자각을 시작했듯이, 20세기에 와서 엘륄은 오늘날 기술이 어떤 점에서 핵심 문제가 되었는지 보여준다고 하면서, 엘륄의 분석은 다른 행동 방식을 전제로 함을 강조한다. 즉, 그 행동 방식은 권력 장악이 더는 아니라, 자기 자신의 책임으로 각자를 되돌려 보내는 것이다. 이는 "그 상황에서 어떻게 행동할 것인가?"라고 스스로 묻는 것이다. 특히, 엘륄의 통찰력은 어떤 종교적 구원 개념에 연결되어 있다. 따라서 종교와 관련 없이 이를 실천하며 이끌어 나가는 일이 쉽지 않다는 것이다.[12] 물론, 보베는 신학적이고 영적인 측면에서 불가지론자이다. 그렇지만 그는 이렇게 언급하면서, 그리스도인으로서 엘륄의 대부분의 입장과 주장에 동조한다.

> 내가 신앙인이라면 나는 엘륄처럼 신앙인이 될 것이다. 내가 신의 은총을 결코 접하지 않았다고 해서, 엘륄의 신학 저서들로 완전히 되돌아가지 못하는 것은 아니다.[13]

엘륄의 사상은 보베에게 기술 사회에 대한 근본적인 비판의 토대를 제시한다. 그렇기에, 보베는 엘륄에게서 비판적 분석의 방향과 영적 비전을 찾는다. 보베는 '엘륄주의자'라는 수식어를 이렇게 규정한다. 즉, '엘륄주의자'가 된다는 것은 지배적인 체계 전체에 대한 의심의 사고를 펼치는 것이다. 또한 사회를 구성하는 것 전체에 대한 지속적인 비판을 하는 것이다. 즉, 자율적인 사고를 형성하기 위해 모든 것이 철저히 분석되어야 한다는 것이다. 그는 정치 문제나 이스라엘 문제와 같은 몇몇 문제와 관련된 엘륄의 태도를 비판한다. 하지만, 자신의 투쟁을 여전히 강화시켜 주는 엘륄의 강력한 직관적인 분석을 인정한다. 즉, 기술 체계의 우상들에 대한 파괴, 선전의 해체, 살아 있는 사람의 상품화에 대한 비판, '식량 주권'의 증진, 미리 설정된 모든 사고에 대한 거부, 비인간적이 된 제도들의 해체 등이 그런 분석에 해당한다.[14]

정치가 노엘 마메르

노엘 마메르는 1969년부터 라디오와 텔레비전 방송을 중심으로 프랑스 언론계에서 활동한다. 그는 1988년 정치에 입문하여 프랑스 사회당 국회의원을 시작으로 다양한 정치 경력을 쌓는다. 그 후, 2002년 프랑스 녹색당의 대통령 후보로 출마하여 5.25 퍼센트를 득표하기도 한다. 그는 언론과 정치라는 이중적인 인생 역정을 통해 프랑스에서 잘 알려진 인물이 된다. 그런데, 그의 방향 선택과 참여 활동에 미친 엘륄의 결정적인 영향은 거의 알려지지 않았다. 그는 보르도 정치대학에 입학하면서 엘륄을 만나게 되고, 기술과 선전과 마르크스 사상에 대한 엘륄의 강의에 매료된다. 특히, 모든 결정론을 경계하는 엘륄의 태도에 깊은 영향을 받는다. 즉, 마르크스의 결정론, 기술적 진보가 늘 인류의 행복을 담보한다는 당시 좌익의 결정론, 시장경제가 모든 것을 해결하고 모든 것으로부터 구원해준다는 자유주의적 결정론, 기계들의 지배가 지상낙원의 회복으로 인간을 이끈다는 좌익과 우익에 공통된 기술 담론적 결정론 등이다.[15]

그리하여 마메르는 스승에 대한 깊은 존경심과 더불어 자신의 사상이 스승과 근접함을 느낀다. 그래서 스승의 집을 자주 방문하게 되고, 함께 투쟁 활동에 참여하기 시작한다. 그는 엘륄이 주도한 아키텐 연안 개발에 반대하는 환경보호 투쟁에 참여한다. 그리하여 연안을 콘크리트로 뒤덮는 개발 계획에 저항하는 운동에 관한 다큐멘터리를 자신이 공동 부책임자이던 지역 텔레비전 방송에서 제작하기도 한다. 또한 엘륄과 함께 바캉스 촌을 만들려는 계획으로 사라질 위협에 놓인 숲을 보호하기 위한 투쟁 활동에 참여하기도 한다. 그리고 마을을 둘로 갈라놓는 고속도로 설계에 맞선 반대 투쟁을 하기도 하며, 나중에는 핵발전소 건설에 반대하는 투쟁에 참여하기도 한다.[15]

마메르는 대중매체 세계에 몸담고 있으면서도 엘륄 곁에서 지적 수련을 한 것이 그 세계에 매몰되지 않게 한 소중한 해독제가 된 것으로 여긴다. 즉, 스탈린과 나치의 교화 메커니즘을 드러내는 엘륄의 주요 저서 『선전』을 통해, 그는 권력과 대중매체의 모호하고 조작적인 관계를 더 잘 파악할 수 있게 된다. 또한 대중매체에 도취되거나 대중매체의 현혹에 빠져들지 않고 일정한 거리를 유지할 수 있게 된다. 그래서 모든 기자와 정치인은 그들을 항상 노리고 있는 함정에 빠지지 않도록 『선전』을 읽어야 할 것이라고 역설한다. 그는 자신에게 가장 큰 영향을 미친 엘륄의 저서들을 든다. 즉, 기본 저서가 되는 『기술 혹은 시대의 쟁점 기술의 역사』, 『선전』, 『새로운 사회 통념에 대한 주석』, 『기술 담론의 허세』, 그리고 자신이 '위대한 책'으로 간주하는 『정치적 환상 정치적 착각』 등이다.[16]

이처럼, 엘륄과의 만남은 마메르에게 결정적인 것이 되고, 이 만남은 그의 지적 여정과 참여 활동 전체의 토대가 된다. 그는 엘륄의 사상을 선구적인 것으로 간주하면서, 사려 깊고 확고하며 확신에 찬 제자로서 그 선구자의 뒤를 따른다. 특히, 그는 엘륄의 사상이 그 어느 때보다 지금의 현실에 들어맞는 것으로 여긴다. 그는 엘륄이 지나치게 통찰력이 있던 나머지 자신의 시대보다 앞서 나가 너무 일찍 바른 판단을 한 것으로 파악한다. 또한 엘륄이 마르크스 사상이 지배적 경향으로 군림하던 시기에 반동으로 규정되고 오랫동안 몰려나 있었다고 지적한다. 이는 엘륄이 우리 제도들에 대한 비(非)마르크스적 비판을 제기한 첫 인물이기 때문이라는 것이다. 그리고 그는 엘륄이 환경보호 운동이라는 사고의 토대를 놓은 환경보호 운동의 시조이며, 우리의 생산방식과 삶의 방식의 변화를 식별한 인물로 규정한다. 그 때문에, 엘륄의 저서들을 반드시 읽어야 한다고 강조한다. 그는 엘륄의 사상이 시대에 뒤떨어지지 않을 정도로 강력하다고 하면서, 엘륄의 사상은 일시적인 사상이 아니라 매우 현 시대적인 사상이라고 밝힌다.[17]

| 장 클로드 기유보, 도미니크 부르, 세르쥬 라투슈

유명 작가 장 클로드 기유보

장 클로드 기유보는 조제 보베와 노엘 마메르와 더불어 프랑스의 가장 유명한 엘륄주의자로 꼽힌다. 정치가인 두 사람에 비해 기유보는 유대 기독교의 윤리적 유산으로 특징지어진 계층에서와 지식 계층에서 인정받고 높이 평가된다. 여러 신문과 잡지에서 기자, 특파원, 편집자, 시평 담당자를 지낸 그는 엘륄의 사상에 근본적으로 영향을 받은 사람으로 자신을 소개한다. 그는 보르도 정치대학에 입학하여 엘륄의 강의를 듣는다. 이를 계기로, 학생 시절에 엘륄의 모든 사회학적 저서를 독파하고 스승과 의기투합한다. 그는 자신이 일하던 『쉬드 우에스트 Sud Ouest』지에 엘륄에 관한 몇 편의 글을 발표한다. 그뿐 아니라, 나중에는 『쉬드 우에스트』지의 칼럼 란을 엘륄에게 맡기기도 한다. 이후에 『쉬드 우에스트』지를 떠나 『르몽드 Le Monde』지의 해외특파원으로 주로 일한다. 그는 그 일을 하면서 프랑스 기독교 좌파 계열의 쇠유 Seuil 출판사의 문예 분야 출판을 책임지는 편집자가 된다. 1980년 그는 『르몽드』지를 떠나 쇠유 출판사의 일에 전념한다. 그래서 엘륄의 저서들을 그 출판사에서 출판할 수 있게 된다. 쇠유 출판사에서 나온 엘륄의 첫 번째 저서는 1981년 출간된 『굴욕당한 말』이다. 그 저서의 출판에 즈음하여 그는 엘륄로 하여금 인기 있는 텔레비전 방송인 '아포스트로프' Apostrophes에 출연할 기회를 얻게 해준다. 이는 엘륄이 대중매체와 파리 사회에서 처음으로 인정받는 계기가 된다.[18]

오늘날 기유보는 재능 있는 수필가로 유명한데, 그의 작품은 나올 때마다 큰 성공을 거둔다. 1995년부터 2009년까지 그는 현시대의 혼란에 대해 탐구하는 8권의 수필집 시리즈를 펴낸다. 그 수필집 시리즈는 현재의 인간 상황과 관련된 역사적이고 인류학적인 변화들을 이해하려고 시도하는 것이다. 그런데, 각 수필집에는 엘륄적인 영감이 깊이 뚫고 지나가고 그런 영감으로 채워져 있다. 2010년 그는 '새로운 지배'에 대해 탐구하는 새로운 시리즈를 시작한다. 그 첫 번째 작품 『살아 있는 삶 La Vie vivante』은 아마도 그의 저서들 중 가장 엘륄적인 저서이다. 그의 논지는 새로운 지배 형태들에 맞서 독자들에게 주의를 환기시키는 것인데, 그 지배 형태들은 극도로 치밀하면서도 두려운 것이다. 그 새로운 지배 형태들은 삶을 단순한 상품으로 만들어 버림으로써, 인간성의 원리를 위험에 빠트린다. 그런 지배 형태들의 도전 앞에서, 기유보에게 기독교는 인간의 '살아 있는 삶'에 대한 옹호자가 될 수 있는 것처럼 보인다.[19] 비록 그 저서에서 엘륄이 단지 3번만 인용되어 있더라도[20], 그는 '기술 담론의 비등(沸騰)', '가속화의 가속화', '기술과학 체계', '기술 담론적인 압제', '대규모 상업 경쟁 속에 통합된 스포츠', '내면의 기술화' 등을 언급한다. 또한 그는 기술 사회가 빠진 곤경에 대한 해결책 가운데 '자발적인 검소함', '지속 가능한 탈성장' 혹은 '공평한 탈성장'을 제시한다.[21]

기유보는 젊은 시절 기독교 신앙으로부터 멀어진다. 그러나 엘륄의 『잊혀진 소망』을 읽은 것이 그에게 깊은 영향을 주고 그를 열광시킨다. 그런 나머지, 그는 점차 엘륄의 신학적 저서들, 특히 『의심을 거친 참된 신앙 의심을 거친 믿음』을 읽기 시작한다. 그는 오늘날 엘륄의 저서들을 다시 읽으면서 자신이 어느 정도로 엘륄의 저서들에 영향을 받았는지 납득한다. 그중에서도 『의심을 거친 참된 신앙 의심을 거친 믿음』은 그의 삶에서 특별하게 마음에 남아 있는 저서이다. 그는 『어떻게 나는 다시 그리스도인이 되었나 Comment je suis redevenu chrétien』라는 제목이 붙은 자신의 지적이고 영적인 자서전을 집필한다. 자신이 그리스도인임을 공개적으로 고백하는 그 저서에 나오듯이, 엘륄의 존재는 그가 기독교 신앙으로 돌아가는데 중요한 요소가 된다.

기유보는 엘륄 저작의 두 측면, 곧 사회학적 측면과 신학적 측면을 떼어놓은 것은 엘륄의 사상을 왜곡해서 전하는 것이라고 간주한다. 즉, 엘륄이 기독교적 소망에 사로잡혀 있었음을 잊어버리는 것은, 엘륄을 기술 혐오적인 반동분자로 만들어버린다는 것이다. 그는 엘륄에게서 그 두 측면을 분리하는 것은 마치 키르케고르에게서 기독교적 측면을 없애버리고 키르케고르의 저서를 읽는 것과 같다고 지적한다. 따라서 기유보가 보기에는, 엘륄의 저작을 포괄적으로 이해하기 위해서는 엘륄의 신앙을 무시할 수 없다. 그래서 그는 다음 같은 두 요소를 통해 엘륄의 사상이 왜곡될 위험성에 대해 민감하게 반응한다. 그중 하나는 오랫동안 엘륄과의 동행이라는 요소이다. 그리고 다른 하나는 자신의 지적이고 영적인 여정을 위해 엘륄이 그에게 준 영감의 원천이라는 요소이다. 그 때문에, 그는 가능한 한 충실하게 엘륄의 사상을 전파하고 확산시키는 일이 시급함을 절감한다.[22]

철학자 도미니크 부르

도미니크 부르는 기술 현상을 이해하기 위한 중요한 수단으로서 신학과 종교 연구를 받아들인다는 점에서 엘륄과 유사성이 있다. 부르는 엘륄의 사회학적 저작에 대해 가장 깊고 엄밀하게 연구를 진행한 연구자로 평가

된다. 그는 엘륄 저작의 중요성과 독창성을 높이 평가하면서도, 엘륄의 저작을 엄밀히 비판하며 자신의 사상을 구축하기 위해 엘륄의 저작을 사용한다. 특히, 그는 엘륄이 제시한 '기술의 자율성'이라는 논제를 다양한 양상으로 비판하면서, 기술에 대한 엘륄의 접근방식이 지닌 단점을 지적한다. 즉, 엘륄이 취하는 견해의 취약성은 기술에 대한 사회학적 분석보다는 도덕적 분석에 토대를 둔다는 것이다. 또한 그 견해의 취약성은 지나칠 정도로 급진적이며 일방적인 특성을 띤다는 것이다. 다른 한편으로, 그는 엘륄에게서 기술적 역동성과 관련된 시장과 금융 제도의 중요성을 고려할 역량이 없음을 비판한다.[23]

이처럼, 부르는 엘륄의 저작에 대한 가장 심오한 논평을 하고 엘륄의 주장에 대해 거침없는 비판을 한다. 그러면서도, 그는 자유인의 전형과 매력적인 인격의 소유자로서 엘륄을 우리 현대 사회에서 독창적인 참여 활동을 하는 극히 강한 확신을 가진 인물로 평가한다. 물론, '기술의 절대적 자율성'을 내세우는 엘륄의 주장은 그에게 오류인 듯이 보인다. 그렇지만 기술들의 토대가 물리 법칙에 따라 형성되고 기술들의 역사적 논리가 있기에, 그는 '기술의 상대적 자율성'을 인정한다. 그런 의미에서, 그는 엘륄에게서 선구자의 면모를 인정한다. 엘륄은 체계적 의미에서 그런 자율성의 개념을 주장한 최초의 인물이라는 것이다.[23]

2000년부터 부르는 트루아 Troyes 기술대학의 교수로서 정치철학과 기술철학과 생태학을 가르치면서, '지속 가능한 발전에 관한 학제 간 연구센터'를 만들어 이끌고 나간다. 하지만 2006년 그는 로잔 Lausanne 대학교 교수로 임명되고 나서 자신의 강의 전체를 환경 문제로 방향을 전환한다. 즉, 그의 강의는 환경 정책 철학, 생태학적 민주주의, '자연'이라는 개념의 역사 등과 관련된다. 그때부터 그의 철학 사상은 진정한 방향 전환이 시작된다. 그는 '지속 가능한 발전'이라는 개념을 점차 문제 삼으면서 '탈성장' 진영에 가담한 것이다. 그는 그런 방향 전환과 더불어 엘륄의 저작에 대한 자신의 이

해방식을 새롭게 하고, 엘륄의 급진성에 관한 예전의 자신의 판단을 수정한다. 그가 엘륄에게 제기한 비판들은 엘륄에게 있어 기술에 대한 비판의 도덕적 토대와 관련된다. 반면에, 그때부터 그는 엘륄의 '도덕주의자'라는 면모에 통찰력이 있음을 인정한다. 엘륄에게 도덕적 고찰과 기술 사회에 대한 비판이 분리되어 버리면, 엘륄의 사상이 심각하게 훼손된다는 사실을 의식한 것이다. 특히, 그는 엘륄의 사상이 시대에 뒤쳐져 있지 않다고 주장한다. 즉, 해가 지나감에 따라 엘륄의 저작은 점점 더 적절하고 타당한 것으로 나타난다는 것이다.[24]

'탈성장' 운동의 대변자 세르쥬 라투슈

'탈성장' 운동의 대변자 중 하나로 여겨지는 세르쥬 라투슈는 엘륄의 저작에 힘입어 성장에 대한 자신의 비판을 정립한다. 본래 가장 최적화된 성장기술의 선택에 관심이 있던 그는 기술에 대한 자신의 고찰을 더 심화시킬 필요성을 느낀다. 그런데, 기술과 관련된 엘륄의 저작을 읽은 것이 이에 결정적인 도움이 된다.[25] 특히, 라투슈는 엘륄을 탈성장 사회의 초기 사상가로 규정한다.[26] 라투슈에 따르면[27], 서구 사회의 기술적 과도함, 성장과 발전, 기술적 전체주의에 대한 엘륄의 비판은 '탈성장' 프로그램의 주요 부분을 이룬다.

라투슈는 1960년대에 아프리카 콩고민주공화국에서 개발 전문가로 일한 경험을 통해, 아프리카에서의 댐 건설, 관개 수로, 농업과 관련된 기술 이전, 슈퍼 종자, 쓰레기 처리 등의 발전 계획이 실패로 돌아가는 현실과 마주한다. 그는 발전에 대한 이론적이고 실제적인 비판을 하려고 시도하는데, 이는 숨겨진 허구에 대한 비판, 곧 진보에 대한 비판으로 나아간다. 경제학자로서 그는 경제가 모든 것을 좌우한다고 생각하는 경향이 있다. 하지만, 엘륄의 주장들이 그에게 엄청난 영향을 미친 나머지, 그는 기술 체계의 자율성에 대해 자각한다. 물론, 정통 경제 이론에서 기술은 어떤 요인들의 결합으로서만 단지 특징지어진다. 그 때문에, 기술은 완전히 사라져 있는 동시에, 모든 발전 계획은 기술적이다. 그런 틈새를 통해, 그는 엘륄에게서 이해한 기술의 실재, 기술 체계, 기술 체계의 법칙을 자각하게 된다. 그런 토대에서 라투슈는 '지속 가능한 발전'을 비판하면서, 그 대안으로 제시하는 것이 '공생적 탈성장'이다.[28]

라투슈는 기술 체계의 전체주의에 대한 엘륄의 강력한 분석을 통해, 기술 체계가 지닌 힘의 한계라는 문제가 제기된다고 밝힌다. 기술적 전체주의에 대한 엘륄의 분석을 통해 라투슈가 강조하는 바는, 기술의 완벽함을 과대평가하지 말아야 한다는 것이다. 또한 대규모 기술 체계의 실패와 균열이 수많이 존재한다는 것이다. 특히, 경제 위기, 환경적 비극, 기술적 재앙은 기술의 편재성과 전능함에 대해 문제 삼을 수 있게 한다는 것이다.[29] 이처럼, 라투슈는 기술에 대한 비판이라는 독창성을 지닌 엘륄의 사상의 급진성에 이끌려 엘륄의 사상에 매혹된다. 그런 나머지, 그는 엘륄을 기술과 관련된 깊은 통찰력을 지닌 사상가이자 '탈성장'의 뛰어난 선구자로 간주한다.[30]

| 미국에서의 엘륄의 사상의 수용

미국에서 엘륄의 사상을 받아들이는 이유

포르케에 따르면[31], 트루드 샤스트네가 프랑스에서의 전형적인 엘륄주의자라면, 데이비드 길은 미국에서의 전형적인 엘륄주의자이다. 미국은 다른 나라들보다 엘륄의 사상을 훨씬 더 빨리 훨씬 더 호의적으로 받아들인 나라이다. 데이비드 길은 '세계 자크 엘륄 협회' IJES(Internationl Jacques Ellul Society)의 회장으로서, 『엘륄 포럼 Ellul Forum』지의 공동 편집자로서, 엘륄의 사상의 확산을 가장 열성적으로 추구하는 인물 중 하나이다. 이는 엘륄에게서 우리 시대의 가장 중요한 예언자이자 사회비평가이자 신학자의 면모를 발견한 때문이다. 그는 밀접히 연결된 두 영역에 따라 자신의 소명을 규정한다. 하나는 기독교 공동체의 삶과 노동 속에서 예수 그리스도의 가치들과 윤리를 이해하고 촉진하는 것이다. 다른 하나는 다양화되고 세계화된 복잡한 경제 세계에서 윤리적으로 건강한 조직들을 구성하는 것이다. 그런 관점에서, 그는 현 세상에서 우리가 어느 때보다 엘륄의 유산을 필요로 한다고 여긴다.[32]

데이비드 길은 미국에서 엘륄의 저작을 받아들이는 현상에 대해 분석하면서, 미국 지식인들이 왜 엘륄의 사상에 동조하는지 그 이유를 설명한다. 우선, 미국은 기술적으로 가장 발달한 나라로 남아 있다. 기술은 물론 이롭기는 하지만, 기술에 의해 인간성 말살, 소음, 오염, 삶의 기계화 등의 과정이 생겨난다. 미국에서는 그런 기술적 진보의 폐해가 이미 간파되었기 때문에, 미국의 지식인들은 기술에 대한 엘륄의 뛰어난 분석에 주목한다는 것이다.

그리고 미국에는 파리와 런던 같은 유럽의 수도들처럼 유일한 지식 중심지가 없다. 따라서 엘륄이 파리의 사상가가 아니라는 점은 미국인들이 보기에는 어떤 문제도 되지 않는다. 심지어 미국인들은 주변적인 사상가를 선호하기도 한다. 그래서 미국인들이 프랑스의 변방인 보르도의 신학자이자 사회학자의 예언적인 말을 더 잘 받아들인 것일 수도 있다. 마지막으로, 많은 미국인이 교회에 관여되어 있다. 그 때문에, 엘륄 같은 기독교 지식인이 미국에서 청중을 발견하기란 어렵지 않다. 게다가, 미국의 교회들은 성서를 향해 방향이 설정된 개신교이다. 그렇게 많은 조건이 미국에서 엘륄의 사상과 그의 살아 있는 신앙을 이해하게 하는 데 도움을 준다는 것이다.[33]

미국에서 엘륄의 사상을 받아들이는 두 영역

이처럼, 엘륄과 같은 사상가에게 특히 호의적인 미국과 같은 토양에서, 데이비드 길은 엘륄의 저작을 두 측면으로 구분하면서, 미국에서 엘륄의 저작을 받아들이는 영역들을 더 깊이 분석한다. 즉, 미국인들이 엘륄의 저서들과 사고들을 발견하기 위해 따른 두 가지 길이 있다. 그 첫 번째 길은 신학적인 길이다. 1950년대부터 1970년대에, 마틴 루터 킹 Martin Luther King의 투쟁에 호의적인 미국 남부의 침례교 백인 목사들을 중심으로, '남부 성직자 위원회'는 엘륄의 저서들에 대한 상당수의 글과 서평을 발간한다. 이와 함께 1960년대에는, 존 하워드 요더John Howard Yoder와 버나드 엘러 Vernard Eller 같은 재세례파 교도들과 메노파 교도들이 엘륄의 논지를 논의하기 시작한다. 1960년대와 1970년대 기간에는 소저너스 Sojourners 공동체 운동의 짐 월리스 Jim Wallis 같은 상당수의 젊은 복음주의자들이 엘륄을 발견한다. 그리고서 그들은 자신들의 급진적인 기독교 전통에 엘륄을 더하여 그 전통을 키워나간다.

특히, 미국에서 엘륄의 사상을 받아들이는 집단 중에는 급진적인 젊은 그리스도인들이 있다. 그들은 미국 사회와 기성교회의 방향에 대해 비순응적이고 극도로 비판적인 무정부주의적 경향을 띠면서, 다음 같은 것들을 제시하고 촉진한다. 첫째, 성서에 대한 무정부주의적 재해석 및 현실 문제에 대한 성서적 재해석이다. 둘째, 선거 정치에 대한 비참여 및 공동체 경제 회복을 위한 구체적 행동 참여이다. 셋째, 하나님을 더 잘 따르기 위해 인간에 대한 불복종까지 나아가는 국가에 대한 비판적 감시이다. 넷째, 자발적인 검소함에 토대를 둔 반문화적 삶의 방식이다. 그런데, 그들의 영감의 원천 중 하나가 바로 엘륄이라는 것이다.[34]

미국인들이 엘륄의 저서들과 사고들을 발견하려고 따른 두 번째 길은 '기술 사회학'이라는 길이다. 엘륄의 신학에 대한 아무런 지식 없이도 많은 미국인이 엘륄의 사회학에 열광하기 시작한다. 특히 1960년, 캘리포니아의 산타 바바라 Santa Barbara에 소재한 싱크 탱크인 '민주주의 제도 연구센터'의 책임자 존 윌킨슨 John Wilkinson이 올더스 헉슬리 Aldous Huxley에게 기술과 관련된 최근의 가장 훌륭한 저서들을 추천해 달라고 부탁한다. 그것은 틀림없이 엘륄의 『기술 혹은 시대의 쟁점 기술의 역사』이라는 헉슬리의 대답을 듣는다. 그래서 윌킨슨 자신이 그 저서를 번역하여 1964년 『기술 사회 Technological Society』라는 제목으로 대형출판사를 통해 출판한다. 1960년대 미국에서는 기술과 생태학과 인권과 관련하여 엄청난 토론이 벌어지는데, 엘륄의 그 저서는 즉시 인기를 얻는다. 이어서 『선전』, 『정치적 환상 정치적 착각』, 『혁명에 대한 분석 혁명의 해부』 등이 번역된다. 그리하여 미국 전역에는 정치학, 사회학, 매스미디어, 기술철학 같은 아주 다양한 분야에서 엘륄의 관점과 논지에 깊이 영향을 받은 작가와 교수와 사회 활동가들이 나타난다.[35]

근원적이고 급진적인 사상가 이반 일리치

오스트리아 출신의 신학자이자 철학자 이반 일리치는 로마에서 사제 서품을 받고 교황청 국제부직에 임명되기로 예정되었으나, 미국으로 건너가 뉴욕 빈민가의 보좌신부로 가난한 이들과 함께 산다. 그는 남아메리카의 미국형 현대화 정책에 반대한다. 그래서 현대 자본주의 사회의 문화와 획일화된 교육 정책은 문화의 다양성을 부정하고 미국형 문화에 적응을 강요한 것이라 비판한다. 특히, 그는 미국식 학교 교육은 라틴아메리카 학생들에게 자신들이 무능하다는 의식만 심어준다고 주장한다. 따라서 기존의 학교 교육은 남아메리카의 현실에서는 적절하지 않다고 하면서, 새로운 교육제도의 실현을 주장한다.

일리치는 멕시코에 '문화교류문헌자료센터'를 설립해 당시 전 세계가 추종하던 개발 이념에 도전한다. 따라서 이 센터는 급진운동권의 근거지

이자 사상의 싱크탱크가 된다. 그는 교회에 대한 비판으로 교황청과 마찰을 빚다가 스스로 사제직을 버리기도 한다. 그는 자신의 저서『학교 없는 사회』,『공생을 위한 도구』,『의료의 한계』,『누가 나를 쓸모없게 만드는가』 등을 펴내면서, 성장주의에 빠진 현대 문명에 근원적 도전을 던지며 자본주의 사회에 급진적인 비판을 가함으로써 세계적으로 주목받기 시작한다.

이처럼, 일리치는 다양한 학문 분야에서 탁월한 업적을 남기며, 가장 근원적이면서 급진적이며 위대한 사상가로 평가받는다. 따라서 그가 현대 사상에 끼친 영향은 사회학, 철학, 신학, 역사학, 과학기술을 넘나든다. 말년에 한쪽 뺨에 자라는 혹으로 고통받지만, 현대식 의료 진단과 치료를 거부하는데, 이는 '비인간적인 의료산업'에 의한 진단이나 치료를 거부한 것이다.

1965년 일리치는『기술 혹은 시대의 쟁점 기술의 역사』을 영어로 번역한『기술 사회』를 읽음으로써 충격을 받고 엘륄 저작의 진가를 발견한다. 이후로 10년간 그는 환경, 사회구조, 문화, 종교 등에 대한 기술 수단의 지배에서 비롯된 사회적 결과들을 연구한다. 그는『자크 엘륄에 대하여 Sur Jacques Ellul』의 서문에 실린 엘륄에 대한 헌사에서 엘륄을 '자크 스승님' Maître Jacques으로 호칭하기도 한다. 그는 30여 년 전부터 자신의 행로에서 결정적으로 방향을 바꾸게 한 것이 엘륄이며, 자신은 엘륄이 앞서 간 발자취를 따라온 것이라고 밝힌다.[36]

3장 현 시대에서의 엘륄 사상의 적용

| 엘륄의 연구방식과 분석방법의 특징

분류할 수 없는 사상으로서의 엘륄의 사상

트루드 샤스트네는 엘륄의 이름과 연결된 다양한 사회 통념 가운데 엘륄의 사상이 분류할 수 없는 사상이라는 견해가 상당한 위치를 차지한다고 지적한다. 엘륄에게 그런 명성이 따라붙는 것은 공연한 일이 아니라는 것이다. 엘륄은 60권에 가까운 저서와 수백 편의 논문을 집필한다. 그가 그런 풍성한 집필 이력을 통해 추구한 유일한 목적은, 인간의 자유를 위협하는 위험들 앞에서 인간의 자유를 옹호하고 확인하는 것이다. 물론 그렇다고 하더라도, 그가 택한 방법들은 너무도 다양하다는 것이다. 그는 우파 지도자들과 그들의 견해에 대해 적대적이지는 않더라도 이에 대해 무관심하다. 그뿐 아니라, 지속적인 오해의 위험을 무릅쓰면서도 자신의 진영인 좌파를 비판하는 데 열중한다. 그는 늘 시대의 흐름에 역행한다. 예를 들어, 알제리 전쟁 기간에는 알베르 카뮈 Albert Camus의 입장과 그리 다르지 않았다.[37]

특히, 나중에 이스라엘이나 혹은 남아프리카 공화국과 관련하여 엘륄이 행한 역설적인 연설은 진보주의적 성향과 부딪칠 수밖에 없었다. 따라서 그를 유형적으로 굳이 분류해야 한다면, 그는 무정부주의 사상가에 가깝다고 할 수 있다. 물론, 그의 기독교 신앙이 그의 무정부주의적 신념을 넘어선다는 것을 전제로 그러하다. 그런데, 그가 분류할 수 없는 인물이라는 것은, 이데올로기적이고 정치적인 영역에서의 그의 입장표명에서 기인하기보다, 지속해서 문제를 불러일으키는 그의 저작에서 훨씬 더 기인한다.[38]

트루드 샤스트네에 따르면[39], 법역사학자로서 엘륄은 보르도 대학교 법학대학과 보르도 정치대학에서 교수를 역임하지만, 그는 자신의 전공 영역의 한계를 즉시 뛰어넘는다. 즉, 로마법 전공 교수이자 제도사 전문가인 그는 현대 사회에서의 그리스도인의 운명에 대한 고찰, 더 일반적으로는 기술 사회의 틀 안에서의 인간 상황에 대한 고찰을 확장시키려고 한다. 특히 대학에서 과도한 전공 전문화가 이루어지던 시기에, 다방면의 자유기고가로서 그는 무엇에나 손대는 인물로 여겨지는 위험을 자초한 것이다. 특히, 그는 윤리적 문제들을 가장 중요한 위치에 다시 도입함으로써, 사회과학에서 지배적인 불가지론을 반박한다. 그 때문에, 인문 과학의 객관주의적 환상에 대한 그의 비판은 프랑크푸르트학파의 연구 작업을 떠올리게 한다. 물론, 엘륄과 프랑크푸르트학파는 '기술의 자율성'이라는 문제에 대해 서로 의견이 어긋난다. 그럼에도 엘륄에 이어 하버마스에게는, 기술 관료적 의식에 의해 도그마가 된 실증주의의 이데올로기적 토대에 대한 비판과 더불어 과학적 낙관주의에 대한 비판도 다시 발견된다.

트루드 샤스트네는 '체계'나 '닫힌 세계'로 고착되기를 거부하는 엘륄의 사상에 대해 계속 그 원천이 되어주는 주제들을 이렇게 제시한다. 첫째, 확고부동한 두 극단 사이에서의 지속적인 긴장으로서 체험된 실존이다. 둘째, 인간이 된 동시에 '전적 타자'로 남아 있는 하나님의 시선 아래에 놓인 유일한 존재로서 간주된 개인이다. 셋째, 세상에 대한 비순응 원리이다. 넷째, 권력 앞에서의 '인격' la personne의 보호이다. 다섯째, 삶의 부조리에서 벗어나기 위한 신앙으로의 도약이다. 특히, 키르케고르, 칼 바르트, 마르크스라는 세 명의 천재적인 변증법론자는 엘륄의 이론적 지식의 핵심을 이룬다.[40]

반면에, 엘륄은 하이데거와의 모든 지적인 연관 관계를 인정하지 않는다. 이는 엘륄이 하이데거가 독일 나치에 가담한 것을 알기 때문이다. 엘륄의 견해로는, 하이데거 같은 사상가는 현 세상의 의미라는 요점을 이해하는데 어떤 도움도 될 수 없다. 왜냐하면 하이데거는 '정치'라는 부차적인 것에 대해 그렇게 터무니없이 잘못 생각하기 때문이다. 더 나아가, 엘륄은 하이데거가 지나치게 추상적인 언어로 자신의 견해를 표현한다고 비판한다. 즉, 젊은 시절로부터 엘륄은 상황의 중심에 있는 것이 아니라 기술이라고 간주한다. 따라서 엘륄과 하이데거의 결론이 많은 점에서 서로 일치하더라도, 그들의 방법론은 근본적으로 다르다. 즉, 하이데거는 현대 기술의 본질에 대해 형이상학적 문제 제기를 한다. 하지만, 엘륄은 기술 체계의 특성들을 사회적으로 기술한다.[41]

기술, 선전, 정치, 현대국가에 대한 분석

트루드 샤스트네는 기술에 대한 엘륄의 비판을 압축하여 설명한다. 즉, 기술, 다시말해 모든 분야에서의 절대로 가장 효율적인 수단의 추구가 우리 현대 사회의 관건을 이룬다는 것이 엘륄 사고의 핵심이다. 사실상 인간은 기술을 사용한다고 믿고 있으나 기술을 섬기는 것이 인간이고, 현대인은 자신의 도구들의 도구가 된다. 수단은 목적으로 변화하고, 필연성은 미덕이 되어 버리며, 기술 문화는 외재되어 있는 어떤 것도 용인하지 않는다. 우리는 후기산업사회에 살고 있는 것이 아니라 기술 사회에 살고 있다. 그 속에 기술 체계가 자리 잡은 기술 사회는 점점 더 기술 체계와 혼동된다. 기술현상은 자율성, 단일성 혹은 불가분성, 보편성, 전체화로 특징지어지며, 기술적 진보는 자가 증식, 자동성, 인과적 발전, 양면성으로 규정된다. 기술 체계는 그러한 기술 현상과 기술적 진보의 결합으로 만들어진다. 하지만 기술 사회는 기술 체계로 단순화되지 않고 둘 사이에는 긴장이 존재한다. 마치 암이 인체에 속해 있듯이, 기술 체계는 기술 사회에 속해 있다. 결국, 기술은 인격화되고 신격화된 기술이 되고, 권세나 괴물과 동일시되는 기술이 되어 버린다.[42]

다음으로 트루드 샤스트네는 선전과 관련된 엘륄의 분석을 조명한다.

즉, 『기술 혹은 시대의 쟁점 기술의 역사』에 나오는 '인간 기술' 가운데 선전은 일찍부터 엘륄의 관심을 끈 것이다. 사회학자로서 엘륄은 현대인을 기술 사회 속에 통합하는데 절대 필요한 것으로 선전을 묘사한다. 또한 그리스도인으로서 그는 선전을 하나님의 말이 확산하는 데 장애물로 간주한다. 선전은 정치를 이미지 세계로 들어가게 하고, 민주주의적 작용을 눈속임 행위로 변화시키는 경향이 있다. 정보도 그 자체로 선전에 맞선 보장책이 되지 않는다. 즉, 여론은 선전에 대한 받침대 구실을 하기 전에, 정보에 의해 인위적으로 만들어진 것일 따름이다. 그 때문에, 정보는 선전의 존재 조건이다. 따라서 개인이 정보를 더 얻을수록 선전에 더 잘 저항한다는 것은 틀린 사실이다. 게다가, 기술 사회 안에서 정보는 심지어 개인의 인간성을 박탈하기도 한다. 선전은 가장 교양 있고 가장 정보가 많은 시민, 곧 지식인들을 우선 겨냥한다. 정보를 얻는 채널이 더 많을수록 선전의 조작에 더 취약하다는 것이다. 선전은 권력에도 필요하지만 시민에게도 필요하다. 기술 사회에서의 정보는 반드시 복잡하고 분산되어 있으며 확실하지 않고 비관적이다. 반면에, 선전은 상황을 정돈하고 단순화하며 시민에게 위안을 준다. 따라서 '선전하는 자'와 '선전 당하는 자' 사이에는 암묵적인 동조 관계가 자리 잡는다. 민주주의는 존속하기 위해 선전을 만들어낼 수밖에 없다. 그런데, 본래 선전은 민주주의를 부정한다. 선전의 대상인 민주주의는 자체를 선전의 형태와 동일시하는 경향이 있다. 도덕적 측면에서 좋은 선전이나 혹은 나쁜 선전은 없지만, 기술적 측면에서 효율적인 선전이나 혹은 효율적이지 않은 선전이 있다.[43]

이어서 트루드 샤스트네는 정치 및 현대 국가와 관련된 엘륄의 분석을 소개한다. 기술 사회에서 정치는 '필연적인 것'과 '일시적인 것'의 영역에 속한다. 위정자들은 실제로 기술전문가에게 주어진 주도권의 허울만을 간직하기 위해 행동한다. 게다가, 기술 사회는 '정치적인 것'과 '사회적인 것'의 혼동을 전제로 하는데, 모든 것은 정치적이지만 정치는 환상에 불과하다. 정치는 종교를 대체하고, 현대 국가는 신의 위치를 차지한다. 민중의 주권은 허구일 따름이다. 보통선거는 좋은 위정자들을 선별할 수 없고 위정자들의 행동을 통제할 수 없는 것으로 드러난다. 또한 민중이 자신의 대표자들을 통제한다고 믿는 것만큼이나 선출된 의원들이 전문가들을 통제한다고 믿는 것도 착각이다.[44]

기술화된 국가는 본질적으로 전체주의적이며, 국가의 사법 형태와 이데올로기적 겉모습은 별로 중요하지 않다. 기술의 보편성이라는 결정적 사실 앞에서 정치 제도적 특수성은 부차적인 것으로 간주될 수밖에 없다. 모든 체제는 '효율성'과 '힘'이라는 같은 목적을 추구한다. 그 때문에, 자본주의와 공산주의라는 동서진영 간의 갈등에 대한 엘륄의 무관심도 거기서 비롯된다. 또한 다른 형태의 독재에 맞서 어떤 형태의 독재를 선택하는 것에 대한 엘륄의 거부도 거기서 비롯된다. 달리 말해, 현대 국가와 기술적인 이데올로기의 결합을 통해, 정치는 환상적이 될 뿐만 아니라 위험해진다. 그렇지만 엘륄의 메시지는 결과적으로 국가의 지배를 강화하기만 할 따름인 탈정치를 옹호하는 것과 거리가 멀다. 엘륄의 메시지는 국가라는 괴물 앞에서 개인적 저항의 힘들을 복원하는 것을 목표로 삼는다. 엘륄에 따르면, 인간에게 있어 존재한다는 것은 저항하는 것이다. 따라서 사회적 통합이라는 온갖 전체주의적 시도들에 맞서 '긴장들'을 키워나가야 한다. 결국, 오래전부터 사라진 민주주의에 새로운 의미를 부여하는 것이 바람직하다.[45]

이와 같은 엘륄의 연구방식과 분석방법을 토대로 현시대에 일어나는 다양한 사건들과 문제들을 분석하면서, 그 사건들과 문제들에 대한 해석과 분석의 틀로서 엘륄의 사상을 적용해 볼 수 있다.

| 의료 사고에 대한 엘륄적인 해석 도구를 통한 분석

트루드 샤스트네는 2010년 벌어지기 시작한 '메디아토르 Médiator 사건'을 엘륄적인 해석 도구를 통해 분석한다. 그는 이해관계의 갈등이라는 관점에서 그 사건을 통해 민주주의에서의 결정과 책임이라는 더 일반적인 문제가 제기된다고 밝힌다. 프랑스 제약회사 세르비에 Servier는 1976년부터 2009년까지 '메디아토르'라는 이름으로 중독성 약품 '벤플루오렉스' benfluorex를 시중에 판매한다. '메디아토르 사건'은 그 약품의 복용으로 피해를 입은 것으로 판단되는 사람들과 그 가족이 제기한 소송 사건을 가리킨다. 특히, 호흡기 전문의 이렌느 프라숑 Irène Frachon은 그 약품의 위험성을 밝히고 고발하기 위해 투쟁한다. 2010년, 그 투쟁을 그린 『메디아토르 150그램, 몇 사람이나 죽었는가? Médiator 150g : combien de morts?』라는 책이 출간됨으로써, 그 사건은 본격적으로 시작된다. 그 약품의 판매가 중지된 2009년 한 해에만 프랑스에서 30만 명이 그 약품의 처방을 받는다. 또한 2011년 '프랑스 약품 안전 보건 기구'의 공식 서류에 따르면, 모두 합쳐 약 500만 명의 환자가 그 약품에 노출된다.[46]

물론, 트루드 샤스트네는 제약회사의 힘을 부인하는 것도 아니고, 제품을 평가하는 국가기관에 대한 회사의 로비 능력을 부인하는 것도 아니다. 다시 말해, 그는 보건당국 책임자들과 세르비에 제약회사 사이의 금전상의 관계가 있다는 것이 그 사건을 설명하는 유일한 요소가 아님을 강조한다. 그 사건을 통해 드러난 점은 다음과 같다. 즉, 약품의 환불 정책과 시중 판매 허가에 대한 책임이 관련 장관들에게 있다. 그런데도, 통치상의 범죄 행위를 고려하지 않고 정치적 책임을 형사상의 책임으로 대체함으로써, 정치적 무책임이 제도화되었다는 점이다. 특히, 약품 관리 기관의 기능장애라는 문제를 통해, 공공 위생 체계 전체를 넘어 소위 민주주의 체제와도 관련된 몇 가지 기본 질문이 제기된다. 즉, "공공 정책은 어떻게 누구에 의해 결정되고, 실제로 누가 결정을 내리는가?"라는 질문이다. 또한 "누가 국민 앞에서 그 결정에 대한 책임을 맡아야 하는가?"라는 질문이다. 그리고 "실제로 누가 국가의 꼭대기에서 통치하는가?"라는 질문이다.[47]

결국, 엘륄적인 접근과 관점을 통해 다음 같은 점이 드러난다. 즉, 이른바 '복합 사회'에서 취급해야 할 서류들의 양과 전문성이 계속 증가한다. 이를 고려하면, 장관들은 다양한 부문의 고위 관료와 기술자와 전문가에 의해 사전에 이루어진 선택들을 승인하고 결재할 수밖에 없다는 점이다. 고위 관료와 기술자와 전문가는 중앙행정부와 내각 한가운데서 선거가 아닌 전문화된 지식과 능력으로부터 자신들의 적법성을 이끌어 낸다. 더욱이, 그들은 과학 기술적인 절대적 필요성이라는 이름으로 정치적 성격의 권력을 행사하면서 모든 형태의 통제에서 벗어난다. 따라서 '메디아토르 사건'은 "진정한 민주주의는 오래전부터 사라졌다."[48]라는 엘륄의 지적과 상응한다.[49]

이처럼, 정치가는 기술전문가에 의해 사전에 내려진 결정들을 집행할 수밖에 없다. 또한 정치적 행위는 기술전문가에 의해 엄밀히 경계가 설정된 범위 속에 포함된다. 그렇지만 엘륄의 입장은 진정한 정치적 결정이 존재할 수 있음을 부인하는 것이기보다는, 정치적 결정을 짓누르는 결정 요인들이 늘어남을 드러내는 것이다. 엘륄은 흔히 '예언자'로 규정되기는 하지만, 엘륄이 자신에게 부과한 임무를 생각해보면 '경보를 발하는 사람'이라는 표현이 더 정확할 수도 있다. 즉, 엘륄은 기술의 신성화를 통해 야기된 인간의 자유를 짓누르는 위험들을 예견하는 방식으로 우리에게 경고한다. 자유를 쟁취하거나 혹은 보존하려면, 인간의 자유를 위협하는 위험들을 자각하는 일부터 시작해야 한다. 엘륄이 우리에게 주는 교훈은 적어도 그러하다는 것이다.[50]

| 전 세계적 금융 위기에 대한 엘륄적인 분석의 적용

기술의 영향 하에서의 금융 시장에 대한 분석

알방 카이메르 뒤페라쥬 Alban Caillemer du Ferrage와 브뤼노 지자르 Bruno Gizard는 금융 거품의 형성 가운데 작동하는 메커니즘, 특히 2007년에 촉발된 전 세계적 금융 위기의 원인을 규명하려고 시도한다. 특히, 그들은 금융 분석가들이 일반적으로 무시하는 기술적인 요인들의 중요성을 강조한다. 먼저, 그들은 1988년에 나온 『기술 담론의 허세』에서 엘륄이 제시한 2000년의 미래 사회에서 나타날 가능성이 있는 네 가지 중요한 현상 혹은 위기를 인용한다. 즉, 핵전쟁 가능성, 제3세계의 일반화된 반란 가능성, 실업의 기하급수적인 증가 가능성, 부채 누적의 결과로 서구 세계의 일반화된 금융 파산 가능성이다.[51]

그중에서 개인 부채와 공공 부채의 누적에서 비롯되는 심각한 파열이 실제로 이루어졌고 지속되고 있다. 그런데, 금융 거품의 형성 및 금융 위기 원인의 형성 가운데 작동하는 기제들을 규명하는데 엘륄의 사상이 이바지하는 바가 결정적이라는 것이다. 흔히 행정명령 조치들은 금융 시장 작동의 결함들을 교정한다고 여겨진다. 그렇지만 엘륄의 사상은 그 원인들에 대한 분석을 넘어서서, 그런 행정명령 조치들에 대한 비판적인 도구 구실을 한다. 뒤페라쥬와 지자르는 2007년에 촉발된 금융 위기에서 기술의 비중을 이처럼 드러내려고 한 어떠한 연구도 이전에는 없었다고 밝힌다. 기술, 특히 정보처리기술은 금융 시장 변화의 결정적인 요소였고 지금도 그런 요소로 남아 있다. 그런데, 엘륄이 끊임없이 확인했듯이, 그 요소는 긍정적인 결과와 부정적인 결과라는 반드시 양면적인 특성을 띤다. 그래서 그들은 긍정적인 결과들과 부정적인 결과들을 구분하고 나서, 금융 기술화의 결과들을 설명하기 위해 엘륄적인 분석으로부터 착상을 얻는다. 더 나아가, 그들은 기술이 차지한 과도한 위상을 저지하는 방법과 수단들에 대해 검토하기 위해, 엘륄이 제시한 분석 도구와 고찰을 그 실마리로 활용한다.[52]

뒤페라쥬와 지자르는 기술의 영향 아래에 있는 금융 시장을 분석한다. 그들은 최근 수십 년간의 변화로서 기술에 의해 완전히 변모된 시장 조직, 파생 상품의 발전, 파생 상품의 고도의 복잡성 증대를 제시한다. 여기서, 금융 시장 조직에 영향을 미친 기술이라는 요인의 긍정적인 결과로 나타나는 것은, 기술을 통해 국지화라는 제약을 넘어선 금융 시장에 모든 사람이 접근할 수 있다는 것이다. 특히, 외국 투자자들의 점점 더 적극적인 등장이 중시되기 때문에, 금융 시장의 전산화 및 그에 따른 연속적인 금융 시장 조직의 변화가 초래된다. 그래서 이를 통해 외국 투자자들의 등장이 촉진되고 금융거래는 세계화된다. 파생 상품은 그런 세계화에서 생겨난 위험 관리의 본질적이고 유일한 도구이다. 하지만 파생 상품의 비약적 발전은 금융 시장의 유동성과 발전에 근본적으로 기여하고, 차입비용을 낮추는데 이바지한다. 또한 그러한 발전은 적극적 관리 기술과 소극적 관리 기술을 완성하는데 이바지한다. 국가는 아주 불안정한 수익률 곡선에 근거한 납세자들의 채무를 역동적으로 관리하기 위해 그런 기술들에 의지할 수밖에 없다.[53]

반면에, 뒤페라쥬와 지자르는 금융 시장 조직에서의 기술의 부정적인 결과를 제시한다. 첫째, 무한한 힘의 경쟁이다. 컴퓨터가 지닌 힘뿐만 아니라 금융 시장 조직이 지닌 힘은 효율성의 증가에 대한 집착에서 늘 생겨난다. 일례로, 그것은 수학자와 연구자를 채용하여 가능한 한 정교해진 체계를 만들어내기 위해 은행들이 몰두해서 벌이는 가차 없는 경쟁이다. 둘째, 위험의 증가이다. 결함이 있는 체계를 대체할 수 있고 비용이 많이 드는 백업 체계를 구축함으로써만 정보처리기술 도구를 보호할 수 있다. 그러한 정보처리기술 도구 자체의 장애 위험이 있다는 것이다. 물론, 그런 위험이 금융 시장에만 있는 것은 아니다. 하지만, 금융 시장에는 두 가지 종류의 특유한 위험이 있다.

첫 번째 위험은 인간적인 오류이다. 예를 들어, 투자자가 자신의 단말기에 매수 주문을 입력할 때 저지르는 오류이다. 투자자가 자신의 오류를 알아차리기도 전에 주문은 처리되고 이를 통해 끔찍한 결과가 생겨날 수 있다. 두 번째 위험은 주문의 자동 처리를 맡는 '알고리즘' algorithm 개념의 오류이다. 아마도 알고리즘 개념의 오류는 금융 시장에서 가장 눈길을 끈 사건의 원인이다. 그 사건은 2010년 5월 6일에 뉴욕 증권거래소에서 일어난다. 알고리즘 개념의 장애 때문에 41억 달러에 해당하는 주문이 20여초 만에 이루어진 것이다. 그러자 그 주문때문에 유발된 다른 주문들의 자동 처리 과정을 통해 몇 초 만에 주가 지수의 10퍼센트가 폭락한다. 또한 주문의 자동 처리의 영향을 받아 주가 지수가 반등하기도 전에 1조 달러의 주식 시가 총액이 증발해 버린다. 두 가지 경우에서, 투자를 결정하기 위해서든, 투자의 가치를 높이기 위해서든, 기계에 대한 맹목적 신뢰는 기술에 대한 신성화와 금융 시장의 비인간화에서 절정에 달한다. 이처럼, 부화뇌동이 일반화된 것으로 특징지어지는 금융 시장에서 기술이라는 도구의 지배는 특히 위험한 것으로 드러난다.[54]

금융 시장에서의 기술의 지배적 위상과 그 해결책

뒤페라쥬와 지자르는 금융 시장에서 기술이 차지한 지배적 위상을 엘륄의 기술 사상이라는 선별수단을 통해 분석하면서, 확증된 주요 사실을 세 가지로 제시한다.

첫째, 금융 시장에 대한 기술의 지배력은 외부의 도움 없이 스스로를 키워나간다는 것이다. 우선, 이런 '자가 양육'[55] 현상은 금융 시장의 작동과 관련하여 나타난다. 즉, 기술이라는 도구의 발전을 통해 '트랜잭션처리시스템'의 발달이 초래된다. '트랜잭션처리시스템'이란 거래 데이터가 발생할 때마다 단말장치에서 입력하고, 처리하여 그 결과를 되돌려주는 방법에 의한 데이터 처리 방식을 가리킨다. 그런데, '트랜잭션처리시스템'은 기술이라는 도구에 부여해야 할 새로운 차원을 필요하게 만든다. 다음으로, '자가 양육'은 그 현상의 책임자가 진정으로 누구인지를 결정지을 수 없다는 사실을 통해 나타난다. 마지막으로, '자가 증식' 혹은 '자가 양육'은 기술적인 발전에서 생겨난 금융 시장에 의해 점진적으로 얻어진 자율성을 통해 나타난다.[56]

둘째, 금융 시장은 사회적 기능과 멀어진다는 것이다. 주식시장과 금융 상품 변화의 공통점은 각각 자체의 목적을 자체 안에 마침내 형성한다는 사실에 있다. 따라서 그 자체로 주식시장은 매매 실행이라는 유일한 기술적 특성을 통해 자율적으로 이윤을 주도하는 것이 된다. 그런데, 이는 타당한 매입 판단이나 혹은 매도 판단 가운데서 더는 이루어지지 않는다. 파생상품도 위기관리 도구의 위치에서 위험 생성 수단의 위치로 넘어간다. 또한 어떤 금융 수단들은 경제의 자금조달 및 자금조달 당사자들의 사회적 기능에 심각한 대혼란을 초래할 수 있다. 예를 들어, 은행업자의 사회적 기능은 경제에 유동성을 주입하는 것으로부터 '신용 재료'를 만들어내는 것으로 변해 갔다. 그런데, 그 '신용 재료'는 자신들의 유동자산의 이익을 위해 수익을 추구하는 투자자들 곁에 있는 투자 금융 수단에 내재되어 있다. 이처럼, 2007년과 2010년의 금융 위기의 주된 원인은 우선 과도한 개인 부채이고, 다음으로 과도한 공공 부채라고 할 수 있다.[57]

셋째, 금융정책은 지배력을 상실했다는 것이다. 엘륄은 "정치와 기술 사이에 갈등이 있다면 반드시 패배하는 것은 정치이다."[58]라고 언급한다. 그 언급이 정확하다면, 온갖 지위의 정치인 모두가 기술적 진보에 반복적으로 집착하는 사실에 대해 우려할 수밖에 없다. 2007년부터 전개되는 이중적인 금융 위기를 통해, 경제계와 금융계에 대한 기술의 지배를 통해 생겨난 결과들에 비추어 볼 때 정치의 무력함이 드러난다. 물론, 확인된 모든 일탈이 그런 현상에서 비롯된다고 할 수는 없다. 즉, 통제되지 않는 공공 부채 증가의 책임을 기술에만 전가할 수는 없다. 하지만, 지금으로서는 기술에 책임을 돌릴 수 있는 금융상품의 복잡성이 고도로 증대한다. 그런데 이를 통해, 정치는 지금 진행 중인 일탈들을 간파할 능력을 상실하고, 일탈들의 위험을 재는 능력을 상실하며, 일탈들의 해로운 결과들을 제한할 능력을 상실한다. 따라서 그 모든 다양한 분야에서 정치는 상황을 통제하고 방향을 설정할 수 없는 것으로 드러난다. 특히, 정치 책임자들이 부딪치는 첫 번째 어려움은 무엇이 문제인지 이해하는 능력이 그들에게 부족하다는 것이다. 그런 어려움 외에도, 체계 전체가 너무나 전 세계적으로 상호 연결되어 있는 나머지, 그 분야에서 사태의 흐름에 영향을 미치려는 모든 시도는 엄청나게 큰 작업이 되고 만다는 어려움도 있다. 그런 시도가 전 세계적 차원에서 존재하는지 의심스러운 것은 경제적 쟁점들이 엄청나기 때문이다. 또한 금융계의 무게중심이 점차 아시아를 향해 옮겨지고 있으나, 금융 시장이 동구와 서구 사이에 뿐만 아니라 서구 국가들 사이에 아주 격렬한 경쟁 무대이기 때문이다. 특히, 가장 심각한 점은 정치인들이 금융 위기에서 발견했다고 여기는 해답 자체가, 문제를 일으킬 수밖에 없는 기술적 일탈과 관계된다는 것이다.[59]

뒤페라쥬와 지자르는 그렇게 실추된 금융 시장의 구조에서 따라가야 할 가능한 해결책을 제시한다. 이는 금융 시장에서 기술이 차지한 역할에 대한 인식을 일깨워주기 위함이다. 첫째, 금융 시장에서의 기술의 역할에 대한 개인적 인식을 통해, 금융 시장의 당사자들, 특히 금융기업과 금융 중개인, 이 기관들의 경영진이나 혹은 협력자는 기술이라는 '공공재'에 순응하는 것에 대해 스스로 철저하게 질문을 제기해야 한다는 것이다. 이는 어떤 금융상품과 금융기술의 사회적 유용성에 대해 질문을 제기하는 것으로서, 스스로 질문을 제기하는 것은 그 질문에 이미 대답하는 것이기도 하다. 둘째, "모든 것은 개인적 인식을 거쳐 지나가지만, 집단적 방식을 통해 나타나야 한다."⁶⁰⁾라는 엘륄의 언급처럼, 이 개인적 인식은 집단적인 방식으로 나타나야 한다는 것이다. 금융 위기는 사회 구조를 계속 격렬하게 뒤흔들고 많은 사람을 프롤레타리아로 만든다. 그런 금융 위기에 대해 무관심한 채로 있을 수 없기에, 우리는 방침을 결정하고 입장표명을 해야 한다는 것이다.⁶¹⁾

| 비즈니스 윤리에 대한 엘륄적인 분석의 적용

비즈니스 윤리와 관련된 세 가지 문제

데이비드 길은 엘륄이 20세기 후반에 글을 썼으나 그의 메시지는 21세기 초반에도 한층 더 타당하고 필요하다고 하면서, 기업의 경영진이 그의 목소리에 주의를 기울이면 좋을 것이라고 권고한다. 특히, 그는 엘륄의 저작이 유용한 것으로 드러나는 분야가 있다면 그것은 바로 비즈니스 윤리라고 밝힌다. 오늘날 미국에서의 비즈니스 윤리는 대부분의 경우 시간 낭비나 도덕적 구실이나 환상일 따름이다. 따라서 비즈니스 윤리는 타당성이 없는 쓸모없고 따분한 활동으로 전락한다.

그럼에도, 데이비드 길은 만일 비즈니스 윤리가 엘륄이 제기한 세 가지 문제를 진지하게 고려할 때, 우리 시대에 비즈니스 윤리는 비판적이고 건설적인 역할을 되찾을 수도 있다고 주장한다. 첫째, 비즈니스의 대상과 목적을 환각에 사로잡힌 맹목적인 부의 추구에 한정하는 문제이다. 둘째, 비즈니스의 조직과 시행을 기술이라는 철두철미한 규율에 완전히 종속시키는 문제이다. 셋째, 비즈니스 요원이 노동의 필연적인 특성과 거기서 비롯되는 자유의 부재를 감수하는 문제이다. 그 세 가지 문제를 간략히 표현하면 돈에 대한 숭배, 기술에 대한 예속, 필연성에 지배된 노동이다.⁶²⁾

돈에 대한 숭배

　돈에 대한 숭배와 관련하여, 데이비드 길은 오늘날 기업의 목적과 우선순위에서 돈이 다른 모든 동기를 넘어 지배적 요인이 되는 데 있어 두 가지 결정적인 단계를 제시한다.

　첫번째 단계는 최근 몇십 년간 시장 체제 유지 지지자들, 곧 신자본주의자들은 "탐욕은 좋은 것이다."라고 선언하기까지 했다는 것이다. 그런데, 그 사고방식은 비즈니스 세계에서 일반적으로 받아들여진 견해이다. 즉, 각자가 금전적 이득과 재산 같은 자기 자신의 개인 이익을 가능한 한 아득바득 추구하는 것이 자신과 경제와 세상을 위해 좋다는 것이다. 결국, 오늘날 지배하는 정신은 자신을 위해 돈을 사랑하는 것이다. 즉, 비즈니스 세계의 경영자나 혹은 노동자에게는 단지 돈만이 중요할 따름이다.

　두 번째 단계는 금융 서비스 산업의 증대이다. 오늘날 거대한 비즈니스와 산업은 상품이나 혹은 서비스를 만들어내고 판매하는 것들이 더는 아니다. 오늘날 가장 큰 보수를 받는 것은 은행업자나 투자 자산 관리자이다. 그들은 이율, 부채, 위험, 투자, 보험에 편승하여 투기를 한다. 오늘날 비즈니스 세계에서 매우 엄청난 액수의 돈을 마음대로 부리는 것은 너무나 중요한 활동으로 간주된 나머지, 그 활동은 투자자들에게 엄청난 개인 이익을 안겨줄 가능성이 있는 듯이 보인다. 그렇지만 얼마 전 그랬듯이, 은행이나 투자회사가 파산할 때 경영자들은 보너스만을 챙기기에 급급했다.[63]

　데이비드 길은 그 체제가 다를지라도 어떤 국가에서든 돈의 승리를 예견한 엘륄의 분석을 이제 돈이 전부가 된 오늘날의 현상에 적용한다. 엘륄에 따르면[64], 자본주의는 개인적인 삶과 집단적인 삶 전체를 점차 돈에 종속시킨다. 다시 말해, '소유'를 위해 '존재'가 사라진 것이 자본주의 체제의 결과 중 하나이다. 하지만, 자본주의와 사회주의 사이의 차이는 거의 중요성이 없을 정도로 점점 더 줄어들고 있다. 중국에서의 돈에 대한 태도와 행동은 미국이나 혹은 프랑스에서와 별다른 차이가 없다는 것이다. 특히, 돈은 사람들의 경외심과 숭배를 불러일으키고, 사람들의 관심과 욕구의 중심을 차지하며, 사람들에게 의미와 가치의 원천 구실을 한다. 이처럼, 돈은 사람들의 삶에서 '맘몬'이라는 신의 속성들을 취하는 경향이 있기 때문에, 예수 그리스도는 돈에 대해 경고한다. 돈은 영적 권세로서 활동한다는 것이다.

  돈에 대한 사랑이 비즈니스와 직업을 진작시키는 것이 될 때, 돈은 사도 바울의 표현처럼 '모든 악의 근원'이 된다. 특히, 세상만사와 모든 관계를 돈으로 환산하고 상품화하는 것은, 거기에 연루된 모든 사람의 인간성을 반드시 말살한다. 또한 이는 단순히 돈으로만 측정될 수 없는 가치와 현실에 대한 우리의 판단력을 마비시킨다. 물론, 대부분의 사람은 단지 살아남아야 한다는 사실 때문에, 맘몬 숭배의 공동체와 문화 속에서 노동과 비즈니스를 할 수밖에 없다. 따라서 이에 맞선 개인적인 결정과 행위가 더 넓은 시각에서는 완전히 쓸모없는 듯이 보일 수도 있다. 그렇지만 맘몬을 섬기기보다는 이웃과 친구들과 더불어 그들의 삶에서 중요하고 근본적인 것을 키워 나가면서 그들을 섬기는 것이 필요하다. 그런 것들로 비즈니스를 진작시키는 목적으로 삼는다면, 돈은 자체의 올바른 자리로 돌아갈 수 있다는 것이다.[65]

기술에 대한 예속

  기술에 대한 예속과 관련하여, 데이비드 길은 비즈니스 세계에서 기술의 실제 역할에 대한 거의 완전한 무관심이 발견된다고 지적한다. 또한 그는 기술이 우리가 결정한 방식으로 우리의 목표와 실행을 돕는 중립적인 도구들의 전체라고 하는 것이 비즈니스에서의 기술에 대한 틀에 박힌 관점이라고 지적한다.

  하지만 엘륄에 따르면[66], 기술은 주어진 발전 단계에서 절대적 효율성을 위해 합리적으로 사용된 방법과 수단들의 총체이다. 따라서 어떤 면에서도 기술은 비즈니스에서 소용되는 도구들의 단순한 전체가 아니다. 도구들은 오늘날의 상업적 실행을 실제로 이끄는 전체에 통합되었다. 특히, 오늘날 인간에게 기술은 단순한 도구나 수단이 아니다. 오늘날 기술은 선악을 판별하는 기준이 되고, 삶에 의미를 부여하며, 행동 이유가 되고, 인간의 참여를 요구한다. 기술은 인간 활동의 다른 영역에 단순히 추가되는 어떤 것이 아니다. 기술은 어디서든 만물에 퍼져나가면서 환경을 이루고, 스스로 확장하며, 보편화되고, 자가 증식한다. 기술이 지배하는 곳에는 기술적 가치들도 지배한다. 기술에 의해 전달되는 윤리적 가치들은 '정상 상태'[67], 성공, 노동, 끝없는 성장, 인위성, 효율성과 효율, 힘과 속도, 표준화 등이다. 기술 사회에서 그 기술적 가치들은 인간의 결정 기준과 활동 기준과 미덕이 된다. 그러므로 기술 사회에서 도덕적으로 선한 사람이란 사회에 잘 적응하여 성공을 통해 보상을 받는 정상 상태의 근면한 사람이다.

데이비드 길은 그런 기술적 가치들이 수많은 비즈니스 활동과 비즈니스 실행에서 중요한 위치를 차지할 수 있다고 지적한다. 또한 그는 그 가치들이 최소한의 제한도 없이, 또한 자체에 대한 어떤 비판적 의식도 없이 적용될 때, 그 가치들의 지배는 공포의 지배가 될 수 있다고 경고한다. 특히, 그는 오늘날 온갖 비즈니스 실행에서 드러나는 기술적 가치들에 대한 비판적 의식이 가능해진 것은, 어느 누구보다 더 엘륄이 기술적 가치들에 대한 비판을 통해 올바른 비즈니스 윤리에 이바지한 덕분이라고 평가한다.[68]

필연성에 지배된 노동

필연성에 지배된 노동과 관련하여, 데이비드 길은 엘륄이 비즈니스 윤리에서 지속적이고 비판적인 중요성을 갖고 있는 분야가 노동의 의미 부재 및 노동의 필연성과 관련되는 분야라고 밝힌다.

엘륄에 따르면⁶⁹⁾, 역사적으로 사회학적으로 노동은 생존의 필연성에 의해 강요된 힘든 고역이다. 역사를 통해 심지어 오늘날도 여전히 세상에서의 대다수 사람에게, 사람들이 택하는 노동의 본질을 규정하고 노동의 부정적인 특성을 결정짓는 것은 바로 '필연성'이다. 노동을 자유의 수단이나 혹은 자기표현의 수단으로 간주하는 것은 역사적으로 거짓이며, 노동은 단지 필연적이다. 따라서 엘륄은 마르크스주의자이든 자본주의자이든 간에 누구든 노동을 이데올로기적으로 찬양하는 것을 거부한다. 노동은 경제적 흐름이나 혹은 정치적 흐름 속으로 우리를 더욱 순응시키거나 혹은 통합시키기 위한 단순한 도구라는 것이다. 그러므로 사회학적으로도 대다수의 사람에게 노동은 자유나 고귀한 의미의 문제라기보다는 필연성의 문제이고 생존의 문제이다.

그래서 엘륄은 신학적으로 인간의 노동이 창조가 아닌 타락에 그 뿌리가 있다고 본다. 그 때문에, 엘륄에게 노동의 의미는 하나님의 형상에 따른 인간의 창조나 혹은 공동 창조자로서의 인간의 의무에 그 근거를 두지 않는다. 동물들의 이름을 짓고 에덴동산을 가꾸며 번성하고 생육하는 아담과 이브에게 주어진 권한은 '노동'이라고 불리는 것과 아무 관계가 없다. 왜냐하면 그 권한은 손상되지 않은 완벽한 세상에서 하나님 앞에서의 자유를 실행하는 것이기 때문이다. 그러므로 인간이 하나님과 땅과 타인으로부터 분리된 타락한 세상에서 요구된 것이 바로 인간의 노동이다. 결국, 노동은 근본적으로 고역이고 필연성에 속한다.⁷⁰⁾

데이비드 길은 노동에 대한 엘륄의 그런 도전적인 견해가 특히 설득력을 얻게 되는 것은 다음 같은 때라고 밝힌다. 즉, 그런 견해를 통해 사람들이 자신들의 노동 현장에서 필요로 하는 자유와 의미를 발견하도록 도전받을 때이다. 그래서 데이비드 길은 사람들이 노동 세계의 필연성을 받아들이지 말아야 하며, 자유와 존엄을 위해 그런 필연성에 대한 투쟁을 전개해야 함을 강조한다. 엘륄이 비즈니스 윤리에 제시한 도전은 노동 현장에서의 개혁을 위해 투쟁하는 것이다. 이는 노동이 의미를 갖고 소외되지 않도록 하기 위함이다. 또한 사람들이 노동에서 개인적 발전과 창의성의 계기를 발견하도록 하기 위함이다. 그리고 기술적 가치들과 다른 가치들이 노동에 뚜렷이 드러나도록 하기 위함이다. 결국, 인간관계가 건전한 방식으로 노동에서 맺어지도록 하기 위함이다.[71)72)]

따라서 노동 문제에 대한 엘륄의 판단이 적절한 것은 다음 같은 그의 요구에서 기인한다. 즉, 노동에 대한 구체적이고 실제적인 경험과 연관이 있는 것에 가차 없이 현실적이고 비판적으로 남아 있으라는 요구이다. 물론, 엘륄은 세상에서의 대부분 노동자의 상황을 기술하고 있다. 하지만, 그런 도전은 자유와 필연성을 대조하는 것을 전제로 한다. 또한 그런 도전은 세속적인 노동의 세계에 '전적 타자'를 개입시키는 것을 전제로 한다. 특히, 엘륄은 인간 존재들이 그 자체로서 서로 만날 수 있게 되는 틀을 만드는데 기여하도록, 우리가 노동 현장을 비(非)제도화하고 비(非)구조화하기 위한 노력을 해야 한다고 알려준다. 더욱이, 엘륄은 인간의 노동을 통해 기쁨이 생겨나고 일상에서 벗어나는 것 같은 일이 생겨날 때, 그것은 예외적인 사건으로서 우리가 감사해야 할 하나님의 은총과 선물임을 인정한다. 이처럼, 결국 하나님의 은총은 우리의 노동에서 뜻하지 않게 나타나는 것이다.

결론적으로, 데이비드 길은 "일단 모든 것이 패배한 듯이 보일 때에만이, 또한 담장들이 밀폐되고 어떠한 출구도 없을 때만이 진정한 소망은 시작한다."[73)]라는 엘륄의 말을 인용한다. 데이비드 길은 노동과 비즈니스에서 필연성이 지배하는 듯 하고, 기술이 우리의 행동을 결정지으며, 돈이 숭배의 대상일 때도 이와 마찬가지라고 하면서, 우리는 바로 이 각각의 지점에서 저항해야 한다고 역설한다.[74)]

| 기술적 진보에 대한 엘륄적인 사고의 적용

기술적 진보의 부정적인 결과

브라질 법학자 호르게 바리엔토스 파라 Jorge Barrientos-Parra는 유전공학의 일탈, 실험실에서의 슈퍼바이러스 생성, '밀실 생명공학'에 대해 문제를 제기한다. 특히, 그는 인류의 행복을 위해서라면 그런 기고만장한 연구에 대해 최소한의 제한도 둘 필요가 없다는 주장을 반박한다. 왜냐하면 다른 모든 동기와 무관하게 "이루어질 수 있는 모든 것은 이루어질 것이다."라고 선언하는 기술 문명의 근본적인 법칙이 거기서 발견되기 때문이다. 그는 엘륄의 사고에 근거하여 21세기 초의 몇몇 불안한 사건들의 진상을 파악하려고 시도하면서 기술적 진보의 영향력을 고찰한다. 하지만 주제가 방대하므로, 엘륄이 제기한 몇 가지 문제만 살펴보는데 한정한다. 즉, 기술적 진보의 양면성이라는 문제로서 기술의 자율성, 기술의 인과적 발전, 기술적 진보에서 궁극목적의 부재와 같은 문제들이다.[75]

바리엔토스 파라는 21세기 초에 벌어진 몇몇 불안한 사건들을 구체적으로 제시한다. 2002년 뉴욕 주립대학의 연구팀은 소아마비 바이러스를 합성하는 데 성공하고, 2003년에는 스페인 독감 바이러스가 다시 만들어진다. 2007년 캐나다에 있는 '이티시 그룹'[76]의 '극한 생명공학' Extreme Genetic Engineering 보고서에 따르면, 천연두 바이러스를 합성하는 데 이론적으로 2주도 걸리지 않고 경주용 자동차 한 대 가격의 비용이 든다. 천연두, 스페인 독감, 소아마비는 과거에 인류가 고통과 죽음의 심한 대가를 치렀고 제어하기를 바랐던 3대 자연 재앙이다. 하지만 천연두는 여전히 창궐하고 있으며, 독감 바이러스의 변화는 늘 우리를 불안하게 한다. 이처럼, 사람들은 박멸하기를 원했던 그 바이러스들이 유전공학을 통해 다시 만들어진 것이다.

특히, 그 바이러스들을 현재 사용할 수 있는 백신에 저항하게 만드는 것이 완전히 가능하기 때문에, 그 모든 것은 극히 우려스러운 일이다. 그런 실험실에서 일하는 기술전문가나 혹은 과학자에 의해 그 바이러스들이 자연 속에 퍼트려지는 사고 가능성은 차치하고라도, 테러리스트가 그렇게 할 수도 있다고 상상할 수 있다. 또한 디엔에이 DNA도 사기업에서 인터넷으로 구할 수 있다. 디엔에이 합성 기술을 사용할 수 있는 전문 능력 수준은 별로 높지 않다. 그리고 어떤 신문들에서는 '밀실 생명공학'이 생겨난 것이 보도되기도 한다. 가까운 장래에 사람들이 집에서 인공 유기체를 만드는 일에 빠져들 수도 있다는 것이다. 최근에 네덜란드의 '에라스무스 메디컬 센터' Easmus Medical Centre 연구팀은 돼지 독감과 조류 독감에서 분리된 바이러스를 기초로 슈퍼바이러스를 만들어낸다. 그 바이러스는 전염성이 무척 강하고 치명적이어서, 수백만 명에게 피해를 입히는 공공 재난을 초래할 수도 있다. 그래서 어떤 전문가들은 그 바이러스가 생물학 무기를 만드는데 소용될 수 있다고 두려워한다. 그런 이유로, 미국의 '생물보안 국립과학 위원회'는 그런 연구의 전반적인 결론만 발표하기를 권고한다. 연구의 방법론이나 세부사항이 발표되면 그런 실험이 반복될 수 있다는 것이다. 또한 그 바이러스들이 의도적으로나 혹은 사고로 자연 속에 퍼질 수 있다는 것이다. 그런데, 그 권고는 논문의 완전한 발표를 바라는 이들과 이에 반대하는 이들 사이에 논쟁의 빌미가 된다. 어쨌든, 사람들 사이에 전염될 수 있는 H5N1 슈퍼바이러스의 발달이 가장 중요한 문제로 남아 있다.[77]

이어서 바리엔토스 파라는 2011년 7월 25일자 영국 신문에 실린 기사를 인용하면서 다른 사건을 소개한다. 즉, 2008년 영국에서 현재의 '인간생식·배아 법안'이 통과된다. 그 이후, 배아 생식과 배아 연구에 대한 의료 지원을 맡고 있는 영국 최고 기관의 정식 허가를 받아, 155개의 '인간 동물'[78] 잡종 배아의 생산이 이루어진다. 달리 말하면, 동물의 난자와 인간의 정자로부터 잡종을 생산하는 것이다. 또한 인간의 세포가 미리 적출된 동물의 난자에 이식되는 경우 '세포질체잡종'(細胞質體雜種)이 된다. 그리고 인간이나 동물의 배아나 혹은 세포가 서로 융합되는 경우 '키메라'[79]가 된다. 그 때문에, 그런 종류의 연구, 특히 영장류의 뇌 속에 이식된 인간의 줄기세포 실험에는 더 주의 깊은 관리가 요구된다는 것이다.

기술적 진보에 적용되는 엘륄의 개념들

바리엔토스 파라는 그런 연구를 통해 제기되는 일반적인 몇 가지 질문을 열거한다. 즉, "어떤 방향으로, 어디까지 우리는 과학적이고 기술적인 진보의 길을 이끌어가야 하는가?", "인간의 비인간화 혹은 동물의 인간화인가?", "기술적 진보의 궁극목적은 무엇인가?", "기술적 진보가 인류의 행복을 이루어내는 것이라면, 왜 기술적 진보는 그토록 많은 폭력과 죽음의 도구의 빌미가 되는가?"라는 질문이다. 그는 그 질문들에 답하고 앞에서 언급된 몇 가지 사건을 해석하기 위해, 엘륄적인 사고의 주장들을 작업가설로 삼는다.[80]

바리엔토스 파라는 현재의 그 사건들과 현대의 복잡한 현실을 이루는 많은 다른 사건을 이해하기 위해, '기술의 단일성'과 '기술의 양면성'이라는 엘륄의 두 가지 개념을 취한다. 우선, 기술에 내재된 특성으로서 '단일성'이란, 기술로부터 이러저러한 요소를 분리할 수 없다는 것이다. 또한 '단일성'이란 기술의 어떤 요소들은 유지될 수 있고 다른 어떤 요소들은 제외될 수 있다는 식으로 기술의 다양한 요소들 사이에 구분을 할 수 없다는 것이다.[81] 엘륄에 따르면[82], 각 부분이 다른 부분을 떠받치고 강화하면서, 또한 어떤 요소를 제거할 수 없이 연계된 현상을 이루면서, 기술들 각각의 작동 방식들은 하나의 전체를 형성하도록 서로 결합한다. 따라서 기술의 나쁜 면을 없애고 좋은 면을 간직하려는 희망은 환상에 불과하며, 이는 기술 현상이 무엇인지 모르는 것이다.

다음으로, '기술의 양면성'이란 주변 현실에 대한 긍정적이고 부정적인 영향으로부터 감지할 수 있는 기술의 외적 특성이다. 엘륄에 따르면[83], 기술의 완전히 기본적인 측면에서 '기술의 양면성'은 기술에는 좋은 결과나 혹은 나쁜 결과가 있을 수 있다는 점에 있다. 달리 말하면, 기술의 좋은 결과와 나쁜 결과는 분리할 수 없다는 것이다. 그리고 기술은 중립적이지 않다. 다시 말해, 사람들이 기술을 어떻게 사용하기를 원하든 간에, 기술은 상당수의 긍정적인 결과나 혹은 부정적인 결과를 그 자체로 포함한다. 엘륄의 견해로는 비록 그 의도가 인간적이더라도 모든 산업과 기술에는 군사적 가치가 있기 때문에[84], 인간의 선한 의도로는 충분하지 않다. 특히, 사회는 기술의 필연성을 따라가므로, 기술이 사용될 때 거기에는 개인의 의향이 개입할 여지가 없다.

바리엔토스 파라는 우리에게 가장 충격을 주는 것은 기술 현상에 의해 모든 도덕적 틀과 사법적 틀이 뒤집어진 것이라고 밝힌다. 또한 그는 사회와 인간에 대한 기술의 영향력이 너무나 막대한 나머지, 종교적이고 도덕적이며 윤리적이고 사법적인 표준은 기술을 관리하기에는 무능한 것으로 드러난다고 지적한다. 따라서 천연두, 독감, 소아마비 바이러스의 합성 같은 '과학적 만용'을 생각하면, 그런 고삐 풀린 비합리적 상황에 어떻게 이르게 된 것인가라는 질문이 제기된다. 그 뿐 아니라, "기술의 궁극목적은 인간의 행복인가?"라는 질문이 제기된다. 그런데, 그 질문에 대한 엘륄의 놀라운 대답은 기술은 궁극목적을 따르지 않는다는 것이다.[85]

엘륄에 따르면[86], 기술은 표면상의 목표나 혹은 암묵적인 목표를 추구하지 않고, 순전히 인과적인 방식으로 변한다. 또한 앞선 기술적 요소들의 결합을 통해 새로운 기술적 요소들이 제시된다. 인간은 미래에 대해 판단력이 마비된 상황 속에 있고, 완전한 인과관계의 영역 속에 있다. 인간의 단편적인 행동들 사이에, 그리고 인간의 모순들 사이에 연계를 만들어내는 것은 기술의 '자가 증식'이다. 조정하고 합리화하는 것은 더는 인간이 아니라, 기술의 내적 법칙들이다. 즉, 기술에 내재된 단일성만이 수단과 인간들의 행동 사이에 일관성을 보장해준다는 것이다.

따라서 바리엔토스 파라는 이해하기 어려운 그 사건들을 파악하고 현 세상의 합리성을 이해하려면 기술의 합리성을 알아야 한다고 주장한다. 기술의 합리성이란 기술이 적용되는 어떤 분야에서든 합리적 과정이 나타난다는 것이다. 즉, 기술은 비합리적인 것을 기계적인 메커니즘에 종속시키고, 자체의 활동에서 비합리적인 것을 배제한다. 또한 기술은 외부의 궁극목적에 따르는 수단이었으나, 이제 기술은 자체의 합리성에 따라 발전하는 자체의 궁극목적이 된다. 물론, 관례적인 논리적 사고에 따르면, 해결책을 찾기 전에 문제를 제기하는 것부터 시작해야 한다. 하지만 엘륄은 그런 관례적인 사고와 결별하도록 촉구하는데, 기술의 그러한 합리성 때문에 먼저 해결책을 찾아야 한다는 것이다.[87]

4장 나오는 말

　엘륄 사고의 핵심은 기술, 다시 말해 모든 분야에서의 절대로 가장 효율적인 수단의 추구가 우리 현대 사회의 관건을 이룬다는 것이다. 그래서 기술은 권세와 동일시되는 인격화되고 신격화된 기술이 되어 버린다. 특히, 엘륄은 기술 사회 속에 현대인을 통합하는데 절대 필요한 것으로서 선전을 묘사한다. 또한 그는 그리스도인으로서 선전을 하나님의 말이 군림하는 데 장애물로 간주한다. 민주주의는 존속하기 위해 선전을 만들어낼 수밖에 없다. 그런데, 본래 선전은 민주주의를 부정한다. 모든 것은 정치적이지만 정치는 환상에 불과하다. 그럼에도, 정치는 종교를 대체하고, 현대 국가는 신의 위치를 차지한다. 민중의 주권은 허구일 따름이고, 보통선거는 좋은 위정자들을 선별할 수 없으며 위정자들의 행동을 통제할 수 없는 것으로 드러난다. 현대 국가와 기술적인 이데올로기의 결합을 통해, 정치는 환상적이 될 뿐만 아니라 위험해진다. 그래서 엘륄은 국가라는 괴물 앞에서 개인적 저항의 힘들을 복원하는 것을 목표로 삼는다. 이와 같은 엘륄의 방법론과 연구방식을 토대로 현시대에 일어나는 다양한 사건들 및 문제들을 분석하면서, 그것들에 대한 해석과 분석의 틀로서 엘륄의 사상을 적용해 볼 수 있다.

　의료사고인 '메디아토르 사건'을 엘륄적인 해석 도구를 통해 분석하면, 이 사건이 이해관계의 갈등이라는 관점에서 민주주의에서의 결정과 책임이라는 일반적인 문제가 제기된다. 또한 그 사건에 대한 엘륄적인 접근과 관점을 통해 다음 같은 점이 드러난다. 즉, 정치가는 기술전문가에 의해 사전에 내려진 결정들을 집행할 수밖에 없다. 또한 정치적 행위는 기술전문가에 의해 엄밀히 경계가 설정된 범위 속에 포함된다. 엘륄은 기술의 신성화를 통해 야기된 인간의 자유를 짓누르는 위협들을 예견하는 방식으로 우리에게 경고한다. 자유를 쟁취하거나 혹은 보존하려면 인간의 자유를 위협하는 위험들을 자각하는 일부터 시작해야 한다는 것이다.

전 세계적 금융 위기의 원인들을 규명하기 위해 엘륄적인 분석을 적용하면, 금융 분석가들이 일반적으로 무시하는 기술적인 요인들의 중요성이 드러난다. 즉, 금융 거품의 형성 및 금융 위기 원인들의 형성 가운데 작동하는 기제들을 규명하는데 엘륄의 사상이 이바지 바는 결정적이다. 기술, 특히 정보처리기술은 금융 시장 변화의 결정적 요소였고 지금도 그런 요소로 남아 있다. 그런데, 그 요소는 긍정적인 결과와 부정적인 결과라는 양면적인 특성을 띤다. 그래서 긍정적인 결과들과 부정적인 결과들이 구분되고 나서, 금융 기술화의 결과들을 설명하기 위해 엘륄적인 분석이 적용된다. 더 나아가, 기술이 차지한 과도한 위상을 저지하는 방법과 수단들에 대해 검토하기 위해서는, 엘륄이 제시한 분석 도구와 고찰이 그 실마리로 활용된다. 금융 시장에서 기술이 차지한 지배적 위상을 엘륄의 기술 사상이라는 선별수단을 통해 분석해보면, 세 가지 사실이 나타난다. 첫째, 금융 시장에 대한 기술의 지배력은 외부의 도움 없이 스스로를 키워나간다는 것이다. 둘째, 금융시장은 사회적 기능과 멀어진다는 것이다. 셋째, 금융정책은 지배력을 상실했다는 것이다. 그렇게 실추된 금융 시장의 구조에서 가능한 해결책은 이렇게 제시된다. 첫째, 금융 시장에서의 기술의 역할에 대한 개인적 인식을 통해, 금융 시장의 당사자, 특히 금융기업과 금융 중개인, 이 기관들의 경영진이나 혹은 협력자는 기술에 순응하는 것에 대해 스스로 철저하게 질문을 제기해야 한다. 둘째, 그러한 개인적 인식은 집단적인 방식으로 나타나야 한다.

비즈니스 윤리가 엘륄이 제기한 세 가지 문제를 진지하게 고려할 때, 우리 시대에 비즈니스 윤리는 비판적이고 건설적인 역할을 되찾을 수도 있다. 세 가지 문제를 간략히 표현하면 돈에 대한 숭배, 기술에 대한 예속, 필연성에 지배된 노동이다. 돈에 대한 숭배와 관련하여, 돈은 사람들의 경외심과 숭배를 불러일으키고, 사람들의 관심과 욕구의 중심을 차지하며, 사람들에게 의미와 가치의 원천 구실을 한다. 특히, 세상만사와 모든 관계를 돈으로 환산하고 상품화하는 것은 거기에 연루된 모든 사람의 인간성을 반드시 말살한다. 또한 단순히 돈으로만 측정될 수 없는 가치와 현실에 대한 우리의 판단력을 마비시킨다. 따라서 맘몬을 섬기기보다는 이웃과 친구들과 더불어 그들의 삶에서 중요하고 근본적인 것을 키워 나가면서 그들을 섬기는 것이 필요하다. 기술에 대한 예속과 관련하여, 기술은 오늘날 인간에게 단순한 중립적인 도구나 수단이 아니다. 기술은 선악을 판별하는 기준이 되고, 삶에 의미를 부여하며, 행동 이유가 되고, 인간의 참여를 요구한다. 기술이 지배하는 기술 사회에서 기술에 의해 전달되는 '정상 상태', 성공, 노동, 끝없는 성장, 인위성, 효율성과 효율, 힘과 속도, 표준화 등의 기술적 가치들은 인간의 결정 기준과 활동 기준과 미덕이 된다. 하지만 오늘날 온갖 비즈니스 실행에서 드러나는 기술적 가치들에 대한 비판적 의식이 가능해진 것은, 어느 누구보다 더 엘륄이 기술적 가치들에 대한 비판을 통해 올바른 비즈니스 윤리에 이바지한 덕분이다. 필연성에 지배된 노동과 관련하여, 인간의 노동이 창조가 아닌 타락에 그 뿌리가 있기에, 인간이 하나님과 땅과 타인으로부터 분리된 타락한 세상에서 필연적으로 요구된 것이 바로 노동이다. 따라서 사람들이 택하는 노동의 본질을 규정하고 노동의 부정적인 특성을 결정짓는 것은 바로 필연성이며, 노동은 근본적으로 고역이고 생존의 문제이다. 노동에 대한 엘륄의 그러한 견해가 설득력을 얻게 되는 것은, 그 견해를 통해 사람들이 자신들의 노동 현장에서 필요로 하는 자유와 의미를 발견하도록 도전받을 때이다.

유전공학의 일탈, 실험실에의 슈퍼바이러스 생성, '밀실 생명공학' 등과 같은 사건들과 관련하여, 그런 기술적 진보에 대해 엘륄적인 사고를 적용해 볼 수 있다. 또한 그 사건들을 해석하기 위해 엘륄적인 사고들이 작업 가설이 될 수 있다. 즉, 현재의 그 사건들과 현대의 복잡한 현실을 이루는 많은 다른 사건을 이해하기 위해, '기술의 단일성'과 '기술의 양면성'이라는 엘륄의 두 가지 개념이 취해진다. 우선, 기술에 내재된 특성으로서 '단일성'이란, 기술로부터 이러저러한 요소를 분리할 수 없다는 것이다. 또한 '단일성'이란 기술의 어떤 요소들은 유지될 수 있고 다른 어떤 요소들은 제외될 수 있다는 식으로 기술의 다양한 요소들 사이에 구분을 할 수 없다는 것이다. 다음으로, '기술의 양면성'이란 기술의 좋은 결과와 나쁜 결과는 분리할 수 없다는 것이다. 사람들이 기술을 어떻게 사용하기를 원하든 간에, 기술은 상당수의 긍정적인 결과나 혹은 부정적인 결과를 그 자체로 포함한다.

인간은 미래에 대해 판단력이 마비된 상황 속에 있고, 완전한 인과관계의 영역 속에 있다. 조정하고 합리화하는 것은 더는 인간이 아니라, 기술의 내적 법칙들이다. 따라서 이해하기 어려운 그 사건들을 파악하고 현 세상의 합리성을 이해하려면 기술의 합리성을 알아야 한다.

트루드 샤스트네는 엘륄의 사상이 현시대와 현 세상에서 과연 어떤 의미를 지니고 있는지에 대해 이렇게 질문을 제기한다.

> 엘륄의 사상은 늘 현재의 관심사에 속하는가? 어떻게 어느 정도로 엘륄의 사상은 우리가 사는 세상을 이해하는데 도움을 줄 수 있는가?[89]

트루드 샤스트네에 따르면[90], 사실상 항구적으로 문제를 당연히 불러일으키는 엘륄의 저작은 고착되지도 않고, 방부처리 되지도 않으며, 규범으로서 신성시되지도 않을 것이다. 근본적으로 변증법적인 엘륄의 사상은 마르크스 사상처럼 그 자체가 언제나 움직이는 세상의 반영이다. 따라서 '엘륄주의자'가 된다는 것은 하나의 사상이나 행동에 모든 면에서 부합하는 태도를 보이는 것이 아니다. 그런 태도는 지적으로 메마를 뿐 아니라 엘륄의 가르침과도 반대된다.

결국, 현시대에서 '엘륄주의자'가 된다는 것은, 지금 벌어지고 있으며 앞으로도 계속 일어날 우리 시대의 가장 특징적인 사건들 및 현상들과 관련하여, 엘륄의 사상으로부터 어떤 방법론과 해석 도구에 대한 착상을 얻는 것이다. 더 나아가, 그것들에 대해 엘륄적인 방법론과 해석 도구를 적용하여 분석함으로써, 그것들을 통해 생겨난 심각한 문제들을 해결할 수 있는 방향을 모색하고 제시하는 것이다. 그런 측면에서, 엘륄의 사상은 현 세상을 이해하는데 분명히 도움을 줄 수 있다. 따라서 그 사상은 현재뿐만 아니라 미래에도 충분히 관심을 끌 수 있는 사상으로 남게 될 것이다.

올리비에 아벨 Olivier Abel은 몇 가지 종합적인 측면에서 엘륄을 평가한다. 첫째, 엘륄은 힘과 허세로 물든 우리 사회를 연구하면서, 50여 년 전부터 기술 체계와 기술 체계의 민주주의적 가면에 대해 '아니오'라고 말하기 위해 준엄한 비판을 만들어낸다. 둘째, 엘륄은 기술적 진보에 대한 마르크스주의적이고 자유주의적인 맹신과 결별하면서, 기술적 진보의 정치적 환상과 생태학적 폐해를 고발한다. 셋째, 엘륄은 전도서와 복음서의 해석자로서, 개신교 자체에 맞서는 개신교도로서, '비무력'의 사도로서, 자신의 사상 전체의 방향을 "하나님을 사랑하라."라는 유일한 계명으로 바꾼다. 엘륄에게는 그 모든 것을 통해 개인적인 자유의 윤리가 주어진다. 그런 자유의 윤리는 우리 시대의 흐트러진 개인주의와 타협하지도 않고, 인간의 업적에 대한 환상을 갖지도 않는다는 것이다.[88]

참고 문헌

*Exister,
c'est
résister.*

| 참고 문헌 |

Ellul, J.(1963). *Fausse présence au monde moderne : Problèmes de la civilisation post-chrétienne*, Les Bergers et Les Mages.
_____.(1969). *Autopsie de la révolution*, Calmann-Lévy.
_____.(1972). *De la Révolution aux Révoltes*, Calmann-Lévy.
_____.(1973). *Éthique de la liberté, tome* Ⅰ, Labor et Fides.
_____.(1974). *Éthique de la liberté, tome* Ⅱ, Labor et Fides.
_____.(1979). *L'Homme et l'argent*, Presses Bibliques Universitaires.
_____.(1981). *La Parole humiliée*, Éditions du Seuil.
_____.(1982). *Changer de Révolution, L'Inéluctable prolétariat*, Éditions du Seuil.
_____.(1983). *Living Faith: Belif and Doubt in a Perilous World*, Harper and Row.
_____.(1984a). *Éthique de la Liberté, tome* Ⅲ : «*Les Combats de la liberté*», Labor et Fides.
_____.(1984b). *La Subversion du christianisme*, Éditions du Seuil.
_____.(1987a). *Ce que je crois*, Grasset & Fasquelle.
_____.(1987b). *La Genèse aujourd'hui*, AREFPPI.
_____.(1987c). *La Raison d'être, Méditation sur l'Ecclésiaste*, Éditions du Seuil.
_____.(1988a). "Préface" in : André Vitalis, *Informatique, pouvoir et libertés(1988)*, Economica.
_____.(1988b). *Présence au monde moderne*, Presses Bibliques Universitaires.
_____.(1990). *Propagandes*, Economica.
_____.(1991). *Ce Dieu injuste...? Théologie chrétienne pour le peuple d'Israël*, Arléa.
_____.(1992). *L'Homme à lui-même, correspondance avec Didier Nordon*, Éditions du Félin.
_____.(1998). *Anarchie et christianisme*, La Table Ronde.
_____.(2003a). *Les Nouveaux Possédés*, Mille et une nuits.
_____.(2003b). "*Le personnalisme, révolution immédiate*" in *Cahiers Jacques-Ellul n°1(2003)*, Association Internationale Jacques Ellul.
_____.(2003c). *Sans feu ni lieu signification biblique de la Grande Ville*, La Table Ronde.
_____.(2004a). "Aimez-vous Barth?" in *Réforme hors-série(2004)*.
_____.(2004b). *Le Bluff technologique*, Hachette.
_____.(2004c). "Les Chrétiens et la guerre" in *Cahiers Jacques-Ellul n°2(2004)*. Association Internationale Jacques Ellul.
_____.(2004d). *L'Espérance oubliée*, La Table Ronde.
_____.(2004e). *L'Illusion politique*, La Table Ronde.
_____.(2006a). *La Foi au prix du doute*, La Table Ronde.

_____.(2006b). *L'Idéologie marxiste chrétienne: Que fait-on de l'Evangile?*, La Table Ronde.
_____.(2006c). *Islam et judéo-christianisme*, Presses Universitaires de France.
_____.(2007a). *Un chrétien pour Israël* in *Le défi et le nouveau : Œuvres théologiques 1948-1991*, La Table Ronde.
_____.(2007b). *L'Impossible prière* in *Le défi et le nouveau : Œuvres théologiques 1948-1991*, La Table Ronde.
_____.(2007c). *Politique de Dieu, politique de l'homme* in *Le défi et le nouveau : Œuvres théologiques 1948-1991*, La Table Ronde.
_____.(2007d). *Les Successeurs de Marx. Cours professé à l'Institut d'études politiques de Bordeaux*, La Table Ronde.
_____.(2008a). *L'Apocalypse : architecture en mouvement*, Labor et Fides.
_____.(2008b). *Le fondement théologique du droit*, Dalloz–Sirey.
_____.(2008c). *La Technique ou l'enjeu du siècle*, Economica.
_____.(2012). *Le Système technicien*, Le Cherche Midi.
_____.(2013). *Le Vouloir et le faire: Une critique théologique de la morale*, La Table Ronde.
_____.(2014a). *À contre-courant*, La Table Ronde.
_____.(2014b). *On Being Rich and Poor: Christianity in a Time of Economic Globalization*, University of Toronto Press.
Abel O.(2006) "Ellul, Jacques(1912-1994)" in *Encyclopédie du protestantisme(2006)*, Labor et Fides.
Barrientos-Parra, J.(2014). "De quelques aspects du progrès technique au début du Xe siècle" in *Comment peut-on (encore) être ellunien au 21e siècle?(2014)*, La Table Ronde.
Blanc, J. L.(1990). "Jacques Ellul et la dialectique" in *La Revue Réformée, vol. 41, n° 165(1990)*.
Bourg, D.(1996). *L'Homme-artifice: Le sens de la technique*, Gallimard.
Chabot, P.(2005). "La Technique ou l'enjeu du siècle: cinquante ans après" in *Jacques Ellul, penseur sans frontières(2005)*, L'Esprit du Temps.Charbonneau, B. Ellul, J.(2003). "Directive pour un manifeste personnaliste" in *Cahiers Jacques Ellul, n°1(2003)*, Association Internationale Jacques Ellul.
Clendenin, D.(1987). *Theological Method in Jacques Ellul*, University Press of America.
Dravasa, É.(2005). "Jacques Ellul: Témoin de Dieu, historien de l'homme" in *Jacques Ellul penseur sans frontières(2005)*, L'Esprit du Temps.
Del Bayle, L.(2004). "Aux origine de la pensée de Jacques Ellul? Technique et Société dans la réflexion des mouvements personnaliste des années 30" in *Cahiers Jacques Ellul n°1(2004)*. Association Internationale Jacques

Ellul.
Fasching, D. J.(1981). *The Thought of Jacques Ellul: A Systematic Exposition*, The Edwin Mellen Press.
Garrigou-Lagrange, M.(1981). *À temps et à contretemps, Entretiens avec Madeleine Garrigou-Lagrange*, Le Centurion.
Gill, D. W.(1984). *The Word of God in the Ethics of Jacques Ellul*, The Scarecrow Press.
_____.(2006). "Jacques Ellul, contre les illusions : Influent auprès des intellectuels américains" in *La Croix-Forum et débats*(3 mars 2006).
_____.(2014). "L'Importance durable de Jacques Ellul pour l'éthique des affaires" in *Comment peut-on (encore) être ellunien au 21e siècle?*(2014), La Table Ronde.
Gizard, B. Du Ferrage, A. C.(2014). "Les anticipations prophétiques de Jacques Ellul et l'évolution des marchés financiers" in *Comment peut-on (encore) être ellunien au 21e siècle?(2014)*, La Table Ronde.
Guillebaud, J. C.(2011). *La Vie vivante. Contre les nouveaux pudibonds*, Éditions des Arènes.
_____.(2015). *Comment je suis redevenu chrétien*, Points.
Hardy, Q.(2014). "L'école de Bordeaux de critique de la technique, unepensée source de l'écologie politique" L'introduction de *Noussommes des révolutionnaires malgré nous. Textes pionniers de l'écologiepolitique*(2014). Éditions du Seuil.
Illich, I.(1994). "Préface" in *Sur Jacques Ellul*(1994), l'Esprit du Temps.
Latouche, S.(1991). *L'occidentailisation du monde. Essai sur la signification, la portée et les limites de l'uniformisation planétaire*, Éditions La Découverte.
_____.(1994). "Raison technique, raison économique et raison politique" in *Sur Jacques Ellul*(1994), l'Esprit du Temps.
_____.(2003). "Pour une société de décroissance", *Le Monde diplomatique* (novembre 2003).
_____.(2004). *La Mégamachine*, Éditions La découverte.
_____.(2006). *Le pari de la décroissance*, Arthème Fayard.
_____.(2010a). *Le pari de la décroissance*, Librairie Arthème Fayard/Pluriel.
_____.(2010b). *Sortir de la société de consommation : Voix et voies de la décroissance*, Les liens qui libèrent.
_____.(2013). *Jacques Ellul contre le totalitarisme technicien*, Le passager clandestin.
Lavignotte, S.(2012). *Jacques Ellul. L'espérance d'abord*, Éditions Olivétan.
Menninger, D. C.(1981). "Marx in the Social Thouht of Jacques Ellul" in *Jacques Ellul Interpretive Essays*(1981), University of Illinois Press.
Porquet J.-L.(2012). Jacques Ellul. *L'homme qui avait (presque) tout prévu. Nucléaire, nanotechnologies, OGM, propagande, terrorisme…*, Le Cherche Midi.

Rognon, F.(2007). *Jacques Ellul - Une Pensée en dialogue*, Labor et Fides.

_____.(2012). *Générations Jacques Ellul. Soixante héritiers de la pensée de Jacques Ellul*, Labor et Fides.

_____.(2013). "Du disparate à l'unique" in *Hériter d'Ellul*(2013). *Centenaire Jacques Ellul (1912-1994). Actes des conférences du 12 mai 2012*, La Table Ronde.

_____.(2014). "자크 엘륄은 프랑스에서 결국 예언자가 되었는가? Jacques Ellul est-il enfin devenu prophète en son pays ?" in 『신앙과 삶』(2014) 창간호, 한국자끄엘륄협회.

Rordorf, B.(1988). "Préface" in : *Jacques Ellul, Présence au monde moderne*(1988), Presses Bibliques Universitaires.

Sfez, L.(1992). *Critique de la communication*, Éditions du Seuil.

_____.(1994). "Technique et communication" in *Sur Jacques Ellul*(1994), L'Esprit du Temps.

_____.(2005). "Les stratégies paradoxals de Jacques Ellul" in *Jacques Ellul, penseur sans frontières*(2005), L'Esprit du Temps.

Troude-Chastenet, P.(1994). *Entretiens avec Jacques Ellul*, La Table Ronde.

_____.(2005a). "Biographie de Jacques Ellul (1912-1994)" in *Jacques Ellul, penseur sans frontières*(2005). L'Esprit du Temps.

_____.(2005b). "Jacques Ellul, L'inclassable" in *Jacques Ellul penseur sans frontières*(2005), L'Esprit du Temps.

_____.(2014a). "Pour une approche ellunienne de l'affaire du Médiator" in *Comment peut-on (encore) être ellunien au 21e siècle?*(2014), La Table Ronde.

_____.(2014b). "Que veut dire être ellunien?" in *Comment peut-on (encore) être ellunien au 21e siècle?*(2014), La Table Ronde.

Vandenburg, W.(1981). Perspectives on our age, Jacques Ellul speaks on his life and work, Canadian Broadcasting Operation.

Viallanex, N.(1979). *Écoute Kierkegaard, Essai sur la communication de la parole, tome I*, Le Cerf.

가스펠서브(2013). 『교회용어사전』, 생명의 말씀사.

박만(2009). 『현대 신학 이야기』, 살림출판사.

유기환(2014). 『알베르 카뮈』, 살림출판사.

이상민(2019). "자크 엘륄의 신학 사상과 그 사상에 대한 평가", 『신앙과 학문』 제24권 3호(2019).

부록1 인격주의 운동 강령

Exister,
c'est
résister.

| 부록1 인격주의 운동 강령 |

Ⅰ. 우리 저항의 기원

1. 혁명 의식의 태동

　제1조. 세상은 우리와 상관없이 조직되었다. 세상이 균형을 잃기 시작했을 때, 우리는 세상에 개입했다. 세상은 우리가 모르는 깊은 법칙들을 따랐다. 그런데, 그 법칙들은 예전 사회의 법칙들과 같지 않았다. 세상은 익명성으로 특징지어졌기 때문에, 아무도 그 법칙들을 찾으려는 수고를 기울이지 않았다. 즉, 아무도 책임지지 않았고, 아무도 세상을 통제하려고 애쓰지 않았다. 그 깊은 법칙들의 작용에 의해 스스로 이루어진 세상에서, 각자는 자신에게 주어진 자리만을 단지 차지하고 있었다.

　제2조. 우리는 우리의 정해진 자리를 발견했고, 사회적 숙명론을 따라야 했다. 우리가 단지 할 수 있었던 것은 우리의 역할을 잘 수행하는 것이었다. 또한 사회의 새로운 법칙들의 작용에 자신도 모르게 도움을 주는 것이었다. 우리의 무지 때문뿐만 아니라, 그 익명성의 산물을 변화시킬 수 없기 때문에, 우리는 그 법칙들 앞에서 무장 해제되어 있었다. 인간은 은행, 증권거래소, 계약, 보험, 위생, 무선 전신, 생산 앞에서 완전히 무력하다. 사람들은 예전 사회에서처럼 툭 까놓고 마음먹은 대로 맞붙어 싸울 수 없었다.

　제3조. 그렇지만 우리의 무능함에도 불구하고, 우리는 어떤 가치들을 선포할 필요성과 어떤 힘들을 구체화할 필요성을 느꼈다. 그런데, 우리에게 어떤 자리를 제시했던 세상은 그 가치들을 고려하지 않은 채 그 힘들을 벗어나서 완전히 형성되었다. 인간의 자유, 특별한 진리를 향한 인간의 노력, 친숙한 분야에 대한 인간의 접촉, 정의와 당위성을 합치려는 인간의 욕구, 어떤 소명을 실현하려는 인간의 필요성 등 우리에게 필요한 듯이 보였던 것이 효력을 나타낼 수 없는 채로, 세상은 균형이 맞추어졌다. 그 힘들을 위

한 자리가 제시되었지만, 그 자리는 이 사회에서 그 힘들이 효과 없이 헛되이 고갈될 수 있는 쓸모없는 자리였다. 이와 같이, 이중적인 문제가 제기되었는데, 일반적인 문제와 개인적인 문제이다.

제4조. 일반적인 문제는 인간의 가치가 어떤 사회에서 무작위로 취해진 어떤 인간의 가치에 존재하는지, 혹은 인간의 가치가 어떤 인간이 살아가는 사회의 가치에 존재하는지 의문을 제기하는 것이었다. 요컨대, 그 사회의 결함이 추상적이든, 실제적이든, 일반적이든, 사회가 사회를 구성하는 인간들의 가치를 한 사람씩 취해서 받아들이는지, 혹은 인간들이 어떤 사회에 속해 있기 때문에, 인간들 모두가 이 사회에서 미리 정해진 추상적이고 일반적인 특성들을 한꺼번에 받아들이는지 의문을 제기하는 것이었다.

제5조. 개인적인 문제는 우리가 우리 안에 지닌 필요성을 실제로 구현할 수 있는지 의문을 제기하는 것이었다. 다시 말해, 우리가 우리의 소명을 실현할 수 있는지, 곧 우리로 하여금 행동하게 하고 우리에게 내적 제약이 되는 가치들의 이름으로 우리가 이 사회에서 실제적인 영향력을 가질 수 있는지 의문을 제기하는 것이었다. 그런 제약을 통해, 문제는 지적일 뿐만 아니라 실제적이 되었다.

제6조. 우리는 이 가치들이 실현되어야 하고 다른 모든 가치보다 더 필요하다고 인식했기 때문에, 우리는 사고가 그 자체로 가치가 있고 세상은 순전히 물질적인 조직체라는 현재의 일반적인 원리에 봉착했다. 어디서도 자신의 사고를 체험하는 것이나 자신의 활동을 생각하는 것이 더는 문제되었던 것이 아니라, 단지 간략하게 생각하는 것이나 그저 자신의 생활비를 버는 것이 문제 되었다.

제7조. 이와 같이, 하늘을 향한 부분과 땅을 향한 부분이라는 두 가지 견고한 부분으로 인간이 나누어짐으로써, 사회에서 인간의 무능함이 확고해진 듯이 보였다. 물질주의와 이상주의는 서로 보완되는 두 가지 사악함처럼 보였다. 그런데, 그 사악함을 통해 인간은 살아가기를 포기했다.

제8조. 물질주의는 어떤 교리를 부인하고 삶과 행동에 앞선 사고를 부인함으로써, 인간으로 하여금 그 밖의 것에 관해서는 운명이나 혹은 국가일 수 있는 어떤 신에게 자신을 맡기면서 단기적 안목으로만 살아갈 수밖에 없게 만들었다. 물질주의는 인간으로 하여금 인간이 살아가는 세상의 변화를 더는 이해할 수 없게 만들었다. 인간이 모두에게 동일한 물질의 필요성에 사로잡혔기 때문에, 물질주의는 인간으로 하여금 더는 홀로 있지 않게 만들었다.

제9조. 이상주의는 물질주의적 조건의 역할을 부인함으로써, 또한 그것이 어떠한 이념이든 이념의 완전한 힘에 내맡김으로써, 또한 행동에서는 온갖 파편으로 이루어진 허구적 이상 추구에 내맡김으로써, 또한 삶에서는 세심하게 숨겨진 내면적 삶에 그침으로써, 인간으로 하여금 더는 살아가지 못하게 만들었다.

제10조. 우리는 한편으로 잘못된 유용성을 발견했고, 다른 한편으로 무용성을 발견했다. 그 잘못된 유용성과 무용성을 통해, 인간은 한편으로 다른 것에 전념하지 않은 채 이럭저럭 살아가게 되었고, 다른 한편으로 세상에서 행동하지 않게 되었다. 왜냐하면 그런 행동은 중요하지 않고, 인간 본성은 변함없기 때문이다.

제11조. 우리는 그런 확인을 통해 그런 분리에 맞서 싸우게 되었다. 또한 그런 분리는 우리 사회에서 근본적이기 때문에, 우리는 사회 자체에 맞서 싸우게 되었다. 사회는 인간의 통일성을 찾는 것 같은 모든 소명의 실현을 가로막았기 때문에, 사회는 우리에게 적이 되었다. 이와 같이, 일반적인 문제와 개인적인 문제는 우리로 하여금 현재 사회에 맞서 투쟁하도록 부추기면서 서로 합쳐졌다.

2. 사회에 대한 우리의 정의

12조. 이 정의는 독단적이지도 않고 요약될 수도 없다. 이 정의는 어떤 정의라기보다 어떤 인식이다. 이 정의는 이 사회의 진부한 통념들에 대한 해석의 결과이다. 다시 말해, 이 정의는 중요하지 않은 사실과 그 자체로 단순한 미사여구로 이루어진 사회통념들에 대한 해석의 결과이다. 하지만 그 사회통념들은 사회를 만드는 모두에게 공통되고 모든 사람이 받아들이는 이데올로기적 흐름의 표현이다. 그래서 그 표현은 일반적인 정신 상태를 나타낸다. 예를 들어, 백만 명의 사람이 내세우는 견해는 틀릴 리 없다는 식으로 군중과 숫자와 양의 중요성을 언급하는 선전이 그러하다.

13조. 우리가 보기에 이 사회는 자체의 '숙명성'과 '거대함'으로 특징지어졌다.

14조 1항. 숙명성은 우월한 영적 영역에 속한 것으로서 나타나지 않았다. 숙명성은 인간의 의지가 개입하지 않고서 이루어졌던 어떤 물질적 조합의 표현일 따름이었다. 그 결과, 물질적 사실들에 대한 절대적 인식이 전제가 되었다면, 모든 사건이 예견될 수도 있었을 것이다. 예를 들어보기로 하자.

14조 2항. 전쟁의 숙명성이 되는 사실들은 강조할 필요도 없다. 즉, 모두에게 전쟁의 이유가 막연하고 모호할 정도로 충분히 광활한 나라, 죽이는 행위가 모두들 사이에 구체적이고 끔찍한 행위가 아니라 단지 버튼을 누르는 사실이 될 정도로 상당히 발전한 무장 단계, 단지 신용에만 토대를 둔 경제 조직, 영토의 협소함과 출산 장려 사이의 모순, 모든 나라에서 해외로 팔아치울 가망성이 없는 생산과잉 등은 전쟁의 숙명성을 이루는 확실한 요소들이다.

14조 3항. 파시즘의 숙명성은 더 오랜 연구를 요할 수도 있다. 언제나 파시즘에 앞서 나타나는 것은 자유주의이다. 자유주의의 몇몇 측면은 공익을 통한 국가의 신격화, 노동자에게 주어진 이익에 의한 사회 민주주의, 평온하고 안정된 중산층의 이상, 거짓 위험과 거짓 용맹의 낭만주의적 경향, 신문 구독 대중과 무선통신 이용 대중과 영화 관람 대중과 노동 대중과 같은 대중에 참여하기, 막연한 힘에 대한 취향 등이다. 자유주의의 그 몇몇 측면은 파시즘에 맞서도록 정당들을 부추길 수 있다. 하지만, 개입된 개인에 의해 실행되는 그 모든 것에 있어, 그 몇몇 측면은 생산 기술의 추진력 아래에서 반드시 파시즘을 태동시키는 요소가 된다.

14조 4항. 마지막으로, 다양한 종류의 생산 사이에 불균형의 숙명성이다. 단지 어떤 분야에서만 기계의 발달, 대도시의 발전, 신용 불균형, 모든 계층에서 동일한 정신 상태의 생성, 상승된 가격의 유지 필요성, 유가증권 시세의 보편화를 통해, 농업 생산과 다른 생산 사이에 극심한 불균형이 초래된다. 사회의 현 상태에서 그것들을 개선할 수 없는 채로 반드시 그렇게 된다.

15조 1항. 우리가 세 가지 예만 들었던 이 숙명성과 병행하여, 우리에게는 '집중'이라는 문제가 있다. 집중 역시 숙명성의 산물이며, 숙명성 자체도 집중의 산물이다. 숙명성은 인간의 척도가 시대에 뒤지자마자 그 같은 성장을 멈출 이유가 더는 없다는 사실에 그 기원을 둔다. 인간은 자신이 세상의 척도가 더는 아니라는 점을 체념하고 받아들일 때, 모든 척도를 박탈당한다.

15조 2항. 생산의 집중이란 기계들로 말미암아, 또 최소한의 생산 비용으로 말미암아 필요해진 공장의 거대함이지만, 이를 통해 모든 생산의 집중이 초래된다. 예를 들면, 언론이나 혹은 영화이다. 이는 필요와 생산의 불균형으로 귀결되는 집중이다. 생산을 가능하게 하는 집중이 생산을 통해 초래되기 때문에, 생산에 가해질 수 있는 어떤 한계도 더는 없다. 즉, 그것은 어떤 이유와도 무관하게 이루어진다.

15조 3항. 국가의 집중이란 정복 전쟁을 정당화하는 아무 실익도 없는 아주 광대한 경계들로 국가를 확장하는 것이다. 국가는 그 속성상 경계를 확장하는 정복 전쟁을 멈출 수 없다. 행정의 집중은 추상적으로 이해된 어떤 인간을 그 인간의 실제 삶과 관계없이 법적으로 확정짓는 것이다. 인간을 그렇게 만드는 것은 바로 행정이다.

15조 4항. 인구의 집중이란 생산의 필요성을 통한 대도시의 형성이다. 도시는 공장과 증권사와 기차역을 중심으로 세워지는데, 이는 군중으로 귀결된다. 대도시에서만 살아가는 군중은 우리 모든 사회의 일반적인 익명성을 나타낸다.

15조 5항. 자본의 집중이란 마르크스가 예견한 집중이 아니라, 신용 체계와 주식회사 체계를 통한 자본의 가상적인 집중이다. 그 가상적인 집중은 더 심각하다. 왜냐하면 한편으로 그런 집중은 자본가의 이름으로 직접 공격받을 수 없기 때문이고, 다른 한편으로 그런 집중을 통해 자본의 보편성을 더 효과적으로 통제할 수 있기 때문이다. 자본주의 사회에서 강력한 유형의 사람은 자본가가 아니라 행정가이다.

16조. 그런 집중 움직임은 역사 전체에서 계속 이어졌다. 그 움직임은 질서를 향한 변화였지만, 어떤 결과에 결코 이르지 않았다. '거대함'을 실현하기 위한 수단이 늘 부족했다. 그런데, 집중이 올바른 것으로 간주될 수밖에 없는 것은, 흐름이 늘 집중을 향했기 때문은 아니다. 강도질의 가능성, 농노에 대한 영주의 직접적인 압제의 가능성, 낭비를 통한 재정 불균형의 가능성 등과 같은 사회와 개인의 심각한 죄악에 맞서 싸우기 위해, 통일성이란 이상이 어떤 시대에 올바르고 효율적일 수 있었다면, 상황이 더는 그와 같지 않게 된다. 우리가 집중에 맞서 싸워야 하는 것은, 집중 경향이라는 지속적인 사실 때문이 아니라, 집중이 실현될 수 있게 하는 수단들이라는 현재의 사실 때문이다.

17조. 집중의 실현 수단은 산업적 방식의 기술이 아닌 일반적 방식의 기술이다. '지적 기술'이란 르낭[1]으로부터 흔히 유래된 불변의 원리를 통해 공인된 지성을 고정시키는 것이다. '경제적 기술'이란 경제적 숙명성에 의해 전제적이 된 재정 기술을 정립하는 것이다. 이는 인간의 의지를 벗어나 자율적 학문이 된 그 자체로서 경제학의 발달이다. '정치적 기술'이란 기술에 영향을 받은 첫 분야들 중 하나인데, 외교나 오래된 의회제도의 규정이다. '사법적 기술'이란 법전 편찬 같은 것이다. '기계적 기술'이란 단지 처음에 기계의 우수함이라는 원리가 제시되었기 때문에, 인간의 실제 필요를 고려하지 않은 기계의 집약적인 발달에 의한 것이다.

18조. 그러므로 기술 때문에 창조력은 적용 비법으로 바뀌었다. 모든 학자와 예술가가 극단적으로 치우쳐지면, 과학과 예술의 기술적 비법을 적용하고 대단치 않는 메마른 표현들을 조합하는데 그치는 기술자로 변할 수도 있다.

19조. 게다가, 집중은 숙명성과 아주 유사하다. 인간이 사회의 요구들을 더는 이행하지 못하자마자, 다시 말해 인간이 통제할 수 없는 세상을 받아들이기 위해 모든 것의 척도가 더는 되지 않을 때 그러하다. 또한 인간이 자신의 창조력이 상실된 것을 받아들이자마자, 인간은 숙명성이 자유롭게 작용하게끔 한다. 사회적 법칙으로서 숙명성은 인간의 책임회피에서 생겨난다.

20조. 마찬가지로, 숙명성은 이제 집중을 부추긴다. 왜냐하면 그것이 역사적 흐름이기 때문이고, 우리가 더는 역사적 흐름을 거슬러 올라갈 수 없기 때문이며, 그것은 모두에게 있어 익명 상태라는 편리함의 길이기 때문이다. 살아 있는 것보다 죽는 것이 더 쉽다.

3. 증거

21조. 기술은 인간과 인간의 모든 반응을 지배한다. 기술에 맞서 정치는 무력하다. 현재의 모든 정치적 사회에서 인간은 물질적인 힘만큼이나 비현실적인 힘에 굴복해 있기 때문에, 인간은 지배력을 상실한다.

22조. 자본주의 국가에서 인간은 금융 지배력에 의해 억압을 받기보다 안전과 안락과 보장이라는 부르주아적 이상에 의해 더 억압을 받는다. 금융 지배력에 중요성을 부여하는 것은 그런 이상이다. 그 금융 지배력에 맞서 싸워야 하지만, 금융 지배력은 경제적 숙명성의 요인일 따름이다. 자본주의 상태는 삶을 위한 투쟁이 아닌 이윤을 위한 투쟁으로 특징지어진다. 이외에도, 도덕과 종교와 지성 등의 이름으로 이윤 추구를 은폐하는 지속적인 위선이 존재한다. 지속적인 위선은 정당화되려고 영적 가치를 이용한다. 또한 지속적인 위선은 정의의 의미 상실 같은 영적 가치에 있을 수도 있는 요소 속에서 영적 가치가 효력이 없게 만들려고 영적 가치를 이용한다.

23조. 파시스트 국가에서 인간은 국가의 위대함과 국가에 대한 희생만을 궁극적 이상으로 받아들일 따름이다. 모든 것은 절대적 힘을 지닌 정치의 융성에 기여할 수밖에 없다. 절대적 힘을 지닌 정치는 온갖 생존 수단을 보유하고 있기 때문에, 온갖 희생을 요구한다. 인간은 그런 이상을 외부로부터 받아들인다. 그런 이상은 언론과 무선통신과 영화 등과 같은 현재의 영향력 있는 수단을 통해 인간에게 강요될 수 있다.

24조. 공산주의 국가에서 인간은 경제적 생산과 경제 성장만을 이상으로 받아들일 따름이다. 개인적인 모든 자유는 사회적 생산을 위해 사라진다. 인간의 행복 전체는 두 가지 방식으로 요약된다. 한편으로 더 많이 생산하는 것이고, 다른 한편으로 안락이다. 모든 것은 당연히 거기서 멈춘다. 여기서 광신적인 것이 통계에 의해 만들진다. 예를 들어, 막대한 양의 채굴된 석탄의 명목으로 희생이 요구된다.

25조. 그 세 가지 국가에서, 어떤 국가에서 다른 국가로 넘어갈 때 위선은 점점 더 줄어드는 것이 확인된다. 하지만 비인간적이면서도 초인적이지는 않은 목표를 위해, 죽음 속에서와 마찬가지로 매일의 시간 속에서 인간 삶의 완전한 희생을 요구하는 마찬가지의 사악함이 확인된다. 그런 위선과 사악함은 정치적 관점에서나 혹은 심지어 경제적 학설로서는 다를 수 있다. 그런데, 그 점은 더는 중요하지 않다. 그런 위선과 사악함은 인간 앞에서는 마찬가지이다. 인간은 그런 위선과 사악함을 위한 도구이다. 일상의 관점에서 '스타하노프 운동'[2])과 함께 있는 공산주의 노동자의 상태는 '테일러 방식'과 함께 있는 미국 노동자의 상태와 같다. 지식인의 입장은 파시스트 체제에서와 공산주의 체제에서 마찬가지이다. 그 세 가지 체제 중 어느 체제에서도 이윤은 사라질 수 없고, 이윤을 통해 일손이 바뀔 따름이다.

26조. 그런데, 사회의 그 세 가지 유형은 앞에서 지적된 악덕들에 의해 타격을 받기 때문에, 같은 정도로 똑같이 실패한다. '집중'은 집중을 통해 초래되는 복잡함을 통해 마침내 생산의 방향을 잃게 만든다. 금융기관은 금융기관의 추상화를 통해 금융 문제를 비현실적으로 만든다. 인간은 수행해야 할 잘 정해진 작은 임무만을 어디서든 지니고 있기 때문에, 숙명성에 의한 방향 속에서 어디서든 대체되며, 프롤레타리아화된다.

4. 결과

27조. 그러한 사회에서 의식적으로 행동하는 인간 유형은 사라진다. 인간은 맡은 일이 정신노동이든 혹은 육체노동이든 간에, 그 일을 바꿀 수 없는 어떤 기계만이 되는 것을 체념하고 받아들인다. 인간은 정부의 공개된 지침에 따라 혹은 자본의 숨겨진 지침에 따라 행동하지만, 언제나 추상화된 지침 아래서 그렇게 한다. 독재자는 금융 기술의 자본가이면서도 광고 기술과 정치 기술의 포로이기도 하다. 정부나 자본도 단지 그런 숙명성의 도구일 따름이다.

28조. 인간은 그렇게 포기하면서 사회적 죄악을 저지른다. 다시 말해, 외부의 영향을 받아들이기 위해 자신의 의무와 힘과 소명을 의식하는 개인이 되기를 거부하는 죄악이다. 인간은 의도적으로 혹은 비의도적으로 그 영향을 받아들인다. 예를 들어, 받아들인 명령이나 혹은 이미 본 영화를 통해 이 영향을 받아들인다. 그다음부터 인간은 군중 속으로 돌아간다. 인간은 정신을 자신의 이웃과 다르게 만드는 것을 포기하기 때문에, 사회적 죄악은 정신에 대항하는 죄악이 된다. 이는 자신의 이웃과 자신을 동일시하기 위함이고, 동일한 행동을 하고 동일한 단어를 읽으며 동일한 사고를 하는 호환 가능한 토큰이 되기 위함이다. 이는 살아가기를 거부하는 것이다.

29조. 사회적 죄악이 저질러지면, 전혀 다른 죄악은 불가능해진다. 왜냐하면 생각으로나 혹은 행동으로 죄악을 저지르는 것은 더는 어떤 인간이 아닌 한 개인이나 기존 사회 질서의 한 부분이기 때문이다. 가장 심각한 죄악이 이루어지면, 다른 죄악은 자리를 잡을 수 없다.

30조. 그리스도인에게 있어서는, 그런 죄악이 있다고 해서 하나님이 그 죄악을 저지른 인간에게 영향을 미치지 못하는 것은 아니다. 예수 그리스도에 의한 속죄는 여전히 더 완전히 효력을 나타낸다. 하지만, 이는 그 죄악을 저질렀고 그리스도인이 구원할 수 없는 사람들과 상관이 없다. 이는 그리스도인과 관계된다. 그리스도인은 그 죄악을 자각했고, 그래서 그 죄악을 가능하게 했던 상황의 존재를 가로막는 것만을 목적과 소명으로 삼을 수 있기에 그러하다.

31조 1항. 비(非)그리스도인에게 있어, 인간은 추상적인 힘, 곧 인간이 그 힘에 대해 아무것도 할 수 없는 힘에 예속되려고 모든 실제의 삶에서 멀어진다. 그 사실을 통해 인간이 모든 면에서 프롤레타리아가 된다는 사실이 나타난다. 자본의 엄청남으로 말미암아 노동자는 영원히 사장이 될 수 없다. 그 때문에, 자본에 의해 만들어진 프롤레타리아가 있다. 또한 지식인에게 어떤 사고 형태를 강요하는 기술적인 수단으로 말미암아 지식인은 무언가를 창조할 수 없게 된다. 그 때문에, 추상화를 통해 만들어진 프롤레타리아가 있다. 그리고 인간은 국가를 결코 지배할 수 없지만 언제나 국가에 속해 기능을 담당하는 자가 된다. 그 때문에, 국가에 의해 만들어진 프롤레타리아가 있다.

31조 2항. 우리 중 누구도 자신의 일, 자본, 자유, 힘에 대한 정당한 보완물을 받아들일 수 없다. 또한 우리는 어떤 솔직한 관계를 맺을 수 없다. 그 때문에, 우리는 모두 프롤레타리아가 되었다. 이는 그리스도인이 어떤 임무들을 완수할 수 없다는 것이다.

32조. 가톨릭 신자이든, 개신교 신자이든, 필연적인 영적 힘을 믿는 무신론자이든, 우리는 혁명적 필연성이 우리의 인격에 선행한다는 점을 안다. 또한 우리는 다른 혁명들을 홀로 정당화할 수 있는 그런 혁명을 우선 제시해야 한다. 그런 혁명은 우리 지성의 창조물이 아니고, 우리에게 강요된 급작스러운 표명이다. 우리는 본의 아니게 혁명가가 된다.

33조. 혁명은 인간들에 맞서 일어나는 것이 아니라, 제도에 맞서 일어날 것이다. 은행을 지키는 경찰에게 있어서는 딱한 일이다.

혁명은 대기업 사장에 맞서 일어나는 것이 아니라, 대기업에 맞서 일어날 것이다.

혁명은 부르주아에 맞서 일어나는 것이 아니라, 대도시에 맞서 일어날 것이다.

혁명은 파시즘이나 혹은 공산주의에 맞서 일어나는 것이 아니라, 그것이 무엇이든 전체주의 국가에 맞서 일어날 것이다.

혁명은 대주주에 맞서 일어나는 것이 아니라, 이윤에 맞서 일어날 것이다.

혁명은 대포를 파는 장사꾼에 맞서 일어나는 것이 아니라, 군사적 무장에 맞서 일어날 것이다.

혁명은 외국인에 맞서 일어나는 것이 아니라, 민족에 맞서 일어날 것이다.

혁명은 계급투쟁이 아니라, 인간의 자유를 위한 투쟁이다.

우리가 첫 번째 항목을 늘 배격하지 않으면, 첫 번째 항목을 통해 온갖 위선이 허용된다. 첫 번째 항목은 파시스트 혁명에 들어맞을 뿐 아니라, 공산주의 혁명에 들어맞는다. 두 번째 항목을 통해서는 타협이 허용되지 않는다.

II. 인격주의 사회 건설을 위한 방향

1. 우리는 어떻게 행동해야 하는가.

34조. 우리가 맞서 싸워야 할 세력들은 개혁의 실마리도 제공하지 않고, 지적 영향의 실마리도 제공하지 않는다. 그 세력들은 행동 수단을 벗어나 있다. 세상에서 개혁으로서 행해지는 모든 것은 그 세력들을 돕고 있으며, 그 세력들에 유리하게 작용한다. 사회민주주의는 파시즘에 유리하다. 또한 기계의 개량은 노동자에 유리한 것이 아니라 사장에게 유리하다. 우리는 정치적 혁명도, 도덕적 혁명도 할 필요가 없다.

35조. 우리는 그 세력들 자체를 통해 그 세력들에 맞서 싸울 수도 없다. 이는 언제나 정당들의 책략이었다. 이는 힘을 통해 힘에 맞서 싸우고, 돈을 통해 돈에 맞서 싸우며, 대중을 통해 대중에 맞서 싸우는 것이다. 이와 같이, 모든 정당은 돈과 군중을 이용하기에 이르렀다. 물론, 정당들은 모두 그런 수단들에 사로잡혔고, 돈과 여론의 노예가 되었다. 그 수단들은 사회 전체를 이미 예속시켰기 때문에, 이는 완전히 당연한 일이었다. 어떤 정당이 그 수단들을 필요한 수단으로서 받아들이면, 바로 그 때문에 정당은 그 수단들이 존재할 권리를 인정하고, 그 수단들에 시민권을 부여하며, 그 수단들을 없앨 수 없다. 그 모든 것은 돈에 맞서는 것도 아니고, 돈을 지지하는 것도 아니다. 외부에서만 사회에 맞서 싸울 수 있다.

36조. 인격주의 혁명은 문화 혁명이다. 또한 인격주의 혁명은 인격주의 혁명 교리가 고발하는 권세들에 맞서 단지 이념이나 혹은 힘을 통해 싸울 수 없다. 그리고 인격주의 혁명은 인격주의 혁명 자체를 비난하지 않고서는 그 권세들을 이용할 수 없다. 그 때문에, 인격주의 혁명은 다른 형태로 제시될 수밖에 없을 것이다.

37조. 인격주의 혁명은 현 세상의 틀을 벗어나 완전한 입장을 취하면서, 현 사회 안에서 완결된 사회의 형태로 이루어질 것이다. 서로 모순되고 대립상태에 있는 현 사회의 요소들이 사라지기 전에, 그러한 사회는 인격주의 사회가 되어야 한다. 우리는 그 요소들에 맞서 직접 싸울 수 없다. 그 때문에, 우리는 그 요소들 없이 지내야 하며, 그 요소들이 스스로 파괴되기를 기다려야 한다. 인격주의는 미래 사회의 틀을 준비하는 혁명적 사회이다.

38조. 그러한 사회는 현 사회와 공통점이 거의 없을 수밖에 없다. 그 점은 사회 구성원의 행동에 달려 있고, 사회를 구성하는 제도들의 완벽함에 달려 있다. 또한 그 점을 통해, 사회 구성원의 필요한 입장과 사회의 필요한 제도들이 대체로 파악된다.

2. 인격주의 사회의 구성원

39조. 인격주의 사회의 구성원은 이중의 역할을 지닐 수밖에 없다. 즉, 그 구성원은 한편으로 현 사회에 대해 부정적이고, 다른 한편으로 인격주의 사회에 대해 긍정적이다. 그 긍정적인 역할 자체는 교리 정립과 행동으로 나누어진다. 그렇게 열거하는 가운데 시간상으로 연속성은 없지만, 그 다양한 입장들은 동시에 이루어진다. 건설함으로써만이 파괴한다.

40조. 현 사회에 대한 우리의 입장은 행동이라기보다 거부이다. 우리가 할 수 있는 것은 오직 이 현재의 요소들을 이해하려 애쓰는 것이다. 또한 우리가 할 수 있는 것은 오직 행동과 말 사이에, 교리들 사이에, 정당들 사이에 존재하는 혼란을 정립하는 것이다. 그리고 우리가 할 수 있는 것은 오직 현대 세상을 드러내는 진부한 사회통념들을 찾는 것이고, 그 모든 요소에 대해 비판적인 판단을 내리는 것이다. 게다가, 우리는 우리가 알기를 터득하는 세상에 참여하는 것을 거부해야 한다. 즉, 배당금 받기, 법규 이용하기, 보험금 타기, 제한된 우리의 노동으로 세상에 기여하기, 우리는 그런 일들을 하면서 세상에 참여하는 것을 거부해야 한다. 그런 거부가 이루어지는 것은, 인격주의 사회가 실현되는 한에서이다.

41조. 실제로 우리는 살아가도록 강요된다. 그 때문에, 우리는 현 사회에 우리의 도움을 제공하도록 강요된다. 그런 것이 존재하는 한, 타협이 언제나 강요된다. 하지만 그런 것은 우리를 이 사회에 결부시키는 마지막 관계일 수밖에 없다. 또한 인격주의 사회가 세워짐에 따라, 모든 관계는 끊어질 수밖에 없다. 그 대신, 우리가 신뢰하면서 어떤 희생을 통해 그 관계들을 끊는 한에서만, 인격주의 사회는 세워질 것이다. 하지만 우리 각자의 물질적 삶이 현 사회에 달려 있게 되는 한, 그 모든 것은 약해질 것이다. 궁극 목표는 각자가 살아갈 수 있는 닫힌 인격주의 사회이다.

42조. 긍정적인 관점에서, 우선 우리에게 교리 정립이 강력히 이루어져야 한다. 그런 점에서, 일련의 신조를 정립하는 것보다 모든 구성원에게 새로운 사고방식을 만들어내는 것이 더 중요하다. 거기에는 명심해야 할 두 가지 특징이 있다. 한편으로 실용주의이고, 다른 한편으로 사고방식이다.

43조. 우리의 교리는 그 토대에 있어 실용적이어야 하고, 그 자체로 단호해야 한다. 다시 말해, 우리의 교리는 물질적인 사실들과 이 사실들에 대한 관찰 위에 정립되어야 한다. 또한 그 사실들은 우리가 이러저러한 방향으로 결정하는 이유가 되어야 한다. 이와 같이 이론적인 이유에서이지만, 그 '집중'의 결과들에 대한 관찰을 통해, 우리는 '집중'에 맞서거나 혹은 '집중'을 지지하면서 결정하지 않을 것이다. 이는 우리로 하여금 그 원리를 거부하게 할 원리의 결과들을 모아 놓은 것이지, 그 원리가 우리의 교리와 일치하거나 혹은 일치하지 않는다는 문제가 아니다.

44조. 하지만 우리의 교리는 그 자체로 단호해야 한다. 그런데, 이는 우리의 교리가 우리가 사용할 수 있는 수단들에 의해 영향을 받지 않고 시의적절한 이유로 영향을 받지 않도록 하기 위함이다. 일단 교리가 한 번 정립되면, 교리는 고정되어야 하고 지속적이어야 한다. 각자는 교리를 유지하는 데 책임이 있음을 느껴야 한다. 또한 각자는 자신의 활동 가운데서 교리 자체에 의해 판단됨을 느껴야 한다.

45조. 교리의 정립과 더불어 교리에 따라 집단의 모든 구성원은 행동해야 한다. 게다가 행동이 무엇인지 알아야 한다. 행동은 정당들이 이해하는 것과 같은 행동이 되지 말아야 한다. 행동은 현 세상을 위해 이루어져야 한다. 우리가 보여주었듯이, 세상을 향한 우리의 행동은 어떤 반발일 따름이다. 하지만 우리의 행동은 특히 어떤 삶의 방식이어야 한다.

46조. 우리의 노동 전체에 새로운 사고방식이 깃들어야 한다. 그리고 그 새로운 사고방식의 본질적 특징은 반자유주의적이어야 한다. 모든 형태에서, 특히 도덕적 형태에서, 자유주의적 이상주의는 우리에게 일상생활의 각각의 행위와 현상에서 다시 발견되는 오류의 표현일 수밖에 없다. 자유주의는 교리가 아니라 삶의 형태이고 사고 습관이다. 우리가 그 판단들을 생각해보지 않은 채 내릴 판단들을 통해, 또한 온갖 일상 사건들 앞에서 우리의 반발을 통해, 우리의 행동은 다른 형태의 삶을 만들어내는 것이어야 한다. 모든 것을 지적으로 문제 삼는 것이 중요한 것이 아니다. 우리의 행동 자체를 통해 저절로 모든 것을 문제 삼는 것이 중요한다. 그런데, 이를 통해 우리는 잘못된 질문을 제기하지 않을 것이다. 이는 자연적이고 본능적이 되어야 하는 우리의 태도, 곧 새로운 습관의 창조이다. 이와 같이 밀의 재배에 대한 연구를 예로 들면, 밀에 대한 세계 정책을 연구하는 것이 중요한 것이 아니라, 현지에서 밀의 재배에 관한 연구를 하는 것이 중요하다. 즉, 밀에 대한 인격주의적인 정책을 연구하는 것이 중요하다.

47조. 우리의 행동은 효율적인 만큼 더더욱 우리 자신에 대한 당연한 표현이 될 것이다. 우리는 배지를 달지 않는다. 배지가 참여의 표시가 될 때, 우리는 어떠한 행동도 하지 못한다는 것이다. 우리는 교리를 구체화해야 한다. 엄밀히 말해, 우리는 우리 자신이 키워나가는 그 가치들 자체가 되어야 한다.

3. 제도

1) 정치적 사회

48조. 인간들의 모든 모임은 공동체, 다시 말해 개인들의 집단을 지향해야 한다. 이는 집단의 필요성과 집단의 존재 이유를 인정했던 인간들의 모임이다. 그와 동시에, 이는 인간의 물질적 필요성으로서, 합일의 방식인 영적 필요성으로서 집단을 받아들인 인간들의 모임이다. 마찬가지로 그 집단은 모든 인간이 서로 만날 수 있는 집단이다. 인간들에 대한 앎이 없다면 공동체는 존재하지 않는다.

49조. 집단이 과도하게 확장할 때에도, 공동체는 문제 될 수 없다. 즉, 집단은 물질적인 모임이라는 유일한 측면을 띤다. 대도시는 거주민이 영적 모임을 하는 터전이 될 수 없다. 다른 한편으로, 대도시 주거밀집지역은 자발적인 필요성에서 받아들여진 것이 아니라, 어쩔 수 없는 필요성에서 받아들여진 것이 되고 만다. 대도시 주거밀집지역은 존재하기 때문에 정당화된다.

50조 1항. 그런 상황에서 인간은 긴밀한 집단 속에서만 자신을 인간으로 완전히 느낄 수 있다. 단지 거기에서만이 인간은 개인들과 접촉하고, 자체의 특성을 지닌 사물들과 접촉한다. 대도시 주거밀집지역을 통해 인간은 어디서든 뿌리가 뽑히게 된다. 인간은 어떤 순간 고향과 자신의 고장에 있어야 한다. 인간은 결코 세계의 시민이 아니다. 이는 거짓이다.

50조 2항. 이와 같이, 인간에 대한 우리의 행동은 이중적일 수밖에 없다. 그 행동은 인간을 만들고, 인간을 자신에게 결부시키며, 인간을 현실 속에 뿌리내리게 하려는 의지여야 한다. 다른 한편으로, 그 행동은 인간을 해방시키려는 의지여야 한다. 그런데, 이는 인간이 존재함으로써만이 이루어질 수 있다. 그렇게 인간은 덜 고귀하고 덜 고결한 자유이나 실제적이고 살아 있는 자유에 이를 것이다.

51조. 인간을 어떤 곳에 뿌리내리게 하려는 의지는 인간을 약화시키려는 의지가 아니라, 이와 반대로 인간을 존재하게 하려는 의지이다. 사람들이 어떤 인간일 때에만 인간들의 깊은 차이를 자각한다.

52조. 따라서 우리는 물리쳐야 할 두 가지 영향에 직면해 있다. 한편으로 도시의 거대함이고, 다른 한편으로 보편성이다. 우리가 살펴본 도시의 거대함과 관련하여 우리가 무엇보다 추구해야 할 것은, 인간을 돕고 인간을 억압하지 않으며 인간과 같은 높이에 있는 도시이다. 또한 그것이 인간의 도시이기 때문에, 거기서 각 인간이 발언하는 권리를 지닌 도시이다. 그리고 그것은 인간들의 영향 아래 변화하는 도시이고, 인간의 결과인 도시이다. 그런 도시에서만이 진정한 정책, 다시 말해 시민들이 알고 체감하는 구체적인 요구에 부응하는 정책이 이루어질 수 있을 것이다. 이는 동업조합의 이해관계가 걸린 투표, 직접적으로 이해당사자들의 감시를 받는 정책, 추상적이지 않은 정책, 진정한 이유로 납세의무자들을 만족시킬 수 있거나 납세의무자들의 불만을 살 수 있는 정책이다.

53조. 또 다른 적은 보편성이다. 다시 말해, 이는 주어진 문명 유형을 보편적으로 만드는 경향이다. 문명이 확장될수록 문명은 더 추상적이고 빈약해진다. 문명을 통해, 인종과 토양의 특수성은 숨 막히는 그럴듯한 외관으로 완전히 뒤덮인다. 문명을 통해, 온갖 다양한 인간은 같은 틀 속에서 부자연스럽게 만들어진다. 마침내 인간은 그 추상적인 문명에 익숙해진다. 그럼에도 인간은 지상에서 안락하다고 믿으면서 그런 추상 상태 속에서 살아간다. 인간은 자신의 조국과 직업과 인간성 자체에 자신을 결부시켰던 것을 상실한다.

54조. 그 두 가지 경향에 맞서 투쟁하는 수단은 연방제를 만드는 것이다. 다시 말해, 대규모 국가를 지리적 특성과 특별한 경제·문화적 특성에 상응하는 자율적인 지역들로 나누는 것이다.

55조. 그 집단들 중 각 집단의 행정부와 재정과 군대는 완전히 자율적이어야 한다. 중앙 국가는 새로운 아이디어를 주창하는 것만을 목적으로 삼을 수도 있다. 다시 말해, 중앙 국가는 국민 국가와 관련되는 모든 정보를 중앙으로 모으는 것만을 목적으로 삼을 수도 있다. 즉, 그 필요가 절실하다면 통계 업무, 법률 자문, 경제 회복 업무 같은 것이다. 게다가, 중앙 국가는 지역들 사이에 갈등에서 실제적인 중재자 역할을 할 수도 있을 것이다. 그런 연방 권력은 진정한 질서에 의해 행사될 것이다.

56조. 인간이 그 안에서 진정한 역할을 할 유일하게 가능한 정치 조직으로서 연방제의 필요성이 입증된다. 그 뿐 아니라, 연방제는 정치적 이점들을 제시한다. 즉, 정치적 어려움은 작은 국가에서보다 큰 국가에서 언제나 더 크다. 영토 확장은 작은 국가에서 덜 정당화된다. 어떤 나라의 국경이 아주 멀리 확장되자마자, 국경을 더 확장시키려는 욕구가 생기는 것을 아무 것도 가로막을 수 없다. 이와 반대로, 사람들이 자신의 눈앞에 국경이 있을 때, 사람들은 자신의 현실을 알아차리고, 국경을 변화시키기를 주저한다. 따라서 전쟁의 위험이 더 적다.

57조. 다른 정치적 이점은 최소한의 국가 권력이다. 우선, 국가들이 덜 광활하고 덜 부유하다는 사실을 통해 그러하다. 다음으로, 국가들이 비슷한 작은 이웃 국가들의 국력에 의해 균형이 이루어진다는 사실을 통해 그러하다. 전쟁의 중요성이 더 적어진다. 안전함은 국가들의 권력이 증가하는 데서나 혹은 겉으로 드러나는 권력이 사라지는데서나, 혹은 뛰어난 국가가 만들어지는데서 나오는 것이 아니다. 안전함은 국가들의 권력이 실제로 감소하는 데서 나올 것이다.

2) 경제적 사회

58조. 연방제를 통해서만이 경제 위기의 심각함이 줄어들 수 있고, 기술이 효과적으로 관리될 수 있으며, 돈이 통제될 수 있다. 그 때문에, 경제적 사회는 연방제 원리에 의해 운영된다. 기술을 효과적으로 관리하고 돈을 통제한다는 두 가지 목적은 새로운 사회를 위해 추구해야 할 본질적인 목적이다.

59조. 기술의 관습적이고 제한된 의미에서 기술을 검토할 때, 기술의 방향은 본질적인 문제이다. 생산이 발전한 것, 과잉생산이 일어난 것, 다양한 생산 사이에 불균형이 감지된 것은 기술에 의해서이다. 또한 경제 문제를 통해 지금 다른 모든 문제가 밀려날 정도로 경제 전체의 규모가 커진 것도 기술에 의해서이다. 새로운 기술이 이론의 토대를 급작스럽게 변화시키면서 기계들을 변모시키지 않는 한에서만, 경제 이론과 모든 체계는 정립된다.

60조. 그런데, 지금까지 국가 주도의 계획경제가 문제였지만, 사람들은 경제의 조건 자체인 기술을 관리하는 데 전념하지 않았다. 우리는 기술에 대한 통제와 기술의 방향설정이 없다면 국가주도의 계획경제를 수립할 수 없다고 주장한다. 그리고 기술에 대한 통제와 기술의 방향설정이 이루어지면, 국가 주도의 계획경제를 시행하는 것은 아마도 쓸모없게 된다.

61조 1항. 기술에 대한 통제는 기술의 방향설정을 통해 경제적 생산 분야에서 균형을 회복하는 것이다. 다른 생산을 희생시키기 때문이든지, 과도한 생산 증가가 인간적 관점에서 쓸모없기 때문이든지, 그런 방향설정은 생산을 과도하게 증가시킬 수도 있는 발전들을 가로막는 것이다. 기술은 그 자체로 어떤 목적이 아니고, 기술은 인간에게 유용한 한에서만 관심을 끌 따름이다. 어떤 과잉생산이든 인간에게 유용하지 않다.

61조 2항. 기술을 통해 양적인 과잉생산이 가능해진다. 하지만 우리의 노력은 과잉생산을 발전시키는 것이 아니다. 우리의 노력은 질적인 정상 생산으로 넘어가기 위해 과잉생산을 이용하고 활용하는 것이어야 한다.

62조. 중노동이든 미분화된 노동이든 기술적으로 가장 덜 설비가 갖추어진 어떤 분야에서, 그런 방향 설정은 기술적인 발전으로 나아갈 수 있을 것이다. 왜냐하면 그런 노동에서는 일반적으로 기술이 수지가 맞지 않기 때문이다.

63조. 생산 문제와 노동자의 노동시간 감축 문제는 생산 기술에 대한 단순한 통제를 통해 이와 같이 저절로 해결될 수도 있을 것이다. 왜냐하면 그런 통제는 통계와 설문 같은 일반 경제 동향과 표면화된 수요에 대한 관찰에 따라 이루어지기 때문이다.

64조. 그런 수단을 통해 민간 경제 부문과 공공 부문 사이에 구분이 효과적으로 전개될 것이다.

65조. 개인들의 주도권이 자유롭게 남겨진 민간 경제 부문은 최저생계비에 해당되지 않는 생산품들을 위해 양질의 노동에 할애될 수 있을 것이다. 일종의 가내수공업은 그런 부문에서 생산 형태가 될 수 있을 것이다. 이는 필요한 자본의 중요성이 적은 덕분에 노동자 프롤레타리아 계급을 없애는 수단이 된다.

66조. 공공 부문은 최저생계비에 필요한 생산품을 위한 대규모 생산 공장들을 포함할 수도 있을 것이다. 아주 수가 적은 그 생산품들은 나라의 모든 개인에게 무상 최저생계비를 보장해주기 위해 엄청난 규모로 생산되어야 할 것이다. 미분화된 노동은 가능한 한 공공 부문에 속할 것이고, 민간 서비스를 통해 이루어질 것이다.

67조. 민간 부문에서 생산된 재화에 있어, 재화의 분배는 화폐 개혁에 의해 초래된 차이들을 조건으로 자유 규정에 따라 이루어질 것이다. 최저생계비 재화의 분배는 중앙 국가의 통제 아래 있는 각 연방 국가의 행정부에 의해 보장될 것이다.

68조. 현 세상에서 돈에 대한 투쟁은 돈의 수익에 대한 투쟁, 금융 개혁, 이윤의 제거 같은 세 가지 주된 항목을 포함해야 한다.

69조. 돈을 통해 수익이 만들어질 수 없다. 경제적으로 수익의 필요성을 입증하기 위해 지나치게 지적인 기발함이 필요했다. 그런데, 사용된 돈에 있어 수익은 그 기발함을 통해 설명되지 않는다. 더욱이, 이론상으로 수익이 정당화되든 정당화되지 않든지 간에, 그 점은 거의 중요하지 않다. 현재 우리는 수익이 투기와 같이 부당하게 비인간적으로 세상을 뒤집어놓는 사실상의 원인 중 하나임을 목격한다. 수익은 그 자체로 비난받아야 하는 것이 아니다. 수익은 투기 매매와 결제기일 연장과 주식과 같은 그 결과들 때문에 비난받아야 한다. 따라서 주식시장, 어음할인은행, 융자은행, 주식회사 등을 없애야 한다.

70조. 이윤을 없애는 것은 본질적인 요소이다. 이윤은 이에 대해 누가 뭐라 하든지 노동자의 잉여 노동이다. 그런 잉여분이 국가나 혹은 고용주에게 돌아가는 것은 부당하다. 잉여분의 생산물은 노동자들 사이에 분배되어야 한다. 잉여분의 생산물은 노동이 이루어진 이후에만 알려진다. 그 때문에, 이미 이루어진 분배를 기준으로, 잉여분의 생산물은 제공된 노동에 비례하여 분배되어야 한다. 이는 협동 생산 조직에서만 가능하다. 자주 묘사된 그런 조직은 민간 부문에 접목될 것이다. 왜냐하면 다른 부문은 집단화되기 때문이다.

71조. 신용 개혁. 신용은 지금 관계 수단과 투쟁 수단과 중앙 집중 수단이 되는 잘못을 저지르는 아주 강력한 수단이다. 신용 위에 신용을 쌓지 말아야 한다. 신용이 채권자의 수익 가운데 이루어지지 말아야 한다. 또한 신용이 다른 사람들에 의해서보다 대기업가나 혹은 대상인에게 있어 더 쉬워지지 말아야 한다. 신용 은행을 유지해야 하지만, 신용 은행의 정책이 통제되도록 국가와 지역 집단과 직업 대표자들의 통제 아래 그렇게 해야 한다. 시골에 다시 사람을 거주하게 하고 생산을 지방으로 분산하게 되는 것은 신용을 통해서이다. 또한 민간 부문을 재정적으로 안정시키게 되는 것도 신용을 통해서이다. 신용을 지방 분산의 수단으로 삼아야 한다.

72조. 경제에서 단지 기울일 노력은 경제를 단순화하는 것, 경제를 인간의 수준으로 되돌려 놓는 것, 인간이 경제에서 상실한 우위를 인간에게 회복시키는 것으로 요약된다. 어떤 사람이든 추상적인 경제가 자신에게서 앗아갔던 힘을 통제하고 이끌어야 한다.

3) 문명과 사회 (문화, 예술, 관습)

73조. 밀접한 관계가 있는 세 가지 문제가 제기된다. 이는 가족과 소유와 상속이라는 잘 알려진 문제이다. 가족 문제에 있어서는, 우리는 집단에 대해 우리가 언급했던 바를 언급할 수 있다. 즉, 가족은 진정한 공동체일 수밖에 없다는 것이다. 가족이 그렇지 않다면, 가족은 보호되어야 할 만한 가치가 없다. 현시대에는 가족이 이기주의, 여럿이 함께 누리는 안락, 부르주아적 편견의 집적, 세대 간 대립 문화의 폭발로 나타난다. 그 때문에, 가족은 반박의 대상이 될 수밖에 없다. 게다가, 가족의 혁신은 외부로부터 일어나지 말아야 한다. 가족에게 있어 법률은 무력하다. 진정하고 완전한 의미에서 가족은 인격주의적인 사회에 존재하겠지만, 이런 사회를 건설하는 요소는 아닐 것이다.

74조. 소유는 "사람들은 단지 자신이 소유하는 것만을 가진다."라는 표현에서 그 해결책이 나올 수 있다. 다시 말해, 소유물은 단지 실제로 사용한다는 표시로서만, 또한 실질적으로 향유한다는 표시로서만 존재한다. 많은 별장과 집의 소유처럼, 또한 국채의 소유처럼, 대규모 영지의 소유가 불가능하다는 점이 거기서 나온다. 그 점을 통해, 소작지가 없어지고, 건물 임대

차가 없어진다. 봉급을 꽤 근접한 최대치와 최소치 사이에서 제한할 필요도 있다. 어쨌든, 이는 인간에게 사물의 척도가 되는 역할을 돌려주는 것이고, 인간의 소유를 인간의 의한 소유로 되돌리는 것이다.

75조. 상속 문제의 해결은 앞의 문제들에 달려 있다. 즉, 상속은 가족의 연속성에 대한 표시로서 받아들일 수 있는데, 단지 그렇게 만이다. 이와 같이, 가족이 소유한 동산의 상속이나 땅의 상속이 그렇게 이루어질 수 있다. 하지만 돈의 상속도, 신분의 상속도, 특권의 상속도 마찬가지이다.

78조. 언론 문제는 문화 문제와 직접 결부되어 있다. 따라서 사회면 기사 같은 소위 인간적 이해관계를 다루는 언론을 폐지해야 한다. 자유롭지만 국가에 종속된 조직체에 의해 정보 언론을 통제해야 한다. 그리고 수많은 지역 신문을 창간해야 하고, 민중을 위한 이론적 언론과 대자보를 창간해야 한다.

79조. 지금 도덕을 타락시키는 힘은 보험이다. 이는 자신의 후손에게 있어서조차 온갖 형태로 위험을 피하고 완전한 안전을 누리려는 시도이다. 다른 한편으로, 보험회사는 참담한 경제적 역할을 하는 재정적 힘을 나타낸다. 보험의 폐지는 최소한 어떤 방식을 조건으로 고려되어야 한다.

80조 1항. 문화와 예술은 어떤 프로그램의 대상이 될 수 없다. 예술은 보존되지 않는다. 박물관에는 예술이 없다. 예술은 전통적인 규범을 따르지 않는다. 예술은 옛 걸작을 감탄하며 바라보는 데 있지 않다. 예술과 문화는 그날그날 이루어진다. 그리고 각 문명에는 그 문명에 걸맞은 예술과 문화가 있다. 우리가 새로운 예술이 이론체계 없이 그 자체로부터 벗어나는 것을 볼 때, 우리는 이루어진 진정한 혁명의 징표를 지닐 것이다.

80조 2항. 그러나 어쨌든, 예술은 불필요한 것으로 간주되지 말아야 한다. 아마도 예술은 이 단어의 진정한 의미에서 호사스러움, 곧 삶에서의 기쁨이다. 그러나 예술이 불필요한 것으로 간주되는 한, 문명은 죽었다고 할 수 있다. 왜냐하면 문명은 예술이라는 자연적인 결실을 만들어낼 수 없기 때문이다. 실제로 예술은 그것이 무엇이든 인간의 가장 훌륭한 표현임에도 불구하고, 예술은 옆으로 밀려난 부수적 현상으로 나타난다.

   4. 인간이 살아가기 위한 절제된 도시

   81조. 우리가 지금까지 언급한 모든 것을 통해, 혁명의 문제가 정치적 측면이나 혹은 경제적 측면에서 제기될 뿐 아니라, 문명 자체의 측면에서 제기된다는 점이 드러난다. 즉, 풍습과 관습과 사고방식의 측면에서도, 우리 각자의 일상생활에서도, 우리 각자의 일상과 먹는 일에서도 혁명의 문제가 제기된다. 혁명은 인간들을 위해, 또한 인간들이 자신 속에 지닌 더 나은 것을 위해, 인간들에 의해 이루어져야 한다.

   82조. 혁명은 빈곤과 부에 맞서 이루어져야 한다. 이는 각 사람이 삶을 살아가는데 필요한 것을 제약을 받지 않는 도시에서 발견하기 위함이다. 설령 이것이 모두에게 최저생계비일지라도, 이 최저생계비는 균형이 맞추어져야 하고, 물질적인 동시에 정신적이어야 한다. 인간은 물질적 기쁨으로 고조된 욕구로 가슴이 터질 듯한데도, 어떤 이들은 이런 기쁨을 누리지 못한다.

   83조. 우리의 희생만으로 연명하는 문명에 맞서, 다가올 혁명에서 역할이 있다고 생각하는 모든 사람은 스스로 마음의 준비를 해야 한다.

부록2 자크 엘륄의 저서 목록 및 관련 자료

Exister,
c'est
résister.

| 부록 2 자크 엘륄의 저서 목록 및 관련 자료 |

Ⅰ. 저서 목록

1. 연대별 저서 목록

-1936. *Étude sur l'évolution et la nature juridique du Mancipium*(만시피움의 변화와 사법적 성격에 대한 연구), Delmas. *박사학위 논문
-1946. *Le fondement théologique du droit*(법의 신학적 토대), Delachaux & Niestlé ; Dalloz–Sirey, 2008(2판) ;『자연법의 신학적 의미』, 강만원 역, 도서출판 대장간, 2013.
-1948. *Présence au monde moderne: Problèmes de la civilisation post-chrétienne*(현대 세상에서의 현존, 후기 기독교 문명의 문제), Roulet ; Presses Bibliques Universitaires, 1988(2판) ; in *Le défi et le nouveau. Œuvres théologiques, 1948-1991*(도전과 새로움. 1948년부터 1991년까지의 신학 저서), La Table Ronde, 2007(3판) ;『세상 속의 그리스도인』, 박동열 역, 도서출판 대장간, 2010.
-1952. *Le livre de Jonas*(요나서), Cahiers Bibliques de Foi et Vie ; in *Le défi et le nouveau.Œuvres théologiques*, 1948-1991, La Table Ronde, 2007(2판) ;『요나의 심판과 구원』, 신기호 역, 도서출판 대장간, 2010.
-1954. *L'homme et l'argent*(인간과 돈), Neuchâtel, Delachaux & Niestlé ; Presses Bibliques Universitaires, 1979(2판) ; in *Le défi et le nouveau. Œuvres théologiques*, 1948-1991, La Table Ronde, 2007(3판) ;『하나님이냐 돈이냐』, 양명수 역, 도서출판 대장간, 1991.
-1954. *La Technique ou l'Enjeu du siècle*(기술 혹은 시대의 쟁점), Armand Colin ; Economica, 2008(3판) ;『기술의 역사』, 박광덕 역, 한울, 1996.
-1955. *Histoire des institutions, tome 1 & 2 : L'Antiquité*(제도사 1, 2권, 고대), Presses Universitaires de France ; 2011(마지막 재판).
-1956. *Histoire des institutions, tome 3 : Le Moyen Age*(제도사 3권, 중세), Presses Universitaires de France ; 2006(마지막 재판).
-1956. *Histoire des institutions, tome 4 : XVIe siècle-XVIIIe siècle*(제도사 4권, 16세기부터 18세기), Presses Universitaires de France ; 1999(마지막 재판).
-1956. *Histoire des institutions, tome 5 : Le XIXe siècle (1789–1914)*[제도사 5권, 19세기(1789-1914)], Presses Universitaires de France ; 1999(마지막 재판).
-1962. *Propagandes*(선전), Armand Colin ; Economica, 2008(2판) ;『선전』, 하태환 역, 도서출판 대장간, 2012.
-1963. *Fausse présence au monde moderne*(현대 세상에서의 잘못된 현존), Les Bergers et Les Mages.

- 1964. *Le vouloir et le faire: Recherches éthiques pour les chrétiens*(원함과 행함. 그리스도인을 위한 윤리 연구), Labor et Fides ; *Le vouloir et le faire: Une critique théologique de la morale*(원함과 행함. 도덕에 대한 신학적 비판), Labor et Fides, 2013(2판) ;『원함과 행함』, 김치수 역, 도서출판 대장간, 2018.
- 1965. *L'Illusion politique*(정치적 환상), Éditions Robert Laffont ; La Table Ronde, 2012(4판) ;『정치적 착각』, 하태환 역, 도서출판 대장간, 2011.
- 1966. *Exégèse des nouveaux lieux communs*(새로운 사회 통념에 대한 주석), Calmann-Lévy ; La Table Ronde, 2004(2판).
- 1966. *Politique de Dieu, politiques de l'homme*(하나님의 정치와 인간의 정치), Éditions Universitaires ; in *Le défi et le nouveau. Œuvres théologiques, 1948-1991*, La Table Ronde, 2007(2판). ;『하나님의 정치와 인간의 정치』, 김은경 역, 도서출판 대장간, 2012.
- 1967. *Histoire de la propagande*(선전의 역사), Presses Universitaires de France ; 1976(2판).
- 1967. *Métamorphose du bourgeois*(부르주아의 변신), Calmann-Lévy ; La Table Ronde, 1998(2판).
- 1969. *Autopsie de la révolution*(혁명에 대한 분석), Calmann-Lévy ; La Table Ronde, 2008(2판) ;『혁명의 해부』, 황종대 역, 도서출판 대장간, 2013.
- 1971. *L'impossible prière*(불가능한 기도), Centurion ; in *Le défi et le nouveau. Œuvres théologiques, 1948-1991*, La Table Ronde, 2007(2판) ;『우리의 기도』, 김치수 역, 도서출판 대장간, 2015.
- 1971. *Jeunesse délinquante: Une expérience en province (avec Yves Charrier)*[비행 청소년. (이브 샤리에와 함께) 지방에서의 경험], Mercure de France ; *Jeunesse délinquante: Des blousons noirs aux hippies*(비행 청소년. 검은 가죽 점퍼로부터 히피까지), Nantes, AREFPPI, 1985(2판).
- 1972. *Contre les violents*(폭력에 맞서), Centurion ; in *Le défi et le nouveau. Œuvres théologiques, 1948-1991*, La Table Ronde, 2007(2판) ;『폭력에 맞서』, 이창헌 역, 도서출판 대장간, 2012.
- 1972. *De la Révolution aux Révoltes*(혁명에서 반란으로), Calmann-Lévy ; La Table Ronde, 2011(2판).
- 1972. *L'espérance oubliée*(잊혀진 소망), Gallimard ; Paris, La Table Ronde, 2004(2판) ;『잊혀진 소망』, 이상민 역, 도서출판 대장간, 2009.
- 1973. *Éthique de la liberté, tome Ⅰ* (자유의 윤리 1권), Labor et Fides ;『자유의 윤리 1』, 김치수 역, 도서출판 대장간, 2018.
- 1973. *Les nouveaux possédés*(새로운 악령 들린 자들), Arthème Fayard ; Les Mille et Une Nuits, 2003(2판).
- 1974. *Éthique de la liberté, tome Ⅱ* (자유의 윤리, 2권), Labor et Fides.
- 1975. *Sans feu ni lieu: signification biblique de la Grande Ville*(의지할 곳 없이, 대도시의 성서적 의미), Gallimard ; La Table Ronde, 2012(3판) ;『머리 둘 곳

없던 예수』, 황종대 역, 도서출판 대장간, 2013.
- -1975. *L'Apocalypse: Architecture en mouvement*(요한계시록, 움직이는 구조물), Desclée ; Labor & Fides, 2008(2판) ;『요한계시록 주석』, 유상현 역, 한들, 2000.
- -1975. *Trahison de l'Occident*(서구의 왜곡), Calmann-Lévy ; Negue Editor, 2003(2판) ;『서구의 배반』, 박건택 역, 솔로몬, 2008.
- -1977. *Le Système technicien*(기술 체계), Calmann-Lévy ; Le Cherche-midi, 2012(3판) ;『기술 체계』, 이상민 역, 도서출판 대장간, 2013.
- -1979. *L'idéologie marxiste chrétienne: Que fait-on de l'Evangile?*(마르크스 기독교 이데올로기. 사람들은 복음으로 무엇을 만들어 버리는가?), Centurion ; La Table Ronde, 2006(2판) ;『기독교와 마르크스주의』, 곽노경 역, 도서출판 대장간, 2012.
- -1980. *L'empire du non-sens : L'art et la société technicienne*(무의미의 제국. 예술과 기술 사회), Presses Universitaires de France ;『무의미의 제국』, 하태환 역, 도서출판 대장간, 2013.
- -1980. *La foi au prix du doute*(의심을 거친 참된 신앙), Hachette ; La Table Ronde, 2006(2판) ;『의심을 거친 믿음』, 임형권 역, 도서출판 대장간, 2013.
- -1981. *La Parole humiliée*(굴욕당한 말), Éditions du Seuil ; La Table Ronde, 2014(2판) ;『굴욕당한 말』, 박동열·이상민 역, 도서출판 대장간, 2014.
- -1981. *À temps et à contretemps - Entretiens avec Madeleine Garrigou-Lagrange*(기회가 좋든지 나쁘든지 - 가리구 라그랑쥬와의 대화), Le Centurion. ;『쟈크 엘룰의 때를 얻든지 못 얻든지』, 김점옥 역, 솔로몬, 2002.
- -1982. *Changer de révolution: L'Inéluctable Prolétariat*(혁명의 쇄신, 불가피한 프롤레타리아), Éditions du Seuil ;『인간을 위한 혁명』, 하태환 역, 도서출판 대장간, 2012.
- -1984. *Éthique de la Liberté, volume 3 : «Les Combats de la liberté»*(자유의 윤리 3권, "자유의 투쟁"), Labor et Fides & Centurion ;『자유의 투쟁』, 박건택 역, 솔로몬, 2008.
- -1984. *La Subversion du christianisme*(기독교의 뒤집힘), Seuil ; La Table Ronde, 2012(3판) ;『뒤틀려진 기독교』, 박동열·이상민 역, 도서출판 대장간, 2012.
- -1985. *Conférence sur l'Apocalypse de Jean*(요한계시록 강연), AREFPPI.
- -1986. *Un chrétien pour Israël*(이스라엘을 위한 그리스도인), Éditions du Rocher ; in *Le défi et le nouveau. Œuvres théologiques, 1948-1991*, La Table Ronde, 2007(2판).
- -1987. *Ce que je crois*(내가 믿는 것), Grasset and Fasquelle ;『개인과 역사와 하나님』, 김치수 역, 도서출판 대장간, 2015.
- -1987. *La raison d'être: Méditation sur l'Ecclésiaste*(존재의 이유, 전도서 묵상), Seuil ; La Table Ronde, 2007(3판) ;『존재의 이유』, 김치수 역, 도서출판 대장간, 2016.
- -1987. *La Genèse aujourd'hui*(창세기와 오늘날), Ligné, AREFPPI.

- 1988. *Anarchie et Christianisme*(무정부와 기독교), Atelier de Création Libertaire ; La Table Ronde, 2001(3판) ;『무정부주의와 기독교』, 이창헌 역, 도서출판 대장간, 2011.
- 1988. *Le bluff technologique*(기술 담론의 허세), Hachette ; 2004(2판) ; 2012(3판).
- 1991. *Ce Dieu injuste...? Théologie chrétienne pour le peuple d'Israël*(불의한 하나님? 이스라엘 민족을 위한 기독교 신학), Arléa ; 1999(2판) ;『하나님은 불의한 가?』, 이상민 역, 도서출판 대장간, 2010.
- 1991. *Si tu es le Fils de Dieu: Souffrances et tentations de Jésus*(네가 하나님의 아들이라면. 예수의 고난과 시험), Centurion ; in *Le défi et le nouveau. Œuvres théologiques, 1948-1991*, La Table Ronde, 2007(2판) ;『네가 하나님의 아들이라면』, 김은경 역, 도서출판 대장간, 2010.
- 1992. *Déviances et déviants dans notre société intolérante*(너그럽지 못한 우리 사회에서의 일탈과 일탈자들), Érès.
- 1992. *L'Homme à lui-même, correspondance avec Didier Nordon*(참 모습 그대로의 인간. 디디에 노르동과의 서신 교환), Félin.

2. 자크 엘륄의 유작

- 1995. *Silences: Poèmes*(침묵, 시), Opales.
- 1996. *Oratorio: Les quatre cavaliers de l'Apocalypse*(오라토리오, 요한계시록의 네 기사), Opales.
- 2003. *La pensée marxiste. Cours professé à l'Institut d'études politiques de Bordeaux de 1947 à 1979*(마르크스 사상. 1947년부터 1079년까지 보르도 정치 대학에서의 강연), La Table Ronde ; 2012(2판) ;『마르크스 사상』, 안성헌 역, 도서출판 대장간, 2013.
- 2004. *Islam et judéo-christianisme*(이슬람과 유대 기독교), Presses Universitaires de France ; 2006(2판) ;『이슬람과 기독교』, 이상민 역, 도서출판 대장간, 2009.
- 2007. *Les successeurs de Marx. Cours professé à l'Institut d'études politiques de Bordeaux*(마르크스의 계승자들. 보르도 정치 대학에서의 강의), La Table Ronde ;『마르크스의 후계자』, 안성헌 역, 도서출판 대장간, 2015.
- 2007. *Penser globalement, agir localement*(총체적으로 생각하고 국지적으로 행동하라), Princi Negue. *기고문 모음집.
- 2008. *Ellul par lui-même. Entretiens avec Willem Vanderburg*(그 자체로서 엘륄. 빌렘 반더버그와 대화), La Table Ronde.
- 2008. *Israël, Chance de civilisation*(이스라엘. 문명의 기회), Éditions Première Partie.
- 2010. *On Freedom, Love and Power*(자유, 사랑, 능력에 관하여), University of Toronto Press ; 2015(확장판) ;『자유, 사랑, 능력에 관하여』, 전의우 역, 비아토르, 2017.

- 2013. *Pour qui, pour quoi travaillons-nous?*(누구를 위해, 무엇을 위해 우리는 일하는가?). La Table Ronde. *노동과 관련된 글 모음집
- 2014. *À contre-courant*(시대의 흐름에 역행하여), La Table Ronde.
- 2014. *On Being Rich and Poor: Christianity in a Time of Economic Globalization*(부해지는 것과 가난해지는 것에 관하여, 경제 세계화 시대에서의 기독교), University of Toronto Press ;『부와 가난에 관하여』, 홍종락·이지혜 역, 비아토르, 2017.
- 2016. *Mort et espérance de la résurrection, Conférences inédites de Jacques Ellul*(죽음과 부활에 대한 소망, 자크 엘륄의 미간행 강연), Éditions Oivétan.
- 2018. *Les sources de l'éthique chrétienne*(기독교 윤리의 원천), Labor et Fides.

II. 자크 엘륄 관련 자료

1. 자크 엘륄 관련 저서 목록

- 1981. William H. Vandenburg(윌리엄 반덴버그), *Perspectives on our age, Jacques Ellul speaks on his life and work*(우리 시대에 대한 전망, 자크 엘륄이 자신의 삶과 일에 대해 이야기하다), Canadian Broadcasting Corporation. ; 김재현·신광은 역,『세계적으로 사고하고 지역적으로 행동하라』, 도서출판 대장간, 2010. *캐나다 방송국 인터뷰 내용의 편집.
- 1983. Etienne Dravasa(에티엔 드라스바), Claude Emeri(클로드 에므리), Jean-Louis Seurin(장 루이 쇠렝) 주관, *Religion, société et politique : mélanges en hommage à Jacques Ellul*(종교와 사회와 정치, 자크 엘륄에게 헌정한 글 모음), Presses Universitaires de France.
- 1992. Patrick Troude-Chastenet(파트릭 트루드 샤스트네) 주관, *Lire Ellul*(엘륄 읽기), Presses universitaires de Bordeaux.
- 1994. Patrick Troude-Chastenet, *Entretiens avec Jacques Ellul*(자크 엘륄과의 대화), La Table Ronde.
- 1994. Patrick Troude-Chastenet 주관, *Sur Jacques Ellul*(자크 엘륄에 대하여), L'Esprit du temps.
- 2003. Jean-Luc Porquet(장뤽 포르케), *Jacques Ellul - L'homme qui avait (presque) tout prévu*[자크 엘륄, (거의) 모든 것을 예견한 사람], Le Cherche-midi ; 2012(2판).
- 2005. Patrick Troude-Chastenet 주관, *Jacques Ellul, Penseur sans frontières*(자크 엘륄, 국경 없는 사상가), L'Esprit du temps.
- 2003. Patrick Troude-Chastenet 주관, "Les années personnalistes"(인격주의 시대), *Cahiers Jacques Ellul n°1*(자크 엘륄 평론 1호).
- 2003. Patrick Troude-Chastenet 주관, "La technique"(기술), *Cahiers Jacques Ellul n°2*(자크 엘륄 평론 2호).

-2005. Patrick Troude-Chastenet 주관, "L'économie"(경제), *Cahiers Jacques Ellul n° 3*(자크 엘륄 평론 3호), l'Esprit du temps.
-2006. Patrick Troude-Chastenet 주관, "La propagande"(선전), *Cahiers Jacques Ellul n°4*(자크 엘륄 평론 4호), l'Esprit du temps.
-2008. Patrick Troude-Chastenet 주관, "La politique"(정치), *Cahiers Jacques Ellul n° 5*(자크 엘륄 평론 5호), l'Esprit du temps.
-2007. Charles Ringma(찰스 링마) *Résister: Pour un christianisme de conviction avec Jacques Ellul*(저항하기. 자크 엘륄과 함께 하는 확신의 기독교를 위하여), Empreinte Temps Présent.
-2007. Frédéric Rognon(프레데릭 로뇽), *Jacques Ellul - Une Pensée en dialogue*(자크 엘륄, 대화로 된 사상), Labor et Fides ; 2012(2판) ; 임형권 역, 『대화의 사상』, 도서출판 대장간, 2011.
-2009. Charles Ringma(찰스 링마), *Resist the Power with Jacques Ellul*(자크 엘륄과 함께 권력에 저항하기), Regent College Publishing.; 윤매영 역, 『자끄 엘륄 묵상집』, 죠이선교회, 2015.
-2012. Frédéric Rognon, *Générations Jacques Ellul. Soixante héritiers de la pensée de Jacques Ellul*(엘륄 세대. 자크 엘륄의 사상의 60명의 계승자), Labor et Fides.
-2012. Olivier Abel(올리비에 아벨), *Paul Ricoeur, Jacques Ellul, Jean Carbonnier, Pierre Chaunu, Dialogues*(폴 리쾨르, 자크 엘륄, 장 카르보니에, 피에르 쇼뉘, 대화), Labor et Fides.
-2012. Stéphane Lavignotte(스테판 라비뇨트), *Jacques Ellul, l'espérance d'abord*(자크 엘륄, 무엇보다 소망), Olivétan.
-2013. Serge Latouche(세르쥬 라투슈), *Contre le totalitarisme technicien*(기술적인 전체주의에 맞서), Le passager clandestin.
-2014. *Héritier D'Ellul*(엘륄의 계승자), La Table Ronde. *엘륄 서거 100주년 기념 학회 보고서.

2. 자크 엘륄의 기고문

자크 엘륄은 수백 편 이상의 글을 썼다. 그의 사후 어떤 글들은 『총체적으로 생각하고 국지적으로 행동하라』[3] 같은 모음집에 출판되었고, 『개혁 *Réforme*』 특별호 같은 잡지나 혹은 『자크 엘륄 평론』에 출판되었지만, 엘륄의 글들 중 대부분은 미간행된 채로 남아 있다. 여기서는 시대의 관심사라는 견지에서 글의 흥미나 분량으로 보아 중요한 글들만을 들기로 한다. 더 깊은 접근을 위해서는 '세계 자크 엘륄 협회' AIJE 홈페이지를 참조하고[4], 엘륄 출판물의 전체 목록을 체계적으로 작성한 미국 비평가 조이스 메인 행크스 Joyce Main Hanks의 저작 『자크 엘륄 종합 도서목록』[5]을 참조할 필요가 있다. 그리고 글의 목록은 로뇽의 저작 『자크 엘륄 세대. 자크 엘륄의 사상의 60명의 계승자』의 말미에서도[6] 참조할 수 있다.

- 1934. "Le personnalisme, révolution immédiate"(인격주의, 직접적인 혁명), *Journal du groupe de Bordeaux des amis d'Esprit* ; in *Cahiers Jacques Ellul n°1*, 2004(재간행), 81-94.
- 1935. "Directives pour un manifeste personnaliste"(인격주의 운동 강령), reproduit et annoté in *Revue Française d'Histoire des Idées Politiques n°9*, 1er semestre 1999, 159-177. Version manuscrite in *Cahiers Jacques-Ellul n°1*, 2004.
- 1936. "Fatalité du monde moderne"(현대 세상의 숙명), *Journal du Groupe personnaliste de Bordeaux* ; in *Cahiers Jacques Ellul n°1*, 2004(재간행), 95-111.
- 1937. "Le fascisme, fils du libéralisme"(자유주의의 후손, 파시즘), *Esprit, vol. 5, n° 53* février, pp. 761sq. ; in *Cahiers Jacques Ellul n°1*, 2004(재간행), 112-137[7)]
- 1945. "À propos du libéralisme : essai de réponse et de justification"(자유주의에 대하여, 대답과 정당화의 시론), *Réforme*, 17 décembre.
- 1945. "Victoire d'Hitler?"(히틀러의 승리?), *Réforme, n°14*, 23 juin 1945.
- 1947. "Vers un nouvel humanisme politique"(새로운 정치적 인본주의를 향해) in *L'homme mesure de toute chose (avec Paul Tournier et René Gillouin), publications du Centre protestant d'études*, février, 5-19.
- 1947. "L'économie, maîtresse ou servante de l'homme?"(경제, 인간의 주인인가 하인인가?) in *Pour une économie à la taille de l'homme*, Roulet, Genève, 43-58 ; in *Cahiers Jacques-Ellul n°3*, 2005(재간행), 69-83.
- 1947. "Le fédéralisme pourri"(썩은 연방주의), *Réforme*, 17 décembre.[8)]
- 1951. "Le pauvre ; essai sur la responsabilité de l'Église et du chrétien dans la vie économique"(가난한 자, 경제적인 삶에서 교회와 그리스도인의 책임론), *Foi et Vie, n°2*, mars-avril, 105-127 ; in *Cahiers Jacques-Ellul n°3*, 2005(재간행), 133-154.
- 1952. "Trois exemples de l'écrasement de l'homme par la machine"(기계에 의한 인간의 으스러짐의 세 가지 예), *Réforme*, 22 novembre.
- 1952. "L'homme et l'État"(인간과 국가), *Le Monde*, 16 décembre.[9)]
- 1952. "L'argent"(돈), *Études théologiques et religieuses, vol.27, n°4*, 29-66 ; in *Cahiers Jacques-Ellul n°3*, 2005(재간행), 155-194.
- 1952. "Propagande et démocratie"(선전과 민주주의), *Revue française de sciences politiques, année 1952, volume 2, numéro 3*, 474-504.
- 1953. "Cybernétique et société"(인공두뇌학과 사회), *Le Monde*, 3 novembre ; in *Revue française de science politique, vol.5, n°1*, 1955(재간행), 171-172.[10)]
- 1956. "L'intellectuel et la technique"(지식인과 기술), *Profils, n°1*, 24-32.
- 1957. "Information et propagande"(정보와 선전), *Diogène, n°18*, avril ; in *Cahiers Jacques Ellul n°4*, 2006(재간행), 25-45.
- 1958. "Opinion publique et démocraties"(여론과 민주주의), *Le Monde*, 20 février.
- 1963. "De la signification des relations publiques dans la société technicienne"(기술 사회에서 공적 관계의 의미), *L'année sociologique*, 69-152 ; in *Cahiers Jacques Ellul n°4*, 2006(재간행), 161-243.

- 1964. "Max Weber, l'éthique protestante et l'esprit du capitalisme"(막스 베버, 프로 테스탄트 윤리와 자본주의 정신), *Bulletin SEDEIS, numéro 905, Supplément n°1*, 20 décembre 1964 ; in *Cahiers Jacques-Ellul, n° 2*, mars 2004(재간행)
- 1965. "Réflexions sur l'ambivalence du progrès technique"(기술적인 진보의 양면성에 대한 고찰), *La Revue administrative*, juillet-août.
- 1967. "Rappels et réflexions sur une théologie d'État"(국가신학에 대한 회상과 고찰) in *Les chrétiens et l'État (avec Jacques Jullien et Pierre L'Huillier)*, Mame.
- 1967. "Il faut sauver Israël"(이스라엘을 구해야 함), *Réforme*, 24 juin. Réédition in *Israël, Chance de civilisation*, Première partie, 2008, 105-107.[11]
- 1968. "Le règne de l'information : au prix de l'authenticité?"(정보의 지배, 진정성의 대가를 치르고), *Réforme*, 7 décembre ; "Jacques Ellul, actualité d'un briseur d'idoles"(자크 엘륄, 관심을 끄는 우상파괴자), in *Réforme*, 2004(재간행).
- 1970. "L'information aliénante"(소외시키는 정보), *Économie et humanisme*, mars-avril, n° 192, 43-52.
- 1972. "Aliénation par la technique : les dieux masqués"(기술에 의한 소외, 가면을 쓴 신), *Réforme*, 2 décembre ; "Jacques Ellul, actualité d'un briseur d'idoles"자크 엘륄, 관심을 끄는 우상파괴자, *Réforme hors série*, décembre 2004(재간행).
- 1972. "Le mythe de l'environnement"(신화와 환경), *Cahiers de l'ISEA*, septembre, "Économies et sociétés : premiers jalons pour une théorie de l'environnement"(경제와 사회·환경 이론을 위한 첫번째 기준), 1540-1554.
- 1972. "Plaidoyer contre la défense de l'environnement"(환경 보호에 맞선 변론), *France Catholique n°1309*, 1310, 1311, janvier 1972.
- 1974. "L'État et la liberté"(국가와 자유), *Liberté (revue de la ligue des Droits de l'Homme de Bordeaux) n°45* ; in *Cahiers Jacques-Ellul n°5*, 2008(재간행), 145-160.[12]
- 1976. "La technique considérée en tant que système"(체계로서 간주된 기술), *Les études philosophiques, n°2 : La technique*, avril-juin, pp. 147-166 ; in *Cahiers Jacques-Ellul n°2*, 2004(재간행).
- 1977. "L'esprit civique et le non conformisme"(시민 정신과 비(非)순응), *Ouest-France*, 20 août ; *Penser globalement, agir localement – chroniques journalistiques*, PyréMonde, 2007(재간행). 26-28.
- 1978. "Je, tu, il, nous parlons soixante-huitard"(나, 너, 그, 우리는 1968년 세대를 말한다), *revue Autrement, (dossier n°12 : "68-78 : dix années sacrilèges")*, février.[13]
- 1978. "La politique moderne : lieu du démoniaque"(현대 정치, 악마의 장소) in Olivetti, Marco M.[dir.]. Rome : Istituto di Studi Filosofica, 101-122. Réédition : *Cahiers Jacques-Ellul n°5*, 2008, 161-188.
- 1980. "Foi chrétienne et politique"(기독교 신앙과 정치), *Hokhma : Revue de réflexion théologique n°14*, 35-43 ; in *Cahiers Jacques-Ellul n°5*, 2008(재간행),

189-199.
-1980. 노동을 주제로 한 일련의 글 (Foi et Vie n°4, juillet. 1°) "De la Bible à l'histoire du non-travail"(성서로부터 비(非)노동의 역사까지), 2-8 ; 2°) "Travail et vocation"(노동과 소명), 9-24 ; 3°) "L'idéologie au travail"(노동 이데올로기), 25-34 ; 4°) "Les possibilités techniques et le travail"(기술적 가능성과 노동), 35-50. Réédition : *Cahiers Jacques-Ellul n°3*, 103-120, 2005 ; 5°) "Pour qui, pour quoi travaillons-nous ?"(누구를 위해, 무엇을 위해 우리는 노동하는가?), 74-82.[14]
-1980. "Un exemple de confrontation, marxisme et christianisme"(대립의 예, 마르크스주의와 기독교) in *Les Idéologies et la parole (ouvrage co-écrit avec Gabriel Widmer et Jean Brun)*, PUF, 53-72.
-1980. "La décentralisation est-elle possible?"(지방 분산은 가능한가?), *Ouest-France*, 6 février ; in Penser globalement, agir localement – chroniques journalistiques, PyréMonde, 2007(재간행), 87-89.
-1980. "Les sources chrétiennes de la démocratie : protestantisme et démocratie"(민주주의의 기독교적 근원, 프로테스탄티즘과 민주주의), in *La démocratie pluraliste de Jean-Louis Seurin[dir.]* Economica ; in *Cahiers Jacques-Ellul n°5*, 2008(재간행), 201-223.
-1980. "Sur la révolution culturelle chinoise"(중국 문화혁명에 대하여), *Sud-Ouest*, 25 février. Réédition : in Penser globalement, agir localement – chroniques journalistiques, PyréMonde, 2007, 85-87.
-1980. "L'exclusion sociale"(사회적 축출), *Ouest-France*, 2 avril ; in *Penser globalement, agir localement – chroniques journalistiques*, PyréMonde, 2007(재간행), 91-92.
-1981. "D'une élection à l'autre : rien d'important"(한 선거에서 또 다른 선거로, 중요한 아무것도 없음), *Le Monde*, 27 mai ; "Entretiens avec Le Monde: Civilisations" de Jacques Meunier, *La Découverte*, 1984(재간행).[15]
-1981. "Privilégier l'économique ou le social?"(경제적인 것을 중시할 것인가, 아니면 사회적인 것을 중시할 것인가?), *Sud-Ouest*, 5 juillet. Rééd : in *Penser globalement, agir localement – chroniques journalistiques*, PyréMonde, 2007, 101-103.
-1981. "Les fabricants d'opinion"(여론 조성자), *Sud-Ouest* Dimanche, 7 novembre. Réédition : in *Penser globalement, agir localement – chroniques journalistiques*, PyréMonde, 2007, 141-143.
-1983. "Recherche pour une éthique dans une société technicienne"(기술 사회에서 윤리를 위한 연구), *Annales de l'Institut de philosophie et de sciences morales*. Rééditon : in *Cahiers Jacques-Ellul n°2*, 2004, 137-148.
-1985. "Le libéralisme n'est pas la liberté"(자유주의는 자유가 아니다), *Sud-Ouest*, 28 juillet 1985. Réédition : in *Penser globalement, agir localement – chroniques journalistiques*, PyréMonde, 2007, 213-214.

-1985. "Les précurseurs"(선구자), *Foi et Vie*, n° 6, juillet, 31-41.[16]
-1986. "Peut-il exister une culture technicienne?"(기술적인 문화는 존재할 수 있는가?), *Revue internationale de philosophie*, n° 161. Réédition : in *Cahiers Jacques-Ellul n°2*, 2004, 93-106.
-1987. "Un chrétien pour Israël"(이스라엘을 위한 그리스도인), publié dans *Réforme, n° 3271*, 8 mai 2008. *발췌문.
-1989. "Non à l'intronisation de l'islam"(이슬람의 정착에 대한 반대), *Réforme*, 15 juillet ; in "Jacques Ellul, actualité d'un briseur d'idoles", *Réforme hors série*, 2004. – 3e édition : in *Israël, Chance de civilisation, Première partie*, 2008(재간행), 227-228.
-1990. "L'islam : les trois piliers de l'intégration"(이슬람, 통합의 세 기둥), *Panorama, le mensuel chrétien*, juin ; in *Israël, Chance de civilisation*, Première partie, 2008(재간행), 237-241.
-1991. "Préface au livre de Bat Yeor «Les chrétientés d'orient entre jihad et dhimmitude VII-XXè siècle»"(밧 예올의 저서 "지하드와 딤미 상태 사이에 동방의 그리스도인"의 서문), le Cerf, 1991.

3. 영화 목록과 라디오 방송 목록

-1972. "Le jardin et la ville"(정원과 도시), N&B de 55 min réalisé par Jean-Pierre Gallo. *다큐멘터리.
-1980. "Radioscopie"(라디오스코피), entretien avec Jacques Chancel. *55분간의 라디오 방송.
-1981. "Apostrophes"(아포스트로프), réalisée par Jean Cazenave et présentée par Bernard Pivot, La trahison de la technologie ou Le système technicien. *72분간의 텔레비전 방송.
-1992. "Sans arme ni armure"(무기도 갑옷도 없이), réalisée par Claude Vajda, entretien avec Olivier Abel. *52분간의 칼라 다큐멘터리.
-1994. "Jacques Ellul, l'homme entier"(자크 엘륄, 흠 없는 사람), réalisé par Serge Steyer. *자크 엘륄과 인터뷰 내용, 55분과 80분간의 다큐멘터리.

4. 온라인으로 접할 수 있는 논고와 헌정문

-1993. Ivan Illich(이반 일리치), "Hommage à Jacques Ellul"(자크 엘륄에게 표하는 경의)
-1998. Patrick Troude-Chastenet(파트릭 트루드 샤스트네), "Ellul, l'écologiste"(엘륄, 환경운동가) "asservissante"(자크 엘륄 혹은 굴종시키는 기술)
-1999. Jacques Dufresne(자크 뒤프레슨), "Jacques Ellul, le Newton de l'univers technique"(자크 엘륄, 기술적인 세계의 뉴턴)
-2003. René Fugler(르네 퓌글레), "La sociologie libertaire de Jacques Ellul"(자크 엘륄의 무정부주의적 사회학)

- 2004. Jean Jacob(장 자콥), "Le paysan et le philosophe"(농부와 철학자)
- 2004. Olivier Abel(올리비에 아벨), "Ellul, l'intempestif"(엘륄, 때를 잘못 맞춘 사람)
- 2005. Patrick Troude-Chastenet(파트릭 트루드 샤스트네), "Ellul, l'inclassable"(엘륄, 분류할 수 없는 사람)
- 2010. Jean-Pierre Jézéquel(장 피에르 제제켈), "Jacques Ellul ou l'impasse de la technique"(자크 엘륄 혹은 기술의 막다른 골목)
- 연대 미상. Philippe Coutant(필립 쿠탕), "L'ensemble des choses contre la norme technique"(기술적인 규범에 맞서는 사물들의 전체)
- 연대 미상. Gabriel Vahanian(가브리엘 바아니앙), "Anarchie et sainteté"(무정부와 신성함)

주

Exister,
c'est
résister.

| 주 |

책을 시작하며 | 제1부 자크 엘륄의 삶과 사상 개관

1) 엘륄이 윤리와 관련하여 집필한 삼부작 중 첫 번째 저서는 1964년에 출간된 『원함과 행함 Le vouloir et le faire』이고, 두 번째 저서는 1974년에 출간된 두 권으로 된 『자유의 윤리 Éthique de la liberté』이며, 세 번째 저서는 1984년에 출간된 『자유의 투쟁 Les combats de la liberté』이다.
2) 아키텐 Aquitaine. 프랑스 남서부에 있는 5개의 '도(道)' le département로 이루어진 '지역권' la région으로서 중심 도시는 보르도이다.
3) Troude-Chastenet, 1994: 9.
4) Troude-Chastenet, 1994: 9.
5) Troude-Chastenet, 1994: 73.
6) Garrigou-Lagrange, 1981: 22.
7) Garrigou-Lagrange, 1981: 14.
8) Vanderburg, 1981: 2.
9) Vanderburg, 1981: 2.
10) Vanderburg, 1981: 3.
11) Garrigou-Lagrange, 1981: 16-17.
12) 파트릭 트루드 샤스트네 Patrick Troude-Chastenet. '세계 자크 엘륄 협회'의 회장으로서 『자크 엘륄 평론 Cahiers Jacques Ellul』의 발간을 주도하며 엘륄의 사상을 전파하는데 힘쓰고 있다.
13) 돌바크 d'Holbach(1723-1789). 독일의 남작으로서 프랑스에 귀화하여 활동한 18세기 프랑스 계몽주의 사상가이다. 자신의 저서 『폭로된 기독교』를 통해 기독교를 이성과 자연에 반하는 것이라고 공격한다. 대표 저서로는 18세기 식의 무신론·유물론·결정론을 전형적으로 집약·표명하여 '유물론의 성서'라 불리는 『자연의 체계』가 있다.
14) Troude-Chastenet, 1994: 86-88.
15) 엘륄은 자신의 회심에 대해 '적극적인 회심'이 아닌 '가장 돌발적인 회심'이라는 표현을 사용함으로써, 그 당시 자신에게 찾아온 하나님의 계시로부터 도피하려 했음을 암시한다. Garrigou-Lagrange, 1981: 17.
16) Garrigou-Lagrange, 1981: 17-18.
17) Vanderburg, 1981: 14-16.
18) Troude-Chastenet, 2005a: 353-354.
19) Vanderburg, 1981: 24.
20) Troude-Chastenet, 2005a: 357.
21) Vanderburg, 1981: 24.
22) Garrigou-Lagrange, 1981: 28-29.
23) Troude-Chastenet, 2005a: 353-355.

24) Garrigou-Lagrange, 1981: 79-80.
25) Garrigou-Lagrange, 1981: 80-81.
26) Garrigou-Lagrange, 1981: 81.
27) Garrigou-Lagrange, 1981: 82-83.
28) Garrigou-Lagrange, 1981: 90-91.
29) Garrigou-Lagrange, 1981: 91.
30) Garrigou-Lagrange, 1981: 92.
31) Garrigou-Lagrange, 1981: 92.
32) Garrigou-Lagrange, 1981: 93.
33) Ellul, 1981: 122.
34) Ellul, 1981: 122.
35) Ellul, 1981: 123.
36) Ellul, 1981: 123.
37) 박사학위 논문의 제목은 『만시피움의 변화와 사법적 성격에 대한 연구 *Étude sur l'évolution et la nature juridique du Mancipium*』이다.
38) 엘륄은 두 번이나 이 에피소드를 이야기한다. Troude-Chastenet, 1994: 115-116 ; Ellul, 2008c: 42-44.
39) 엘륄은 영국 국적의 네덜란드 태생인 이베트 젠스벨트 Yvettes Zensvelt와 결혼하여 장 Jean(1940년 출생), 시몽 Simon(1941-1947), 이브 Yves(1945년 출생), 도미니크 Dominique(1948년 출생) 등 모두 4명의 자녀를 둔다. 엘륄이 죽고 나서 그의 대부분의 저서는 절판되고 찾을 수 없게 되지만, 엘륄의 세 자녀는 출판되지 않거나 절판된 텍스트들의 출판과 관련된 일을 서로 나누어 맡는다. 그래서 장남 장 엘륄은 시를 포함하여 출판되지 않은 글들을 출판하는 책임을 맡고, 셋째 아들 이브 엘륄은 『성스러움의 윤리 *Éthique de la sainteté*』을 출판하는 책임을 맡으며, 특히 장녀 도미니크 엘륄의 꾸준한 노력으로 그의 저서 가운데 상당수가 재출판 된다. 엘륄은 자신이 진심으로 사랑한 아내 이베트에게 『원함과 행함』을 헌정한다.
40) Troude-Chastenet, 2005a: 351.
41) Troude-Chastenet, 2005a: 351-352.
42) Garrigou-Lagrange, 1981: 45.
43) Troude-Chastenet, 1994: 120-123.
44) Troude-Chastenet, 2005a: 356.
45) Troude-Chastenet, 2005a: 352.
46) Troude-Chastenet, 2005a: 352-353.
47) Troude-Chastenet, 2005a: 352-353.
48) Garrigou-Lagrange, 1981: 105-116.
49) Troude-Chastenet, 2005a: 355.
50) Garrigou-Lagrange, 1981: 108.
51) Garrigou-Lagrange, 1981: 128-139.
52) Troude-Chastenet, 1994: 186.

53) Garrigou-Lagrange, 1981: 27.
54) Vanderburg, 1981: 25.
55) Ellul, 2004d: 228.
56) Troude-Chastenet, 1994: 40.
57) Troude-Chastenet, 1994: 40.
58) Garrigou-Lagrange, 1981: 162.
59) Troude-Chastenet, 1994: 12.
60) 엘륄은 인간이 이 세상과 현실에서 감지하고 겪는 '물질적 실재' la réalité matérielle의 배후에 존재하면서 이 '물질적 실재'를 좌우하고 결정짓는 것을 '영적 실재' la réalité spirituelle로 보고 있다.
61) Ellul, 1984b: 9.
62) Ellul, 1988b: 123-136.
63) Rordorf, 1988: 5-13.
64) Troude-Chastenet, 1994: 40.
65) Menninger, 1981: 17.
66) Vanderburg, 1981: 4.
67) Vanderburg, 1981: 5.
68) Garrigou-Lagrange, 1981: 57-58.
69) Troude-Chastenet, 2005a: 351.
70) Troude-Chastenet, 2005a: 351.
71) 엘륄에 따르면, '가난한 자들'이란 단지 물질적으로 가난한 사람들만이 아니라, 문화적이고 사회적인 모든 측면에서 소외되고 배제된 사람들, 사회에 적응하지 못하는 부적격자들, 주변에 머무르는 사람들이다. 예를 들어, 나이가 많은 사람들은 충분한 재산을 갖고 있더라도 사회에서 철저하게 배제되어 있을 수 있어서 가난하다고 말할 수 있다. Vanderburg, 1981: 12.
72) Vanderburg, 1981: 10-12.
73) Garrigou-Lagrange, 1981: 143.
74) Ellul, 1998a: 68.
75) Viallanex, 1979: 2.
76) Ellul, 1982: 7.
77) Ellul, 1982: 1장.
78) Ellul, 2007d: 9-10.
79) 라도반 리치타 Radovan Richta(1923-1984). 체코의 철학자로서 엘륄은 체코 마르크스주의의 대표적 인물로서 리치타를 든다. 특히, 엘륄은 '산업 사회'로부터 '기술 사회'로의 변천 및 이 둘 사이의 대립에 대한 리치타의 논증을 들면서, 현대 기술의 특징에 대해 설명한다.
80) 루이 알튀세르 Louis Althusser(1918-1990). 마르크스 사상에 구조주의적 해석을 제시한 프랑스 철학자로서 1960~70년대 이후 프랑스뿐만 아니라 서구 마르크스주의 전반에 가장 큰 영향을 끼친 이론가 중 한 명이다.
81) 앙리 르페브르 Henri Lefèbvre(1901-1991). 현대 프랑스의 철학자로서, 변증법적

및 사적 유물론이나 철학사 등으로 마르크스주의 철학을 보급시키고 부르주아 철학과 투쟁한다.

82) Vanderburg, 1981: 32.
83) Ellul, 1982: 42.
84) Vanderburg, 1981: 32.
85) Vanderburg, 1981: 32.
86) Ellul, 1982: 20.
87) Ellul, 2004b: 54.
88) Ellul, 1981: 27.
89) Vanderburg, 1981: 13.
90) Vanderburg, 1981: 14.
91) Garrigou-Lagrange, 1981: 17-18.
92) Vanderburg, 1981: 14.
93) Vanderburg, 1981: 15.
94) Blanc, 1990: 35-45.
95) Ellul, 1987a: 60-61.
96) Ellul, 1987a: 61-62.
97) Ellul, 1987a: 44.
98) Garrigou-Lagrange, 1981: 20-21.
99) Vanderburg, 1981: 17-18.
100) Vanderburg, 1981: 17-18.
101) Ellul, 2006b: 15.
102) Vanderburg, 1981: 15-16.
103) Vanderburg, 1981: 15.
104) Ellul, 1987a: 158-159.
105) Ellul, 2003a: 35-36.
106) Ellul, 1987c: 42.
107) Ellul, 1987a: 45-47.
108) Ellul, 1987a: 62.
109) 대위법(對位法). 음악에서 독립성이 강한 한 둘 이상의 멜로디를 동시에 결합하는 작곡 기법을 가리킨다. 문학에서는 처음 것과 평행하게 전개되는 두 번째 주제를 가리킨다.
110) Ellul, 1987a: 63.
111) Rognon, 2007: 174.
112) Ellul, 1987a: 63-64.
113) Ellul, 1987a: 64.
114) Ellul, 1987a: 65.
115) 조제 보베 José Bové. '반(反)세계화 운동'의 주요 인물 중 한명으로서 유전자 조작에 대항하는 입장 표명 및 유전자 조작에 의한 재배 작물을 불법적으로 뽑아내는 행동으로 유명하다. 그의 행동은 그의 지지자들에 의해 시민 불복종

으로 규정된다. 2009년 유럽의회 의원으로 선출되어 유럽 의회의 농업 농촌발전 위원회 부위원장을 역임한다.
116) Troude-Chastenet, 1994: 55.
117) 엘륄의 저서 『정치적 환상 정치적 착각』에 나오는 "Exister, c'est résister."를 옮긴 표현이다. Ellul, 2004d: 297.

제2부 자크 엘륄의 기술 사상과 그 사상에 대한 평가

1) Ellul, 2003a: 316.
2) Troude-Chastenet, 2005a: 358.
3) Rognon, 2007: 27-28.
4) 애초에 엘륄은 이 저서의 제목을 『기술 사회 La société technicienne』로 붙이기를 원하지만, 당시 이 저서의 편집자가 이 제목이 상업적으로 충분히 주의를 끌지 않는다고 판단한다. 그래서 이 저서의 제목은 『기술 혹은 시대의 쟁점 기술의 역사 La Technique ou l'Enjeu du siècle』이 된다. 이와 반대로, 이 저서가 10년 후 미국에서 번역될 때, 그 제목은 엘륄이 바라던 바대로 『기술 사회 The Technological Society』가 다시 된다.
5) Garrigou-Lagrange, 1981: 155.
6) Ellul, 2008c: 18-19.
7) '영광의 삼십 년'les trente ans glorieux. 세계 제2차 세계대전 직후인 1945년부터 제1차 오일쇼크가 일어난 다음 해인 1974년까지 주로 '경제협력개발기구'OECD회원국인 선진국 대부분이 엄청난 경제 성장을 일으킨 기간을 가리킨다.
8) Ellul, 2008c: 20.
9) Ellul, 2008c: 57-74.
10) Ellul, 2008c: 74-79.
11) Ellul, 2008c: 79-87.
12) Ellul, 2008c: 87-102.
13) Ellul, 2008c: 102-106.
14) Ellul, 2008c: 106-121.
15) Ellul, 2008c: 121-135.
16) Ellul, 2008c: 138-232.
17) Ellul, 2008c: 289-390.
18) Ellul, 2008c: 390-391.
19) Ellul, 2008c: 391-392.
20) Ellul, 2012: 13-22.
21) Ellul, 2012: 22-31.
22) Ellul, 2012: 35-44.
23) Ellul, 2012: 45-61.

24) Ellul, 2012: 63-85.
25) Ellul, 2012: 87-103.
26) 그래서 엘륄은 기술 체계가 그러한 것으로서 존재하지 않고 인간은 기술과 관련하여 주체이며 기술적 대상들만 존재한다는 주장을 반박하면서, '기술적 통합체'를 식별하지 못하는 시각과 태도는 기술적 전문화에서 비롯된다고 주장한다. 즉, 각각의 기술 분야는 다른 기술 분야들과 관계없이 발전하는 듯이 보이고, 분리된 기술 분야에 빠진 각자는 자신의 직업 기술만을 알기 때문에, 옆에 다른 기술들이 있음을 이론적으로는 알지만, 이 기술 분야들의 내적 일관성을 보지 못한다는 것이다. 결국, 기술이 진정으로 체계가 되면 인간의 지대한 권한은 위협받게 되고, 이 상황을 도저히 받아들일 수 없기 때문에 기술은 체계일 수 없다고 주장한다는 것이다. Ellul, 2012: 98-99.
26) Ellul, 2012: 103-117.
28) Ellul, 2012: 117-118.
29) Ellul, 2012: 118-120.
30) Ellul, 2012: 120-125.
31) Ellul, 2012: 133-162.
32) Ellul, 2012: 163-175.
33) Ellul, 2012: 177-205.
34) Ellul, 2012: 207-211.
35) Ellul, 2012: 217-237.
36) Ellul, 2012: 239-261.
37) Ellul, 2012: 263-290.
38) Ellul, 2012: 291-318.
39) Ellul, 2004d: 17.
40) Ellul, 2012: 319-321.
41) Ellul, 2012: 322-328.
42) '탈성장'에 해당하는 프랑스어 표현은 'la décroissance'인데, 우리말로는 '감소, 감퇴'로 옮길 수 있다. 세르쥬 라투슈 Serge Latouche는 이 단어를 영어로 옮길 때 이 단어의 의미를 잘 드러내는 좋은 번역이 'the decreasing growh'감소하는 성장이라고 밝힌다. 그러므로 'la décroissance'를 우리말로 '성장 감퇴'라고 옮길 수도 있지만, 현재 한국에서 일반적으로 통용되는 표현이 '탈성장'이므로 'la décroissance'를 '탈성장'으로 옮기기로 한다. 라투슈에 따르면, '탈성장'이라는 개념은 한편으로 환경위기에 대한 자각에서 형성되고, 다른 한편으로는 기술과 발전에 대한 비판의 연장선상에서 형성된다. 그렇지만 최근까지 '탈성장'이라는 단어는 어떤 경제학 사전이나 사회학 사전에도 등재되지 않은 채, '제로 성장', '지속 가능한 성장', '정체상태' 등이 '탈성장'과 상관관계가 있는 표제어로 나타난다. Latouche, 2010a: 15-16.
43) Ellul, 2012: 328-334.
44) Ellul, 2004a: 25.
45) Ellul, 2004b: 25-26.

46) Ellul, 2012: 328.
47) Ellul, 2004b: 89-162.
48) Ellul, 2004b: 152.
49) Ellul, 2004b: 163-200.
50) Ellul, 2004b: 196.
51) Ellul, 1982: 224.
52) Ellul, 2004b: 203.
53) Ellul, 2004b: 201-212.
54) Ellul, 2004b: 243-253.
55) Ellul, 2004b: 425-427.
56) Ellul, 2004b: 428.
57) Ellul, 2004b: 581-683.
58) Ellul, 2004b: 686-712.
59) Chabot, 2005: 276-277.
60) Chabot, 2005: 278.
61) Chabot, 2005: 278-279.
62) Ellul, 2003a: 308-310.
63) Chabot, 2005: 279-280.
64) Ellul, 2003a: 316.
65) Seul un dieu peut encore nous sauver.
66) 샤보는 아마도 엘륄이 이 표현을 다시 취한다면 '어떤 신'un dieu에서 부정관사 'un'을 없애고 소문자 'd'를 대문자 'D'로 바꾸어 '하나님'Dieu이라고 쓸 것이라고 추측한다.
67) Chabot, 2005: 280-282.
68) Porquet, 2012: 300-301, 304.
69) Ellul, 2004b: 688.
70) '유용한 재난'이라는 개념은 기술 체계의 특성 중 하나인 기술 체계가 보상 과정을 만들어낸다는 것과 관련되는데, 이는 일종의 '재난의 학습효과'에 해당한다. 기술 체계는 자체의 논리에 따라 자체의 방향으로 계속 발전하면서 증가하기만 한다. 그러므로 기술 체계를 통해 늘어나는 무질서와 재난이 확인될 때, '예방 기술'이나 '적응 기술' 같은 보상 과정이 생겨난다. 비인간적 세계에서 삶을 수월하게 해주는 그 기술들에 힘입어, 인간은 어느 정도 쾌적하고 살만한 삶을 누리게 된다. 따라서 기술 체계로 초래된 '재난'에 대한 보상 과정으로 생겨난 '예방 기술'이나 '적응 기술'을 통해 장래의 유사한 '재난'에 대비할 수 있다는 점에서, '유용한 재난'이라는 개념이 나온 것이라고 볼 수 있다.
71) Porquet, 2012: 301-302.
72) Porquet, 2012: 302, 305.
73) Sfez, 1992: 161.
74) Porquet, 2012: 273-274.
75) Sfez, 2005: 33-37.

76) Sfez, 1994: 243-249.
77) Sfez, 2005: 42-44.
78) Porquet, 2012: 277-281.
79) Bourg, 1996: 10, 40, 47-48, 56-57, 90-113, 120-123.
80) Rognon, 2012: 38-39.
81) Rognon, 2012: 39-40.
82) Porquet, 2012: 277-278.
83) Porquet, 2012: 279-281
84) Rognon, 2012: 41-47.
85) Latouche, 1991: 7-8, 75, 78, 136, 166.
86) Latouche, 2003: 19.
87) Latouche, 2010a: 231.
88) Latouche, 2013: 9-11.
89) Porquet, 2012: 281-282.
90) Porquet, 2012: 283-284.
91) Latouche: 2004.
92) 라투슈는 이 '거대 기계'가 기술적일 뿐 아니라 경제적이고 관료주의적이라고 주장한다. Latouche, 1994: 103.
93) Porquet, 2012: 282-283.
94) Latouche, 1994: 103-105
95) Latouche, 1994: 110-111.
96) Rognon, 2012: 218-219.
97) Ellul, 1988a: v-xi.
98) Sfez, 1994: 243-249.

제3부 자크 엘륄의 신학 사상과 그 사상에 대한 평가

1) 폴 리쾨르Paul Ricœur(1913-2005)는 철학자이자 해석학자로서 현상학을 통해 인간 존재의 유한성을 밝히려 하고, 이런 유한성을 통해 초월적 존재인 신을 해명하려고 한다. 그는 종교적인 상징과 정신분석학적 상징에 관한 해석학을 개진하다가, 자신이 몰두해온 해석학의 철학적 주제를 '상징'에서 '텍스트'로 바꾸게 된다. 즉, 상징 언어에 대한 해석의 폭이 너무 좁다고 여긴 나머지, 텍스트에 대한 연구를 통해 인간 존재를 이해하려고 시도한 것이다. 그는 현대 해석학 이론가들 가운데서 성서 해석학 분야에 가장 훌륭한 이바지를 했다고 평가되기도 한다. 특히, 현대 해석학자들 중에서 그는 철학적 해석학의 원리를 원용하여 성서 해석학의 방법과 목표를 독창적으로 제시하기 때문에, 그의 해석학을 성서 해석에 유용한 방법론으로 활용하려는 시도들이 활발히 전개되고 있다.

2) Ellul, 1984b: 234-235.
3) 박만, 2004: 24-26.
4) '계시'와 '종교', '참된 신앙'과 '종교적 신심' 사이의 구별과 대립에 대해서는 뒷부분에서 다루기로 한다.
5) Ellul, 2006a: 163.
6) Rognon, 2007: 235-236, 242-243.
7) Ellul, 1987a: 253-255.
8) Troude-Chastenet, 2005b: 22.
9) Troude-Chastenet, 2005b: 22
10) Troude-Chastenet, 1994: 89-90.
11) Rognon, 2007: 171.
12) Viallanex, 1979: 2-3.
13) Ellul, 2013: 19.
14) Ellul, 2006a: 141.
15) Ellul, 2006a: 140.
16) Ellul, 2007b: 709.
17) Ellul, 1988b: 21.
18) Ellul, 1984b: 18.
19) Ellul, 1984b: 9-27.
20) Ellul, 1984b: 204-207.
21) Ellul, 1963: 44-47.
22) Ellul, 1963: 55.
23) Ellul, 2006b: 16.
24) Ellul, 1992: 148.
25) Ellul, 2003a: 83.
26) Ellul, 1981: 32.
27) Ellul, 1981: 32-33, 80-81.
28) Ellul, 1981: 89, 253-255.
29) Ellul, 2003c: 295-296, 307-308.
30) Ellul, 1987a: 45-47.
31) Ellul, 2004d: 83 ; Ellul, 2003a: 303, 313.
32) Ellul, 2006a: 166.
33) Ellul, 2006a: 166-176.
34) Ellul, 2004c: 10-11.
35) Ellul, 2006a: 178-179 ; Ellul, 2004c: 10-11.
36) Ellul, 1990: 253.
37) Ellul, 2006a: 127, 134.
38) Ellul, 2006a: 135.
39) Ellul, 1987a: 13.
40) Ellul, 1987a: 13.

41) Ellul, 2004d: 78.
42) Ellul, 2004d: 124-127.
43) Ellul, 2007b: 727.
44) Ellul, 2004d: 77-78.
45) Ellul, 2004d: 172-178.
46) "주님, 오시옵소서", "우리 주님께서 오십니다."라는 뜻의 아람어 '마라나타' Marana tha의 헬라어 음역(音譯)이다. 예수 그리스도의 재림을 간절히 사모하는 초대교회 성도의 신앙과 소망이 함축된 기도문이자 성도 사이의 인사말이다. 고린도전서 16장 22절, 요한계시록 22장 20절 참조. 가스펠서브, 2013: 57.
47) Ellul, 2004d: 250-265.
48) Ellul, 2007b: 726-742.
49) Ellul, 2007b: 742-751.
50) Ellul, 1973: 26-27.
51) Ellul, 1973: 27-28.
52) Ellul, 1991: 37.
53) Ellul, 2013: 52-53.
54) Ellul, 1973: 59-65.
55) Ellul, 1973: 65-71.
56) Ellul, 1984a: 54.
57) Ellul, 1984a: 55.
58) Ellul, 1974: 129-130, 153-156, 182.
59) Ellul, 1973: 118-123, 136-143, 158-159.
60) Ellul, 1973: 174-183.
61) Ellul, 1973: 183-192.
62) Ellul, 1974: 87-88.
63) Ellul, 1974: 94-99.
64) Ellul, 1973: 307-312.
65) Ellul, 1973: 312-318.
66) Ellul, 1984a: 8, 15-18, 68-69.
67) Ellul, 1984a: 112-119, 206-207.
68) Ellul, 1984a: 209-222.
69) Ellul, 1984a: 218.
70) Ellul, 1984a: 258-283.
71) Ellul, 1984a: 319-336.
72) Ellul, 1988b: 125.
73) Ellul, 1988b: 125-127.
74) Ellul, 1988b: 127-128.
75) Ellul, 1988b: 129-132.
76) Ellul, 1988b: 132-133.

77) Ellul, 2003a: 83.
78) Ellul, 1988b: 132.
79) Ellul, 1987a: 207.
80) Ellul, 1987b: 80-81.
81) Ellul, 1987b: 82.
82) Ellul, 1987a: 207-208.
83) 신명기 32장 39절.
84) 신명기 30장 19절.
85) 전도서 3장 14절.
86) 시편 115편 3절.
87) 욥기 42장 2절.
88) Ellul, 1987a: 208-209.
89) Ellul, 1987a: 210-211.
90) Ellul, 1987a: 211-213.
91) Ellul, 1987b: 82-83.
92) Ellul, 1987a: 249-250.
93) Ellul, 1987a: 250-255.
94) Ellul, 1987a: 272-274.
95) Ellul, 1987a: 271-272.
96) Ellul, 1987a: 256-257.
97) Ellul, 1987a: 256-258.
98) Ellul, 1987a: 258-263.
99) 로마서 9장 15절.
100) 로마서 9장 22-23절.
101) Ellul, 1987a: 263-265.
102) 요한복음 3장 16절.
103) Ellul, 1987a: 263-266.
104) 요한복음 3장 17-19절.
105) Ellul, 1987a: 266-267.
106) 요한계시록 20장 7-10절.
107) 요한계시록 20장 14절.
108) 고린도전서 15장 26절.
109) Ellul, 1987a: 269-270.
110) 요한계시록 20장 15절.
111) Ellul, 1987a: 270-271.
112) Ellul, 2004c: 9.
113) Rognon, 2007: 82.
114) Ellul, 2004e: 40.
115) Ellul, 1987b: 214.
116) Ellul, 2004d: 141-143.

117) Ellul, 1973: 186-192.
118) Ellul, 2006b: 14.
119) '히브리어 경전' 중 하나인 '유대교 경전'은 창세기, 출애굽기, 레위기, 민수기, 신명기 등의 '토라'율법서 5권, 여호수아, 사사기, 사무엘, 열왕기, 이사야, 예레미야, 에스겔, 12서 등의 '느비임'예언서 8권, 시편, 잠언, 욥기, 아가, 룻기, 애가, 전도서, 에스더, 다니엘, 에스라·느헤미야, 역대기 등의 '케투빔'성문서 11권으로 구성된다. 전도서는 케투빔, 곧 '성문서'에 속하므로, 'les Ecrits'라는 표현을 '성문서'로 옮기기로 한다.
120) Ellul, 1987c: 25-26.
121) Ellul, 2006c: 82.
122) Ellul, 2006c: 80-82.
123) Ellul, 1981: 31-53.
124) Ellul, 2007c: 349-350.
125) Ellul, 2003c: 9.
126) Ellul, 1973: 108.
127) Ellul, 2008a: 20.
128) Ellul, 1984b: 85.
129) Ellul, 1991: 57-59.
130) Ellul, 1984b: 84-85.
131) Ellul, 2013: 22.
132) Ellul, 2006c: 82-86.
133) Ellul, 1987a: 12.
134) Dravasa, 2005: 50.
135) Dravasa, 2005: 51.
136) Dravasa, 2005: 56.
137) Dravasa, 2005: 57-59.
138) Ellul, 1987c: 158-159.
139) Ellul, 2014b: 5.
140) Ellul, 2007c: 356-357.
141) Ellul, 2004b: 47.
142) Rognon, 2012: 266-269.
143) Ellul, 1988b: 51.
144) Ellul, 2008b: 105.
145) Ellul, 1983: 201.
146) Clendenin, 1987: 22-23.
147) Gill, 1984: 180-183.
148) Clendenin, 1987: 23-24.
149) Ellul, 2004d: 189.
150) Ellul, 2004d: 188-192.
151) Troude-Chastenet, 2005a: 356.

152) Ellul, 2007a: 936.
153) Ellul, 2004d: 293-294.
154) 가스펠서브, 2013 : 290-291.
155) Ellul, 2004d: 112-116.
156) Lavignotte, 2012: 75.
157) Fasching, 1981: 4-5, 180.
158) Fasching, 1981: 5-6.
159) Fasching, 1981: 177-178, 189.
160) Fasching, 1981: 6-9.
161) Clendenin, 1987: 141-145.
162) 이상민, 2019: 135-136.
163) Ellul, 2004d: 257.

제4부 자크 엘륄의 인격주의 운동과 혁명적 기독교

1) Ellul, 2012: 319-334.
2) Ellul, 2004b: 89-200.
3) Del Bayle, 2004: 33-34.
4) Del Bayle, 2004: 35-36.
5) '인민전선' Front populaire. 프랑스에서는 1934년 2월 우익단체의 폭동을 계기로 다가오는 파시즘의 위협에 대항하여 노동자·지식인·도시소시민·농민들 사이에서 민주주의 옹호의 소리가 급속히 높아 간다. 그 기세에 밀려서 10년간이나 대립해온 사회당과 공산당의 제휴가 촉진되어, 그해 7월 양당의 '통일 행동 협정'이 성립된다. 1935년 6월에는 중산계급이 지지하는 급진사회당도 이에 가담하여 참가단체가 98개에 달하는 '인민연합'이 형성된다. 이것을 '인민전선'이라 부르며 7월 14일 혁명기념일에는 파리에서만도 50만 명 이상의 대중이 인민전선 측 집회에 참가한다.
6) Vanderburg, 1981: 18.
7) Garrigou-Lagrange, 1981: 34.
8) Vanderburg, 1981: 18-19.
9) Garrigou-Lagrange, 1981: 35-36.
10) Garrigou-Lagrange, 1981: 36-37.
11) Troude-Chastenet, 2005b: 24.
12) Garrigou-Lagrange, 1981: 39.
13) '테일러 방식'. 공장의 경영 합리화 방법으로서, 미국 기술자 테일러 Taylor의 이름에서 나온 작업 방식을 가리킨다. 기계공장 노동자로 출발하여 주임기사 자리에 오른 테일러는 1881년 미드베일 제강공장에 시간 동작 연구를 도입한다. 이 연구계획의 성공으로 시간 동작 연구가 전문적 연구 분야로 확립되며,

이것은 테일러 경영학 이론의 기초가 된다. 테일러의 이론은 본질적으로 개별 작업자를 주의 깊게 감독하는 동시에 조업 중 발생하는 시간과 동작의 낭비를 줄임으로써, 작업장이나 공장에서 생산의 효율성을 급격히 높일 수 있음을 제시한 것이다. 이러한 테일러의 경영체계가 극단적으로 실행되자 노동자들의 항의와 분노가 일어난다. 하지만, 생산성 향상이란 측면에서 테일러 이론이 유용하다는 것은 명백하며, 이 이론이 대량생산기술의 발전에 미친 영향력은 매우 크다. 테일러는 '과학적 관리론'의 시조로서 산업관리에 대한 그의 이론은 근대산업 발전에 막대한 영향을 미친다.

14) Troude-Chastenet, 2005a: 350-351.
15) Garrigou-Lagrange, 1981: 37-38.
16) Charbonneau Ellul, 2003: 63-79.
17) Hardy, 2014: 15-26.
18) '국제 무정부주의 운동' le situationnisme. 1960년대에 특히 대학 사회에서 발전된 문화적이고 정치적인 전위 운동으로서, 그 운동의 소비 사회에 대한 급진적인 항의 형태와 분석은 프랑스의 1968년 5월 혁명에 특별한 영향을 미친다. '국제 무정부주의자들' les situationniste은 기성 사회체제와 질서에 대항하는 이 '국제 무정부주의 운동'의 추종자들을 가리킨다.
19) Rognon, 2007: 53.
20) Troude-Chastenet, 2005a; 356.
21) Ellul, 2003b: 83.
22) Ellul, 1969: 79-135.
23) Ellul, 1969: 137-138.
24) Ellul, 1969: 142-147.
25) Ellul, 1969: 173, 201.
26) Ellul, 1969: 273-278.
27) Ellul, 1969: 290-297.
28) Ellul, 1969: 297-308.
29) Ellul, 1972: 210.
30) Ellul, 1969: 313-323.
31) Ellul, 1969: 323.
32) Ellul, 1969: 329.
33) Ellul, 1969: 329.
34) Ellul, 1972: 11-63.
35) Ellul, 1972: 243-245.
36) Ellul, 1972: 246-249.
37) Ellul, 1972: 267-311.
39) Ellul, 1972: 373.
39) Ellul, 1972: 373-374.
40) Ellul, 1972: 377.
41) Ellul, 1972: 378-379.

42) Ellul, 1982: 149-162.
43) Ellul, 1982: 162-167.
44) Ellul, 1982: 199-201.
45) Ellul, 1982: 210.
46) Ellul, 1982: 247-254.
47) Ellul, 1982: 255-261.
48) Ellul, 2004b: 203.
49) Ellul, 1982: 289.
50) Ellul, 1982: 289.
51) Ellul, 1982: 289-290.
52) Ellul, 1982: 290-291.
53) Ellul, 1982: 290-291.
54) Ellul, 1988b: 34-35.
55) Ellul, 1988b: 36-37.
56) Ellul, 1988b: 37-38.
57) Ellul, 1988b: 39-44.
58) Ellul, 1988b: 44-51.
59) Ellul, 1988b: 51-52.
60) Ellul, 1988b: 52-56.
61) Ellul, 1988b: 56-59.
62) Ellul, 1988b: 34-44.
63) Garrigou-Lagrange, 1981: 58-59.
64) Vanderburg, 1981: 14-16.
65) Ellul, 1988b: 34-59.
66) Ellul, 1988b: 73-88.
67) Ellul, 2004e: 297.
68) Ellul, 2003a: 316.
69) Ellul, 2004d: 17.

제5부 자크 엘륄 사상의 영향과 현시대에서의 적용

1) Rognon, 2014: 23-24.
2) '변형인본주의' le transhumanisme. 인간의 정신적, 육체적 능력을 끌어올리고 어리석음, 고통, 질병, 고뇌, 원치 않는 죽음과 같은 인간 조건의 바람직하지 않고 불필요한 측면으로 간주되는 바를 개선하기 위해 새로운 과학과 기술의 사용을 지지하는 지적이고 문화적인 운동을 가리킨다.
3) Rognon, 2014: 24.
4) Porquet, 2012: 271.

5) Porquet, 2012: 295-296.
6) Porquet, 2012: 296-299.
7) 로뇽은 프랑스어권에서 엘륄의 사상을 받아들이는 것은 큰 흐름이나 대중적인 사회 현상이 아니라고 하면서, 여섯 가지 중심점을 통해 프랑스 학계나 정치계에서 엘륄의 사상을 받아들인 인물들을 그 유형별로 분류한다. 첫 번째 중심점은 사회학과 신학 사이의 엘륄의 변증법과 관련된다. 파트릭 트루드 샤스트네와 장 클로드 기유보는 그 변증법을 근본적이고 불가피한 것으로 간주하고, 세르쥬 라투슈는 그 변증법의 중요성에 대해 상대적 가치만을 인정하며, 장뤽 포르케와 조제 보베는 엘륄의 신앙을 공유하지 않은 채 엘륄적인 연구방식 자체에서 그 변증법의 결정적인 위상을 강조한다. 두 번째 중심점은 '기술의 자율성'이라는 엘륄의 주장과 관련된다. 파트릭 트루드 샤스트네는 주저 없이 그 주장을 인정하고, 질베르 오투아 Gilbert Hottois는 그 주장에 대해 근본적으로 반론을 제기하며, 세르쥬 라투슈는 기술과 경제 사이의 변증법을 끌어들여 그 주장에 약간 미묘한 변화를 준다. 또한 알랭 그라 Alain Gras는 그 자체로서의 기술적 움직임의 영역보다는 사회적 표현의 영역에 그 주장을 위치시킴으로써, 비(非)결정주의적 의미에서 그 주장을 해석한다. 세 번째 중심점은 국가에 대한 엘륄의 비판 및 엘륄의 무정부주의와 관련된다. 장 쿨라르도 Jean Coulardeau는 그것들을 완전히 받아들이고, 올리비에 아벨과 장 클로드 기유보는 새로운 경제적 지배에 맞선 국가적 제어의 중요성을 언급하며, 세르쥬 라투슈는 전제적이고 중앙집권화된 드골 공화국의 맥락 속에 엘륄의 분석들을 다시 위치시키면서 엘륄의 비판이 부분적으로는 시대에 뒤진 것으로 간주한다. 네 번째 중심점은 정치 제도 및 선거와 관련된다. 장뤽 포르케는 엘륄의 근본적인 비판을 공유하고, 노엘 마메르와 조제 보베는 프랑스 국내 선거나 혹은 유럽의회 선거에 주저 없이 참여한다. 다섯 번째 중심점은 교회 제도와 관련된다. 실뱅 뒤장쿠르 Sylvain Dujancourt와 스테판 라비뇨트 Stéphane Lavignotte는 교회 제도의 거대한 구조에 대한 엘륄의 불신을 공유하고, 자크 모리 Jacques Maury는 그 불신의 급진성을 비판하며, 미셸 로드 Michel Rodes는 교회 제도 내에서의 엘륄의 '이탈된 참여' l'engagement dégagé를 그 제도를 변화시키기로 된 트로이목마로 해석한다. 여섯 번째 중심점은 이스라엘과 이슬람에 대한 엘륄의 태도를 나타낸다. 이브 슈발리에 Yves Chevalier와 도미니크 엘륄 Dominique Ellul은 그 태도를 완전히 인정하면서 그 태도를 엘륄의 사상의 토대 중 하나로 삼고, 시몽 샤르보노 Simon Charbonneau와 스테판 라비뇨트와 조제 보베는 그 태도에서 근본적으로 벗어나며, 앙투안 누이 Antoine Nouis는 이스라엘에 대한 엘륄의 당연한 옹호를 이슬람에 대한 너무 성급한 판단과 분리시키고, 노엘 마메르는 엘륄 저작의 근본적으로 긍정적인 포괄성이라는 견지에서 그 문제들의 상대적인 가치만을 인정한다. Rognon, 2013: 158-162.
8) 엘륄 자신이 '-주의', '-주의자'라는 표현을 비판하면서 자신의 사상이 어떤 '주의'로 굳어지거나 화석화되는 것을 몹시 경계했으므로, 여기서 '엘륄주의자'라는 표현을 쓰는 것은 적절하지 않을 수 있다. 하지만 엘륄의 사상을 따르고 그 사상을 실천에 옮기려는 사람을 나타내는데 있어 그 표현 외에는 마

땅한 표현이 없어서, 어쩔 수 없이 그 표현을 쓰기로 한다.
9) Rognon, 2012: 47-48.
10) Rognon, 2012: 52-53.
11) Porquet, 2012: 288-289.
12) Porquet, 2012: 289-290.
13) Rognon, 2012: 57.
14) Rognon, 2012: 54-57.
15) Rognon, 2012: 231-233.
16) Rognon, 2012: 233-234.
17) Rognon, 2012: 235-236.
18) Rognon, 2012: 169-172.
19) Guillebaud, 2011: 273.
20) Guillebaud, 2011: 131, 139, 245.
21) Rognon, 2012: 174-175.
22) Rognon, 2012: 171, 176.
23) Rognon, 2012: 37-40.
24) Porquet, 2012: 277-281.
25) Rognon, 2012: 41-47.
26) Rognon, 2012: 217, 220-221.
27) Latouche, 2006: 231.
28) Latouche, 2013: 9-11.
29) Porquet, 2012: 281-284.
30) Latouche, 1994: 103-105, 110-111.
31) Porquet, 2012: 295.
32) Rognon, 2012: 153-156.
33) Gill, 2006: Ⅲ.
34) Rognon, 2012: 157-158.
35) Rognon, 2012: 158.
36) Illich, 1994: 11.
37) 알제리 전쟁이 시작되자 프랑스는 양분된다. 우파는 이 전쟁을 두 민족, 두 국가의 전쟁이 아니라 일단의 분리주의자들의 반역으로 간주하며 단호한 진압을 요구한다. 반면에, 좌파는 이 전쟁을 두 국가의 전쟁, 더욱이 한 민족이 다른 한 민족의 자유를 침해하는 범죄적 전쟁으로 간주하고 알제리의 독립을 적극 지지한다. 카뮈는 식민주의의 제도적 남용, 아랍인들에 대한 멸시, 부당한 농지분배와 소득분배 등과 관련한 아랍인들의 항의를 정당한 것으로 인정한다. 하지만 그에게 민족 독립은 순전히 감상적 공식으로서 받아들일 수 없는 요구이다. 왜냐하면 역사상 단 한 번도 알제리 민족국가란 존재해 본 적이 없고, 경제적 독립 없는 정치적 독립은 의미가 없기 때문이다. 당시 그의 생각은 식민주의적 사고라고 비난받지만, 그가 보기에 알제리의 존립은 알제리 토착민과 프랑스 이주민의 일치단결에 의해서만 지켜질 수 있다. 특히, 그는 역

사를 전진시킨다는 구실로 전쟁을 시작하지만, 전쟁은 매번 야만과 비참을 가중시킬 뿐이라고 하면서, 「민간인 휴전을 위한 호소」를 발표하고 죄 없는 민간인을 학살로부터 구하자고 간청한다. 그는 식민주의적 통합에도 새로운 민족국가의 건설에도 반대하는데, 그의 결론은 차이의 공존, 즉 연방제이다. 그런데, 현실은 그의 모호한 주장을 비웃는 방향으로 나아가는데, 그는 알제리의 프랑스인과 아랍인 모두에게서, 프랑스의 좌파와 우파 모두에게서 배신자로 낙인찍힌다. 유기환, 2014: 83-84.

38) Troude-Chastenet, 2005b: 21.
39) Troude-Chastenet, 2005b: 22-23.
40) Troude-Chastenet, 2005b: 23.
41) Troude-Chastenet, 2005b: 23-24.
42) Troude-Chastenet, 2005b: 25.
43) Troude-Chastenet, 2005b: 26-27.
44) Troude-Chastenet, 2005b: 27.
45) Troude-Chastenet, 2005b: 27-28.
46) Troude-Chastenet, 2014b: 21-23.
47) Troude-Chastenet, 2014b: 23.
48) Ellul, 2004e: 320.
49) Troude-Chastenet, 2014a: 26-28.
50) Troude-Chastenet, 2014a: 37-38, 43.
51) Ellul, 2004b: 451.
52) Gizard & Du Ferrage, 2014: 44-46.
53) Gizard & Du Ferrage, 2014: 46-54.
54) Gizard & Du Ferrage, 2014: 54-56.
55) '자가 양육' l'auto-alimentation. 엘륄이 기술 혹은 기술 체계의 주요 특징 중 하나로 제시한 '자가 증식' l'auto-accroissement이라는 개념과 밀접히 연관된 표현이라고 볼 수 있다.
56) Gizard & Du Ferrage, 2014: 59-61.
57) Gizard & Du Ferrage, 2014: 61-62.
58) Ellul, 2012: 146.
59) Gizard & Du Ferrage, 2014: 63-64.
60) Ellul, 1998: 24 ; Ellul, 2014a: 133-147.
61) Gizard & Du Ferrage, 2014: 65-68.
62) Gill, 2014: 113-114.
63) Gill, 2014: 115-117.
64) Ellul, 1979 :20-28.
65) Gill, 2014: 117-120.
66) Ellul, 2012: 163-175.
67) '정상 상태' la normalité가 기술적 가치가 되는 것은, 기술 사회에서 인간은 '잘' 행동하도록 요구되는 것이 아니라, '정상적으로' 행동하도록, 다시 말해 기술

사회에 적응하도록 요구되기 때문이다. 따라서 오늘날 기술 사회에 잘못 적응하는 것은 하나의 죄악이다. 엘륄은 "오늘날 교육의 주된 목표는 이 기술 사회에 잘 적응된 젊은이들을 준비하는 것이다."라고 지적한다. Ellul, 2013: 215-216.

68) Gill, 2014: 120-125.
69) Ellul, 2013: 79-80.
70) Ellul, 2013: 218-219.
71) Gill, 2014: 125-127.
72) 데이비드 길은 '사우스웨스트 항공' Southwest Airlines이나 '코스트코' Costco같은 어떤 기업들은 다른 기업들보다 그런 가치들을 더 추구하고 실현하는 데 성공하고 있다고 간주한다.
73) Ellul, 2004d: 192.
74) Gill, 2014: 127-132.
75) Barrientos-Parra, 2014: 150.
76) '이티시 그룹' ETC Group. 문화적이고 생태적인 다양성과 인권을 보호하고 지속적으로 신장하는데 전념하는 국제 조직으로서, 공식 명칭은 'Action Group on Erosion, Technology and Concentration'이다.
77) Barrientos-Parra, 2014: 151-152.
78) '인간 동물' l'homme-animal. 동물이나 혹은 인간으로 변할 수 있는 능력이 있는 인간을 연상시키는 피조물을 가리킨다.
79) '키메라'. 그리스 신화에 나오는 사자의 머리, 양의 몸, 용의 꼬리를 가진 괴물을 가리킨다.
80) Barrientos-Parra, 2014: 153-154.
81) Ellul, 2008c: 88.
82) Ellul, 2008c: 102.
83) Ellul, 2004b: 89.
84) Ellul, 2008c: 101.
85) Barrientos-Parra, 2014: 154-155.
86) Ellul, 2008c: 87-90.
87) Barrientos-Parra, 2014: 155-156.
88) Abel, 2006: 439.
89) Troude-Chastenet, 2014b: 9.
90) Troude-Chastenet, 2014b: 9.

부록1, 2

1) 에른스트 르낭 Ernst Renan(1823-1892). 프랑스의 작가이자 철학자이자 역사가. 과학의 장래에 관한 낙천적인 논문「과학의 장래」를 쓰고, 역사비평에 의한 기독교 기원사를 서술한『기독교 기원사』를 집필한다.

2) '스타하노프 운동'. 사회주의적 경쟁의 한 형태이다. 1935년 소련의 탄광부 스타하노프는 새 기술을 최대한으로 이용하고 공정을 변혁하여 기준량의 14배에 달하는 102톤을 채탄하는 경이적인 기록을 세운다. 전국 노동자에게 '그에게 배우라'는 운동이 전개되고, 높은 기록을 올린 노동자는 '스타하노프 노동자'가 되어 높은 임금을 받는다. 스타하노프 운동의 주창자들은 그 운동이 노동자의 동지적 협력과 상호도움에 의하여 창조력을 발휘시킴으로써 노동생산성과 생산량을 증대시키려는 것이라고 주장한다. 또한 그들은 그 운동이 정신노동과 육체노동과의 대립을 해소하는 한편, 필요한 노동생산성을 달성하기 위한 유일한 방법이라고 주장한다. 그러나 그 운동은 노동의 강화에 저항하는 일반 노동자의 반발을 불러일으킬 뿐 아니라, 생산성 향상에 대한 조건부적인 책임을 져야 하는 현장경영자의 반발을 초래한다.
3) 『쉬드 우에스트 Sud Ouest』지와 『우에스트 프랑스 Ouest-France』지의 모든 글은 2007년에 신문기사 모음집인 『총체적으로 생각하고 국지적으로 행동하라 Penser globalement, agir localement』로 간행된다. Jacques Ellul, *Penser globalement Agir localement*, Pyrémonde/Princi Negue, 2007.
4) http://www.jacques-ellul.org [archive]
5) Joyce Main Hanks, *Jacques Ellul, A Comprehensive Bibliography*, JAI Press Inc., 1984.
6) Frédéric Rognon, *Générations Jacques Ellul. Soixante héritiers de la pensée de Jacques Ellul*, Labor & Fide, 2012, pp. 351-385.
7) 『에스프리』지에서의 엘륄의 첫 번째 글이다.
8) 엘륄은 유럽 국가들이 그들의 정책을 미국 자본주의에 맞추고 이러한 경향이 강화된다고 주장한다.
9) 베르나르 샤르보노의 저서 『국가 l'Etat』에 대한 비평.
10) 노버트 비너 Norbert Wiener의 저서 『인공두뇌학과 사회 Cybernétique et société』에 대한 비평.
11) 이 글은 엘륄이 이스라엘의 상황을 중심으로 한 새로운 종류의 일련의 글 중 첫 번째 글이다. 이 글은 이집트, 요르단, 시리아, 이라크에 대항하여 이스라엘이 일으킨 '6일 전쟁' 2주 후에 갑자기 작성된다.
12) 1973년 12월 5일 보르도에서 행해진 강연 내용을 다시 베껴 쓴 것.
13) 엘륄은 오늘날 '자유주의자'와 '무정부주의자'는 두 가지 대립하는 용어가 더는 아닌 반면에, "우익의 주요 가치들은 좌익으로 넘어갔다."라고 주장한다.
14) 이 텍스트들 전체는 2012년에 재간행된다.
15) 프랑수아 미테랑 François Mitterrand이 프랑스 대통령 자리에 오른 지 2주 후, 프랑스가 혼란스러운 여론과 온갖 경향을 드러낼 때, 엘륄은 자신이 거기서 중요한 아무것도 볼 수 없다고 지적하며 이에 대해 자신의 생각을 밝힌다.
16) 엘륄은 기술과 윤리 사이에 연관 문제를 다루었던 사상가들, 그에 따르면 이 문제를 다루었던 첫 사상가들을 여기서 알아낸다. 특히 코스타스 악셀로 Kostas Axello와 마르크 블로흐 Marc Bloch를 언급하면서, 그는 기계 사용과 '테일러 방식'과 노동 상황이란 주제들이 없지는 않았지만, 이 주제들에 '진정한 비판적

효과'가 없다고 간주한다.

프랑스어 목차
외국어 요약
찾아보기
자크 엘륄 연보

Exister,
c'est
résister.

| 프랑스어 목차(Sommaire) |

Jaques Ellul, penseur ayant devancé son époque

Préambule

Discours de recommendation

Avertissment

Chapitre 1. Aperçu de la vie et de la pensé de Jacques Ellul

Ⅰ. Introduction
Ⅱ. Activités au sein de l'Église réformée
      1. Christianisme comme noyau de la vie
      2. Tentatives pour la réforme de l'Église réformée de France
      3. Rôle en tant que christianisateur
Ⅲ. Activités d'engagement
      1. Participation à la Résistance et les activités politiques
      2. Acitivité pour la prévention de la délinquance juvénile
      3. Lutte pour la protection de l'environnement
Ⅳ. Caractéristiques de la pensée de Jacques Ellul
      1. Pensée en deux versants
      2. Influence de la pensée marxiste
      3. Influence de la révélation biblique
      4. Méthode d'approche dialectique
Ⅴ. Conclusion

Chapitre 2. La pensée technicienne de Jacques Ellul et l'appréciation de cette pensée

Ⅰ. Introduction
Ⅱ. La pensée technicienne de Jacques Ellul
      1. Analyse de la société technienne
      2. Analyse du système technicien

3. Critique sur le discours techonologique
Ⅲ. Appréciation de la pensée technicienne de Jacques Ellul
            1. Pensée technicienne de Jacques Ellul en tant qu'actualité
            2. Pensée technicienne de Jacques Ellul en tant que force libérant les hommes
            3. Pensée technicienne de Jacques Ellul en tant que fondement de la théorie de la décroissance
Ⅳ. Jacques Ellul en tant que précurseur eminent de la société de décroissance
Ⅴ. Conclusion

Chapitre 3. La pensée théologique de Jacques Ellul et l'appréciation de cette pensée

Ⅰ. Introduction
Ⅱ. Arrière-plan de la pensée théologique de Jacques Ellul
            1. Influence de la théologie de Karl Barth
            2. Influence de la foi et de la pensée de Kierkegaard
            3. Critique sur le chritianisme et les Églises
Ⅲ. Caractéristiques de la pensée théologique de Jacques Ellul
            1. Unification et la conjonction dialectiques de 'la réalité' et 'la vérité'
            2. 'La révélation' et 'la religion', 'la foi' et 'la croyance'
            3. Espérance et la prière au temps de 'la dérélicton'
            4. Liberté véritable en Jésus–Christ
            5. Application et la pratique de la liberté veritable au monde
            6. Création du nouveau mode de vie chez les chrétiens
            7. Négation de la Providence
            8. Assertion de la doctrine du salut universel
            9. Interprétation biblique de Jacques Ellul
Ⅳ. Appréciation de la pensée théologique de Jacques Ellul
            1. Jacques Ellul en tant qu'homme de Dieu
            2. Jacques Ellul en tant que prophète de notre époque
            3. Signification de la pensée théologique de Jacques Ellul fondée sur l'espérance
            4. Importance théologique et la méthodologie théologique de Jacques Ellul
Ⅴ. Conclusion

Chapitre 4. Le mouvement personnaliste et le christianisme révolutionnaire chez Jacques Ellul

Ⅰ. Introduction
Ⅱ. Mouvement personnaliste chez Jacques Ellul
      1. Courants du mouvement personnaliste en France
      2. Participation au mouvement personnaliste
      3. Fondement théorique du mouvement personnaliste
Ⅲ. Analyse des révolutions et le tâtonnement de la nouvelle révolution
      1. Réflexion concernant les révolutions
      2. 'La révolution nécessaire' dans la société techicienne
      3. Possiblité de 'la révolte' dans la société techicienne
      4. Tâtonnement de la nouvelle révolution dans la société techicienne
Ⅳ. Christianisme révolutionnaire chez Jacques Ellul
      1. Situation révolutionnaire dans le monde
      2. Attitude révolutionnaire des chrétiens
Ⅴ. Conclusion

Chapitre 5. L'influence de la pensée de Jacques Ellul et l'application de sapensée à notre époque

Ⅰ. Introduction

Ⅱ. Influence et la réception de la pensée de Jacques Ellul
      1. José Bové et Noël Mamère
      2. Jean Claude Guillbeaud, Dominique Bourg et Serge Latouche
      3. Réception de la pensée de Jacques Ellul aux États–Unis
Ⅲ. Application de la pensée de Jacques Ellul à notre époque
      1. Particularités de la démarche de recherche et de la méthode d'analyse chez Jacques Ellul
      2. Analyse du scandal sanitaire au moyen de l'outil d'interprétation ellunien
      3. Application de l'analyse ellunienne à la crise financière mondiale
      4. Application de l'analyse ellunienne à l'étique des affaires
      5. Application de la pensée ellunienne au progrès technique
Ⅳ. Conclusion

Bibliograhie

Annxe 1. Directives pour un manifeste personnaliste

Ⅰ. Origine de notre révolte
    1. Naissance de la consience révolutionnaire
    2. Notre définition de la société
    3. Preuve
    4. Conséquences

Ⅱ. Direction pour la construction d'une société personnaliste
    1. Comment devons-nous agir.
    2. Les membres de cette société
    3. Les institutions
    4. Une cité ascétique pour que l'homme vive

Annxe 2. La bibliogrphie de Jacques Ellul et les documents relatifs à Jacques Ellul

Ⅰ. Bibliogrphie
    1. Bibliogrphie selon les années
    2. Les œuvres posthumes

Ⅱ. Les documents relatifs à Jacques Ellul
    1. Bibliogrphie relative à Jacques Ellul
    2. Articles de Jacques Ellul
    3. Liste des films et des émissions de radio
    4. Articles et les dédicaces accessibles en ligne

Note en fin de livre

Sommaire en français

Résumés en langues étrangères

Index

Sommaire biographique de Jaques Ellul

| 외국어 요약 (Résumé/Abstract) |

Chapitre 1. Aperçu de la vie et de la pensée de Jacques Ellul

L'auteur de ce livre a publié quatre articles sur la pensée de Jacques Ellul dans les revues académiques coréennes et au colloque d'une association académique avant de l'écrire. Les résumés ou les abstracts ci-dessous sont annexés à ces articles qui constituent principalement le contenu du chapitre 2 au chapitre 5 de ce livre. Mais le contenu du chapitre 1 de ce livre n'a pas été publié en forme d'article. Dès lors, le résumé du chapitre 1 n'existe pas.

Chapitre 2. The Technological Thought of Jacques Ellul and Reflections on this Thought

The thought of Jacques Ellul, French sociologist and theologian, is distinctly separated into the sociological aspect and the theological one, but the characteristic of his thought is that as these two aspects constitute the whole, they maintain the unity and the consistency. The two sources of his thought are the Marxist ideology and the biblical Revelation. This double influence is both clearly distinguished from his overall thought and is materialized into two parts which are corresponding to dialectics. By the overall method, he analyses the technological phenomenon in the modern society and raises the problem of the human status in the technological system, regarding the technology as 'system'. Furthermore, he not only denounces the false ideology concerning the technological society, but also criticizes the discourses which defend and sacralize the technology, and justify the fact that the technological society is accepted to the human being. Through the reflections concerning his analysis on the technological society and the technological system and his criticism on the technological discourse, the strong aspects and the status of his technological thought in the modern era are revealed as followings. First, his thought on the criticism of the technology still becomes the matter of interest in the present. Second, his thought on the technology is the power of liberating the human being. Third, his thought concerning the technology is the foundation of the 'de-growth' theory. Fourth, he is regarded as an excellent pioneer who analysed 'the technological totalitarianism' with the deep insight concerning the technology.

Chapitre 3. The Theological Thought of Jacques Ellul and Reflections on His Thought

Characteristics of the theological thought of Jacques Ellul are showed up like this: First, the 'reality' and the 'truth' are combined and unified through his unique dialectical method. Second, as the 'religious belief' is distinguished from the 'true faith,' the 'religion' is opposed to the 'revelation.' Third, the 'dereliction' is suggested as the symptom of this age. In the age of the 'dereliction,' the 'hope' is not only the wait or conviction, but the firm demand of men and their provocation transmitted to God in the face of the rejection and silence of God and his turning the back on them. In the age of the 'dereliction,' the true prayer of Christians should be a persistent and combative prayer asking God to return and speak again to us. Fourth, the liberty is obtained in Jesus Christ, and only 'the liberty in Jesus Christ' is the true liberty. Fifth, it is in the world that Christians should experience the liberty, and in the world there are realms to which it is concretely applied. Sixth, the Christians should create and pursue the new style of life by means of the connected acts among themselves. Reflections on the theological thought of Ellul which contains such characteristics are as follows: First, Ellul reveals himself as a man of God and as a Christian through his theological thought, and he is regarded as the 'prophet' of the age. Second, the theological thought of Ellul based on the 'hope' aims at alliance and accordance between Christians and Israel, and it stands against 'the theology of the death of God.' Third, Ellul's contribution to the contemporary theology is extraordinary, and his theological method which has truly contributed to the contemporary theology has the very special force.

Chapitre 4. Le mouvement personnaliste et le christianisme révolutionnaire chez Jacques Ellul

Le mouvement personnaliste de Jacques Ellul fondé sur des valeurs chrétiennes, a pour point de départ l'idée suivante : pour mettre en pratique les activités révolutionnaires, il faudra quitter tous les modèles existants tels que les partis démocratiques, toutes sortes de fédérations ou encore les partis totalitaires. Il faudra alors exécuter cette réforme de façon individuelle et collective et n'y appliquer que la méthode communautaire. Chez Ellul, la révolution consiste à réformer fondamentalement la société. Ainsi cette révolution authentique qu'il appelle aussi 'la révolution nécessaire' est relative à la société et à toute la civilisation. Elle est directement liée à la technicisation et est en relation avec l'être humain lui-même. En somme, 'la révolution nécessaire' consiste à se dresser contre l'État technicisé et la société technicienne. Pourtant, la rupture brusque engendrée par cette révolution n'est pas possible dans notre société moderne et la véritable conscience révolutionnaire ne peut être trouvée dans la société technicienne. De ce fait, il semble que la révolution ne soit plus possible et que l'espoir de 'la révolution nécessaire' ait dispau dans la société technicienne. Cependant l'homme peut essayer de déclencher 'la révolte' et refuser de manière instinctive et consciente ce qui s'impose à lui-méme. C'est ainsi que les modèles révolutionnaires désuets ne sont en aucun cas efficaces dans notre société technicienne tout à fait nouvelle, et que le seul lieu où la révolution pourrait s'effectuer, c'est dans la conscience individuelle. En effet, la révolution ne peut s'accomplir que par l'homme libre, la seule révoluion possible dans cette situation étant de ne pas s'emparer du pouvoir, mais d'orienter les techniques modernes vers la libération de l'homme en préservant leurs côtés positifs. Grâce à cette révolution, la technique pourra être subordonnée, le système technicien en tant que système pourra être détruit, le pouvoir de l'État pourra disparaître, l'égalité pourra être mise en place et la désaliénation pourra cesser. Or, les caractérisques essentielles de notre temps, c'est qu'il existe un statisme profond de la civilisation en opposition avec l'ardent désir de tenter 'la révolution nécessaire', ce qui rend impossible 'la révolution authentique'. Si le problème fondamental n'est pas de changer de formes économiques, mais de transformer la structure de notre civilisation qui devrait être mise en question, ce sont les Chrétiens qui sont appelés à remplir ce rôle révolutionnaire. Ils doivent reconnaître que leur situation est essentiellement révolutionnaire. En effet, dans notre réalité, les Chrétiens détiennent la force eschatologique, en raison de la mission prophétique qui leur est attribuée au moyen de leurs idées et actions, puisqu'ils sont parfaitement séparés de tous les conformismes sociaux. C'est ainsi que l'espérance du retour glorieux de Jésus Christ fait que les Chrétiens se retrouvent dans une situation révolutionnaire où ils peuvent faire face à la dictature technicienne. Au bout du compte, s'il y a un christianisme authentique susceptible de transformer la société, c'est bien justement 'le christianisme révolutionnaire', et s'il y a des personnes capables de transformer la société, ce sont indubitablement les Chrétiens.

Chapitre 5. L'influence de la pensée de Jacques Ellul et l'application de sa pensée à notre époque

De nos jours, en France, un petit nombre de personnalités ont été influencées par Jacques Ellul sur le plan idéologique. Non seulement les anti-mondialistes, mais aussi les membres du mouvement écologiste radical, y compris les défenseurs de la décroissance, sont devenus de fidèles disciples de sa pensée. Aux États-Unis, les évangélistes et les chrétiens radicaux non-confromistes critiquant la société américaine et les Églises existantes, adhèrent à ses idées. Une partie des intellectuels américains ont été profondément influencés par l'argument ellunien dans divers domaines comme la science politique, la sociologie, les Média de masse, ou encore la philosophie de la technique. L'essentiel de la pensée d'Ellul, c'est la technique : c'est-à-dire, la recherche des moyens les plus efficaces dans tous les domaines. Or, cela constitue la clef de voûte de notre société moderne. A partir de cette pensée, nous pourrons nous procurer des méthodologies et outils d'interprétation sur les événements et les phénomènes caractéristiques de notre époque. Cela permettra l'analyse des différents problèmes qui ont lieu à notre époque en nous fondant sur sa démarche d'étude et sa méthode d'analyse. Nous pourrons ainsi y appliquer la pensée d'Ellul en tant que cadre d'interprétation et d'analyse. Si, par exemple, nous analysons le scandal sanitaire de 'l'affaire du Médiator' au moyen de l'outil d'interprétation ellunien, au point de vue du conflit d'intérêts, dans cette affaire il se pose un problème plusgénéral visant la décision et la résponsabilité de la démocratie. En appliquant l'analyse ellunienne pour éclaircir les causes de la crise financière mondiale, on constate que cela met en relief l'importance des facteurs techniciens pourtant généralement négligés par les analystes de la finance. En outre, dans le domaine de l'étique des affaires, en prenant au sérieux les trois problèmes qu'Ellul a posés, l'adoration de l'argent, la subordonation à la technique, ainsi que le travail dominé par la nécessité, l'étique des affaires de notre époque est susceptible de recouvrer un rôle critique et constructif. A propos des événements concernant le progrès technicien, la déviance du génie génétique, la production des supervirus dans les laboratoires ainsi que 'la biologie de garage', lorsque l'on applique la pensée ellunienne à ces avancements, l'exigence consistant à savoir la rationalité de la technique afin de saisir ces événements difficiles à comprendre et d'appréhender la rationalité de ce monde actuel, s'impose.

| 찾아보기 |

ㄱ

가속화 89, 90, 96, 97, 104, 126, 280

감속 96

개인 부채 296, 299

거대 기계 122, 123, 124, 365

거대 사회 246

거대함 236, 237, 237 - 408, 238

경제 기술 89, 236

경제적 전체주의 125

경제지상주의 229

계급 사회 246

계시 11, 14, 25, 29, 30, 38, 39, 47, 54, 56, 59, 65, 66, 67, 68, 69, 70, 72, 74, 75, 76, 132, 133, 134, 135, 136, 139, 140, 141, 142, 143, 150, 151, 152, 153, 154, 158, 159, 168, 179, 181, 183, 185, 189, 191, 192, 193, 195, 196, 200, 202, 213, 217, 221, 255, 256, 267, 348, 349, 358, 366, 367, 368

공공 부채 296, 299, 300

공공재 300

공산주의 60, 61, 64, 116, 237, 242, 293

공산주의 혁명 242

공생적 탈성장 122, 284

공평한 탈성장 280

공해 백과사전 110, 111

과정 신학 211

과학적 만용 310

관료주의 24, 44, 50, 53, 237, 238, 246, 253, 365

관료주의 사회 246

광우병 6, 122, 202, 203

구경거리 사회 246

국가화 39, 238, 247

국제 무정부주의 운동 241, 371

궁극목적의 부재 96, 307

규격화 129, 229, 242, 243, 244, 265, 266

금융 거품 296, 313

금융 기술화 296, 313

금융 시장 296, 297, 298, 299, 300, 313

금융 위기 6, 7, 271, 273, 296, 299, 300, 301, 313

기도 11, 12, 17, 24, 26, 28, 29, 31, 32, 33, 35, 41, 43, 44, 45, 47, 49, 52, 53, 54, 57, 71, 76, 81, 82, 85, 94, 107, 133, 140, 141, 155, 156, 157, 158, 159, 176, 179, 191, 194, 204, 207, 217, 234, 235, 270, 271, 275, 277, 278, 279, 285, 288, 292, 298, 300, 308, 347, 355, 365, 367

기록 29, 186, 188, 189, 190, 191, 192, 218, 377

기술 담론 14, 17, 55, 81, 82, 91, 100, 101, 102, 103, 104, 105, 106, 111, 113, 114, 116, 120, 126, 127, 203, 225, 226, 277, 278, 280, 296, 349

기술 담론의 허세 81, 82, 100, 101, 111, 114, 116, 120, 126, 278, 296, 349

기술들의 연계 85, 87

기술 사상 7, 20, 79, 82, 83, 84, 107, 112, 113, 115, 127, 128, 129, 220, 221, 298, 313, 362

기술 사회 11, 14, 48, 53, 56, 59, 63, 67, 81, 82, 84, 85, 91, 92, 100, 101, 104, 106, 109, 116, 118, 119, 124, 126, 127, 128, 140, 146, 161, 163, 202, 203, 212, 213, 221, 225, 226, 241, 242, 244, 247, 248, 250, 251, 252,

253, 255, 266, 272, 276, 280, 283, 286, 287, 288, 290, 292, 304, 312, 314, 348, 352, 354, 360, 362, 375, 376

기술의 상대적 자율성 282

기술의 절대적 자율성 282

기술의 테러리즘 114, 115, 128

기술적 과도함 120, 128, 283

기술적 성장 96, 99, 104, 106, 203, 225, 249

기술적 실업 252, 253

기술적 일탈 300

기술적 전체주의 120, 122, 123, 124, 125, 128, 283, 284

기술적 진보 7, 56, 80, 95, 96, 97, 102, 108, 109, 225, 235, 252, 253, 258, 270, 273, 277, 285, 299, 307, 309, 314, 316

기술적 진보의 양면성 307

기술적 탈성장 99

기술전문가 44, 89, 94, 96, 108, 238, 242, 292, 295, 308, 312

기술 체계 11, 16, 17, 55, 63, 73, 74, 76, 77, 81, 82, 90, 91, 92, 93, 94, 95, 96, 97, 98, 99, 100, 102, 103, 104, 106, 108, 109, 111, 112, 116, 117, 120, 121, 123, 124, 127, 128, 163, 203, 204, 221, 224, 225, 226, 247, 248, 254, 255, 263, 264, 267, 276, 277, 283, 284, 316, 348, 363, 364, 375

기술 현상 16, 17, 64, 81, 82, 84, 85, 86, 87, 90, 91, 92, 93, 94, 95, 96, 101, 106, 108, 110, 112, 123, 127, 224, 281, 309, 310

기술화 91, 106, 113, 123, 246, 247, 266, 280, 293, 296, 313

기술 환경 16, 82, 89, 91, 92, 95, 98, 99, 109, 212, 224, 246, 266

기유보 J.-C. Guillebaud 274, 279, 280, 281, 373

기후 변화 271

긴장 67, 73, 240, 260, 290, 293

ㄴ

남서부 인격주의 운동 그룹 231

남성적 가치 170

노동 36, 37, 38, 44, 59, 62, 65, 87, 109, 120, 169, 218, 233, 234, 237, 239, 240, 251, 252, 253, 254, 266, 275, 285, 301, 302, 303, 304, 305, 306, 313, 314, 350, 354, 370, 371, 377

노동 시간 단축 252

놀이 신학 211

니버 R. Niebuhr 210

ㄷ

단일성 85, 87, 94, 108, 113, 309, 310, 315

당디외 A. Dandieu 228

뒤페라쥬 A. C. Du Ferrage 296, 297, 298, 300

드라바사 É. Dravasa 198, 199

ㄹ

라비뇨트 S. Lavignotte 209, 351, 373

로뇽 F. Rognon 14, 186, 351, 373

로르드르 누보 L'Ordre nouveau 228, 232, 235

루터 킹 M. Luther King 286

ㅁ

마라나타 157, 367

마르크 A. Marc 8, 9, 11, 25, 30, 41, 56, 58, 59, 60, 61, 62, 63, 64, 65, 66, 67, 68, 69, 70, 71, 75, 76, 84, 123, 134, 137, 138, 150, 228, 242, 243, 244,

248, 250, 270, 271, 276, 277, 279, 290, 305, 315, 316, 348, 349, 354, 360, 361, 377

마르크스 K. Marx 8, 9, 11, 25, 30, 41, 56, 58, 59, 60, 61, 62, 63, 64, 65, 66, 67, 68, 69, 70, 71, 75, 76, 84, 123, 134, 137, 138, 150, 242, 243, 244, 248, 250, 270, 271, 276, 277, 279, 290, 305, 315, 316, 348, 349, 354, 360, 361

마메르 N. Mamère 274, 277, 278, 279, 373

마이크로컴퓨터 정보처리기술 102, 104, 255, 267

말 7, 10, 11, 29, 30, 31, 32, 34, 35, 36, 37, 38, 39, 42, 43, 44, 46, 47, 48, 49, 50, 56, 58, 63, 64, 66, 70, 71, 72, 73, 74, 77, 82, 85, 86, 87, 91, 97, 98, 101, 103, 104, 106, 108, 110, 114, 115, 118, 119, 122, 124, 128, 134, 135, 136, 137, 138, 139, 140, 145, 146, 147, 148, 150, 154, 155, 156, 157, 158, 159, 160, 161, 162, 163, 164, 165, 168, 169, 170, 171, 172, 173, 174, 176, 177, 179, 180, 181, 182, 183, 184, 185, 186, 187, 188, 189, 190, 191, 192, 193, 195, 196, 197, 200, 201, 202, 204, 205, 208, 209, 211, 213, 215, 217, 218, 219, 221, 222, 225, 226, 228, 229, 231, 234, 237, 242, 243, 244, 251, 253, 256, 260, 261, 262, 263, 267, 270, 273, 280, 284, 285, 288, 292, 293, 294, 298, 299, 302, 303, 305, 306, 308, 310, 312, 314, 316, 348, 351, 353, 360, 363, 367, 375

말씀 le Verbe 135, 148

맘몬 숭배 303

맥루한 M. McLuhan 112

멈포드 L. Mumford 122

메디아토르 Médiator 사건 294, 295, 312

모세오경 189, 195

몰니에 T. Maulnier 228

무능력 152

무니에 E. Mounier 49, 228, 231, 232, 233

문명 혁명 236, 265

문화 혁명 232, 234, 333

물질주의 229

민족 해방 전선 272

민주주의 86, 88, 233, 235, 239, 264, 282, 287, 292, 293, 294, 295, 312, 316, 352, 354, 370

밀실 생명공학 273, 307, 308, 314

ㅂ

바르트 K. Barth 9, 32, 33, 68, 69, 70, 132, 134, 135, 136, 137, 138, 139, 160, 210, 213, 290

바아니앙 G. Vahanian 208, 210, 356

반(反)세계화 운동 274, 275, 361

반(反)세계화 운동가 274

반란 63, 82, 111, 226, 241, 242, 244, 248, 249, 250, 296, 347

반 뷰렌 Van Buren 208

반(反)세계화 운동가 274, 274 – 408

받침대 255, 256, 267, 292

벤플루오렉스 benflouorex 294

변증법 14, 15, 25, 67, 68, 69, 70, 71, 72, 73, 74, 76, 106, 119, 126, 127, 133, 137, 146, 149, 163, 169, 199, 210, 213, 215, 217, 220, 221, 257, 290, 315, 360, 373

변증법적 접근방식 25

보스크 J. Bosc 32, 33

보편구원론 133, 137, 178, 179, 180, 218

보편성 74, 85, 87, 90, 94, 108, 237, 293

부르 14, 18, 24, 28, 42, 56, 62, 82, 115, 116, 117, 118, 119, 155, 156, 170, 204, 231, 238, 244, 246, 249, 252, 274, 279, 281, 282, 347, 361, 370

부르주아 사회 246

불가분성(不可分性) 87, 94, 108

불트만 R. Bultmann 210

비무력(非武力) 11, 151, 152, 170, 217, 253, 254, 255, 256, 266, 316

비아 캄페시나 Via Campesina 275

비즈니스 윤리 7, 273, 301, 304, 305, 313, 314

ㅅ

사르트르 J. P. Sartre 273

사신 신학(死神 神學) 208

사전예방원리 118

사회학적 측면 17, 25, 54, 55, 67, 71, 73, 75, 106, 220, 281

산업 사회 246, 360

산업 생태학 118

산업우선주의 236, 237

산파술 214

삶 9, 11, 14, 16, 17, 23, 24, 25, 30, 33, 35, 54, 56, 57, 65, 66, 67, 70, 71, 74, 75, 76, 77, 84, 87, 88, 91, 93, 94, 98, 105, 109, 111, 114, 116, 122, 126, 127, 129, 133, 134, 137, 138, 141, 142, 143, 144, 145, 146, 147, 155, 158, 159, 162, 163, 164, 165, 168, 169, 171, 172, 173, 174, 175, 176, 179, 180, 182, 184, 188, 190, 195, 196, 197, 199, 200, 201, 203, 205, 208, 210, 215, 218, 219, 220, 221, 224, 229, 235, 238, 239, 240, 242, 253, 254, 262, 263, 265, 266, 276, 279, 280, 281, 285, 286, 290, 302, 303, 304, 314, 350, 352, 358, 364

새로운 삶의 방식 57, 133, 171, 172, 173, 218, 262

생산제일주의 85, 229

샤르보노 B. Charbonneau 49, 50, 120, 230, 231, 232, 233, 234, 235, 236, 237, 238, 240, 275, 373, 377

서비스 사회 246

선전 41, 54, 55, 57, 75, 82, 85, 88, 89, 99, 103, 143, 152, 163, 206, 220, 237, 241, 273, 277, 278, 287, 292, 312, 346, 347, 351, 352

선전 기술 88, 89

섭리 133, 174, 175, 176, 177, 178, 218

성문서 189, 369

성육신 142, 147, 148, 151, 165, 197, 198, 217, 219

성장 반대론자 120, 121, 271

세속도시 신학 211

세속 종교 150, 152

세포질체잡종 308

소망 11, 12, 14, 31, 53, 54, 57, 73, 99, 106, 123, 133, 137, 156, 157, 158, 167, 184, 198, 199, 205, 206, 207, 208, 209, 215, 217, 219, 220, 221, 222, 256, 261, 263, 267, 280, 281, 306, 347, 350, 351, 367

소비 사회 246, 247, 371

소저너스 Sojourners 286

소크라테스 214

순응행위 204

스페즈 L. Sfez 112, 113, 114

시몽동 G. Simondon 107

시민 불복종 운동 275

식량 주권 275, 277

신용 재료 299

신학 사상 7, 9, 10, 21, 131, 132, 133, 135, 146, 180, 205, 208, 209, 210,

217, 219, 220, 221, 365

신학적 측면 17, 25, 54, 55, 67, 73, 75, 220, 281

ㅇ

아도르노 T. Adorno 112
아키텐 연안 보호위원회 50, 51
아키텐 연안 합동개발단 50
아포스트로프 Apostrophes 280, 355
알고리즘 Algorithm 16, 298
알타이저 T. J. Altizer 208
양적 초과 생산 240
억압 사회 246
에스프리 Esprit 49, 228, 231, 232, 233, 234, 235, 377
에스프리 보르도 그룹 234
엑스 X 141, 142
엘러 V. Eller 286
엘륄주의자 274, 277, 279, 284, 315, 316, 373
여성적 가치 170, 218
연방제 232, 233, 234, 240, 375
영광의 삼십년 86, 270, 362
영적 권세 142, 148, 158, 185, 303
영적 실재 56, 360
예방 기술 93, 364
예수 그리스도 안에서의 자유 56, 67, 159, 160, 162, 163, 167, 217
예언서 65, 189, 263, 369
예언자 14, 15, 57, 65, 107, 127, 135, 181, 185, 193, 201, 202, 203, 204, 205, 212, 219, 260, 285, 295

예측 불가능성 102, 103, 225
요더 J. H. Yoder 286
월리스 J. Wallis 286
윌킨슨 J. Wilkinson 287
유전자변형 식품 6, 122, 271
유전자변형 작물 275
유토피아 249, 270
은총의 신학 179
의료 사고 7, 273, 294
이윤 129, 236, 237, 265, 299
이탈 26, 41, 60, 165, 230, 275, 373
인간 동물 308, 376
인간의 소외 99, 163, 170
인격 7, 8, 21, 24, 25, 32, 33, 45, 49, 56, 85, 105, 107, 117, 139, 170, 190,
　　　223, 224, 226, 228, 229, 230, 231, 232, 233, 234, 235, 236, 238, 239,
　　　240, 241, 256, 264, 265, 282, 290, 312, 350, 352, 370
인격주의 운동 7, 8, 21, 24, 25, 49, 223, 226, 228, 229, 230, 231, 232, 233,
　　　234, 235, 236, 238, 264, 352, 370
인격주의 운동 강령 49, 235, 238, 352
인과적 발전 90, 96, 108, 307
인위성 85, 86, 304, 314
일리치 I. Illich 120, 287, 288, 355

ㅈ

자가 증식 81, 85, 87, 90, 95, 108, 124, 299, 304, 310, 375
자동성 85, 86, 90, 95, 96, 108, 251
자발적인 검소함 280, 286

자연환경　52, 80, 84, 89, 91, 229

자유　9, 10, 17, 26, 28, 42, 43, 46, 54, 56, 57, 67, 69, 73, 77, 88, 99, 100, 104, 106, 109, 112, 113, 114, 115, 116, 117, 118, 126, 127, 129, 133, 134, 136, 137, 145, 153, 159, 160, 161, 162, 163, 164, 165, 166, 167, 168, 169, 170, 174, 175, 176, 178, 186, 187, 188, 194, 195, 197, 199, 200, 201, 202, 203, 208, 211, 212, 215, 217, 218, 220, 221, 226, 229, 231, 234, 237, 240, 241, 245, 247, 251, 256, 265, 266, 277, 282, 289, 290, 295, 301, 305, 306, 312, 314, 316, 347, 348, 349, 352, 353, 354, 358, 374, 377

자유주의　10, 26, 28, 67, 134, 145, 203, 234, 237, 277, 316, 352, 354, 377

자율성　9, 74, 85, 88, 90, 93, 108, 113, 115, 116, 117, 121, 161, 210, 255, 282, 284, 290, 299, 307, 373

잡종 배아　308

재난의 학습효과　111, 121, 364

재적응 기술　93

적응 기술　93, 364

전적 타자　39, 58, 138, 205, 219, 256, 267, 290, 306

전체화　90, 95, 108

절제된 도시　240

정보처리기술　10, 80, 81, 102, 104, 126, 127, 255, 264, 267, 296, 297, 313

정보처리기술 혁명　126, 127

정보통신기술　129

정상 상태　271, 304, 314, 375

정치적 세속 종교　150

정치적 참여　166, 218

제 3세계 국가　252

종교　8, 9, 14, 24, 26, 27, 28, 48, 56, 66, 82, 107, 108, 109, 133, 136, 138,

141, 142, 143, 144, 150, 151, 152, 153, 154, 164, 167, 168, 169, 189, 190, 191, 195, 207, 217, 218, 255, 262, 270, 276, 281, 288, 293, 310, 312, 350, 365, 366
종교의 종말 270
종교적 신심 82, 133, 136, 144, 150, 152, 153, 154, 217, 262, 366
종교적 자유 167, 168, 169, 218
중앙집권화 233, 235, 236, 237, 238, 373
지렛대 123, 255, 256, 267
지방분권화 240
지배계급 252
지속 가능한 발전 117, 118, 119, 122, 282, 284
지속 가능한 성장 118, 363
지속 가능한 탈성장 280
지자르 B. Gizard 296, 297, 298, 300
진리 10, 11, 39, 68, 69, 129, 133, 134, 140, 141, 142, 143, 146, 147, 148, 149, 152, 155, 168, 174, 180, 181, 184, 190, 191, 192, 195, 198, 217, 218, 219, 256, 259, 267
진보 이데올로기 272
진보지상주의 55
질적 생산 240

ㅊ

참된 신앙 82, 133, 136, 150, 152, 153, 154, 217, 281, 348, 366
참여 7, 14, 24, 25, 31, 33, 39, 41, 43, 44, 47, 48, 52, 53, 75, 110, 111, 117, 144, 158, 159, 164, 165, 166, 167, 168, 169, 188, 206, 214, 218, 226, 228, 230, 231, 274, 275, 277, 278, 282, 286, 304, 314, 373
최저소득 보장 232, 240

추상화 238

ㅋ

카뮈 A. Camus 289, 374
클린드닌 D. Clendenin 204, 205, 214
키르케고르 S. Kierkegaard 9, 132, 134, 137, 138, 139, 140, 141, 281, 290
키메라 309, 376

ㅌ

탈성장 99, 115, 117, 118, 119, 120, 121, 122, 125, 128, 280, 282, 283, 284, 363
탈성장 사회 119, 120, 128, 283
테일러 방식 234, 370, 377
토라 57, 189, 195, 369
트랜잭션처리시스템 298, 299
트루드 샤스트네 P. Troude-Chastenet 29, 60, 81, 233, 241, 284, 289, 290, 292, 294, 315, 350, 355, 356, 373
티어도어 카친스키 T. Kaczinsky 111

ㅍ

파브레그 J. Fabrègues 228
파생상품 297, 299
파스칼 샤보 P. Chabot 107
파시즘 60, 228, 230, 237, 352, 370
패싱 D. Fasching 210, 211, 212, 213
포드 방식 234
포르케 J.-L. Porquet 110, 115, 202, 203, 271, 272, 284, 350, 373

폴 리쾨르 P. Ricœur 8, 132, 351, 365

표준화 304, 314

풍요 사회 246, 247

프라숑 I. Frachon 294

프랑크푸르트학파 290

프롤레타리아 238, 241, 242, 248, 251, 252, 253, 257, 301, 348

프롤레타리아 혁명 241, 242

프롤레타리아화 251, 252

피드백 93, 96, 97, 103, 104, 224, 236

필연성 73, 106, 114, 115, 118, 159, 160, 161, 169, 215, 243, 245, 246, 247, 266, 301, 304, 305, 306, 310, 313, 314

필요한 혁명 55, 226, 244, 245, 246, 247, 248, 249, 250, 259, 266

ㅎ

하나님과의 단절 133, 154, 155, 156, 157, 158, 160, 207, 208, 217

하나님 나라 35, 157, 158, 178, 182, 222, 260, 261, 262, 267

하나님의 은총 155, 162, 179, 180, 182, 306

하나님의 죽음 신학 208, 209, 210, 220

하버마스 J. Habermas 112, 290

하이데거 M. Heidegger 290

합리성 85, 86, 94, 104, 170, 311, 315

합리화 123, 229, 236, 310, 315, 370

해밀턴 W. Hamilton 208

해방 신학 211

핵 재난 6, 271

행동 31, 33, 35, 43, 50, 58, 61, 68, 75, 97, 99, 101, 118, 129, 139, 142, 143, 144, 145, 151, 152, 158, 159, 160, 163, 170, 171, 177, 184, 196, 198,

　　　　199, 201, 202, 214, 219, 220, 229, 233, 236, 238, 242, 246, 254, 260,
　　　　261, 263, 265, 267, 271, 275, 276, 286, 292, 293, 302, 304, 306, 310,
　　　　311, 312, 314, 315, 349, 350, 351, 361, 370, 375, 377

헉슬리 A. Huxley 287

헤겔 F. Hegel 243

혁명　7, 10, 11, 16, 17, 21, 31, 33, 44, 54, 55, 56, 57, 61, 62, 63, 82, 112, 120,
　　　　126, 127, 129, 150, 163, 167, 173, 220, 223, 226, 227, 231, 232, 233,
　　　　234, 236, 239, 240, 241, 242, 243, 244, 245, 246, 247, 248, 249, 250,
　　　　251, 253, 254, 255, 257, 258, 259, 260, 261, 262, 263, 265, 266, 267,
　　　　272, 287, 347, 348, 352, 354, 370, 371

혁명적 기독교　7, 21, 223, 226, 263, 267, 370

혁명적 상황　31, 227, 258, 260, 261, 262, 266, 267

혁명적 인격주의 운동　226, 233

혁명적 자세　227, 261, 263, 267

혁명 프로그램　253

현실　9, 10, 11, 25, 31, 33, 39, 56, 57, 59, 61, 63, 67, 68, 70, 71, 72, 100, 103,
　　　　104, 110, 126, 129, 132, 138, 146, 147, 148, 149, 173, 174, 203, 209,
　　　　213, 214, 215, 217, 220, 248, 254, 256, 258, 260, 261, 262, 263, 267,
　　　　271, 278, 283, 286, 287, 303, 306, 309, 314, 360, 375

호르크하이머 M. Horkheimer 112

확신　18, 28, 43, 51, 55, 56, 57, 58, 68, 69, 74, 75, 76, 95, 103, 114, 117, 118,
　　　　128, 135, 137, 155, 156, 157, 185, 198, 199, 205, 214, 219, 220, 251,
　　　　255, 258, 267, 278, 282, 351

환경 파괴　6, 102, 225, 271

획일화　86, 122, 129, 229, 264, 265, 287

효율성　48, 81, 98, 113, 129, 143, 224, 236, 239, 247, 256, 265, 293, 297,
　　　　303, 304, 314, 371

후기산업사회 291
희망 8, 112, 122, 126, 163, 178, 186, 205, 206, 210, 211, 221, 250, 251, 258, 266, 272, 309

| 자크 엘륄 연보 |

1912. 프랑스 보르도 Bordeaux 근교 페삭 Pessac에서 출생.

1930. 기독교 신앙으로의 회심.

1936. 법학박사 학위 취득.

1937~1938. 몽펠리에 Montpellier 대학교 강사.

1938~1940. 스트라스부르 Strassbourg 대학교 강사.

1940. 비시 Vichy 정권에 대한 비판 연설로 강사직에서 면직.

1943. 법학 교수 자격시험 합격.

1940~1944. 레지스탕스 활동.

1944~1945. 보르도 시 부시장.

1945~1980. 보르도 대학교 법학대학 교수.

1947~1980. 보르도 정치대학(IEP) 교수.

1956~1970. 프랑스 개혁교회 '전국위원회' 위원.

1958~1977. 청소년 범죄 예방 활동.

1973~1977. 아키텐 Aquitaine 연안 개발 반대 환경보호 투쟁.

1994. 페삭에서 82세의 나이로 서거.